suhrkamp taschenbuch
wissenschaft 485

Die in diesem Band enthaltenen Texte »sind das Ergebnis jahrelanger Forschungen mehrerer unabhängig voneinander arbeitenden Teams, denen Psychoanalytiker, klinische Psychiater, Lerntheoretiker und Kulturanthropologen angehört haben. Einige beschäftigen sich mehr mit Kommunikationsstilen (Bateson, Wynne), andere mehr mit der Familie als sozialem System (Lidz), andere wieder mit der Motivation pathogenen Elternverhaltens (Searles, Bowen, Vogel). Immer sind aber alle drei Aspekte, wenngleich mit verschiedenem Schwergewicht, miteinander verbunden. Das Kernstück des Buches ist die Batesonsche Lehre vom sogenannten ›double-bind‹ als Schizophrenie produzierendem Kommunikationsstil, was sich am ehesten mit ›Beziehungsfalle‹ oder ›Zwickmühlensituation‹ übersetzen läßt«.

Erich Wulff

Dieser 1969 zuerst erschienene Band gilt inzwischen als Klassiker auf seinem Gebiet.

Schizophrenie und Familie

Beiträge zu einer neuen Theorie von
Gregory Bateson, Don D. Jackson, Jay Haley,
John H. Weakland, Lyman C. Wynne, Irving M. Ryckoff,
Juliana Day, Stanley J. Hirsch, Theodore Lidz,
Alice Cornelison, Stephen Fleck, Dorothy Terry,
Harold F. Searles, Murray Bowen, Ezra F. Vogel,
Norman W. Bell, Ronald D. Laing und J. Foudrain

Übersetzt von Hans-Werner Saß

Suhrkamp

Bibliografische Information der Deutschen Nationalbibliothek
Die Deutsche Nationalbibliothek verzeichnet diese Publikation
in der Deutschen Nationalbibliografie;
detaillierte bibliografische Daten sind im Internet über
http://dnb.d-nb.de abrufbar.

suhrkamp taschenbuch wissenschaft 485
Erste Auflage 1984
© dieser Ausgabe Suhrkamp Verlag Frankfurt am Main 1969
Suhrkamp Taschenbuch Verlag
Alle Rechte vorbehalten, insbesondere das der Übersetzung,
des öffentlichen Vortrags sowie der Übertragung
durch Rundfunk und Fernsehen, auch einzelner Teile.
Kein Teil des Werkes darf in irgendeiner Form
(durch Fotografie, Mikrofilm oder andere Verfahren)
ohne schriftliche Genehmigung des Verlages reproduziert
oder unter Verwendung elektronischer Systeme
verarbeitet, vervielfältigt oder verbreitet werden.
Druck: Books on Demand, Norderstedt
Printed in Germany
Umschlag nach Entwürfen von
Willy Fleckhaus und Rolf Staudt
ISBN 978-3-518-28085-0

7 8 9 10 11 12 – 15 14 13 12 11 10

Inhalt

Vorwort von Caspar Kulenkampff   9

Gregory Bateson, Don D. Jackson, Jay Haley
und John H. Weakland
Auf dem Weg zu einer Schizophrenie-Theorie   11

  Die Grundlage in der Kommunikationstheorie   11
  Das double bind   16
  Der Effekt des double bind   18
  Eine Darstellung der Familiensituation   23
  Beispiele aus der klinischen Praxis   29
  Der gegenwärtige Stand und die zukünftigen
  Aussichten   35
  Implikationen dieser Hypothese für die Therapie   39
  Literaturhinweise   42

Lyman C. Wynne, Irving M. Ryckoff, Juliana Day
und Stanley J. Hirsch
*Pseudo-Gemeinschaft in den Familienbeziehungen
von Schizophrenen*   44

  Der Begriff der Pseudo-Gemeinschaft (pseudo-
  mutuality)   45
  Nicht-gemeinsame Komplementarität   49
  Gemeinsame Mechanismen zur Aufrechterhaltung
  der Pseudo-Gemeinschaft   55
  Der Gummizaun (Rubber Fence)   56
  Klinische Beispiele   58
  Verinnerlichung der familiären Rollenstruktur   68
  Akute schizophrene Schübe und ihr Übergang in
  chronische Stadien   72

Jay Haley
Die Interaktion von Schizophrenen — 81

   Die Aufnahme einer zwischenmenschlichen Beziehung — 84
   Die Kontrolle in einer zwischenmenschlichen
   Beziehung — 87
   Vermeidung von Kontrollen in einer zwischen-
   menschlichen Beziehung — 89
   Zwischenmenschliche Beziehungen bei Schizophrenen — 94
   Analyse eines Gesprächs zwischen Schizophrenen — 97
   Die Bedeutung der Analyse zwischenmenschlicher
   Beziehungen — 105

Theodore Lidz, Alice Cornelison, Stephen Fleck und
Dorothy Terry
Spaltung und Strukturverschiebung in der Ehe — 108

   Spaltung (marital schism) — 113
   Strukturverschiebung (marital skew) — 120
   Diskussion — 124
   Zusammenfassung — 125
   Literaturhinweise — 126

Harold F. Searles
*Das Bestreben, den anderen verrückt zu machen –
ein Element in der Ätiologie und Psychotherapie
der Schizophrenie* — 128

   Bisherige Literatur — 128
   A. Methoden, den anderen verrückt zu machen — 130
   B. Motive hinter dem Bestreben, den anderen
      verrückt zu machen — 137
   C. Die Beziehung zwischen Patient und Therapeut — 153
   Danksagung und Bibliographie — 166

Lyman C. Wynne, Juliana Day und Irving M. Ryckoff
*Die Verteidigung stereotyper Rollen in den Familien
von Schizophrenen* — 168

Murray Bowen
Die Familie als Bezugsrahmen für die Schizophrenieerforschung   181

    Allgemeine Betrachtungen zur Schizophrenie   182
    Die Voraussetzungen der Familienuntersuchung   184
    Entwicklung von Schizophrenie in einer Familie:
    Eine theoretische Konzeption   190
    Schlußfolgerungen   217
    Bibliographie   219

John H. Weakland
»Double-Bind«-Hypothese und Dreier-Beziehung   221

    Der Grundbegriff des »double bind«:
    die Zweier-Beziehung   222
    Vater, Mutter und schizophrenes Kind   229
    Die Anstaltssituation   237
    Bibliographie   243

Ezra F. Vogel und Norman W. Bell
Das gefühlsgestörte Kind als Sündenbock der Familie   245

    1. Ursachen von Spannungen, die zur Sündenbockjagd führen   248
    2. Die Wahl des Sündenbocks   251
    3. Die Ernennung des Kindes zum Sündenbock   259
    4. Die Rationalisierung der Sündenbockjagd   265
    5. Funktionen und Dysfunktionen der Sündenbockjagd   267

Ronald D. Laing
Mystifizierung, Konfusion und Konflikt   274

    Man kann manchen manchmal etwas vormachen   274
    Der Begriff der Mystifizierung   275
    Die Funktion der Mystifizierung und einige
    verwandte Begriffe   285
    Fall-Darstellungen   289
    Bibliographie   303

J. Foudrain
*Schizophrenie und Familie. Überblick über
die Literatur zur Ätiologie der Schizophrenie
aus den Jahren 1956–1960*   305

   Schlußfolgerungen   335
   Bibliographie   336

Don D. Jackson
*Kritik der Literatur über die Erblichkeit von
Schizophrenie*   343

   Das Problem   348
   Eine Beurteilung der Zahlen über Krankheitsaussicht   365
   Zwillingsuntersuchungen   374
   Extensive Zwillingsuntersuchungen in der Literatur   376
   Vorbehalte gegenüber Zwillingsuntersuchungen   380
   Ich-Verschmelzung und Ich-Spaltung   388
   Folie à deux   392
   Fälle aus der Literatur   397
   Schlußfolgerungen   411
   Bibliographie   414

Quellennachweise und Copyrights   420

Vorwort

Die deutsche Psychiatrie hat in Theorie und Praxis ihren Ausgang und Aufstieg im Grunde von der Neuropathologie her genommen. Der Satz Griesingers aus der zweiten Hälfte des vorigen Jahrhunderts, daß Geisteskrankheiten Gehirnkrankheiten seien, steht auf dem Portal, durch das sie den Weg zu den anderen medizinisch-naturwissenschaftlichen Fächern fand und der sie im Umkreis dieser etablierten Medizin salonfähig gemacht hat. Freud wurde schon vor dem Dritten Reich in unseren Grenzen auf psychiatrischem Felde kaum rezipiert. So verfestigte sich das Denken in nosologischen Kriterien, nach denen die sogenannten endogenen Psychosen, also auch die Schizophrenien Krankheiten, Krankheitseinheiten sind, welche an einem Katalog psychopathologischer Merkmale spezifischer Art identifiziert werden, über bestimmte Verlaufeigentümlichkeiten verfügen und sich einer prognostischen Bewertung zugänglich erweisen – genau so, wie irgendein anderer morbus auch. In diesem Rahmen degenerierte die an sich legitime Arbeitshypothese – Schizophrenien seien somatisch bedingte Leiden – schließlich zur unreflektierten Behauptung: Man neigt dazu, die somatogenetische These mehr mit Pathos vorzutragen, als mit kritischen Argumenten zu belegen. Dabei hat der Elefant einer weltweiten biochemischen, anatomischen, genetischen und sonstigen naturwissenschaftlichen Forschung auf dem Gebiet der Ätiologie von Schizophrenien bis heute nicht einmal eine Maus geboren. Vielleicht hat diese fortdauernde Frustration, dieses skandalöse Nichtwissen in einer Zeit, die sich daran zu gewöhnen scheint, alles, was sie will, prinzipiell beherrschbar zu machen, dieses Ärgernis, das beängstigende Problem des Verrücktseins nicht mit einem Schlage an der Wurzel packen zu können und als bloße Funktionsstörung im Mechanismus der Organe zu entlarven, den Anlaß gegeben, immer wieder neue Aspekte an das rätselvolle Geschehen heranzutragen.

Den in diesen Bänden versammelten anglo-amerikanischen Autoren eignet die Unbefangenheit des Fragens. Sie sind nicht mit einer rigiden europäischen Tradition belastet. Die Familienforschung, als ein Sonderzweig der sich heute überall durchsetzenden Sozialpsychiatrie, ist zu einem hohen Grad an Differenziertheit herangewachsen. Der Versuch, die Entwicklungsgeschichte der Schizophrenie nicht als individualistische Deformation, sondern als komplizierten Interaktionsprozeß zu fassen, ist zweifellos vielversprechend – übrigens auch in therapeutischer Hinsicht. Freilich geistert auch hier in den Texten überall die Frage herum, welche ätiologische Bedeutung diesen Vorgängen zukommt. Gelegentlich hat man den Eindruck, daß wir mehr über mögliche Kommunikationsmuster von Familien als über Schizophrenie erfahren. Dies erinnert an den nicht unerheblichen Erkenntniszuwachs, den z. B. die Phänomenologie und Anthropologie aus ihrer methodischen Anwendung auf das Untersuchungsobjekt des Psychotikers gezogen haben. Wenn wir indessen präziser wissen, was psychodynamisch und unter formalen Kriterien Familie eigentlich ist, werden auch die Destruktionen genauer faßbar werden. Noch erscheint vieles ungelöst. So etwa das Problem der signifikanten Unterscheidung verschiedener Familienstrukturen, welche allein es erlauben würde, einen bestimmten Prozeß als pathogen zu bezeichnen.

Etwa zehn Jahre intensiver, aufschlußreicher und auch aufregender Familienforschung haben hierzulande ein recht mattes Echo gefunden. Es gibt kein deutsches psychiatrisches Lehrbuch, in welchem die Fakten dieser Aufsatzsammlung auch nur pauschal mitgeteilt worden wären. Um so begrüßenswerter ist es, daß ein sehr weit gespannter Überblick jetzt zur Verfügung steht, der diejenigen, welche in Deutschland die Psychiatrie verwalten, in heilsame Unruhe versetzen sollte.

August 1969 *Caspar Kulenkampff*

Gregory Bateson, Don D. Jackson, Jay Haley und John H. Weakland
Auf dem Wege zu einer Schizophrenie-Theorie

Dies ist ein Bericht[1] über ein Forschungsprojekt mit dem Ziel, eine umfassende, systematische Auffassung des Wesens, der Ätiologie und Therapie der Schizophrenie zu formulieren und zu erproben. Unsere Forschungen auf diesem Gebiet sind durch die Erörterung eines mannigfachen Schatzes von Materialien und Ideen vorangetrieben worden, zu dem jeder von uns entsprechend seinen verschiedenen Erfahrungen in Anthropologie, Kommunikationsanalyse, Psychotherapie, Psychiatrie und Psychoanalyse beigetragen hat. Inzwischen haben wir allgemeine Übereinstimmung erzielt über die groben Umrisse einer Kommunikationstheorie hinsichtlich des Wesens und der Ursprünge der Schizophrenie; dieser Aufsatz ist ein Vorbericht über unsere noch in Gang befindliche Forschungsarbeit.

Die Grundlage in der Kommunikationstheorie

Unser methodischer Ansatz beruht auf jenem Teil der Kommunikationstheorie, die Russell als »Theorie der logischen

---

[1] Dieser Aufsatz beruht auf Hypothesen, die zunächst in einem von der Rockefeller-Stiftung finanzierten Forschungsprojekt 1952–54 entwickelt wurden, das von der Abteilung für Soziologie und Anthropologie an der Stanford-Universität verwaltet und von Gregory Bateson geleitet wurde. Ab 1954 ist das Projekt mit der finanziellen Unterstützung der Josiah Macy jr. Stiftung fortgesetzt worden. Jay Haley gebührt das Verdienst, erkannt zu haben, daß die Symptome der Schizophrenie auf eine Unfähigkeit hinweisen, die logischen Typen zu unterscheiden, eine Erkenntnis, die von Bateson ausgebaut wurde, indem er sie mit der Auffassung verband, daß sich die Symptome und die Ätiologie der Schizophrenie unter dem Aspekt einer *double-bind*-Hypothese formal darstellen lassen. Die Hypothese wurde D. D. Jackson übermittelt, und er fand, daß sie mit seinen Vorstellungen von Familien-Homöostase gut zusammenpaßte. Seither hat Dr. Jackson mit dem Projekt eng zusammengearbeitet. Das Studium der formalen Analogien zwischen Hypnose und Schizophrenie haben John H. Weakland und Jay Haley betrieben.

Typen« (17) bezeichnet hat. Die Hauptthese dieser Theorie besagt, daß zwischen einer Klasse und ihren Gliedern eine Diskontinuität besteht. Weder kann die Klasse ein Glied ihrer selbst sein, noch kann eines ihrer Glieder die Klasse *sein*, da der für die Klasse gebrauchte Begriff *einem anderem Abstraktionsniveau* entstammt – ein anderer logischer Typus ist – als die Begriffe, die man für die Glieder gebraucht. Während nun in der formalen Logik der Versuch gemacht wird, diese Diskontinuität zwischen einer Klasse und ihren Gliedern aufrechtzuerhalten, möchten wir zeigen, daß diese Diskontinuität in der Psychologie realer Kommunikation ständig und zwangsläufig aufgehoben wird (2) und daß wir a priori mit dem Auftreten einer krankhaften Veränderung im menschlichen Organismus rechnen müssen, wenn bestimmte formale Strukturen dieser Aufhebung in der Kommunikation zwischen Mutter und Kind auftreten. Wir werden beweisen, daß diese krankhafte Veränderung im Extrem Symptome aufweist, deren formale Kennzeichen die Klassifizierung des Krankheitsprozesses als Schizophrenie nahelegen.

Beispiele dafür, wie Menschen in ihrer Kommunikation vielfache logische Typen verwenden, lassen sich auf folgenden Gebieten finden:

1. Die Verwendung verschiedener Kommunikationsweisen in der zwischenmenschlichen Kommunikation. Beispiele dafür sind Spiel, Nicht-Spiel, Phantasie, Ritual (*sacrament*), Metapher usw. Sogar bei den niedrigeren Säugetieren scheint es einen Austausch von Signalen zu geben, die ein bestimmtes sinnvolles Verhalten als »Spiel« usw. identifizieren.[2] Diese Signale entsprechen offensichtlich einem höheren logischen Typus als die Botschaften, die sie klassifizieren. Bei den Menschen erreicht diese Formung und Markierung von Botschaften und sinnvollen Handlungen einen beträchtlichen Grad an Komplexität, wobei es seltsam ist, daß unser Wortschatz für solche Nuancen noch immer sehr spärlich entwickelt ist und

---

2 Ein von diesem Projekt gestalteter Film, »The Nature of Play; Part I, River Otters«, steht zur Verfügung.

wir überwiegend auf averbale Vermittlungen angewiesen sind: Körperhaltung, Gestik, Gesichtsausdruck, Tonfall und der Kontext für die Kommunikation dieser hochgradig abstrakten, aber lebenswichtigen Markierungen.

2. *Humor.* Bei diesem scheint es sich um eine Methode zu handeln, die unausgesprochenen Themen im Denken oder in einer Beziehung zu sondieren. Die Methode dieser Sondierung umfaßt die Verwendung von Botschaften, deren Kennzeichen eine Zusammenfassung von logischen Typen bzw. Kommunikationsmodi ist. Es ist zum Beispiel eine Entdeckung, wenn plötzlich klar wird, daß eine Botschaft nicht nur metaphorisch gemeint ist, sondern auch wörtlich – oder umgekehrt. Das heißt, das explosive Moment im Humor kommt in jenem Augenblick zur Wirkung, in dem die Markierung der Kommunikationsmodi aufgelöst und zu einer neuen Synthese zusammengesetzt wird. Meistens zwingt der Knalleffekt zu einer Neubewertung früherer Signale, die bestimmten Botschaften einen bestimmten Modus zugeordnet haben (z. B. Wörtlichkeit oder Phantasie). Das hat den eigenartigen Effekt, daß jenen Signalen ein *Modus* gegeben wird, die vorher den Status der höheren logischen Typen hatten, von denen die Modi klassifiziert werden.

3. Die Falsifikation der Modus-bestimmenden Signale. Bei den Menschen können die Modusbestimmungen falsifiziert werden – wir haben das künstliche Lachen, die manipulative Vortäuschung von Freundlichkeit, die Bauernfängerei, den Bluff und dergleichen mehr. Ähnliche Falsifikationen sind bei Säugetieren festgestellt worden (3, 13). Bei Menschen begegnet uns das seltsame Phänomen der unbewußten Falsifikation solcher Signale. Das kann innerhalb des Selbst geschehen – etwa wenn das Subjekt im Zeichen metaphorischen Spiels seine eigene reale Feindseligkeit vor sich verheimlicht –, oder indem das Subjekt sein Verständnis der Modus-bestimmenden Signale des anderen unbewußt falsifiziert, Schüchternheit zum Beispiel für Mißachtung hält usw. Tatsächlich fallen die meisten Irrtümer des Selbstbezugs unter diese Rubrik.

4. Lernen. Die einfachste Ebene dieses Phänomens wird von einer Situation illustriert, in der jemand eine Botschaft erhält und ihr entsprechend handelt: »Ich hörte die Uhr schlagen und wußte, es war Zeit zum Mittagessen. So ging ich zu Tisch.« In Lernexperimenten wird die Analogie dieser Abfolge der Ereignisse vom Experimentator beobachtet und im allgemeinen als einzelne Botschaft eines höheren Typus behandelt. Wenn der Hund in der Zeit zwischen einem Summton und dem Angebot von Fleischpulver Speichel absondert, so akzeptiert der Experimentator diese Abfolge als eine Botschaft, die anzeigt, daß »der Hund *gelernt* hat, der Summton bedeutet Fleischpulver«. Doch ist die Hierarchie der Typen damit noch nicht abgeschlossen. Das Versuchstier mag nämlich geschickter darin werden, zu lernen. Es kann *lernen, zu lernen* (1, 7, 9), und es ist nicht undenkbar, daß bei Menschen noch höhere Ordnungen des Lernens vorkommen.

5. Vielfältige Lernebenen und die Bestimmung des logischen Typs von Signalen. Hierbei handelt es sich um zwei untrennbare Gruppen von Phänomenen – untrennbar deshalb, weil die Fähigkeit, die vielfältigen Signaltypen zu handhaben, selbst eine *erlernte* Fähigkeit und somit eine Funktion der vielfältigen Lernebenen darstellt.

Nach unserer Hypothese ist der Begriff »Ich-Funktion« (wie er verwendet wird, wenn ein Schizophrener als mit einer »schwachen Ich-Funktion« versehen beschrieben wird) haargenau *der Prozeß der Unterscheidung von Kommunikationsmodi, sei es im Selbst oder zwischen dem Selbst und anderen.* Der Schizophrene zeigt Schwäche in drei Bereichen dieser Funktion: (a) Er hat Schwierigkeiten, den Botschaften, die er von anderen empfängt, den richtigen Kommunikationsmodus zuzuordnen. (b) Er hat Schwierigkeiten, jenen Botschaften, die er selber verbal oder averbal äußert, den richtigen Kommunikationsmodus zuzuordnen. (c) Er hat Schwierigkeiten, seinen eigenen Gedanken, Empfindungen und Wahrnehmungen den richtigen Kommunikationsmodus zuzuordnen.

An dieser Stelle empfiehlt es sich, das im letzten Absatz Gesagte mit dem zu vergleichen, was E. von Domarus (16) als methodischen Ansatz zur systematischen Darstellung der Ausdrucksweise von Schizophrenen entwickelt hat. Er weist darauf hin, daß die Botschaften (und das Denken) des Schizophrenen in der syllogistischen Struktur abweichen. Anstelle von Strukturen, die sich aus dem Syllogismus Modus Barbara ableiten, verwendet der Schizophrene laut dieser Theorie Strukturen, die Prädikate identifizieren. Ein Beispiel für einen solchen verzerrten Syllogismus ist:

Die Menschen sterben.
Gras stirbt.
Die Menschen sind Gras.

Wie wir es sehen, ist von Domarus' Formulierung jedoch nur eine präzisere – und deshalb wertvolle – Art zu sagen, daß die Ausdrucksweise von Schizophrenen metaphernreich ist. Mit dieser Generalisierung stimmen wir überein. Die Metapher ist aber ein unentbehrliches Werkzeug des Denkens und des Ausdrucks – ein Charakteristikum aller menschlichen Kommunikation, selbst der des Wissenschaftlers. Die Begriffsmodelle der Kybernetiker und die Energietheorien der Psychoanalyse sind im Grunde nichts anderes als markierte Metaphern. Die Eigenart des Schizophrenen besteht nicht darin, daß er Metaphern benutzt, sondern darin, daß er *nicht-markierte* Metaphern verwendet. Es ist besonders schwierig für ihn, mit Signalen jener Klasse umzugehen, deren Glieder anderen Signalen logische Typen zuordnen.

Wenn unsere formale Zusammenfassung der Symptomatologie richtig ist und wenn die Schizophrenie unserer Hypothese entsprechend im wesentlichen ein Ergebnis der Interaktion in der Familie ist, dann sollte es möglich sein, a priori zu einer formalen Darstellung dieser Erlebnisfolgen zu kommen, die eine solche Symptomatologie induzieren. Was wir aus der Lerntheorie wissen, verbindet sich mit der offenkundigen Tatsache, daß Menschen den *Kontext* als Anhaltspunkt für die Modusunterscheidung benutzen. Wir haben deshalb nicht nach einem besonderen traumatischen Erlebnis in der Krankheitsgeschichte der Kindheit zu suchen, sondern vielmehr nach charakteristischen Grundmustern solcher Erlebnisfolgen. Die Spezifizität, nach der wir suchen, muß auf einer abstrakten bzw. formalen Ebene liegen. Die Abfolgen müssen dadurch gekennzeichnet sein, daß der Patient durch sie die Geistesverfassung erwirbt, die in der Kommunikation des Schizophrenen exemplifiziert wird. Das heißt, *er muß in einem Universum leben, in dem die Abfolge der Ereignisse dergestalt ist, daß seine unkonventionellen Kommunikationsgewohnheiten in gewissem Sinne angemessen sind.* Die von uns angebotene Hypothese lautet, daß Abfolgen dieser Art in der Außenwelterfahrung des Patienten für die inneren Konflikte in der Bestimmung logischer Typen verantwortlich sind. Für solche unauflösbaren Erlebnisfolgen benutzen wir den Ausdruck *double bind.**

Das double bind

Die notwendigen Bestandteile einer *double bind*-Situation, wie wir sie sehen, sind:

1. Zwei oder mehr Personen. Eine davon bezeichnen wir zum Zwecke unserer Definition als das »Opfer«. Wir nehmen nicht an, daß das *double bind* von der Mutter allein erzwungen wird, sondern daß es entweder durch die Mutter allein oder durch ein Zusammenwirken mit dem Vater oder den Geschwistern zustandekommt.

2. Wiederholte Erfahrung. Wir nehmen an, daß das *double bind* sich in der Erfahrung des Opfers wiederholt. Unsere Hypothese beschwört keine einzelne traumatische Erfahrung, sondern eine derartig wiederkehrende Erfahrung, daß die Struktur des *double bind* zu einer habituellen Erwartung wird.

3. Ein primäres negatives Gebot. Dieses kann zwei Formen haben: entweder (a) »Tu das und das nicht, oder ich bestrafe

---

* »Doppelbindung«. Deutsche Autoren sprechen mitunter von der »Beziehungsfalle«. Anm. d. Übers.

dich«, oder (b) »Wenn du das und das nicht tust, bestrafe ich dich«. Hier wählen wir einen Lernkontext aus, der stärker auf der Vermeidung von Strafe aufbaut als ein Kontext des Strebens nach Belohnung. Für diese Auswahl gibt es vielleicht keinen formalen Grund. Wir gehen davon aus, daß die Strafe entweder in Liebesentzug oder in der Äußerung von Haß oder Ärger bzw. – am verheerendsten – in jener Art von Verlassenheit besteht, die dem Ausdruck extremer Hilflosigkeit seitens der Eltern entspringt.[3]

4. Ein sekundäres Gebot, das mit dem ersten auf einer abstrakteren Ebene in Konflikt gerät und wie das erste durch Strafen oder Signale durchgesetzt wird, die das Leben bedrohen. Dieses sekundäre Gebot ist aus zwei Gründen schwerer zu beschreiben als das primäre. Erstens wird das sekundäre Gebot dem Kind gewöhnlich auf averbalem Wege vermittelt. Körperhaltung, Gesten, Stimmlage, sinnvolle Handlungen und die in der verbalen Mitteilung verborgenen Implikationen lassen sich sämtlich zur Übermittlung dieser abstrakteren Botschaft verwenden. Zweitens kann das sekundäre Gebot gegen ein Element des primären Verbotes verstoßen. Die Verbalisierung des sekundären Gebots kann deshalb einen weiten Spielraum von Formen umfassen, zum Beispiel: »Betrachte das nicht als Strafe«, »Betrachte mich nicht als Strafinstanz«, »Unterwirf dich nicht meinen Verboten«, »Denk nicht an das, was du nicht darfst«, »Zweifle nicht an meiner Liebe, für die das primäre Verbot ein Beispiel ist (oder nicht ist)« usw. Weitere Beispiele werden möglich, wenn das *double bind* nicht nur von einer Person, sondern von zweien verhängt wird. So kann zum Beispiel ein Elternteil auf einer abstrakteren Ebene die Gebote des anderen Elternteils negieren.

5. Ein tertiäres negatives Gebot, das dem Opfer untersagt, das Feld zu räumen. Im formalen Sinne braucht man dieses Gebot vielleicht nicht als getrennten Punkt aufzuführen, da die Ver-

---

[3] Unser Begriff von Strafe wird gegenwärtig verfeinert. Wie uns scheint, führt sie zu einem Wahrnehmungserleben von einer Art, für die der Begriff »Trauma« zu eng ist.

stärkung auf den beiden anderen Ebenen lebensbedrohend ist und eine Flucht natürlich unmöglich gemacht wird, wenn die *double binds* während der Kindheit aufgezwungen werden. Es scheint jedoch, daß die Räumung des Feldes in einigen Fällen durch bestimmte Mittel unmöglich gemacht wird, die nicht völlig negativ sind: unbeständige Liebesversprechen zum Beispiel.

6. Schließlich ist die komplette Serie von Einzelelementen unnötig geworden, wenn das Opfer gelernt hat, sein Universum in der Schablone des *double bind* wahrzunehmen. Fast jedes Teil einer *double bind*-Sequenz kann dann ausreichen, um Panik oder Wut auszulösen. Die Struktur der widerstreitenden Gebote kann sogar von halluzinatorischen Stimmen übernommen werden (14).

Der Effekt des double bind

In der Religion des Ostens, dem Zen-Buddhismus, ist Erleuchtung das angestrebte Ziel. Der Meister des Zen versucht auf verschiedene Weise, in seinem Schüler Erleuchtung zustande zu bringen. Zu dem, was er tut, gehört, daß er dem Schüler einen Stock über den Kopf hält und grimmig sagt: »Wenn du sagst, dieser Stock sei wirklich, werde ich dich damit schlagen. Wenn du sagst, dieser Stock sei nicht wirklich, werde ich dich damit schlagen. Wenn du nichts sagst, werde ich dich damit schlagen.« Wir meinen, daß der Schizophrene sich ständig in der gleichen Situation befindet wie dieser Schüler, nur daß er eher so etwas wie Desorientierung erlangt statt Erleuchtung. Der Zen-Schüler kann den Stock über ihm ergreifen und ihn seinem Meister wegnehmen, der diese Antwort vielleicht akzeptiert, aber der Schizophrene hat keine derartige Wahl, da es bei ihm keine Unbesorgtheit hinsichtlich der Beziehung gibt und die Absichten sowie die Bewußtseinslage seiner Mutter anders sind als bei dem Zen-Meister.

Wir gehen davon aus, daß die Fähigkeit jedes Individuums, zwischen logischen Typen zu unterscheiden, zusammenbricht, sobald es in eine Situation des *double bind* gerät. Die allgemeinen Merkmale dieser Situation sind folgende:

1. Das Individuum ist in eine intensive Beziehung verstrickt; das heißt, in eine Beziehung, in der es ihm als lebenswichtig erscheint, ganz genau zu unterscheiden, welche Art von Botschaft ihm übermittelt wird, damit es entsprechend reagieren kann.

2. Das Individuum ist in einer Situation gefangen, in der die andere Person in der Beziehung zwei Arten von Botschaft ausdrückt, von denen die eine die andere aufhebt.

3. Und das Individuum ist nicht in der Lage, sich mit den geäußerten Botschaften kritisch auseinanderzusetzen, um seine Entscheidung, auf welche Botschaft es reagieren soll, zu korrigieren, d. h. es kann keine metakommunikative Feststellung treffen.

Wir haben darauf hingewiesen, daß dies die Art von Situation ist, die zwischen dem Präschizophrenen und seiner Mutter besteht, doch tritt sie auch in normalen Beziehungen auf. Wenn jemand in einer *double bind*-Situation gefangen ist, so wird er defensiv in einer Art reagieren, die dem des Schizophrenen ähnelt. Ein Individuum wird eine metaphorische Feststellung wörtlich nehmen, wenn es in einer Situation ist, in der es angesichts widersprüchlicher Botschaften reagieren muß und nicht in der Lage ist, sich mit den Widersprüchen auseinanderzusetzen. So ging zum Beispiel ein Angestellter eines Tages während der Arbeitszeit nach Hause; ein Kollege rief ihn an und sagte obenhin: »Nanu, wie sind Sie *dahin* gekommen?« Und der Angestellte erwiderte: »Mit dem Auto«. Er reagierte wörtlich, weil er mit einer Botschaft konfrontiert wurde, die ihn fragte, was er zu einer Zeit zu Hause mache, in der er im Büro sein sollte, die aber zugleich mit der Art, in der sie gestellt wurde, diese Frage dementierte. (Da der Frager spürte, daß es ihn eigentlich nichts anging, drückte er sich metaphorisch aus.) Die Beziehung war intensiv genug, das Opfer zweifeln zu lassen, wie die Information verwendet würde, und so nahm es sie in seiner Antwort wörtlich. Das ist typisch für jemand, der sich »in die Enge getrieben« fühlt, wofür die streng wörtlichen Antworten eines Zeugen vor Gericht Beispiele liefern. Der Schizophrene fühlt sich ständig so schrecklich in die Enge getrieben, daß er ganz automatisch mit einem defensiven Festhalten an der wörtlichen Ebene reagiert, auch wenn das ganz unpassend ist, etwa wenn jemand einen Scherz macht.

Schizophrene bringen auch in ihrer eigenen Ausdrucksweise die wörtliche und die metaphorische Ebene durcheinander, wenn sie sich in einem *double bind* gefangen fühlen. So möchte ein Patient vielleicht seinen Therapeuten kritisieren, weil dieser sich verspätet hat, ist sich aber nicht sicher, was für eine Art von Botschaft dieser Akt des Zuspätkommens beinhaltet – besonders dann, wenn der Therapeut der Reaktion des Patienten zuvorgekommen ist und sich entschuldigt hat. Der Patient kann nicht sagen: »Warum kommen Sie zu spät? Vielleicht deshalb, weil Sie mich heute nicht sehen wollen?« Das wäre eine Beschuldigung, und so verlegt er sich auf eine metaphorische Feststellung, indem er vielleicht sagt: »Ich hab mal einen Burschen gekannt, der seinen Dampfer verpaßte, er hieß Sam, und der Dampfer wäre fast gesunken . . . usw.« Damit entwickelt er eine metaphorische Geschichte, und dem Therapeuten steht es nun frei, einen Kommentar zu seinem Zuspätkommen darin zu erblicken oder nicht. Eine Metapher hat den Vorteil, daß sie es dem Therapeuten (bzw. der Mutter) überläßt, in der Äußerung eine Beschuldigung zu erblicken, wenn er mag, oder sie zu überhören. Wenn der Therapeut die Beschuldigung in der Metapher akzeptiert, dann kann der Patient seine Äußerung über Sam als metaphorisch akzeptieren. Weist der Therapeut darauf hin, daß die Äußerung über Sam unglaubwürdig klingt, um damit die Beschuldigung in der Geschichte zu umgehen, so kann der Patient einwenden, daß es tatsächlich einen Mann namens Sam gegeben hat. Als Reaktion auf die *double bind*-Situation erbringt der Übergang zu einer metaphorischen Feststellung Sicherheit. Allerdings hindert er den Patienten auch daran, die Beschuldigung vorzubringen, die er zu machen wünscht. Statt jedoch seine

Beschuldigung zu übermitteln, indem er anzeigt, daß es sich um eine Metapher handelt, scheint der schizophrene Patient zu versuchen, die Tatsache zu vermitteln, daß es sich um eine Metapher handelt, indem er sie noch mehr ins Phantastische erhebt. Sollte der Therapeut die Beschuldigung in der Geschichte über Sam ignorieren, so wird der Schizophrene vielleicht eine Geschichte von einem Raumschiff erzählen, das zum Mars fliegt, um seine Beschuldigung anzubringen. Der Hinweis darauf, daß es sich um eine metaphorische Äußerung handelt, liegt in der phantastischen Aufmachung der Metapher, nicht in den Signalen, die gewöhnlich Metaphern begleiten, um dem Zuhörer erkenntlich zu machen, daß es sich um eine Metapher handelt.

Für das Opfer eines *double bind* ist es nicht nur sicherer, auf eine metaphorische Art von Botschaft auszuweichen, es ist in einer unmöglichen Situation auch besser, sich zu verstellen und zu jemand anderem zu machen oder sich zu verstellen und zu behaupten, anderswo zu sein. Dann verliert das *double bind* seine Wirkung auf das Opfer, weil es nicht es selbst und außerdem an einem anderen Ort ist. Mit anderen Worten, die Äußerungen, mit denen der Patient seine Desorientiertheit anzeigt, lassen sich als Mittel der Verteidigung gegen die Situation deuten, in der er sich befindet. Pathologisch wird dieses Verhalten, wenn das Opfer selbst nicht weiß, daß seine Antworten metaphorisch sind, oder das nicht sagen kann. Um zu erkennen, daß er sich metaphorisch ausgedrückt hat, müßte er sich bewußt sein, daß er sich verteidigte und somit vor dem anderen Angst hatte. Eine solche Bewußtheit wäre für ihn jedoch eine Anklage der anderen Person und würde somit eine Katastrophe auslösen.

Hat jemand sein Leben in einer *double bind*-Beziehung verbracht, wie sie hier beschrieben wird, so werden seine Beziehungen zu anderen Menschen nach einem psychotischen Zusammenbruch ein bestimmtes Muster zeigen. Zunächst einmal wird er nicht mit normalen Menschen jene Signale teilen, die Botschaften zu begleiten pflegen, um anzuzeigen, was jemand meint. Sein System der Metakommunikation – Kommunikationen über die Kommunikation – ist zusammengebrochen, und er weiß nicht, um welche Art von Botschaft es sich bei einer Botschaft handelt. Wenn jemand ihm sagt: »Was möchten Sie heute gern tun?«, so ist er unfähig, durch den Kontext, durch den Ton, der angeschlagen wird, oder durch die Gestik des anderen genau zu beurteilen, ob er wegen dem, was er gestern getan hat, verurteilt wird, ob man ihn zu einer sexuellen Handlung einlädt, oder was überhaupt gemeint ist. Angesichts dieser Unfähigkeit, genau zu beurteilen, was ein anderer wirklich meint, und einer übertriebenen Besorgtheit um das, was tatsächlich gemeint ist, kann dieser Mensch sich schützen, indem er eine oder auch mehrere aus einer Reihe von Alternativen wählt. Er kann zum Beispiel annehmen, daß hinter jeder Äußerung eine Bedeutung verborgen ist, die ihm zum Schaden gereicht. Er wird dann ein übertriebenes Interesse an verborgenen Bedeutungen zeigen und entschlossen sein zu demonstrieren, daß man ihn nicht täuschen kann – so wie man ihn sein ganzes Leben getäuscht hat. Greift er zu dieser Alternative, so wird er ständig hinter dem, was die Leute sagen, und hinter zufälligen Vorkommnissen in seiner Umgebung nach Bedeutungen suchen und ausgesprochen mißtrauisch und trotzig sein.

Vielleicht wählt er auch eine andere Alternative und neigt dazu, alles wörtlich zu nehmen, was andere ihm sagen; widersprechen sie in Ton, Gestik oder Kontext dem, was sie sagen, so wird er sich lachend über diese metakommunikativen Signale hinwegsetzen. Er wird es aufgeben, den Versuch zu machen, zwischen verschiedenen Ebenen der Botschaft zu unterscheiden, und alle Botschaften behandeln, als wären sie unwichtig oder zum Lachen.

Wenn er nicht mißtrauisch gegen metakommunikative Botschaften geworden ist oder nicht versucht, sie mit Lachen abzutun, wird er vielleicht den Versuch machen, sie zu ignorieren. Dann wird er es für nötig halten, immer weniger von dem zu hören und zu sehen, was um ihn herum vor sich geht, und sein

Äußerstes tun, seine Umgebung zu keiner Reaktion zu veranlassen. Er wird versuchen, sein Interesse von der Außenwelt abzuziehen und sich auf die Vorgänge in seinem Inneren zu konzentrieren, was ihm dann den Anschein eines in sich zurückgezogenen, vielleicht auch schweigsamen Menschen gibt.
Mit anderen Worten: Wenn jemand nicht weiß, welcher Art von Botschaft er sich gegenübersieht, mag er sich auf eine Weise schützen, die als paranoid, hebephren oder katatonisch beschrieben worden ist. Diese drei Alternativen sind nicht die einzigen. Der springende Punkt ist, daß er nicht die eine Alternative wählen kann, die ihm dazu verhelfen würde, das, was die Leute meinen, zu entschlüsseln; ohne beträchtliche Hilfe kann er die Botschaften anderer nicht erwidern. Angesichts dieser Unfähigkeit verhält sich der Mensch wie jedes Selbstregelungssystem, das seinen Regler verloren hat; es dreht sich in endlosen, aber stets systemgebundenen Spiralen der Verzerrung.

Eine Darstellung der Familiensituation

Die theoretische Möglichkeit von *double bind*-Situationen hat uns angeregt, beim schizophrenen Patienten und in seiner Familiensituation nach solchen Kommunikationsabläufen zu suchen. Zu diesem Zweck haben wir die schriftlichen und mündlichen Berichte von Psychotherapeuten studiert, die mit derartigen Patienten intensiv therapeutisch gearbeitet haben; wir haben Tonbandaufnahmen von psychotherapeutischen Interviews, sowohl mit unseren eigenen Patienten wie mit anderen, untersucht; wir haben Eltern von Schizophrenen interviewt und die Besprechungen auf Band aufgenommen; zwei Mütter und ein Vater haben sich bei uns einer intensiven Psychotherapie unterzogen; und wir haben Eltern und Patienten zusammen interviewt und die Interviews auf Band aufgenommen.
Auf der Grundlage dieses Materials haben wir eine Hypothese über die Familiensituation entwickelt, die einen Menschen

schließlich dazu bringt, an Schizophrenie zu erkranken. Diese Hypothese ist statistisch nicht überprüft; sie greift eine relativ einfache Gruppe von Interaktionsphänomenen heraus und hebt sie hervor; und sie macht nicht den Versuch, die außerordentliche Kompliziertheit einer Familienbeziehung umfassend darzustellen.

Nach unserer Hypothese weist die Familiensituation des Schizophrenen folgende allgemeinen Merkmale auf:

1. Ein Kind, dessen Mutter Angst bekommt und sich zurückzieht, sobald es auf sie reagiert wie auf eine liebende Mutter. Das heißt, die bloße Existenz des Kindes hat für die Mutter eine spezielle Bedeutung, die in ihr Angst und Feindseligkeit erregt, sobald die Gefahr besteht, daß sie mit dem Kind in innigen Kontakt gerät.

2. Eine Mutter, die ihr Gefühl der Angst und Feindseligkeit gegenüber dem Kind nicht akzeptieren kann und es deshalb verleugnet, indem sie ein liebevolles Verhalten an den Tag legt, um das Kind zu veranlassen, in ihr die liebevolle Mutter zu sehen, und um sich zurückzuziehen, wenn das Kind das nicht tut. »Liebevolles Verhalten« impliziert nicht unbedingt »Zuneigung«; es kann zum Beispiel Teil eines Bemühens sein, das Richtige zu tun, »Güte« einzuflößen usw.

3. Das Fehlen von jemand in der Familie, z. B. eines starken und einsichtigen Vaters, der sich in die Beziehung zwischen Mutter und Kind einmischen und das Kind angesichts der aufgetretenen Widersprüche unterstützen kann.

Da es sich hier um eine formale Darstellung handelt, können wir auf die Frage, weshalb die Mutter solche Gefühle dem Kind gegenüber hat, nicht besonders eingehen, doch möchten wir darauf hinweisen, daß es verschiedene Gründe dafür geben kann. So kann die bloße Tatsache, ein Kind zu haben, in ihr Angst vor sich selbst und ihren Beziehungen in der eigenen Familie erwecken; oder es ist von Bedeutung für sie, daß das Kind ein Junge oder ein Mädchen ist, daß es am Geburtstag eines ihrer Geschwister zur Welt kam (8), daß es in der Geschwisterfolge der Familie die gleiche Position einnimmt, die sie innehatte, oder daß es aus anderen Gründen in bezug auf ihre eigenen emotionalen Probleme eine Sonderstellung einnimmt.

Angesichts einer Situation mit diesen Merkmalen wird die Mutter eines Schizophrenen nach unserer Hypothese mindestens zwei Arten von Botschaft zugleich ausdrücken. (Um die Darstellung nicht zu komplizieren, werden wir uns auf zwei Arten beschränken.) Diese Botschaftsarten lassen sich grob charakterisieren als (a) feindseliges Verhalten oder Rückzug, wann immer das Kind sich ihr nähert, und (b) simulierte Liebe oder Annäherung, wann immer das Kind auf ihr feindseliges Verhalten oder ihren Rückzug reagiert, womit sie ihren Rückzug verleugnet. Ihr Problem ist, ihre Angst unter Kontrolle zu halten, indem sie Nähe und Distanz zwischen sich und dem Kind kontrolliert. Anders ausgedrückt: sobald die Mutter anfängt, dem Kind gegenüber Zuneigung und sich ihm nahe zu fühlen, fühlt sie sich gefährdet und muß sich von ihm zurückziehen; doch kann sie diesen feindseligen Akt nicht akzeptieren, und um ihn zu verleugnen, muß sie Zuneigung und Nähe simulieren. Wichtig ist hier, daß ihr liebevolles Verhalten ihr feindseliges kommentiert (da es dessen Kompensation darstellt) und folglich einer anderen *Art* von Botschaft angehört als das feindselige Verhalten – es ist eine Botschaft über einen Ablauf von Botschaften. Durch seine Beschaffenheit verleugnet es jedoch die Existenz solcher Botschaften, über die es eine Botschaft darstellt: den feindseligen Rückzug.

Die Mutter bedient sich der Reaktionen des Kindes, um sich zu bestätigen, daß ihr Verhalten liebevoll ist, und da das liebevolle Verhalten simuliert ist, wird das Kind in eine Lage gedrängt, in der es ihre Kommunikation nicht genau interpretieren darf, will es die Beziehung mit ihr aufrechterhalten. Mit anderen Worten, es darf nicht genau zwischen den Arten der Botschaft unterscheiden, in diesem Fall zwischen dem Ausdruck simulierter Gefühle (dem einen logischen Typ) und wirklichen Gefühlen (einem anderen logischen Typ). Die Folge ist, daß das Kind seine Wahrnehmung metakommunikativer

Signale systematisch verzerren muß. So kann es zum Beispiel sein, daß die Mutter, wenn sie gegenüber dem Kind feindselige (oder zärtliche) Gefühle empfindet und sich zugleich gezwungen fühlt, sich von ihm zurückzuziehen, ihm sagt: »Geh zu Bett, du bist ganz müde, und ich möchte, daß du deinen Schlaf kriegst.« Mit dieser offenbar liebevollen Äußerung will sie einem Gefühl entgegentreten, das man etwa so in Worte fassen kann: »Geh mir aus den Augen, ich hab dich satt.« Würde das Kind ihre metakommunikativen Signale richtig unterscheiden, so stünde es vor der Tatsache, daß sie es erstens nicht will und es zweitens mit ihrem liebevollen Verhalten täuscht. Es würde dafür »bestraft« werden, daß es Arten von Botschaften in ihren Bedeutungen richtig zu unterscheiden weiß. Das Kind wird daher dazu neigen, eher die Vorstellung zu akzeptieren, daß es müde ist, als das Täuschungsmanöver seiner Mutter zu erkennen. Das heißt, es muß sich selbst über seine innere Verfassung hinwegtäuschen, um die Mutter bei ihrem Täuschungsmanöver zu unterstützen. Um mit ihr zu überleben, muß es ebenso seine eigenen inneren Botschaften falsch charakterisieren, wie es die Botschaften anderer falsch charakterisieren muß.

Das Problem verdichtet sich noch für das Kind, da die Mutter ja »gütig« seine Gefühle definiert; was sie äußert, ist eine offenkundige mütterliche Besorgtheit über die Tatsache, daß es müde ist. Anders gesagt: die Mutter kontrolliert die Definitionen, die das Kind seinen eigenen Botschaften gibt, ebenso wie die Definition seiner Reaktionen auf sie (indem sie, wenn es sie kritisiert, z. B. sagt: »Das meinst du ja gar nicht wirklich so«), wobei sie geltend macht, daß es ihr einzig um das Kind geht, nicht um sich. Für das Kind ist es daher am bequemsten, das simulierte Liebesverhalten seiner Mutter als real zu akzeptieren, wobei sein Verlangen, sich das Geschehen verständlich zu machen, geschwächt wird. Die Folge ist jedoch, daß die Mutter sich von ihm zurückzieht und diesen Rückzug im Sinne einer liebevollen Beziehung definiert, wie sie sein sollte.

Das simulierte Liebesverhalten der Mutter als real zu akzeptieren, ist für das Kind allerdings auch keine Lösung. Trifft es diese falsche Entscheidung, dann nähert es sich ihr; dieser Schritt zur Intimität löst in ihr Gefühle der Angst und Hilflosigkeit aus und zwingt sie dazu, sich zurückzuziehen. Zieht sich dann aber das Kind von ihr zurück, so nimmt sie diesen Rückzug als Erklärung, daß sie sich nicht wie eine liebevolle Mutter verhalten hat, und bestraft es entweder für seinen Rückzug oder nähert sich ihm, um es unter ihre Fittiche zu bringen. Nähert sich ihr daraufhin wieder das Kind, so beantwortet sie das damit, daß sie es auf Distanz hält. *Das Kind wird also bestraft, wenn es genau unterscheidet, was sie ausdrückt, und es wird bestraft, wenn es das nicht tut – es ist gefangen in einem double bind, in einer »Beziehungsfalle«.*

Das Kind wird verschiedene Versuche machen, dieser Situation zu entrinnen. Es wird vielleicht Anlehnung an seinen Vater oder ein anderes Mitglied der Familie suchen. Aufgrund unserer vorläufigen Beobachtungen halten wir es jedoch für wahrscheinlich, daß die Väter von Schizophrenen nicht stark genug sind, dem Kind diese Möglichkeit der Anlehnung zu bieten. Auch sie befinden sich in einer mißlichen Lage: Würden sie dem Kind in bezug auf die Täuschungsmanöver der Mutter recht geben, dann müßten sie die Art ihrer eigenen Beziehung zur Mutter erkennen, was sie nicht tun könnten, ohne ihre Ergebenheit in den *modus operandi,* den sie zustande gebracht haben, aufzugeben.

Das Bedürfnis der Mutter, gebraucht und geliebt zu werden, hält das Kind außerdem davon ab, bei irgendeiner anderen Person in seiner Umgebung, einem Lehrer zum Beispiel, Unterstützung zu suchen. Eine Mutter mit diesen Charaktereigenschaften würde sich durch eine Zuneigung des Kindes zu jeder anderen Person bedroht fühlen, würde ihr ein Ende bereiten und das Kind enger an sich binden, was wiederum zur Folge hätte, daß sie Angst bekäme, wenn das Kind von ihr abhängig würde.

Die einzige Weise, auf die das Kind wirklich der Situation entrinnen kann, ist, daß es die widersprüchliche Lage kritisiert, in die es von der Mutter gebracht worden ist. Wenn es das jedoch täte, würde die Mutter das als Vorwurf auffassen, sie sei lieblos, und darauf reagieren, indem sie das Kind sowohl bestraft als auch darauf besteht, daß seine Wahrnehmung der Situation verzerrt ist. Indem sie das Kind davon abhält, über die Situation zu reden, verbietet sie ihm, die metakommunikative Ebene zu benutzen – jene Ebene, die wir benutzen, um unsere Wahrnehmung des kommunikativen Verhaltens zu korrigieren. Die Fähigkeit, über Kommunikation zu kommunizieren, sich mit den eigenen sinnhaften Handlungen und denen der anderen auseinanderzusetzen, ist wesentlich für einen geglückten sozialen Verkehr. In jeder normalen Beziehung findet ein ständiger Austausch metakommunikativer Botschaften statt: »Was hast du gemeint?«, »Warum hast du das getan?«, »Nimmst du mich auf den Arm?« und so weiter. Um das, was andere äußern, richtig einordnen zu können, müssen wir in der Lage sein, ihre Äußerung direkt oder indirekt zu kommentieren. Der Schizophrene scheint unfähig zu sein, diese metakommunikative Ebene mit Erfolg zu benutzen (2). Angesichts der geschilderten Eigenschaften der Mutter liegt der Grund dafür auf der Hand. Verleugnet sie eine Art von Botschaft, dann wird sie durch jede Äußerung über ihre Äußerungen gefährdet und muß sie verbieten. So wächst das Kind auf, ohne die Fähigkeit zu entwickeln, über Kommunikation zu kommunizieren, und hat folglich keine Übung darin, das, was andere wirklich meinen, zu bestimmen, und das, was es selbst wirklich meint, auszudrücken, was wesentlich ist für normale Beziehungen.

Zusammenfassend können wir also sagen, daß die *double bind*-Natur der Familiensituation eines Schizophrenen das Kind in eine Lage bringt, in der es, wenn es auf die simulierte Zuneigung seiner Mutter reagiert, in ihr Angst auslöst, so daß sie es bestraft (oder, um sich selbst zu schützen, behauptet, *seine* Annäherungsversuche seien simuliert, und es somit hinsichtlich des Wesens seiner eigenen Botschaften in Verwirrung stürzt), um sich davor zu schützen, daß es ihr nahekommt. Damit wird das Kind an intimen und Sicherheit bietenden Kontakten mit der Mutter gehindert. Macht das Kind jedoch keinen Versuch, ihre Zuneigung zu gewinnen, so hat sie das Gefühl, sie sei keine liebevolle Mutter, und ihre Angst meldet sich. Sie wird das Kind daher entweder für seinen Rückzug strafen oder Annäherungsversuche unternehmen, um darauf zu dringen, daß es seine Liebe zu ihr zeigt. Wenn es darauf reagiert und ihr Zuneigung zeigt, so wird sie sich nicht nur erneut in Gefahr fühlen, sondern vielleicht auch übelnehmen, daß sie es zu dieser Reaktion zwingen mußte. In einer Beziehung, die höchst bedeutend für sein Leben und Modell für alle anderen Beziehungen ist, wird das Kind auf jeden Fall bestraft, ob es nun Liebe und Zuneigung zeigt oder nicht, und die Wege zur Flucht aus der Situation wie etwa die Erlangung von Unterstützung durch andere sind ihm abgeschnitten. Darin besteht der Grundcharakter der *double bind*-Beziehung zwischen Mutter und Kind. In dieser Darstellung ist natürlich nicht die kompliziertere, in sich gegliederte »Gestalt« erfaßt, die die »Familie« ausmacht, in der die »Mutter« ein wichtiges Element bildet (11, 12).

Beispiele aus der klinischen Praxis

Die Analyse eines Vorfalls, der sich zwischen einem schizophrenen Patienten und seiner Mutter abspielte, illustriert die *double-bind*-Situation. Ein junger Mann, der sich von einem akuten schizophrenen Schub ziemlich gut erholt hatte, erhielt im Hospital Besuch von seiner Mutter. Er freute sich, sie zu sehen, und legte ihr impulsiv seinen Arm um die Schulter, woraufhin sie erstarrte. Er zog seinen Arm zurück, und sie fragte: »Liebst du mich nicht mehr?« Er wurde rot, und sie sagte: »Lieber, du mußt nicht so leicht verlegen werden und Angst vor deinen Gefühlen haben.« Der Patient war danach nicht in der Lage, länger als ein paar Minuten mit ihr zu verbringen, und nachdem sie weggegangen war, griff er einen Assistenten an und wurde ins Bad gesteckt.

Es liegt auf der Hand, daß dieser Ausgang vermieden worden wäre, hätte der junge Mann sagen können: »Mutter, es ist klar, daß du dich unbehaglich fühlst, wenn ich meinen Arm um dich lege, und daß es dir schwerfällt, eine zärtliche Geste von mir zu akzeptieren.« Dem schizophrenen Patienten steht diese Möglichkeit jedoch nicht offen. Seine starke Abhängigkeit und Dressur hindern ihn daran, sich über das Kommunikationsverhalten seiner Mutter kritisch zu äußern, obwohl sie sich doch über das seine äußert und ihn zwingt, den komplizierten Ablauf zu akzeptieren und zu versuchen, sich damit zu befassen. Die Komplikationen für den Patienten sind folgende:

1. Die Mutter bemäntelt ihre Reaktion, die zärtliche Geste des Sohnes nicht zu akzeptieren, meisterhaft, indem sie seinen Rückzug tadelt, und der Patient verleugnet seine Wahrnehmung der Situation, indem er ihren Tadel akzeptiert.

2. Die Bemerkung »Liebst du mich nicht mehr?« scheint in diesem Zusammenhang zu besagen:

a) »Ich bin liebenswert.«

b) »Du solltest mich lieben, und wenn du das nicht tust, bist du schlecht oder im Unrecht.«

c) »Du hast mich zwar bisher geliebt, aber jetzt tust du es nicht mehr«, womit die Aufmerksamkeit verlagert wird von seinem Ausdruck der Zärtlichkeit auf seine Unfähigkeit, zärtlich zu sein. Da der Patient sie auch gehaßt hat, befindet sie sich hier auf festem Boden, und er reagiert mit entsprechenden Schuldgefühlen, die sie nun attackiert.

d) »Was du gerade geäußert hast, war *keine* Zärtlichkeit«, und damit der Patient diese Feststellung akzeptieren kann, muß er verleugnen, was seine Mutter und die Kultur ihn darüber gelehrt haben, wie man Zärtlichkeit ausdrückt. Ebenso muß er rückblickend die Momente mit ihr und mit anderen in Frage stellen, in denen er geglaubt hatte, Zuneigung zu erfahren, und sie die Situation zu behandeln *schienen,* als würde er das tatsächlich. Er erlebt hier Phänomene eines Verlusts an Bestätigung und wird von Zweifeln befallen hinsichtlich der Zuverlässigkeit seiner vergangenen Erfahrung.

3. Die Bemerkung »Du mußt nicht so leicht verlegen werden und Angst vor deinen Gefühlen haben« besagt wohl:
a) »Du bist anders als ich und anders als andere nette oder normale Menschen, denn wir äußern unsere Gefühle.«
b) »Die Gefühle, die du ausdrückst, sind in Ordnung, nur kannst *du* sie nicht akzeptieren.« Hätte ihre Erstarrung jedoch angezeigt: »diese Gefühle sind unangenehm«, so wäre dem Jungen damit gesagt worden, er solle sich nicht durch unangenehme Gefühle verlegen machen lassen. Da er lange darin gedrillt worden ist, was für sie und die Gesellschaft akzeptabel ist und was nicht, kommt er wiederum mit der Vergangenheit in Konflikt. Fürchtete er sich nicht vor seinen Gefühlen (von denen die Mutter sagt, daß sie gut sind), so brauchte er sich nicht vor seiner Zuneigung zu fürchten und würde dann bemerken, daß sie es ist, die Angst hat, doch darf er das nicht merken, weil ihr ganzes Auftreten darauf gerichtet ist, diese Unzulänglichkeit in ihr selbst zu überdecken.
Das unerträgliche Dilemma sieht damit so aus: »Wenn ich die Bindung zu meiner Mutter behalten will, darf ich ihr nicht zeigen, daß ich sie liebe, aber wenn ich ihr nicht zeige, daß ich sie liebe, werde ich sie verlieren.«
Welchen Wert die Mutter auf ihre spezielle Methode der Kontrolle legt, wird schlagend illustriert von der interfamiliären Situation einer jungen Schizophrenen, die den Therapeuten bei ihrer ersten Begegnung mit der Bemerkung begrüßte: »Mutter mußte heiraten, und nun bin ich hier.« Diese Feststellung bedeutete für den Therapeuten:
1. Die Patientin kam nach einer außerehelichen Schwangerschaft zur Welt.
2. Diese Tatsache stand (nach ihrer Meinung) in Zusammenhang mit ihrer akuten Psychose.
3. »Hier« bezog sich auf das Behandlungszimmer des Psychiaters sowie auf ihre irdische Existenz, für die sie ihrer Mutter ewigen Dank schuldete, und zwar vor allem deshalb, weil ihre Mutter gesündigt und gelitten hatte, um sie auf die Welt zu bringen.

4. »Mußte heiraten«: damit war die überstürzte Heirat ihrer Mutter gemeint sowie deren Reaktion auf den Zwang, heiraten zu müssen, und dementsprechend, daß sie wegen dieser Zwangslage verdrossen war und die Patientin dafür verantwortlich machte.

Tatsächlich haben sich all diese Annahmen im Folgenden als faktisch richtig erwiesen, und die Mutter bestätigte sie während eines vorzeitig abgebrochenen Versuchs, sich einer Psychotherapie zu unterziehen. Die Mitteilungen der Mutter an die Patientin schienen im wesentlichen den Tenor zu haben: »Ich bin liebenswert, liebevoll und mit mir selbst zufrieden. Du bist liebenswert, wenn du bist wie ich und tust, was ich dir sage.« Zugleich bedeutete die Mutter der Tochter in Wort und Verhalten: »Du bist kränklich, unintelligent und anders als ich (›nicht normal‹). Du brauchst mich, und mich allein, wegen dieser Benachteiligungen, und ich will mich deiner annehmen und dich lieben.« Das Leben der Patientin war somit eine Reihe von ersten Anfängen, von Versuchen des Erlebens, die alle fehlschlugen und sie aufgrund der zwischen ihr und der Mutter bestehenden Kollusion ans Schürzenband der Mutter zurücktrieben.

In der parallel laufenden Therapie der Mutter stellte sich heraus, daß für ihre Selbsteinschätzung bestimmte Bereiche wichtig waren, die für die Patientin besonders konfliktreiche Situationen darstellten. Zum Beispiel brauchte die Mutter die Fiktion, daß sie ihrer Familie nahestand und zwischen ihr und ihrer eigenen Mutter eine tiefe Liebe herrschte. Mittels Analogie diente die Beziehung zur Großmutter als Prototyp für die Beziehung der Mutter zu ihrer eigenen Tochter. Bei einer Gelegenheit warf die Großmutter, als die Tochter sieben oder acht Jahre alt war, in einem Wutanfall ein Messer nach dem kleinen Mädchen, das dieses nur um Haaresbreite verfehlte. Die Mutter sagte zur Großmutter nichts, sondern trieb das kleine Mädchen mit den Worten aus dem Zimmer: »Oma liebt dich wirklich.« Es ist bezeichnend, daß die Großmutter gegenüber der Patientin die Einstellung hatte, sie stünde nicht genügend unter Aufsicht, und mit ihrer Tochter zu schimpfen pflegte, weil sie dem Kind gegenüber zu nachgiebig sei. Die Großmutter lebte im Haus, als die Patientin einen ihrer psychotischen Schübe hatte, und es machte dem Mädchen großen Spaß, verschiedene Gegenstände nach Mutter und Großmutter zu werfen, während diese voller Angst in Deckung gingen.

Die Mutter hatte sich als Mädchen sehr attraktiv gefühlt, und sie war der Meinung, daß die Tochter ihr ziemlich ähnelte; und wenn sie sie auch mit leiser Anerkennung tadelte, so war doch klar, daß sie das Gefühl hatte, die Tochter würde ihr entschieden nachkommen. Eine der ersten Handlungen, die die Tochter während eines psychotischen Schubs beging, war die, daß sie ihrer Mutter verkündete, sie werde ihr Haar abschneiden. Sie führte ihr Vorhaben aus, indes die Mutter sie anflehte, doch damit aufzuhören. Anschließend ging die Mutter her und zeigte den Leuten ein Mädchenbild von *sich selbst,* um ihnen zu erklären, wie die Patientin aussehen würde, hätte sie nur ihr schönes Haar.

Ohne sich der Bedeutung dessen, was sie tat, bewußt zu sein, setzte die Mutter die Krankheit ihrer Tochter damit gleich, daß sie nicht ganz gescheit sei und irgendeinen organischen Hirnfehler habe. Dem stellte sie ständig ihre eigene Intelligenz gegenüber, für die ihre *eigenen* Schulzeugnisse ein Beweis seien. Sie bevormundete ihre Tochter völlig und behandelte sie auf eine besänftigende Weise, die unaufrichtig war. Zum Beispiel versprach sie ihr im Beisein des Psychiaters, sie werde keine weiteren Schockbehandlungen mehr zulassen, und fragte den Arzt, kaum daß das Mädchen den Raum verlassen hatte, ob er es nicht für besser halte, sie zu hospitalisieren und mit Elektroschock zu behandeln. Ein Schlüssel für dieses betrügerische Verhalten fand sich in der Therapie der Mutter. Sie hatte, obwohl die Tochter bereits dreimal hospitalisiert gewesen war, den Ärzten gegenüber nichts davon gesagt, daß sie selbst einen psychotischen Schub gehabt hatte, als sie ihre Schwangerschaft entdeckte. Von ihrer Familie war sie eilends in ein kleines Sanatorium in einer Nachbarstadt gesteckt worden, wo man sie nach eigener Angabe sechs Wochen auf einem Bett festgeschnallt hielt. In dieser Zeit hatte sie von ihrer Familie keinen Besuch erhalten, und außer ihren Eltern und ihrer Schwester hatte niemand gewußt, daß sie im Krankenhaus war.

Zweimal in ihrer Therapie zeigte die Mutter eine starke Gefühlsbewegung: einmal, als sie von ihrem eigenen psychotischen Erlebnis erzählte, das anderemal bei ihrem letzten Besuch, als sie den Therapeuten beschuldigte, sie verrückt machen zu wollen, indem er sie zwinge, zwischen ihrer Tochter und ihrem Mann zu wählen. Entgegen dem ärztlichen Rat nahm sie ihre Tochter aus der Therapie.

Der Vater war an den homöostatischen Aspekten der intrafamiliären Situation ebenso beteiligt wie die Mutter. Zum Beispiel behauptete er, er habe seine Stellung als bedeutender Anwalt aufgeben müssen, um seine Tochter in eine Gegend zu bringen, in der er ihr kompetente psychiatrische Hilfe zuteil werden lassen konnte. Der Therapeut brachte schließlich, gewitzigt durch Andeutungen der Patientin (die häufig von einer Person namens »Nervöser Ned« sprach), aus ihm heraus, daß er seine Arbeit gehaßt und seit Jahren versucht hatte, sie loszuwerden. Der Tochter wurde jedoch weisgemacht, der Umzug sei ihretwegen erfolgt.

Aufgrund der Prüfung des klinischen Materials drängten sich uns eine Reihe von Beobachtungen auf, darunter diese:

1. Die Hilflosigkeit, Angst, Erbitterung und Wut, die eine *double bind*-Situation im Patienten auslöst, über die die Mutter aber gelassen und verständnislos hinweggeht. Wir haben beim Vater Reaktionen festgestellt, mit denen er entweder *double bind*-Situationen erzeugt oder die von der Mutter geschaffenen vergrößert und verstärkt, und wir haben den Vater erlebt, wie er passiv und beleidigt, aber hilflos das Opfer eines entsprechenden Verhaltens beim Patienten wird.

2. Die Psychose scheint zum Teil ein Versuch zu sein, mit *double bind*-Situationen fertigzuwerden, ihren hemmenden und lähmenden Effekt zu überwinden. Der psychotische Patient kann scharfsinnige, prägnante, oft metaphorische Bemer-

kungen machen, die Einsicht in die Kräfte verraten, die ihn binden. Im Gegensatz dazu kann er selbst Experte darin werden, *double bind*-Situationen herzustellen.

3. Nach unserer Theorie ist die beschriebene Kommunikationslage für die Sicherheit der Mutter und demnach für die Aufrechterhaltung des Gleichgewichts in der Familie wichtig. Wenn das so ist, dann muß die Mutter Angst bekommen, sobald die Psychotherapie des Patienten ihm dazu verhilft, ihren Herrschaftsanspruch weniger ausgeliefert zu sein. Ähnlich muß der Therapeut, wenn er der Mutter die Dynamik der Situation erklärt, die sie mit dem Patienten herstellt, eine Angstreaktion in ihr auslösen. Nach unserem Eindruck führt das, wenn zwischen Patient und Familie ein dauernder Kontakt besteht (besonders, wenn er während der Psychotherapie zu Hause lebt), zu einer (oft schweren) Störung bei der Mutter und manchmal sogar bei Mutter, Vater und Geschwistern (10, 11).

Der gegenwärtige Stand und die künftigen Aussichten

Viele Autoren haben die Schizophrenie unter dem Aspekt des stärksten Gegensatzes zu jeder anderen Form menschlichen Denkens und Verhaltens dargestellt. Nun handelt es sich zwar um ein isolierbares Phänomen, doch trägt eine solche Betonung der Unterschiede zum Normalen – die der ängstlichen Absonderung des Psychotikers von anderen Menschen ziemlich entspricht – nichts dazu bei, die Probleme zu verstehen. Wir gehen bei unserem Ansatz davon aus, daß die Schizophrenie allgemeine Prinzipien in sich schließt, die bei jeder Kommunikation wichtig sind, weshalb sich in »normalen« Kommunikationslagen viele lehrreiche Ähnlichkeiten finden lassen.

Unser besonderes Interesse galt den verschiedenen Arten der Kommunikation, die sowohl eine emotionale Bedeutung haben als auch eine Unterscheidung zwischen verschiedenen Ordnungen von Botschaften erforderlich machen. Zu solchen Situationen gehören Spiel, Humor, Ritual, Poesie und Dichtung. Das

Spiel, besonders bei Tieren, haben wir in einigem Ausmaß studiert (3). Es handelt sich um eine Situation, die überzeugend das Auftreten von Metabotschaften illustriert, deren richtige Unterscheidung für das Zusammenwirken der Beteiligten von entscheidender Wichtigkeit ist; zum Beispiel kann eine falsche Unterscheidung leicht einen Kampf auslösen. Eng verwandt mit dem Spiel ist der Humor, ein ständiger Gegenstand unserer Forschung. Zu ihm gehören plötzliche Übergänge von einem logischen Typus zum anderen, ebenso die Unterscheidung solcher Übergänge. Das Ritual ist ein Bereich, in dem in ungewöhnlicher Weise reale oder wörtliche Zuschreibungen des logischen Typs vorgenommen und ebenso nachdrücklich verteidigt werden, wie der Schizophrene die »Realität« seiner Wahnvorstellungen verteidigt. Die Poesie exemplifiziert die kommunikative Macht der Metapher – selbst der ganz ungewöhnlichen Metapher –, wenn sie mittels verschiedener Zeichen als solche markiert wird, wogegen die nicht als solche gekennzeichnete Metapher des Schizophrenen dunkel bleibt. Das gesamte Gebiet der dichterischen Kommunikation, definiert als Erzählung oder Darstellung einer Reihe von Ereignissen, die mehr oder weniger das Signum von Wirklichkeit tragen, ist für die Erforschung der Schizophrenie höchst wichtig. Wir sind dabei nicht so sehr an der inhaltlichen Interpretation der Dichtung interessiert – obwohl die Analyse oraler und destruktiver Thematiken für die Schizophrenieforschung aufschlußreich ist – als vielmehr an den formalen Problemen, die mit der gleichzeitigen Existenz vielfältiger Botschaftsebenen in der dichterischen Darstellung von »Realität« gegeben sind. In dieser Hinsicht ist das Drama besonders interessant, bei dessen Aufführung Darsteller und Zuschauer gleichermaßen auf Botschaften über die tatsächliche wie die theatralische Realität reagieren.

Große Beachtung schenken wir der Hypnose. Eine beachtliche Menge von Phänomenen, die als schizophrene Symptome auftreten – Halluzinationen, Wahnvorstellungen, Persönlichkeitsveränderungen, Amnesien usw. –, lassen sich durch Hypnose temporär bei normalen Personen erzeugen. Sie müssen dabei nicht unbedingt als spezifische Phänomene suggeriert werden, sondern können das »spontane« Ergebnis eines arrangierten Kommunikationsablaufs sein. So erzeugt zum Beispiel Erickson (4) eine Halluzination, indem er zunächst in einer Hand der Versuchsperson Katalepsie auslöst und dann sagt: »Ihre Hand kann sich auf keine wahrnehmbare Weise bewegen, aber wenn ich das Signal gebe, muß sie sich bewegen.« Das heißt, er sagt dem Betreffenden, seine Hand werde in derselben Lage bleiben, doch werde sie sich bewegen, und es gebe für ihn keine Möglichkeit der bewußten Wahrnehmung. Wenn Erickson das Signal gibt, hat die Versuchsperson die Halluzination, daß die Hand sich bewegt, oder sie halluziniert sich an einen anderen Ort, so daß sich die Hand bewegen kann. Die Benutzung der Halluzination zur Lösung eines durch widersprüchliche Befehle, die nicht diskutiert werden können, geschaffenen Problems erscheint uns als ein Beispiel dafür, wie eine *double bind*-Situation durch Wechsel der logischen Typen gelöst werden kann. Die Reaktionen eines Menschen unter Hypnose auf direkte Suggestionen oder Behauptungen bringen ebenfalls im allgemeinen einen Wechsel im Typus mit sich und ähneln damit sehr denen von Schizophrenen, sei es daß Worte wie »Hier ist ein Glas Wasser« oder »Sie sind müde« für äußere oder innere Realität gehalten, sei es daß metaphorische Feststellungen wörtlich genommen werden. Wir hoffen, das weitere Studium der Herstellung eines Zustands der Hypnose, ihrer Phänomene und der unter ihrem Einfluß bestehenden Wachheit in dieser kontrollierbaren Situation wird dazu beitragen, unseren Blick für die wesentlichen Kommunikationsabläufe zu schärfen, die Phänomene ähnlich denen der Schizophrenie erzeugen.

In einem anderen Experiment hat Erickson (12) anscheinend einen Kommunikationsablauf mit *double bind*-Charakter isoliert, ohne spezifischen Gebrauch von Hypnose zu machen. Erickson richtete es bei einem Seminar so ein, daß ein junger Kettenraucher neben ihm saß und keine Zigaretten hatte; anderen Teilnehmern hatte er kurz gesagt, wie sie sich verhalten sollten. Alles war darauf angelegt, daß Erickson dem jungen Mann wiederholt eine Zigarette anbot, aber stets von irgend jemand mit einer Frage unterbrochen wurde, so daß er sich abwandte und die Zigaretten »unabsichtlich« aus der Reichweite des jungen Mannes zurückzog. Später fragte ein anderer Teilnehmer diesen jungen Mann, ob er von Dr. Erickson die Zigarette bekommen habe. Er erwiderte: »Welche Zigarette?«, und zeigte deutlich, daß er den ganzen Ablauf vergessen hatte, lehnte sogar eine Zigarette ab, die ein anderer Teilnehmer ihm anbot, und sagte, er sei zu sehr an der Seminardiskussion interessiert, um zu rauchen. Dieser junge Mann befindet sich für unsere Begriffe in einer experimentellen Situation, die der *double bind*-Situation des Schizophrenen mit seiner Mutter entspricht: eine wichtige Beziehung, widersprüchliche Botschaften (hier bestehend im Geben und Wiederwegnehmen) und eine Blockierung der Stellungnahme dazu – schließlich ist ein Seminar im Gange, und dann ist ja auch alles »unabsichtlich«. Und man beachte die Ähnlichkeit des Ergebnisses: Das *double bind*-Geschehen wird aus dem Gedächtnis verbannt, und es findet eine Umkehrung von »Er gibt sie mir nicht« in »Ich will sie nicht« statt.

Obwohl wir mit diesen Überlegungen auf benachbarte Gebiete geraten sind, bleibt das Hauptgebiet unserer Beobachtung doch die Schizophrenie selbst. Jeder von uns hat direkt mit schizophrenen Patienten gearbeitet, und wir haben einen Großteil dieses Fallmaterials auf Band genommen, um es detailliert untersuchen zu können. Dazu nehmen wir gemeinsame Interviews mit Patienten und ihren Familien auf Band und machen Tonfilmaufnahmen von Müttern und gestörten, vermutlich präschizophrenen Kindern. Wir hoffen, daß wir damit das ständig reproduzierte *double bind*-Geschehen, das sich nach unserer Auffassung bei späteren Schizophrenen von Kindheit an in der Familiensituation abspielt, mit unbestreitbarer Evidenz werden nachweisen können. Diese familiäre Grundsituation sowie die offenkundigen Kommunikationsmerkmale der Schizophrenie haben den Mittelpunkt dieses Aufsatzes gebildet. Wir denken jedoch, daß unsere Begriffe und ein Teil dieses Materials auch der künftigen Arbeit hinsichtlich anderer Probleme der Schizophrenie zugute kommen werden: der Vielfalt anderer Symptome etwa, dem Charakter des »angepaßten Zustands« vor Manifestwerden der Schizophrenie sowie dem Wesen und den Bedingungen des Ausbruchs der Psychose.

Implikationen dieser Hypothese für die Therapie

Die Psychotherapie ist selbst ein Bezugssystem mit Kommunikationen auf vielen Ebenen, die die unklaren Linien zwischen dem Wörtlichen und dem Metaphorischen bzw. zwischen Realität und Phantasie erforscht, und tatsächlich ist von Spiel, Drama und Hypnose in der Therapie weitgehend Gebrauch gemacht worden. Unser Interesse gilt der Therapie, und zur Ergänzung unseres eigenen Materials haben wir Aufnahmen, wortgetreue Aufzeichnungen und persönliche Berichte von anderen Therapeuten gesammelt und geprüft. Dabei bevorzugen wir genaue Wiedergaben, da wir der Ansicht sind, daß die Sprechweise eines Schizophrenen zum Großteil, wenn auch oft auf tückische Weise, davon abhängt, wie ein anderer mit ihm redet; es ist äußerst schwierig, sich ein Bild davon zu machen, was wirklich in einem therapeutischen Interview vor sich gegangen ist, wenn man nur eine indirekte Schilderung davon bekommt, vor allem wenn diese Schilderung bereits selbst theoretisch formuliert wird.

Abgesehen von einigen allgemeinen Bemerkungen und Vermutungen können wir allerdings noch nichts über das Verhältnis des *double bind* zur Psychotherapie sagen. Im Augenblick können wir nur feststellen:

1. *Double bind*-Situationen werden durch den psychotherapeutischen Rahmen und das Krankenhausmilieu sowie in ihnen geschaffen. Unter dem Gesichtspunkt dieser Hypothese fragen wir uns, welche Wirkung die ärztliche »Freundlichkeit« auf den schizophrenen Patienten hat. Da Hospitäler mindestens

genauso gut und genauso sehr zum Wohle des Personals wie zum Wohle des Patienten da sind, werden zuweilen Widersprüche auftreten, wenn irgendwelche Handlungen »zum Wohle« des Patienten vorgenommen werden, die in Wirklichkeit den Zweck haben, den Ärzten das Leben zu erleichtern. Wir möchten annehmen, daß die schizophrenogene Situation zementiert wird, wann immer das System zu Krankenhauszwecken organisiert und dem Patienten verkündet wird, diese Maßnahmen würden zu *seinen* Gunsten getroffen. Diese Art der Täuschung wird den Patienten veranlassen, darauf zu reagieren wie auf eine *double bind*-Situation, und seine Reaktion wird in dem Sinne »schizophren« sein, daß sie indirekt ist und der Patient sich nicht damit auseinandersetzen kann, daß er sich getäuscht fühlt. Ein kleines Beispiel am Rande, das zum Glück amüsant ist, wird eine solche Reaktion veranschaulichen. Auf einer Station unter der Leitung eines uneigennützigen und »großmütigen« Arztes befand sich an der Tür dieses Arztes ein Schild mit der Aufschrift: »Arztbüro. Bitte anklopfen.« Der Arzt wurde von dem gehorsamen Patienten zur Verzweiflung und schließlich zur Kapitulation getrieben, weil dieser jedesmal, wenn er an der Tür vorbeiging, gewissenhaft anklopfte.

2. Das Verständnis des *double bind* und seiner Kommunikationsaspekte mag zu Neuerungen in der therapeutischen Technik führen. Worin diese Neuerungen bestehen könnten, ist schwierig zu sagen, doch nehmen wir aufgrund unserer Untersuchungen an, daß ständig *double bind*-Situationen in der Psychotherapie auftreten. Zuweilen sind sie unbeabsichtigt in dem Sinne, daß der Therapeut eine *double bind*-Situation schafft, die jener in der Lebensgeschichte des Patienten ähnelt, oder der Patient den Therapeuten in eine *double bind*-Situation bringt. Dann wieder scheint der Therapeut, entweder absichtlich oder intuitiv, *double binds* aufzuerlegen, die den Patienten zwingen, anders zu reagieren, als er das in der Vergangenheit getan hat.

Ein Beispiel aus der Praxis einer begabten Therapeutin illustriert das intuitive Verständnis eines Kommunikationsablaufs im Sinne des *double bind*. Dr. Frieda Fromm-Reichmann (5) behandelte eine junge Frau, die seit ihrem siebten Lebensjahr eine eigene hochkomplizierte Religion aufgebaut hatte, angefüllt mit mächtigen Göttern. Sie war völlig schizophren und voller Scheu, in eine therapeutische Situation einzutreten. Am Anfang der Behandlung sagte sie: »Gott R sagt, ich soll nicht mit Ihnen reden.« Dr. Fromm-Reichmann antwortete: »Schauen Sie, wir wollen etwas auf Band nehmen. Für mich existiert Gott R nicht, und die ganze Welt von Ihnen existiert nicht. Für Sie existiert sie, und es liegt mir fern zu denken, daß ich sie Ihnen wegnehmen kann, ich habe keine Ahnung, was sie bedeutet. So bin ich bereit, mit Ihnen auf der Grundlage dieser Welt zu reden, wenn Sie sich nur klarmachen, daß ich das so tue, daß wir uns darüber einig sind, daß sie für mich nicht existiert. Gehen Sie nun zu Gott R und sagen Sie ihm, wir haben uns zu unterhalten und er soll Ihnen die Erlaubnis dazu geben. Sie müssen ihm außerdem sagen, daß ich Arzt bin und Sie von sieben bis sechzehn – also neun Jahre – in seinem Königreich gelebt haben und er Ihnen nicht geholfen hat. So muß er mir jetzt erlauben, den Versuch zu machen und zu sehen, ob Sie und ich dieses Werk vollbringen können. Sagen Sie ihm, ich bin Arzt, und daß ich dies versuchen will.«

Die Therapeutin hält ihre Patientin in einem »therapeutischen *double bind*«. Äußert die Patientin Zweifel an ihrem Glauben an ihren Gott, so stimmt sie Dr. Fromm-Reichmann zu und gesteht ihre positive Einstellung zur Therapie ein. Besteht sie darauf, daß Gott R real ist, so muß sie ihm sagen, daß Dr. Fromm-Reichmann »mächtiger« ist als er – und damit ebenfalls ihre Verstrickung mit der Therapeutin zugeben.

Der Unterschied zwischen der therapeutischen Falle und der ursprünglichen *double bind*-Situation besteht zum Teil darin, daß der Therapeut selbst nicht an einem Kampf auf Leben und Tod beteiligt ist. Er kann deshalb relativ heilsame Beziehungsfallen stellen und dem Patienten allmählich helfen, sich aus ihnen zu emanzipieren. Viele der außerordentlich zweckmäßigen »Schachzüge«, mit denen der Therapeut die Behandlung eröffnet, scheinen intuitiv zu sein. Wir teilen das Ziel der meisten Psychotherapeuten, die den Tag herbeisehnen, an dem derartige Geniestreiche so gut bekannt sind, daß sie sich systematisieren lassen und Allgemeingut werden können.

Literaturhinweise

1 Bateson, G., Social Planning and the concept of »deutero-learning«, in *Conference on Science, Philosophy, and Religion, Second Symposium*, New York 1942.
2 Bateson, G., A theory of play and fantasy, in *Psychiatric Research Reports*, 1955, 2, 39–51.
3 Carpenter, C. R., A field study of the behavior and social relations of howling monkeys, in *Comp. Psychol. Monogr.*, 1931, 10, 1–168.
4 Erickson, M. H., persönliche Mitteilung, 1955.
5 Fromm-Reichmann, F., persönliche Mitteilung, 1956.
6 Haley, J., Paradoxes in play, fantasy, and psychotherapy, in *Psychiatric Research Reports*, 1955, 2, 52–58.
7 Harlow, H. F., The formation of learning sets, *Psychol. Rev.*, 1949, 56, 51–65.
8 Hilgard, J. R., Anniversary reactions in parents precipitated by children, in *Psychiatry*, 1953, 16, 73–80.
9 Hull, C. L., u. a., *Mathematico-deductive theory of role learning*, New Haven 1940.
10 Jackson, D. D., An episode of sleepwalking, in *J. Amer. Psychoanal. Assn.*, 1954, 2, 503–508.
11 Jackson, D. D., Some factors influencing the Oedipus complex, in *Psychoanal Quart.*, 1954, 23, 566–581.
12 Jackson, D. D., The question of family homeostasis, vorgetragen auf dem Treffen der Amer. Psychiatric Assn., St. Louis, 7. Mai 1954.
13 Lorenz, K. Z., *King Solomon's ring*, New York 1952.
14 Perceval, J., A narrative of the treatment experienced by a gentleman during a state of mental derangement, designed to explain the causes and nature of insanity, etc. London 1836 und 1840.
15 Ruesch, J., und G. Bateson, *Communication: the social matrix of psychiatry*, New York 1951.
16 von Domarus, E., The specific laws of logic in schizophrenia, in

Language and thought in schizophrenia, hrg. von J. S. Kasanin, Berkeley 1944.

17 Whitehead, A. N. und B. Russell, *Principia mathematica*, Cambridge 1940.

Lyman C. Wynne, Irving M. Ryckoff, Juliana Day und Stanley J. Hirsch
Pseudo-Gemeinschaft in den Familienbeziehungen von Schizophrenen

Das Ziel dieses Aufsatzes ist die Entwicklung einer psychodynamischen Interpretation der Schizophrenie, die die soziale Organisation der Familie als ganzer begrifflich erfaßt. Wir werden eine Reihe von Begriffen und Hypothesen aufstellen, die sich auf die verschiedenen Phasen – präpsychotische, akute und chronische – von schizophrenen Prozessen anwenden lassen, wobei wir unser besonderes Augenmerk auf die Bedeutung der Familienbeziehungen für diese Prozesse richten werden.

In gewisser Hinsicht handelt es sich um Vorstudien zu einer Theorie der Schizophrenie und keineswegs um eine Theorie, die alle Formen von Schizophrenie systematisch zu erfassen sucht; vielmehr geht es uns um einen logisch einwandfreien Standort, von dem aus bestimmte Grundzüge der Schizophrenie betrachtet werden können. Wie wir annehmen, mögen andere Faktoren, die bei dieser Begriffsbildung außer Betracht bleiben, sich verschiedenen Ebenen der Organisation in den einzelnen Stadien der Pathogenese von Schizophrenie bzw. der Gruppe von Schizophreniearten gut zuordnen lassen. Bei der vorliegenden Darstellung begnügen wir uns damit, die Hypothese aufzustellen, daß die von uns spezifizierten Überlegungen einen bedeutenden Beitrag zur Interpretation der Form leisten kann, in der die schizophrene Erkrankung auftritt.

Die hier dargestellte Arbeit ist Teil einer Langzeitstudie des Familienmilieus schizophrener Patienten, die 1954 am National Institute of Mental Health begonnen wurde. Bei dieser Studie wird die gesamte Familieneinheit samt Eltern und Nachkommen als Fall betrachtet. In der ersten Phase des

Studienprogramms wurden die schizophrenen Patienten intensiv psychotherapeutisch versorgt, die Eltern wurden zweimal die Woche auf ambulanter Basis von verschiedenen Psychiatern oder einem psychiatrisch geschulten Sozialarbeiter empfangen, und die Angaben der anderen Familienmitglieder sowie des Pflegepersonals und der Stationsleitung wurden ebenfalls zur Rekonstruktion der Familienstruktur herangezogen.

Wir haben diese Art von therapeutischer Studie und Beobachtung der ersten Gruppe von Familien benutzt, um die Arbeitshypothesen dieses Aufsatzes zu entwickeln. Die meisten klinischen Beispiele, die wir anführen werden, entstammen der Arbeit mit vier Familien, doch beruhen einige unserer Beobachtungen auf der Arbeit mit anderen Familien, die weniger gründlich studiert wurden.

Unser Denken hat sich bisher hauptsächlich auf schizophrene Erkrankungen gerichtet, in denen die Psychose in der Spätadoleszenz oder im frühen Erwachsenenalter akut wurde, also nicht auf Schizophrenie im allgemeinen oder auf »Prozeß-Schizophrenie«. Die Spezifizierung des Bereiches der Fälle, für den die hier vorgetragenen Hypothesen Gültigkeit haben, ist ein Problem der künftigen und der bereits in Gang befindlichen Forschung. Unsere klinischen Beispiele dienen also der Illustration und Erhellung, nicht der statistischen Verifikation.

Der Begriff der Pseudo-Gemeinschaft (pseudo-mutuality)

Wir wollen zunächst versuchen, bestimmte Grundannahmen oder Postulate unserer Arbeit zu verdeutlichen. Wir gehen davon aus, daß die Aufnahme einer Beziehung mit anderen Menschen ein fundamentales Gebot oder »Bedürfnis« der menschlichen Existenz ist. In psychoanalytischer Terminologie ausgedrückt, heißt das: Der Mensch ist seinem ganzen Wesen nach objektbezogen. Für unseren augenblicklichen Zweck läßt sich das Streben nach Beziehungen zu anderen Menschen als primärer[1] bzw. als früher und wesentlicher, wenn vielleicht auch sekundärer, Grundzug der menschlichen Situation begreifen.

Eine weitere Grundannahme für die nachfolgenden Ausführungen ist, daß jeder Mensch bewußt wie unbewußt in einem lebenslangen Prozeß danach strebt, ein Gefühl der eigenen Identität zu entwickeln. Das Identitätsgefühl besteht aus jenen expliziten und impliziten Selbst-Repräsentanzen, die dem Erleben trotz eines ständigen Stromes von inneren und äußeren Reizen Kontinuität und Zusammenhalt verleihen. Identitätsprozesse lassen sich als diejenigen Ich-Funktionen begreifen, durch die das Selbst sich als etwas von den Objekten Getrenntes erfährt. Wie Erikson zu verstehen gibt, bahnen Prozesse, die in ihrer ursprünglichen Form als Introjektion und Projektion zu konzipieren sind, vielfältigen Identifikationen den Weg, die nach dem Prinzip der Selektion verworfen, assimiliert und der neuen Konfiguration von Identität eingegliedert werden.[2]

Wir sind der Meinung, daß die allumfassende Notwendigkeit, ebenso das Problem der Beziehung wie das der Identität zu behandeln[3], in der Hauptsache drei »Lösungen« nahelegt. Diese drei Formen der Beziehung oder Komplementarität, die sich daraus ergeben, heißen Gemeinschaft *(mutuality)*, Nicht-Gemeinschaft *(nonmutuality)* und Pseudo-Gemeinschaft. Die Pseudo-Gemeinschaft ist eine mißlungene »Lösung«, die weit verbreitet ist. Wir gehen von der Hypothese aus, daß diese Art von Beziehung in besonders intensiver und beständiger Form wesentlich zur Familienerfahrung von Menschen beiträgt, die

---

1 Siehe z. B. W. R. D. Fairbairn, *Psychoanalytic Studies of the Personality*, London 1952; Michael Balint, *Primary Love and Psychoanalytic Technique*, London 1952, deutsch *Die Urformen der Liebe und die Technik der Psychoanalyse*, Bern und Stuttgart 1966.
2 Erik Homburger Erikson, »The Problem of Ego Identity«, in *J. Amer. Psychoanal. Assn.* (1956) 4 : 56–121, deutsch »Das Problem der Ich-Identität«, in *Identität und Lebenszyklus*, Frankfurt/M 1966, S. 123–212.
3 Siehe Martin Buber, »Distance and Relation«, in *Psychiatry* (1957), 20 : 97–104, eine philosophische Studie über die Fragen, die diese Notwendigkeit in sich schließt.

später, sind andere Faktoren ebenfalls gegeben, in einen akuten schizophrenen Schub geraten.

Der Ausdruck Pseudo-Gemeinschaft umschreibt den Charakter einer Beziehung mit verschiedenen Bestandteilen. Jede Person bringt in die Beziehung eine primäre Investition ein zur Aufrechterhaltung eines *Gefühls* von Beziehung.[4] Das Bedürfnis und der Wunsch nach dieser besonderen Beziehung sind aus einem oder auch mehreren Gründen besonders stark: bei Erwachsenen zum Beispiel wegen Isolation oder des Fehlschlags anderer Beziehungen infolge von charakterlichen oder situationsbedingten Schwierigkeiten, bei Kindern wegen schmerzlicher früherer Erlebnisse von Trennungsangst. Die zurückliegende Erfahrung jedes Beteiligten und die aktuellen Bedingungen der Beziehung führen zu dem Bestreben, die Vorstellung oder das Gefühl zu bewahren, daß das eigene Verhalten und die eigenen Erwartungen mit dem Verhalten und den Erwartungen des anderen in der Beziehung eins werden, selbst wenn das nur eine Illusion sein mag.

Sicher, alle zwischenmenschlichen Beziehungen sind auf die eine oder andere Weise nach Art der Komplementarität oder des Zusammenschlusses strukturiert. Bei der Darstellung von Pseudo-Gemeinschaft liegt der Akzent jedoch auf dem überwiegenden Aufgehen im Zusammenschluß auf Kosten der Differenzierung der Identitäten jener Personen, die an der Beziehung beteiligt sind. Dagegen bringt jeder in Beziehungen von echter Gemeinschaft ein Gefühl seiner eigenen sinnvollen, positiv bewerteten Identität ein, und aus dem Erleben bzw. der Teilnahme an der Gemeinschaft erwächst die gegenseitige Anerkennung der Identität des anderen, einschließlich der zu-

---

4 In der Fassung dieses Aufsatzes, die auf der Jahrestagung der American Psychiatric Association im Mai 1956 vorgetragen wurde, haben wir durchweg noch den Ausdruck *Gefühl der Komplementarität* anstelle von Pseudo-Gemeinschaft verwendet. Weil wir dem Unterschied zwischen einem Gefühl oder einer Illusion der Komplementarität und der echten Gemeinschaft so viel Bedeutung beimessen, hielten wir nun eine entschiedenere begriffliche Unterscheidung für angebracht, da die qualifizierenden Wörter *Gefühl der* beim Lesen leicht übersehen werden.

nehmenden Anerkennung seiner inneren Möglichkeiten und Fähigkeiten.

Mit dem Wachstum und Veränderungen der Situation kommt es in jeder Beziehung zwangsläufig zu veränderten Erwartungen. Damit ist notwendigerweise eine zumindest vorübergehende Nichterfüllung von Erwartungen – das heißt, Nicht-Komplementarität – verbunden. In der Pseudo-Gemeinschaft aber wird die subjektive Spannung, die aus der Divergenz oder Unabhängigkeit der Erwartungen nebst der offenen Betonung eines Gefühls der eigenen Identität erwächst, nicht bloß als Beeinträchtigung jener besonderen Transaktion erlebt, sondern auch als mögliche Zerstörung der gesamten Beziehung.

Die alternative Möglichkeit wird gar nicht gesehen, oder sie kann nicht in Erwartung gestellt werden: daß nämlich die Anerkennung und Sondierung von Verschiedenheit die Basis der Beziehung zwar ändern, aber auch erweitern bzw. vertiefen kann. Die wirkliche Gemeinschaft toleriert nicht nur, anders als die Pseudo-Gemeinschaft, die Divergenz von Eigeninteressen, sondern lebt geradezu von der Anerkennung solcher natürlichen und unvermeidlichen Divergenz. In der Sprache der Rollentheorie ausgedrückt, heißt das: Eine Beziehung der Gemeinschaft ist in ihrem Bezugsrahmen nicht auf eine einzige Rolle beschränkt, so daß einzelne Punkte einer Nicht-Komplementarität von Rollen für die Beziehung als ganze mehr ein Stimulus sein kann als ein Bruch.

In der Pseudo-Gemeinschaft ist der Gefühlsaufwand mehr auf die Erhaltung des *Gefühls* einer gegenseitigen Erfüllung von Erwartungen gerichtet als darauf, veränderte Erwartungen richtig wahrzunehmen. Die neuen Erwartungen bleiben somit unerforscht, und die alten Erwartungen und Rollen dienen, auch wenn sie in gewisser Hinsicht überholt und ungeeignet sind, weiterhin als Struktur der Beziehung.

Die bestehende Beziehung kann dann weder aufgegeben werden, es sei denn unter ganz besonderen oder widrigen Umständen, noch darf sie sich entwickeln oder entfalten. Sie erfordert zwar eine hohe Beteiligung und ist oft stark gefühlsbesetzt, zugleich aber beschränkt sie das Wachstum und nimmt dem zwischenmenschlichen Erleben jegliche Frische. Ambivalenz ist unvermeidlich in Beziehungen, die anscheinend auf einer Ebene viel bieten, was auf anderen Ebenen nicht bestätigt wird. Ohne gegenseitige Wahrnehmung und Anerkennung der Identität jedes einzelnen entsprechend der aktuellen Lebenssituation wird die beibehaltene Beziehung zunehmend subjektiv entleert, steril und erstickend. Die positiven Seiten der Beziehung können nicht erforscht und erweitert werden; was dem außerhalb stehenden Beobachter als negative Aspekte von Zwang und Manipulation erscheinen mag, wird *innerhalb* der Beziehung einfach als Teil der Bemühung interpretiert, sich noch mehr zusammenzuschließen.

Kurz, die pseudo-gemeinsame Beziehung enthält ein charakteristisches Dilemma: Divergenz erscheint als Störung der Beziehung und muß deshalb vermieden werden; vermeidet man aber Divergenzen, so ist ein Wachstum der Beziehung unmöglich.

Nicht-gemeinsame Komplementarität

Natürlich gibt es viele zwischenmenschliche Beziehungen, die nicht entweder durch Gemeinschaft oder durch Pseudo-Gemeinschaft charakterisiert sind. Der Verkehr zwischen Verkäufer und Kunde zum Beispiel hat in der Regel über den Kauf von Waren hinaus keine starke Besetzung zum Ausschluß von Nicht-Komplementarität oder zur Erkundung, was die Beziehung beiden zu bieten hat. Derartige Transaktionen, die statistisch häufig und die allgemein stark institutionalisiert sind, weisen eine Integration gegenseitiger bzw. komplementärer Erwartungen auf, doch handelt es sich hier um *nicht-gemeinsame* Komplementarität.[5] Nicht-Gemeinschaft ist gewöhnlich rollengebunden; sie ist, um mit Talcott Parsons zu sprechen,

---

5 Unser Dank gilt an dieser Stelle Dr. Herbert Kelman, der unsere Aufmerksamkeit darauf gelenkt hat, daß es ratsam ist, diese dritte Variante von Komplementarität besonders zu erwähnen.

mehr funktionsspezifisch für eine besondere Rolle, als daß sie eine Bereicherungsfunktion für die Beziehung hätte.[6] Nicht-gemeinsame Komplementarität entwickelt sich oft in die Richtung von Gemeinschaft oder Pseudo-Gemeinschaft, besonders dann, wenn eine Beziehung dauerhaften Charakter annimmt oder ihre Bedeutung für die Beteiligten steigt. So werden sich Kunde und Verkäufer, die sich lange nicht entschließen können, aus Angst vor Nicht-Komplementarität und zögernd, offen einzugestehen, daß kein Kauf zustandekommen wird, in einer leichten Form von Pseudo-Gemeinschaft engagieren. Schließlich mag der Kunde eine lahme Ausrede gebrauchen wie: »Ich komme noch mal wieder«, aber der soziale Zusammenhang ist hier eindeutig ein ganz anderer als der übliche Familienrahmen. In den Familienbeziehungen kann das Beharren darauf oder die wiederholte Notwendigkeit dafür, die Beziehungen auf die eine oder andere Weise zu behandeln, die Möglichkeiten der Gemeinschaft bereichern, aber auch komplizerere Mechanismen zur Aufrechterhaltung von Pseudo-Gemeinschaft entwickeln.[7]

[6] Siehe in diesem Zusammenhang *Toward a General Theory of Action*, hrg. von Talcott Parsons und Edward A. Shils, Cambridge, Mass. 1951.
[7] John P. Spiegel hat unseren Überlegungen hinsichtlich der Rollentheorie wertvolle und nützliche Anregungen gegeben. Siehe John P. Spiegel, »The Social Roles of Doctor and Patient in Psychoanalysis and Psychotherapy«, in *Psychiatry* (1954) 17 : 369-376; »The Resolution of Role Conflict Within the Family«, in: *Psychiatry* (1957) 20 : 1-16. Mit der Unterscheidung von drei Spielarten der Komplementarität – Gemeinschaft, Pseudo-Gemeinschaft und Nicht-Gemeinschaft – beziehen wir jedoch den Charakter der subjektiven Erfahrung und die Charakterfunktion in die Betrachtung ein, die mit der Rollenausübung verbunden sind. Wenn Spiegel von der Reziprozität der Rollen spricht, die dem Verhalten Spontaneität verleihe, indem sie jemand »die Notwendigkeit, über die meisten von ihm begangenen Handlungen Entscheidungen zu treffen«, erspart (*Psychiatry*, 1957, S. 4), so meinen wir, daß er nur auf die Reziprozität grundlegend nicht-gemeinsamer Beziehungen verweist. Auch in der Pseudo-Gemeinschaft wird jemand die Entscheidung abgenommen, aber zum Preis der *Hemmung* von Spontaneität. In der echten Gemeinschaft sind Entscheiden und Spontaneität miteinander verwoben; Spontaneität im Dienste des Vorstellungsvermögens ist von Anfang an ein integrierender Bestandteil des Beziehungssystems. Wir bezweifeln, ob man das physiologische Modell der Homöostase auf die Ebene von menschlichen Beziehungen transportieren kann, ohne die imaginativen, selektiven, nicht-automatischen Details der vollauf gemeinschaftlichen Kom-

Jetzt können wir unsere erste Grund-Hypothese hinsichtlich der Familienbeziehungen potentieller Schizophrener deutlicher formulieren:

1. Hypothese: In den Familien von Menschen, bei denen es später zu einem akut-schizophrenen Schub kommt, haben jene Beziehungen, die offen als akzeptabel anerkannt werden, den Charakter einer einschneidenden und beständigen Pseudo-Gemeinschaft.

Wie bereits gesagt, ist die Pseudo-Gemeinschaft nicht allein bei Schizophrenen zu finden, sondern sie bildet eine Art von Kontinuum zwischen schizophrenen und anderen Arten der Beziehung. Wir wollen also in dieser ersten Hypothese nicht geltend machen, daß Pseudo-Gemeinschaft *an sich* schon Schizophrenie erzeugt; wir stellen nur die Hypothese auf, daß sie ein Grundmerkmal für die Art von Milieu ist, in dem es zur Entwicklung einer reaktiven Schizophrenie kommt, wenn andere Faktoren ebenfalls gegeben sind.

Eine weitere Einschränkung: Wenn wir spezifizieren, daß die Pseudo-Gemeinschaft nur für jenen Teil der Sozialorganisation der Familie gilt, der offen anerkannt ist, drücken wir aus, daß dieser Teil der Familienstruktur von anderen Teilen der Familienorganisation, die weniger anerkannt sind, scharf abgegrenzt sein kann. Die Abspaltung jener Personen oder Rollen, die nicht in die Pseudo-Gemeinschaft verstrickt sind, kann, wie wir bei der Erörterung von gemeinsamen Familienmechanismen noch darstellen werden, für die Familienorganisation als ganze eine hohe Funktion erfüllen, mögen diese Personen oder Rollen auch bewußt mit Geringschätzung oder Verdammung behandelt werden.

Wir sprechen immer noch, lassen Sie uns das unterstreichen, von der sozialen Organisation der Familie vor Auftreten eines akut-schizophrenen Schubs. Bei diesen Familien besteht das

plementarität auszuschließen. Nur in der einfacheren Situation der Nicht-Gemeinschaft und in der pathologischen Situation der Pseudo-Gemeinschaft scheint die Analogie zum Automatismus des homöostatischen Gleichgewichts zuzutreffen.

präpsychotische Bild überwiegend in einer festen Organisation einer begrenzten Anzahl von absorbierenden Rollen. Während die in der Gesamtorganisation der Familie gegebenen Rollen tendenziell festgelegt bleiben, können die einzelnen Personen, die Träger dieser Rollen sind, wechseln. So kann es eine beträchtliche Konkurrenz und Bewegung um die Frage geben, wer die Rolle des abhängigsten und hilflosesten Familienmitglieds übernimmt; die Rollenstruktur selbst mag unverändert bleiben, wenn nacheinander Kind, Mutter und Vater diese Rolle übernehmen.

In einer von uns untersuchten Familie zum Beispiel verfochten die Mutter und eine Tochter die Pseudo-Gemeinschaft: daß die ganze Familie sich *offensichtlich* einig sei, sei richtig und wünschenswert. Die Mutter hielt eine überaus kontrollierte, friedfertige Außenseite aufrecht, machte in der Außenwelt eine gutsituierte Figur, während eine der Töchter von Geburt an ein Vorbild an »Bravheit« und friedfertigem, ruhigem, völlig schicklichem Verhalten war, das »niemals getadelt werden mußte«. Im Gegensatz dazu übernahmen der Vater und die andere Tochter Rollen, die sie selbst offen mißbilligten, weil sie nicht den Normen der Pseudo-Gemeinschaft entsprachen, die sie ebenfalls für die Familie wünschten.

Vom Vater erwartete jeder in der Familie, daß er eine dominierende Rolle einnahm, die durch eine merkliche Gereiztheit und durch heftige Jähzornanfälle noch unterstrichen wurde; und eine der Töchter wurde als »wild«, rebellisch und frech seit ihrer frühen Kindheit hingenommen. Im Verlaufe der Psychotherapie mit der Mutter stellte sich heraus, daß sie darum kämpfte, ganz ähnliche »wilde« Impulse in sich selbst niederzuhalten; diese Impulse hatten sich in ihrer eigenen Jugendzeit beunruhigend stark gezeigt. In der Spätadoleszenz wurde die »wilde« Tochter passiv, ruhig und pflichtbewußt, und in gewisser Hinsicht tauschte sie mit ihrer »braven« Schwester die Rollen, bei der nun mit vehementer, feindseliger Rebellion ein akut-schizophrener Schub ausbrach. Die Rollenstruktur der Familie blieb also im wesentlichen unangetastet.

Eine solche familiäre Rollenstruktur kann in der Phantasie der Eltern schon Gestalt annehmen, bevor noch ein Kind geboren ist, auf das ein Elternteil manchmal die Erwartung richtet, daß es irgendeine Lücke in seinem Leben ausfüllt. Lewis B. Hill hat eine Reihe von Fällen angeführt, in denen die vom Kind zu übernehmende Rolle in der Familie symbo-

lisch in der Wahl des Namens für das Kind zum Ausdruck kam. In seinem späteren Leben hat sich das Kind anscheinend nie aus dieser früh zugewiesenen Rolle befreien können.[8]
Obwohl frühe Erwartungen und Rollenzuweisungen auch in nicht-schizophrenen Familien auftauchen, sind wir der Meinung, daß die Rollenstruktur der Familie unterschiedlich starr ist. Normalerweise beeinflußt diese Struktur die Persönlichkeitsentwicklung der Nachkommen und wird mehr oder weniger ständig in Übereinstimmung mit den sich wandelnden Bedürfnissen und Erwartungen der Familienmitglieder untereinander überholt und modifiziert. Bei der Pseudo-Gemeinschaft jedoch schlagen sich die Äußerungen der sich wandelnden oder entfaltenden Bedürfnisse der Familienmitglieder nicht in Veränderungen der Rollenstruktur der Familie nieder. In der Organisation der schizophrenen Familie darf die Rollenstruktur nicht einmal angesichts derartiger Wesenszüge angetastet werden, wie sie mit dem Geschlecht, dem Alter und dem Grad an Passivität oder Aggressivität der betreffenden Person gegeben sind. Je nach der Vereinbarkeit von biologischen Merkmalen und der starren Familienstruktur werden sich die psychologischen Erfahrungen der Familienmitglieder unterscheiden.
Vom Standpunkt des Beobachters aus weist die Pseudo-Gemeinschaft der Familie bestimmte Merkmale auf, die sich leicht feststellen lassen: 1. Eine ständige Unveränderbarkeit der Rollenstruktur der Familie, trotz physischer und situationsbedingter Veränderungen in den Lebensumständen der Familienmitglieder und trotz Veränderungen in dem, was vor sich geht und im Familienleben erlebt wird. 2. Ein Festhalten an der Erwünschtheit und Zweckmäßigkeit dieser Rollenstruktur. 3. Anzeichen für eine starke Beunruhigung wegen einer möglichen Abweichung von dieser Rollenstruktur oder gar der Unabhängigkeit von ihr. 4. Ein Fehlen von Spontaneität, Originalität, Humor und Würze in der gegenseitigen Zuwendung.

[8] Persönliche Mitteilung.

Wir nehmen an, daß Nicht-Komplementarität in den Familien von Schizophrenen *stärker und anhaltender* als Bedrohung auftritt denn in anderen Familien, in denen ebenfalls eine Pseudo-Gemeinschaft bestehen kann. Die Bedrohung der etablierten Rollenstruktur der Familie durch selbständiges oder aggressives Verhalten wird als eine herannahende Katastrophe erlebt und kristallisiert sich oft in spezifischen Ängsten. In einer Familie, mit der wir gearbeitet haben, nahm man an, offene Aggression zwischen den Familienmitgliedern würde bei der Mutter eine Gehirnblutung und beim Vater einen Herzanfall auslösen. In Fällen, wo ein Familienmitglied schon einmal eine schwere Depression gehabt hatte, konnte man einen Rückfall befürchten, sobald ein Angehöriger einen Schritt zur psychologischen Selbständigkeit machte.

Die immer gegenwärtige Gefahr der Nicht-Komplementarität in diesen Familien führt zur Pseudo-Gemeinschaft als Lebensweise. Einzig eine große Krise, wie sie ein akut-schizophrener Schub darstellt, wird dann in der Familie als wirkliche Veränderung der Bedeutung erlebt, die die Familienbeziehungen haben, und selbst dann können, wie wir noch ausführen werden, Umdeutungen den Sinn dieses Zwischenfalls rasch verändern.

Der Begriff des Grades an Intensität und Persistenz der Pseudo-Gemeinschaft weist auf eine Dimension hin, die den Beziehungen von Schizophrenen wie von Nicht-Schizophrenen gemeinsam ist. Das gemeinsame Element in dieser Dimension ist die Existenz eines gewissen Grades von Pseudo-Gemeinschaft. Wir sind allerdings der Meinung, daß die Unterschiede in Intensität und Persistenz bedeutsam und beträchtlich sind. Noch bedeutender sind die Unterschiede in Art und Charakter der gemeinsamen Mechanismen, mit denen die Pseudo-Gemeinschaft aufrecht erhalten wird.[9]

9 Die Dimension, in der sich ein gewisser Grad von Pseudo-Gemeinschaft finden läßt, umfaßt die Psychoneurosen und Charakterstörungen, aber auch bestimmte Phasen der normalen Entwicklung. Zum Beispiel kann man die romantische Vernarrtheit in der normalen Entwicklung von Jugendlichen in der amerikanischen Kultur als relativ kurzen pseudo-gemeinsamen Ver-

Gemeinsame Mechanismen zur Aufrechterhaltung der Pseudo-Gemeinschaft

2. Hypothese: In den Familien von potentiellen Schizophrenen hat die Intensität und Dauer der Pseudo-Gemeinschaft zur Entwicklung einer Anzahl von gemeinsamen Familienmechanismen geführt, mittels derer Abweichungen von der Rollenstruktur der Familie der Erkenntnis ferngehalten oder wahnhaft umgedeutet werden. Diese gemeinsamen Mechanismen sind auf einer primitiven Ebene wirksam zur Verhinderung der Artikulation und Selektion irgendwelcher Bedeutungsinhalte, die das einzelne Familienmitglied befähigen könnten, seine eigene Identität innerhalb oder außerhalb der Rollenstruktur der Familie abzugrenzen. Diese noch dunklen Wahrnehmungen und ersten Kommunikationen, die zur Artikulation abweichender Erwartungen, Interessen oder Individualität führen könnten, werden statt dessen aufgeweicht, umgekehrt, getrübt oder verzerrt.

Wir möchten an dieser Stelle klarstellen, daß wir damit *nicht* einfach nur die Verschleierung oder Maskierung von Informationen oder direkte Bemühungen meinen, eine bestimmte Einstellung zu erzwingen oder hervorzulocken. Diese »normalen« und neurotischen Mechanismen sind charakteristisch bei der Aufrechterhaltung oder Wiederherstellung von Pseudo-Gemeinschaft, und natürlich werden sie in den Familien von Schizophrenen *zusätzlich* zu den mehr spezifisch schizophrenen Mechanismen auftreten. Die Halsstarrigkeit und die Wutanfälle des Hysterikers lassen sich als Zwangsmittel zur Erzeugung und Verteidigung einer Illusion von Beziehung begreifen. Ebenso wehrt der Paranoiker mit Ersatzhandlungen, Ungeschehenmachen und Isolierung das Erlebnis der Nicht-Komplementarität ab und dissoziiert es. Dagegen ist die Wahr-

such betrachten, mit der Identitätsdiffusion fertig zu werden, die im Zusammenhang mit den in Aussicht stehenden neuen Rollen des Erwachsenenalters auftritt. »Normalerweise« kommt es mit der Zeit zur Wahrnehmungskorrektur und zur Anerkennung der Unzufriedenheit mit diesen illusionär-romantischen Beziehungen.

nehmungs- und Kommunikationsfähigkeit in den für Schizophrene typischen Beziehungen in einer Weise beteiligt, die einer früheren und primitiveren Stufe entspricht. Das Problem besteht hier in einem primäreren Versagen des Ich, den Sinn des Erlebens und der Zuwendung zu artikulieren, nicht so sehr in der Ich-Abwehr gegen die Bewußtwerdung bestimmter Bedeutungsinhalte.

In normalen Beziehungen werden häufig widersprechende oder abweichende Erwartungen kommuniziert, oft in Form von Unterschieden zwischen dem verbalisierten Inhalt der Kommunikation und ihrer Form bzw. ihrem Stil. Normalerweise wird jedoch die Auswahl jener Aspekte der Gesamtkommunikation, auf die die Aufmerksamkeit gerichtet werden soll, durch von allen geteilte kulturelle Mechanismen und Normen erleichtert. In den charakteristischen Beziehungen von Schizophrenen dagegen begünstigen die gemeinsamen Mechanismen, wenn beide Seiten einer widersprüchlichen Erwartung kommuniziert werden, ein *Versagen* der Bedeutungsauswahl.[10]
In den Familienbeziehungen von Schizophrenen werden nicht einfach nur Divergenzen aus dem Bewußtsein ferngehalten, auch die differenzierende Wahrnehmung solcher Ereignisse, die ihrem ganzen Wesen nach Divergenz erzeugen könnten, wird zurückgedrängt und aufgeweicht. Gemeinsam erkannte Divergenz wird also niemals offen gewagt, doch ist die durchdringende und diffuse Gefahr der Divergenz niemals gebannt.

Der Gummizaun (Rubber Fence)

Hinsichtlich des präpsychotischen Lebens akut Schizophrener gehen wir davon aus, daß diese gemeinsamen Familienmechanismen dazu dienen, die Wirkung des chaotischen, entleerten

---

10 Unsere Ansichten über die Bedeutung dieses Aspekts der Beziehungen Schizophrener wurden unabhängig von anderen Autoren entwickelt, scheinen aber doch mit denen von Bateson und seinen Mitarbeitern übereinzustimmen, die diesen Sachverhalt in jüngster Zeit als *double bind*-Situation dargestellt haben. Gregory Bateson et. al., »Toward a Theory of Schizophrenia«, *Behavioral Sci.* (1956), 1 : 251–64 (in diesem Band S. 11 ff.).

und erschreckenden Erlebens zu dämpfen, indem eine Rollenstruktur geschaffen wird, in der die Person pseudo-gemeinsam existieren kann, ohne ein wertbesetztes und sinnvolles Gefühl der Identität oder ihrer altersgemäßen Vorstufen erlangt zu haben. Diese mit anderen geteilten Mechanismen tragen jedoch zugleich dazu bei, daß der potentiell Schizophrene nicht lernt, zu unterscheiden bzw. einzuschätzen, wer er ist oder wo er ist, es sei denn unter dem Aspekt eines nicht genau auszumachenden Platzes innerhalb der Rollenstruktur der Familie. Diese Schwierigkeit des potentiell Schizophrenen, sich von der Rollenstruktur der Familie ausdrücklich abzugrenzen, bedeutet, *daß die familiäre Rollenstruktur als allumfassend erfahren wird.*

Normalerweise macht das Kind in dieser Kultur seine Erfahrungen mit Menschen, die selbst an Rollen und Beziehungen außerhalb wie innerhalb der Kernfamilie beteiligt sind. Bestimmte Bedürfnisse und Erwartungen der Familienmitglieder lassen sich in der Kernfamilie normalerweise nicht erfüllen, und gewöhnlich rechnen die Eltern mit einer derartigen Erweiterung der wachsenden Erfahrung des Kindes über die Kernfamilie hinaus und unterstützen sie. Das normale Organisationsgefüge der Familienrollen und -beziehungen bildet daher mehr ein differenziertes Subsystem der Gesellschaft als ein selbstgenügsames, komplettes Sozialsystem.[11]

Im Gegensatz dazu versuchen die Familienmitglieder, wenn in den Familienbeziehungen ständig eine Pseudo-Gemeinschaft aufrechterhalten werden muß, so zu tun, als wäre die Familie tatsächlich ein selbstgenügsames Sozialsystem mit einer völlig geschlossenen Grenze. Schizophrene Familienmitglieder, denen die Unterscheidung von Familienmitgliedern und familiärer Rollenstruktur nicht gelingt, haben die Neigung, die Vorstellung von den Familiengrenzen zu ändern und unklar werden zu lassen. Die unsichere, aber ständig gegebene Grenze, die das Familiensystem des Schizophrenen ohne erkennbare

---

[11] Talcott Parsons und Robert F. Bales, *Family, Socialization and Interaction Process*, Glencoe, Ill. 1955.

Öffnungen umschließt, erstreckt sich so weit, daß sie das, was wir als Komplementarität bezeichnen können, einbezieht, ist aber zugleich so eng gezogen, daß sie das, was wir Nicht-Komplementarität nennen, ausschließt. Diese beständige, aber elastische Grenze haben wir den Gummizaun genannt. Diese Metapher soll all das zusammenfassen, was die familiäre Pseudo-Gemeinschaft und die verstärkenden gemeinsamen Familienmechanismen bei der Schaffung einer Situation bewirken, in der jemand fühlt, daß er seinen eigenen Wahrnehmungen nicht vertrauen kann, und aus der es anscheinend keinen Ausweg gibt. Wir möchten allerdings gerade an dieser Stelle betonen, daß wir in dem potentiell Schizophrenen *nicht* einfach nur ein passives Opfer seiner familiären Umwelt sehen; in einem späteren Abschnitt werden wir die aktive Beteiligung des potentiell Schizophrenen an der Schaffung und Aufrechterhaltung dieser Familienstruktur zur Sprache bringen.

Klinische Beispiele

Wir haben zwar nicht vor, ein vollständiges Verzeichnis der Mechanismen anzulegen, die in unterschiedlichem Maße zur Aufrechterhaltung dieser allgegenwärtigen Pseudo-Gemeinschaft benutzt werden, doch werden die folgenden klinischen Beispiele einige davon veranschaulichen. Ein sehr genereller Mechanismus, der einige von den anderen, die hier beschrieben werden sollen, in sich vereint, ist die Schaffung einer durchdringenden familiären Subkultur aus Mythen, Legenden und Ideologie, mit denen die katastrophalen Auswirkungen einer offen erkannten Abweichung von der fixierten Rollenstruktur der Familie unterstrichen werden. Wir haben schon erwähnt, daß selbst eine geringfügige Abweichung als eine Bedrohung erlebt werden kann, die zum Beispiel einen Herzanfall auslöst. Familienlegenden über Wut und Gewalt können wirksame Mahnungen sein, die an die angeblichen Folgen der Divergenz erinnern.

Manchmal weist die subkulturelle Ideologie eine verzweifelte

Betonung der Harmonie in allen Beziehungen innerhalb der Familie auf. So betonte eine Mutter immer und immer wieder, wobei ihr der Vater als Echo diente:

»Wir sind alle friedlich. Ich möchte Frieden, selbst wenn ich jemand dafür umbringen muß . . . Ein normaleres, glücklicheres Kind ist wohl kaum zu finden. Ich hatte Freude an meinem Kind! Ich hatte Freude an meinem Mann! Ich hatte Freude an meinem Leben. Ich habe *immer* Freude gehabt! Wir haben 25 Jahre die glücklichste Ehe gehabt und sind die glücklichsten Eltern gewesen.«

Zu den einfachsten Familienmechanismen, die wir untersucht haben, zählt eine milde, kritiklose, aber entschiedene Billigung der Handlungen und Interessen eines Menschen, ohne daß untersucht wird, ob sie wirklich mit dem Wertkodex der Familie zu vereinbaren sind. In einigen Fällen bezeichnen die Eltern ihre überschwengliche Zustimmung zu dem Verhalten irgendeines Kindes als Achtung vor seiner Selbstbestimmung und »Freiheit« und der »Demokratie« der Familie; typisch dafür ist die von einer Gruppe von Eltern oft wiederholte Antwort: »Wir wollen nur, daß du tust, was du wirklich tun willst.« Die offene Erkenntnis von Differenzen wird dann buchstäblich unmöglich, wenn es nicht zu einem wirklich heftigen, sprengenden Schritt kommt, den der Ausbruch der Schizophrenie zu repräsentieren scheint.

Oft wird das *gesamte* Verhalten des präschizophrenen Kindes von den Eltern als »gut« wahrgenommen und gebilligt, womit gemeint ist, daß es ihren Erwartungen entspricht. So wußte eine Mutter über die präpsychotische Beziehung mit ihrer Tochter zu berichten: »Es hat niemals Probleme gegeben, weil sie immer wußte, was richtig war, ohne daß man es ihr sagen mußte.« Ein Vater sagte über die Kindheit seiner Tochter: »Wir haben um unsere Parzelle keinen Zaun ziehen müssen. Es war, als wäre dort eine unsichtbare Linie gewesen, von der sie wußte, daß sie sie nicht überschreiten sollte.«

Kritiklose Billigung läßt sich als ein Mechanismus begreifen, durch den sich eine für die Familie wichtige Rolle angesichts wirklicher und sich verändernder Eigenschaften der Person aufrechterhalten läßt, die mit der Rolle betraut worden ist. Natürlich wird die Rolle, wenn die »angeborenen« Eigenschaften eines Kindes ursprünglich mit einer besonderen Familienrolle in Einklang gebracht worden sind, wahrscheinlich öfter von diesem Kind übernommen werden als von anderen Geschwistern oder einem Elternteil. Wenn ein Kind also als unveränderlich »gut« oder brav betrachtet worden ist, dann kann die Darstellung der Eltern eine Kombination tatsächlich »angeborener« Bravheit, einer stereotypen Rollenzuweisung und der erworbenen Fähigkeit des Kindes darstellen, dieser stereotypen Rollenzuweisung zu entsprechen.

In einem Fall hatten wir die Gelegenheit, uns durch den Vergleich des elterlichen Berichtes mit den Briefen des Sohnes zu vergegenwärtigen, wie unkritisch die Einschätzung des Sohnes war, die bis zur Zeit seiner Hospitalisierung wegen eines katatonischen Mutismus anhielt. Um uns zu dokumentieren, daß sich »nichts geändert« hatte, zeigten uns die Eltern seine Briefe aus den letzten vier Monaten vor seiner Hospitalisierung. Diese Briefe zeichneten tatsächlich ein außerordentlich lebhaftes Bild von den bemerkenswerten Veränderungen, die mit dem Sohn vor sich gegangen waren, aber die Eltern waren nicht fähig, das zu erkennen, sogar dann nicht, als diese Veränderungen direkt mit ihnen besprochen wurden.

Zu Beginn seines Militärdienstes brachte der Sohn in seinen Briefen eine Menge GI-Gemecker zum Ausdruck und schlug sogar einen »Riesenkrach rangaufwärts« bis zum Leutnant, weil er Schuhe erhalten hatte, die ihm nicht richtig paßten. Mit der Zeit beschreibt er jedoch wiederholt einen eindeutigen Rückzug ins Bett. Im Folgenden einige repräsentative Auszüge aus seinen Briefen, geschrieben im vierten Monat:

»Wieder ein Wochenende totgeschlagen. Stand gestern um sieben auf, schmiß mein Zeug aus der Tasche in den Fußspind, machte das Bett und rief Dich an. Kam danach zurück und ging ins Bett.
Viele dieser Burschen verschwinden in die Stadt oder machen irgend was, aber mir ist Schlafen lieber.
Hab mich heute nicht mal angezogen [Sonntagnachmittag, 19 Uhr]. Stand auf, rauchte eine, aß ein paar Aprikosen und ein bißchen

frische Luft geschnappt. Ging zurück bis 2 Uhr, duschte dann und wusch meine Stiefel und in der restlichen Zeit Socken gerollt und Fußspind in Ordnung gebracht. Muß noch ein bißchen Zeitung lesen und meine Stiefel blankputzen. Verbrachte einige Zeit damit, von Spind und Regalen Staub abzuwischen.

Hatte heute frei da Feiertag [Montag, 22. Februar] und hab seit Sonnabend gebummelt. Hatte einen Appell, dann frei ab 9 Uhr 30 vormittags. Ging zu Bett und schlief ohne Unterbrechung durch bis Sonntagmorgen. Übersprang Samst. Mittag- und Abendessen und Sonnt. Frühstück und Mittag. Am Sonntag hatte ich aber Abendbrot. Hab nicht geschrieben, da ich sofort ins Bett ging, als ich frei hatte.

Den ganzen Tag im Bett gelegen und das ist ein gutes Wochenende ... Muß noch duschen und mich rasieren aber das scheint mir sehr anstrengend, könnte noch einen ganzen Tag oder auch drei wegsacken. Gibt nicht viel zu schreiben, da ich nichts getan hab als schlafen. Las die Zeitungen und aß eine Büchse Sardinen und das ist alles. Nachdem ich mit Dir gesprochen, zurückgekommen und wieder geschlafen. Mir fällt wirklich nichts zu schreiben ein, ging gerade ein bißchen Wasser holen, aber das scheint auch nicht viel mehr zum Schreiben herzugeben. Wollte heute abend anrufen, entschloß mich aber noch bis später in der Woche zu warten. Herzliche Grüße.«

Die Mutter jedoch nahm Haltung und Erleben des Sohnes, bevor die Eltern von seiner Hospitalisierung in Kenntnis gesetzt wurden, wie folgt wahr:

»Eddie ist es immer gutgegangen. Er war immer sehr aktiv und war immer ein glücklicher und normaler Junge, soweit wir sehen konnten, und nichts hat darauf hingedeutet, daß so etwas passieren würde. Darum ist es uns ja so schwergefallen, seine Krankheit zu begreifen. Wäre er die Art von Junge gewesen, die unfreundlich oder passiv ist, dann hätten wir es verstehen können. Es gab nichts, was er sich entgehen ließ.«

Obwohl die kritiklose Billigung häufig verhindert, daß ein bestimmtes Verhalten als beunruhigend abweichend erkannt wird, kann die Intensität der Angst vor Divergenz zur konträren Kontrolle, Beurteilung und Verwerfung desselben Verhaltens führen, das scheinbar gebilligt worden ist. Dann kann es passieren, daß der Widerspruch selbst, damit die Pseudo-Gemeinschaft erhalten bleibt, trotz seiner Kraßheit umgedeutet oder einfach schonungsvoll ignoriert wird.

In einer Familie betonten die Eltern eines einzelnen adoleszenten Sohnes, der später schizophren wurde, dessen Recht, mit 16 persönlich zu entscheiden, ob er heiraten wolle oder nicht. Die Eltern setzten sich jedoch besorgt mit seiner Verlobten in Verbindung und setzten ihr so mit Fragen und Zweifeln zu, daß sie die Verlobung bestürzt und verstört löste. Die Eltern erinnern den Interviewer daran, daß sie dem Jungen völlig freie Hand gelassen hätten, seine eigene Entscheidung zu treffen, und haben das, wie sie behaupten, auch dem Jungen gesagt. Der Junge scheint sich angesichts dieser beiden einander widersprechenden, sich gegenseitig überschattenden Kommunikationsebenen nicht beklagt zu haben, doch war er in den folgenden neun Jahren niemals wieder so weit gegangen, an Heirat zu denken.

Eine Folge der kritiklosen Billigung ist Heimlichkeit, die in der Formel gipfelt: Was nicht zu billigen ist, wird geheimgehalten. Beide Mechanismen verhindern, daß Divergenzen eine erkennbare und bedeutsame Auswirkung auf Ideologie und Rollenstruktur der Familie haben. Von jedem Familienmitglied mag erwartet werden, daß es große Bereiche seiner Erfahrung in der Kommunikation mit den anderen verheimlicht. Zuweilen wird die Erwartung von Heimlichkeit als übertriebene Rücksicht auf die sogenannte Privatsphäre ausgedrückt – das heißt, jedes Familienmitglied hat das unverbrüchliche Recht, mit den anderen nur das zu teilen, was es mit ihnen teilen will.

Heimlichkeit scheint in der sozialen Organisation der Familien Schizophrener besonders ausgeprägt bei jenen Rollen zu sein, die über die Familie hinaus gerichtet sind. Gewöhnlich werden solche Rollen samt den persönlichen Einstellungen und Eigenschaften, die mit ihnen verbunden sind, von der übrigen Sozialorganisation der Familie abgespalten. So hat uns zum Beispiel überrascht, wie unbekannt und fremd den Mitgliedern dieser Familien die Charaktereigenschaften sind, die der Vater in seiner beruflichen Rolle zum Ausdruck bringt, und zwar selbst dann, wenn er beruflich Erfolg hat. Es ist typisch, daß der Vater mit den anderen Familienmitgliedern zusammen so tut, als würden die Charaktereigenschaften, die durch seine Tüchtigkeit im Beruf an den Tag gebracht werden, gar nicht existieren.

Heimlichkeit läßt sich jedoch ebenso wie kritiklose Billigung mit ihrem Gegensatz zu einem Widerspruch verbinden. Getrieben von der angstvollen Sorge wegen der möglicherweise spaltenden Wirkung verheimlichter Gedanken und Interessen können die Familienmitglieder verzweifelt versuchen, das, was sie zugleich als unverbrüchlich privat beschwören, zu antizipieren, zu erraten oder heimlich zu erforschen. Das Kind wird also mit gleichzeitigen, widersprüchlichen Erwartungen konfrontiert – und lernt, umgekehrt, die Eltern damit zu konfrontieren –: nämlich große Bereiche seiner Erfahrung als privat zu verheimlichen und zugleich die intensive Erforschung dieser selben »privaten« Erfahrung zu gestatten. Hinzu kommt, daß der Widerspruch selbst, wie klar er auch für einen außenstehenden Beobachter erscheinen mag, innerhalb der Familie nicht erkannt wird.

Während sie das Recht ihres Sohnes, seine Pläne, Wünsche und Aktivitäten für sich zu behalten, leidenschaftlich betonte, sorgte die Mutter [desselben Patienten, über den weiter oben berichtet wurde] dafür, daß die Erlebnisse ihres Sohnes in Form von minutiöser Berichterstattung in hohem Maße abgesteckt wurden, wodurch sie in der Lage war, von ihrem Sohn einen detaillierten Monatsbericht über seine Aktivitäten in allen Bereichen seines Lebens zu erhalten. Sie sprach von ihren »Akten«, in denen sie alle Originaldokumente aufbewahrte, und stellte vorbereitete Duplikate seiner Schulzeugnisse, Arbeitszeugnisse, Sozialversicherungsquittungen, Briefe usw. zur Verfügung. Es überrascht somit vielleicht nicht, daß dieser Junge zwei Jahre vor seinem offenen psychotischen Zusammenbruch zuweilen paranoide Vorstellungen hatte, die ihn glauben ließen, er würde von Detektiven verfolgt, die seine Mutter beauftragt hatte, und sein bester Freund würde ihn auf Betreiben der Mutter ausspionieren.

Der Vater einer Patientin hatte insgeheim starke Bedenken gegen das Interesse seiner Tochter an einem ausländischen Krankenwärter, doch war er unfähig, seine Sorge ihr gegenüber offen zu äußern, und kontrollierte statt dessen den Tachometerstand in ihrem Auto, um auf einem Stadtplan nachzurechnen, ob sie die Wohnung dieses Mannes aufgesucht haben könnte.

Eine derartige Verbindung von Heimlichkeit und Nachforschung schützt vor jeder offenen Erkenntnis von Differenzen oder Nicht-Komplementarität und verhindert zudem, daß sich Patient oder Eltern wirklich eingestehen müssen, daß das Familienmitglied sich einigermaßen außerhalb des Familiensystems befindet bzw. unabhängig von ihm ist.

Als Teil der übertriebenen Rücksicht auf »Demokratie« und »Selbstbestimmung« kann eine Tendenz bestehen, Erlebnisse zu formalisieren, die in weniger pathologischen Familien Teil einer zwanglosen Lebensweise wären. In einer Familie führten die Eltern für ihren Sohn, als er kleiner war, einen »Little-Boy Day« ein: einen besonderen Tag, an dem er die Aktivität der Familie in der Weise bestimmen durfte, daß er entschied, ob man ins Kino ging oder in den Zoo. Damit beantwortete man seine Klagen, daß immer die Erwachsenen alles entscheiden würden. Dieser formalisierte Mechanismus zur Beilegung seiner Klage blockierte jedoch jegliche Spontaneität in den Familienbeziehungen und verfestigte die Pseudo-Gemeinschaft. Nicht nur in dieser, auch in einer anderen Familie wurden hochgradig befangene »Diskussionen« geführt – gewöhnlich über so unpersönliche Themen wie Religion, Sport, Politik usw. – als genau abgesteckter Bereich der Auseinandersetzung. Ganz gleich, wie hitzig diese werden mochten, sie trugen bereits im voraus das Etikett, keine persönlichen Differenzen zu beinhalten. Indem das Erleben in eine solche Form gepreßt wird, werden mögliche Bereiche der Divergenz und der Nicht-Komplementarität von vornherein eliminiert, wo Ungezwungenheit Raum für das Unerwartete lassen würde.

Eine in diesen Familiensystemen übliche Operation ist die Verwendung von Vermittlern zwischen den Familienmitgliedern. Pseudo-Gemeinschaft läßt sich leichter aufrechterhalten, Differenzen lassen sich leichter vermeiden, wenn gegenseitige Erwartungen über Mittelspersonen kommuniziert werden. So wollten die Eltern eines hospitalisierten Patienten jedesmal, wenn sie ihn zum Spaziergang abholten, daß er sich vorher rasierte. Wie sie sagten, könnte er sich jedoch weigern, auszugehen, wenn sie auf dem Rasieren bestehen würden, und das wäre ein zu großes Risiko. Sie baten also die Stationsleitung, dem Krankenwärter auszurichten, er möge ihrem Sohn sagen, daß er sich rasieren solle. Wenn sich Mittelspersonen in dieser Weise einschalten, lassen sich die direkten Erwartungen innerhalb der Familie leichter verschwommen halten, während die mögliche Nicht-Komplementarität verborgen bleiben kann. Tatsächlich werden Mittelspersonen, die eine solche Rolle übernehmen, dem Familiensystem zeitweilig einverleibt; die elastischen Grenzen sind dann für einen bestimmten Zweck so weit ausgedehnt worden, daß sie jene Personen einbeziehen, die nun nicht mehr als gesonderte Identitäten betrachtet werden.

Als derselbe Patient eine Uhr, ein Radio, Zeitschriften und Freßpakete kaputt machte, die seine Eltern ihm gebracht hatten, waren sie der Meinung, dieses Verhalten habe nichts mit ihnen zu tun, da sie diese Gegenstände ja dem Pflegepersonal übergeben hätten, damit dieses sie ihm aushändige. Die Schwestern, die sich in dieser Rolle nicht wohl fühlten und die Freiheit haben wollten, auf ihre eigene Weise mit dem Patienten umzugehen, schlugen den Eltern vor, sie sollten ihre Pakete selbst übergeben, obwohl diese sogar außerhalb der Besuchszeit gekommen waren. Unmittelbar im Anschluß an diese Veränderung der Taktik verstärkte sich die Angst der Mutter, und – zufällig oder nicht – ihr Blutdruck stieg plötzlich so alarmierend an, daß ihr Hausarzt ihr weitere Besuche verbot.

Genauso wie diese Krankenschwestern, die sich nicht als Mittelspersonen zur Aufrechterhaltung der familiären Pseudo-Gemeinschaft benutzen ließen, aus dem Familiensystem ausgestoßen und von da an als Außenseiter behandelt wurden, können Mitglieder der biologischen Familie außerhalb des Gummizauns stehen. In einer Familie wurde der Vater eine Zeitlang für einige Symptome des Patienten verantwortlich gemacht und fühlte sich in seinem eigenen Zuhause verfemt. Die Drohung, jemand wegen Abweichung von den Familienbeziehungen auszuschließen, wurde buchstäblich in die Tat umgesetzt.

Sehr oft ist das Familienmitglied, das als schizophren bezeichnet wird, derjenige, der aus dem Familiensystem ausgestoßen wird. In einigen Fällen wurde der Patient bereits vor dem Beginn der manifesten Psychose als »seltsam« oder als »schwarzes Schaf« betrachtet, in anderen Fällen wurde er erst nach seiner Hospitalisierung aus der zutageliegenden Rollenstruktur der Familie ausgestoßen. In der bewußten Wahrnehmung der Familienmitglieder wird dann jegliche Nicht-Komplementarität in der Familie in der einen Person lokalisiert, die sich nach der ausdrücklichen Meinung der anderen nicht einfügt. Diese Person teilt, sofern sie nicht ein Gefühl der Identität mit ihrem eigenen Anspruch entwickelt hat, mit der übrigen Familie die negative Bewertung von sich und ihrer Rolle in der Familie, doch wird jeder in der Familie in große Unruhe versetzt, wenn sie die Rollenstruktur in Unordnung bringt, indem sie diese Rolle abzustreifen versucht. Vom Standpunkt des Beobachters aus nimmt also die verfemte oder als Sündenbock benutzte Person eine wichtige, wenn auch kaschierte Familienrolle ein, die der Aufrechterhaltung von Pseudo-Gemeinschaft oder Schein-Komplementarität in der übrigen Familie dient.

Die Probleme innerhalb des Familiensystems lassen sich also umschiffen, indem man das körperliche Leiden oder die Schizophrenie selbst für die Störung »reibungsloser« Familienbeziehungen verantwortlich macht. Tatsächlich wird die Schizophrenie als ein Fremdkörper betrachtet, der für die Schwierigkeiten im Zusammenleben verantwortlich ist. Die Familie kann dann sagen, der Patient »will in Wirklichkeit« freundlich sein, und seine verzweifelten Bemühungen um mehr Direktheit, auch wenn sie Nicht-Komplementarität bedeutet, lassen sich dann so interpretieren, daß sie nicht seine Absicht darstellen.

In einer Familie zum Beispiel wurde die Tatsache, daß der hospitalisierte Sohn nicht seine Brille trug – er hatte sie verschiedene Male zerbrochen –, von den Eltern wiederholt als Ausdruck seines Negativismus gedeutet. Er hatte von sich aus damit begonnen, ins Erholungsgebiet zu gehen, aber als seine Eltern von dieser Veränderung erfuhren, machten sie sich seine Initiative zu eigen und drängten ihn, hinzugehen. Sofort stellte er seinen Spaziergang ein. Das brachte die Eltern in Verlegenheit, doch kamen sie zu dem Schluß, obwohl er sogar in ihrer Gegenwart Zeitung las, er habe sicher Angst, daß er hinfalle, wenn er ohne seine Brille spazierengehe.

Etwa zur selben Zeit schickte der Patient die Briefe seiner Eltern ungeöffnet an sie zurück. Seine Freundin, die in hohem Maße Teil des Familiensystems geworden war, fing ebenfalls an, ihm zu schreiben, und er schickte auch diese Briefe ungeöffnet an seine Mutter weiter. Die Mutter war bestürzt, kam dann aber zu der Überzeugung, er habe die Adresse ohne seine Brille nicht lesen können. Der Handlungsweise des Sohnes wurde also jede Bedeutung für den zwischenmenschlichen Bereich abgesprochen.

Die Pseudo-Gemeinschaft in der Familie, wie wir sie beschrieben haben, setzt nicht die physische Anwesenheit aller Mitglieder voraus, da die Rollenerwartungen auf Distanz aufrechterhalten werden können. Geographische Veränderungen oder Änderungen der Situation, wie sie in der üblichen psychiatrischen Sozialgeschichte betont werden, brauchen also nicht immer mit bedeutsamen Veränderungen in den grundlegenden Erwartungen oder Bedeutungen der Familienbeziehungen einer Person verbunden zu sein. Der College-Besuch eines Sohnes zum Beispiel kann als Fortsetzung seiner festgelegten Rolle aufgefaßt werden, in der er seine Familie mit besonderen Schulleistungen erfreut hat. Bei einer unserer Patientinnen hatten die Korrespondenz und die Telefonate zwischen ihr und der Familie, als sie auf dem College war, mehr als ein Jahr lang im wesentlichen den gleichen Kommunikationsgrad und -charakter wie zuvor, als sie zu Hause gewesen war. Ähnlich kann der Militärdienst, der Fortzug in eine andere Stadt, ja sogar Heirat und Gründung einer eigenen Familie in bestimmten Fällen bedeuten, daß man lediglich gesellschaftliche Konventionen befolgt, die Teil der familiären Erwartungen sind, ohne ein echtes Gefühl der Identität außerhalb des Familiensystems zu entwickeln. In den Halluzinationen einer Patientin kam zum Ausdruck, daß sie immer noch Beziehungen mit ihren Familienangehörigen pflegte und verteidigte, die in Wirklichkeit seit vielen Jahren tot waren.

Verinnerlichung der familiären Rollenstruktur

Nach unserer Ansicht nimmt das Kind im normalen Prozeß der Verinnerlichung die gesamte Rollenstruktur der Familie samt dem Charakter der Beziehungen und den gemeinsamen subkulturellen Mechanismen, die dieses System aufrechterhalten, in seine Charakterstruktur auf. In der psychoanalytischen Theorie tragen die Identifikationen mit den Eltern und die Verinnerlichung der elterlichen Gebote und Verbote wesentlich zum Charakter des kindlichen Ichs und Überichs bei. In diesem Aufsatz wird die traditionellere Auffassung erweitert, indem wir die Bedeutung hervorheben, die der Verinnerlichung der gesamten familiären Rollenstruktur zukommt.

Wir benutzen den Terminus Verinnerlichung, um generell auf die gegliederte Struktur von *Bedeutungen* aufmerksam zu machen, die äußere Objekte, Ereignisse und Beziehungen angenommen haben.[12] Verinnerlichung schließt also die Bedeutungen ein, die jemand seiner Position in der Sozialstruktur der Familie und der weiteren Umwelt beimißt. Ferner werden verinnerlicht die Denkweisen und die daraus abgeleiteten Bedeutungsinhalte, die Gegenstände der Angst sowie die Irrationalität, die Konfusion und Mehrdeutigkeit, die in den gemeinsamen Mechanismen der Sozialorganisation der Familie zum Ausdruck kamen.

3. Hypothese: Die Fragmentierung der Erfahrung, die Identitätsdiffusion, die gestörten Wahrnehmungs- und Kommunikationsmöglichkeiten und bestimmte andere Merkmale der Charakterstruktur des akut-reaktiven Schizophrenen entstammen in bedeutendem Maße aufgrund von Verinnerlichungsprozessen den Wesenseigenschaften der familiären Sozialorganisation.

Wir haben beschrieben, wie Rollen und Rollenverhalten in stark pseudo-gemeinsamen Beziehungen größtenteils vom sub-

---

12 Talcott Parsons, »The Theory of Symbolism in Relation to Action«, zweites Kapitel von *Working Papers in the Theory of Action*, Glencoe, Ill. 1953.

jektiven Erleben abgespalten werden können. Solche Rollen werden nicht in die Funktion eines aktiv wahrnehmenden Ichs integriert, sondern beherrschen das Verhalten der Person in automatischer, »reflexhafter« Weise, im Sinne von »den Anforderungen genügen«. Diese rollenspezifischen Verhaltensmuster werden erlernt, in neue Situationen hineingetragen und ganz allgemein der Persönlichkeit einverleibt, obwohl sie nicht zum Einflußbereich eines aktiv unterscheidenden Ichs gehören. Bei bestimmten Schizophrenen *dienen die verinnerlichte Rollenstruktur der Familie und die damit verbundene familiäre Subkultur als eine Art primitives Über-Ich,* das tendenziell das Verhalten direkt bestimmt, ohne mit einem aktiv wahrnehmenden und unterscheidenden Ich vermittelt zu sein.

Der Sinn des Selbst oder der persönlichen Identität ist in einem solchen Über-Ich vergraben. Erst durch die Erfahrung von Nicht-Komplementarität und die Artikulierung ihrer Bedeutung beginnt ein wahrnehmendes Ich, sich in Richtung auf eine eigene Identität zu differenzieren. Doch behindern die in diesen Familien wirksamen Mechanismen wesentlich die Artikulation von Bedeutungen, die auf Nicht-Komplementarität hinweisen. Für ein Kind, das aufwächst und seine Wahrnehmungsfähigkeit in einem Milieu entwickelt, in dem offensichtliche Widersprüche als nicht existent betrachtet werden, besteht die begründete Annahme, daß seine Empfindungen und Gefühlsreaktionen ihm nur spärliche und unzuverlässige Anhaltspunkte zum Verständnis der Erwartungen liefern, die es sich und den anderen gegenüber hegt. Der solcherart entwickelte Stil des Denkens, Wahrnehmens und Kommunizierens verhilft dem Betreffenden nicht dazu, seinen eigenen innerseelischen Zuständen einen eindeutigen Sinn zu geben – Ärger über die Mutter zum Beispiel oder Enttäuschung. Statt dessen spürt er vielleicht eine vage innere Unruhe, die manchmal in Panik umschlagen kann. Unter diesen Umständen wird er gerade dann mit Angst überflutet, wenn er anfängt, einen sinnvollen Beweis für seine Individualität auszuformen, gerade so, wie die pseudo-gemeinsamen Familienbeziehungen mit Angst überflutet werden, wenn die Nicht-Komplementarität allen Beteiligten bewußt zu werden droht. Individualisierte Impulse, die in diesen Familienbeziehungen typischerweise als zwangsläufig nicht-komplementär empfunden werden, werden mittels gemeinsamer Heimlichkeitsmechanismen von dem gutgeheißenen Familienleben abgespalten bzw. dissoziiert. Wie wir jedoch schon festgestellt haben, wird diese Aktivität, die nur im Geheimen stattfinden darf, aufgrund stillschweigender Übereinkunft zugleich von der Familie einer heimlichen Nachforschung unterzogen. Provisorisch und in bildhaftem Sinne möchten wir das auf die Formel bringen, daß die familiären Heimlichkeitsmechanismen ein verinnerlichtes Gegenstück in den Mechanismen der Verdrängung und Abspaltung haben, während die Mechanismen der familiären Neugier in der ängstlichen Über-Ich-Kontrolle dessen, was abgespalten worden ist, ihr Gegenstück finden. Die Folge ist eine vage innere Unruhe wegen des autistischen Erlebens, das ständig, wenn auch verschwommen, nach Bewußtwerdung drängt. Die Impulse und Vorstellungen eines solchen autistischen Erlebens werden also weder eindeutig und vollends abgespalten, noch sind sie offen genug, daß man sich direkt mit ihnen auseinandersetzen kann.[13] Diese Situation, so meinen wir, ist das individuelle Gegenstück zu den Familiennormen, die wir beschrieben haben.

Es ist natürlich zu erwarten, daß derartige Prozesse zu einer erheblichen Einengung und Verarmung der Ich-Funktionen und der Ich-Entwicklung beitragen.[14] Der potentiell Schizo-

---

13 Vgl. Harry Stack Sullivan, *Clinical Studies in Psychiatry*, hrg. von Helen Swick Perry, Mary Ladd Gawel und Martha Gibbon, New York 1956: »Für die schizophrene Veränderung ist, wie ich glaube, ganz allgemein die Unfähigkeit verantwortlich, die Abspaltung beizubehalten . . . Der Schizophrene befindet sich somit in einem unsicheren Geisteszustand, in dem er sich der Aktivität des Dissoziationssystems zwar völlig bewußt ist, die Sache aber nicht klar ins eigene Visier bekommt.« (S. 187)

14 Unsere Betonung der Erfahrungen in der Familie, mit der wir einen darstellerischen Zweck verfolgen, schließt natürlich nicht aus, daß die Ich-Entwicklung auch aus anderen Quellen, hereditären oder konstitutionellen

phrene neigt ebenso wie die übrigen Familienmitglieder dazu, in seinen Wahrnehmungen das, was als komplementär angesehen werden kann, hervorzuheben und das, was als nichtkomplementär betrachtet wird, aus seinen Wahrnehmungen auszuschließen. Während des akut-schizophrenen Schubs läßt sich die Abspaltung der Nicht-Komplementarität nicht mehr aufrechterhalten, und er wird nun voller Angst auch für die leichteste Andeutung von Nicht-Komplementarität empfindlich. Diese erhöhte Sensitivität hinsichtlich einer besonderen Spielart von Erwartungen, die nun in jeglicher Situation ihrer Verborgenheit entrissen werden, kann nicht als echte Wahrnehmungs- und Vorstellungsfähigkeit in allgemeinem Sinne betrachtet werden. Das Vorstellungsvermögen – die Flexibilität, Bedeutungen in einer breiten, unbegrenzten Weise differenziert zu erfassen, zu bewerten und auszuwählen – hängt eng mit dem zusammen, was äußerst knapp mit dem Begriff »Realitätsprüfung« zusammengefaßt wird.

Ein solches Wahrnehmungsvermögen ist natürlich dort unmöglich, wo jemand einen Gummizaun, jenseits dessen er keine Erfahrungen machen darf, ohne Katastrophen heraufzubeschwören, verinnerlicht hat. Statt dessen wird er die Merkmale der Wahrnehmung und des Denkens, seien sie nun stereotyp oder amorph, die innerhalb des verinnerlichten Gummizauns auftreten, auf alle Aufgaben und Beziehungen übertragen. Der potentiell Schizophrene ist somit in besonderem Maße ohne Ich-Fähigkeiten und Wahrnehmungen, die ihm die Übernahme von Rollen, zum Beispiel im Berufsleben oder in der Ehe, ermöglichen würden, in denen er seine eigene Identität außerhalb des Erwartungsschemas seiner Familie, aber den-

---

Faktoren zum Beispiel, beeinflußt wird. Im Gegenteil, wir meinen, daß der Interaktion einer Vielzahl von Faktoren ein hoher Grad an Wahrscheinlichkeit zukommt. Wir haben darauf hingewiesen, daß die Art des Zusammenpassens von angeborenen Eigenschaften und Familienstruktur die Art der psychischen Erfahrung beeinflussen wird, die jeder Beteiligte hat. Um das an einem einfachen und einleuchtenden Beispiel zu demonstrieren, braucht man nur darauf hinzuweisen, daß ein Mädchen, dem in der Familie eine »weibliche« Rolle zugewiesen wird, eine andere Art von Erfahrung machen wird als ein Junge, dem die gleiche Rolle aufgezwungen wird.

noch von ihr respektiert und geschätzt, zum Ausdruck bringen könnte.

Der von uns entwickelte Gedankengang impliziert, daß das Kind in dem Maße, in dem es Verinnerlichungen vornimmt, wiederum einen Beitrag zur Aufrechterhaltung des Gleichgewichts der Familiennormen leistet, die zu den Eigenschaften seines charakterlichen Gleichgewichts beigetragen haben. Mit verschiedenen Verstärkungen oder Abschwächungen jener Motivation, die »konstitutionellen« Quellen und den Wirkungen außerfamiliärer Erfahrungen entstammt, entwickelt der potentiell Schizophrene charakteristischerweise ein beträchtliches Geschick darin und leistet einen immensen positiven Beitrag dazu, die familiäre Komplementarität zu erfüllen und sowohl die Familie als auch sich selbst vor der Panik der Auflösung zu bewahren. Tatsächlich scheint die Ich-Identität des Schizophrenen oft darin zu bestehen, daß er sich als jemand betrachtet, der für die Bedürfnisse und Erwartungen seiner Familie bzw. seines Familiensubstitutes sorgt. So wurde ein Prä-Schizophrener noch nach mehreren Jahren des Verheiratetseins oft um 11 oder 12 Uhr Nachts von seinen Eltern angerufen, damit er 15 Meilen zu ihnen führe und ihren Streit schlichte. Später hatte er den Eindruck, daß seine Frau ihn in ähnlicher Weise brauchte, und als er dann offen schizophren wurde, war er mit Panik und Zweifeln erfüllt, daß seine Nützlichkeit für seine Frau verloren gegangen sei.

Akute schizophrene Schübe und ihr Übergang in chronische Stadien

Die brüchige und begrenzte Ich-Identität des Prä-Schizophrenen, die auf der inneren Repräsentation des Familiensystems beruht, wird in unserer Kultur arg strapaziert, sobald er ins Erwachsenenalter eintritt. Durch sein eigenes Wachstum, den Weggang oder den Verlust von Familienfiguren und die Tatsache, daß er in der Außenwelt neuen Beziehungen ausgesetzt ist, die reizvoller sind oder auf ihn einen größeren Zwang ausüben als die früheren, rückt eine Zeit heran, in der er seiner Ich-Identität nicht mehr die Familien-Identität überstülpen kann. Erikson hat die daraus erfolgende Desorganisation als akute Identitäts-Diffusion beschrieben.[15] Akut-schizophrene Panik und Desorganisation bedeuten anscheinend eine Identitäts-Krise angesichts überwältigender Schuldgefühle und Angst, die mit der Aufkündigung einer besonderen Art von familiären Rollenstruktur einhergehen. Beim Übergang vom akuten Schub in ein chronisches Stadium wird die Pseudo-Gemeinschaft wieder hergestellt, gewöhnlich mit größerer psychologischer Distanz zu den Familienmitgliedern, mit einer Steigerung des Schuldgefühls und der Angst über eine Reihe von Schritten hin zur Differenzierung, mit erhöhtem Autismus, größerer Einsamkeit und Erlebnisleere.

Ein detaillierteres Beispiel für einen solchen Verlauf des Übergangs eines akut-schizophrenen Schubs in einen chronischen Zustand der Katatonie mag ferner zeigen, wie solche Mittel zur Aufrechterhaltung der familiären Pseudo-Gemeinschaft funktionieren.

Der Patient, ein alleinstehender Mann von 25 Jahren, dessen Erkrankung als katatonische Schizophrenie diagnostiziert worden war, wurde in apathischem Zustand in die Klinik eingeliefert. Dem Klinikpersonal gegenüber schwieg er die meiste Zeit, doch reagierte er noch auf Besuche seitens seiner Eltern und seiner Freundin. Während ihres ersten Besuchs nahm der Patient seine Freundin in einen leerstehenden Erholungsraum mit und ließ die Eltern allein in seinem Zimmer zurück. Später an diesem Tag bat die Freundin um Erlaubnis, den Patienten zu einer anderen Zeit als die Eltern besuchen zu dürfen, und erhielt sie. Die Eltern begannen jedoch ein intensives Gespräch mit der Freundin und überredeten sie dazu, den Patienten mit ihnen zusammen zu besuchen. Beim nächsten Besuch ermunterten die Eltern den Patienten und seine Freundin, im Schlafraum des Patienten Petting zu machen; die Eltern saßen bei ihnen im Zimmer und blätterten derweilen in Zeitschriften. Als das Geschmuse so unüberhörbar wurde, daß das Schwesternpersonal einschritt, bemerkte die Freundin der Schwester gegenüber, sie habe sich gewundert und mit dem Doktor darüber sprechen wollen, ob es ratsam sei,

---

15 Siehe den bibliographischen Hinweis in Anmerkung 2.

doch habe ihr die Mutter gesagt, sie solle nicht mit den Ärzten darüber sprechen.

Im Folgenden ein Auszug aus der Abschrift eines Tonbandinterviews mit der Mutter über einen elterlichen Besuch, der eine Woche später stattfand.

»Er hatte das Kissen vor sich aufgebaut, so daß er Jean überhaupt nicht sah, und alles, was sie von ihm sah, waren seine Füße, und ich beugte mich über ihn und sagte ganz ruhig: ›Eddie, hast du dir überlegt, was wir für dich kaufen sollen, damit du es Jean zu Weihnachten schenkst?‹ Ganz ruhig, so daß sie uns nicht hören konnte. Und er sagte: ›Ich will nichts für sie haben.‹ Und ich sagte: ›Es würde sie kränken, wenn du's nicht tätest.‹ Und er sagte so laut, daß man ihn bis über den Flur hören konnte – ich meine, er hat nicht gebrüllt oder so, aber er hat frei heraus gesprochen und gesagt: ›Wenn ich nicht meine eigenen Weihnachtsgeschenke kaufen kann und meine eigenen Weihnachtseinkäufe machen kann, dann ist eben nicht Weihnachten, soweit es mich betrifft.‹ Er sagte: ›Dieses Getue, alles wird für einen getan. Nichts kann man allein tun.‹ Und dann wurde er vulgär – es war das erstemal, daß ich ihn so reden hörte – er sagte: ›Man kann nicht mal . . .‹ sagte er, ›soweit es mich betrifft, ich kann nicht mal allein zum Scheißen gehen.‹ Für mich war das schockierend – ich meine, ich war nicht – ich meine, ich war schockiert über die Tatsache, daß er es nötig fand, sich auf diese Weise auszudrücken, und ich sagte: ›Nun, es ist völlig in Ordnung, wenn ich das nicht für dich tun soll. Wir werden es nicht tun. Es hängt ganz von dir ab.‹ . . . Und nach einer kleinen Weile sagte ich zu ihm: ›Eddie‹, sagte ich, ›ich glaube, die Ärzte draußen – ich möchte nur sagen, daß ich verstehen kann – wir können alle verstehen, was du durchmachst, und es ist eine ganz schön harte Zeit, und die Ärzte sagen, diese Dinge würden manchmal ganz schön schmerzhaft – nicht körperlich, aber geistig ganz schön schmerzhaft für dich, und wir begreifen und verstehen das, und jeder hier tut das.‹ Und er sagte: ›Nun, was wollen sie denn von mir?‹ Und ich sagte: ›Nun, ich weiß nicht, was irgend jemand will, das du tust, Eddie, aber jeder, ganz gleich, was du denkst, will, daß du tust, was du tun willst.‹ Aber ich sagte, ›daß es soviele Zeiten gibt, wo du dich nicht erklärst, und wenn du uns nicht sagst und wenn du den Ärzten nicht sagst, was du willst, dann können wir nur irgendwie rumrätseln, was du willst, wenn du nicht ausdrücklich sagst, du willst das oder willst das nicht. Keiner kann wissen, was du willst, wenn du es uns nicht wissen läßt.‹ Und er sagte: ›Nun, was wollen sie denn nun, das ich tue? Was muß ich tun, um gesund zu werden?‹ Ich sagte: ›Nun, das einzige, das ich vorschlagen könnte, das vielleicht hilft, ist, daß du mit ihnen redest, genauso wie du jetzt mit mir redest. Sag ihnen, wie du die Dinge empfindest.‹ Und er sagte: ›Warum muß ich denn mit ihnen reden?‹ Er sagte: ›Sind sie denn vielleicht Gott? Haben sich mich geschaffen? Bin ich verpflichtet, ihnen meine innersten Gefühle zu erzählen?‹ Ich setzte an, etwas zu sagen, und vergaß, was es war. Jedenfalls, bevor ich etwas sagen konnte, sagte er mit sehr beherrschter und gefaßter und höflicher Stimme, so wie man mit einem völlig Fremden in der Straßenbahn reden würde, sagte er: ›Würdet ihr jetzt bitte gehen.‹ Ich sagte zu ihm: ›Was hast du gesagt?‹ Ich glaubte, ich hätte nicht richtig gehört. Er sagte: ›Ich habe gesagt, würdet ihr jetzt bitte gehen.‹ Und ich sagte: ›Eddie, du willst doch wohl nicht, daß ich jetzt gehe. Wir haben uns die ganze Woche auf diesen Besuch gefreut, und ich weiß, du hast es auch.‹ Und er stand auf und sagte: ›Schön, wenn ihr nicht geht, muß ich es eben tun.‹ Er verließ den Raum und ging den ganzen Korridor hinunter, so weit er überhaupt nur gehen konnte ... bis zur allerletzten Tür da unten. So sind wir dann hinausgegangen.«

Dieser Wortwechsel war das Zeichen für den Anbruch einer Phase völligen Schweigens und totaler Katatonie, die erst nach 13 Monaten zuende ging. Sie veranschaulicht eine ernstliche Auflösung der Pseudo-Gemeinschaft, die für die Familienbeziehungen kennzeichnend war. Zur Vorgeschichte gehört ein Ausbruch von Gewalttätigkeit auf seiten des Patienten, der aus einem Hospital flüchtete, indem er eine drei Meter hohe Mauer überkletterte, Leute in der Nachbarschaft mit einem Messer bedrohte, ein Auto stahl und von der Polizei schließlich in einer anderen Stadt aufgegriffen wurde. Die Eltern haben in dieser dramatischen Episode niemals irgendeine Äußerung von Wut sehen wollen, sondern sie einzig und allein auf Verwirrung im Anschluß an Elektroschock zurückgeführt, wobei sie insbesondere bestritten, daß sein Verhalten auf ein Wutpotential in ihm hinweise. Der hier berichtete Vorfall ist also gegen einen Hintergrund von Auflösung und Gewalt zu sehen, auf den eine Zeit des Rückzugs, der Passivität und der scheinbaren Unterwerfung unter die Einkreisungsmaßnahmen der Eltern folgt, in der versucht wird, die früheren Familienbeziehungen wiederherzustellen.

In dem angeführten Vorfall haben die Eltern eindeutig eine

der wenigen noch verbliebenen Bereiche des privaten Erlebens und der Selbstbestimmung des Patienten übernommen: seine Beziehung zu seiner Freundin. Zu dieser Übernahme durch die Eltern gehörte ihre Anwesenheit bei der sexuellen Betätigung des Paares. Die vor dem Mädchen geflüsterte Frage der Mutter, ob sie etwas für ihn kaufen solle, was er seiner Freundin schenken könne, war offensichtlich der Tropfen, der das Faß zum Überlaufen brachte und einen Ausbruch heftiger Entrüstung auslöste. Obwohl schockiert, sagte die Mutter, das sei »völlig in Ordnung« und es hänge ganz von ihm ab. Dann gibt sie ihm mit einer irritierenden Verleugnung seiner zornigen Bemühungen, seiner Empörung Ausdruck zu geben, zu verstehen, seine Schwierigkeit liege darin, daß er sich *nicht* äußere, und deutet schließlich an, daß die Ärzte als Adressaten seiner Gefühle am besten geeignet seien. Mit diesem Hinweis auf die Ärzte versucht die Mutter, den Riß in der Familie zu kitten, indem sie Außenstehende einführt. Der Patient ist über diesen Versuch, sein Fühlen auf andere Personen umzulenken, die nichts mit der unmittelbaren Situation zu tun haben, aufgebracht und fragt: »Warum muß ich denn mit ihnen reden?« Außerdem ist es für ihn auch deshalb eine Zumutung und beleidigend, da es den Familienkodex verletzt, demzufolge alles in der Familie bleiben muß. Der Patient fühlt anscheinend, daß seine unbeschreibliche Anstrengung, seine Eltern direkt mit seinen Gefühlen zu konfrontieren, zum Scheitern verurteilt ist, und so zieht er sich physisch und psychisch zurück.

Doch auch sein »höflicher« Rückzug ist ein Beitrag zur Wiederherstellung der Pseudo-Gemeinschaft auf der Grundlage sichererer psychologischer Distanz. Seine Angst wird im selben Augenblick vermindert, in dem er seine Eltern vor der starken Angst bewahrt, die seine unaufhörliche offene Divergenz in ihnen auslösen würde. Alle drei Familienmitglieder haben in der Vergangenheit wiederholt demonstriert, daß ihnen jegliche Andeutung einer Auflösung ihrer emotionalen Bindung aneinander Angst einflößt; auch haben beide Elternteile häufig betont, wie anfällig sie für cardiovaskuläre Krankheiten sind, sobald sie sich aufregen. Im Gegensatz zur offenen Divergenz eignet sich die anschließende Stummheit des Patienten gut für eine Reihe von Interpretationen, seien sie nun beunruhigend oder tröstlich, und wird dadurch zu einem ausgezeichneten Vehikel für die Äußerung von Ambivalenz.

In den folgenden Wochen und Monaten entwickelte die gesamte Familie eine hochgradig stabile Form von Pseudo-Gemeinschaft. Der beschriebene Vorfall wird von den Eltern umgedeutet: im Nachhinein kommen sie zu der Auffassung, daß der Rückzug ihres Sohnes aus Ärger über das Pflegepersonal erfolgt sei, weil dieses während des Besuches eine Woche davor das Schmusen untersagt habe, so daß der ganze Vorfall nicht das Geringste mit ihnen zu tun habe. Auf diese Weise konnten sie ihre Besuche ganz bequem wieder aufnehmen, als er schweigend, teilnahmslos, unbeweglich und jedenfalls nicht offen aggressiv ihnen gegenüber im Bett lag. Seine »Kollaboration«, die darin bestand, daß er den Eltern als passiv-hilfloses Objekt ihrer Anteilnahme erschien, versetzte sie in die Lage, wieder »gute Eltern« zu werden. Die neue Pseudo-Gemeinschaft mit dem nun chronisch schizophren gewordenen Sohn unterschied sich also nur quantitativ von jener, die in der präpsychotischen Phase bestanden hatte.

Wir haben den Vorfall bis jetzt als Anschauungsmaterial für den Zyklus betrachtet, der mit dem Zusammenbruch der Pseudo-Gemeinschaft beginnt und dann in den Versuch übergeht, das alte Beziehungsschema in neuer Version wiederherzustellen. Der psychotische Schub stellt jedoch insgesamt, einschließlich des geschilderten Vorfalls, auch einen verunglückten Versuch dar, zur Individuation zu kommen. Der ursprüngliche Zusammenbruch der Pseudo-Gemeinschaft wurde durch den Drang des Patienten nach Individuation herbeigeführt, und sein Verhalten in diesem Vorfall veranschaulicht seinen Wunsch nach Selbständigkeit, die er in gewisser Weise nur durch Rückzug erreicht. Was also als Zusammenbruch der Beziehungen innerhalb der Familie angesehen werden kann, stellt zugleich einen Prozeß der Selbstfindung dar, wie verzerrt dieser auch immer sein mag.

In Familien jedoch, in denen das Streben nach autonomer Identität als nicht-integriertes, verrücktes oder chaotisches Erleben betrachtet wird, erfährt nicht nur der Patient, sondern *jedes* Mitglied der Familie eine Frustration seines Bedürfnisses nach Erlangung eines Identitätsgefühls. Die offene Psychose mag also insgeheim die Funktion haben, die kollektiven, wenn auch dissoziierten Wünsche der Familie nach Individualität zum Ausdruck zu bringen. Eine der heimlichen Familienrollen, die der Patient mit dem Ausbruch der offenen Schizophrenie übernimmt, mag dann darin bestehen, daß andere Familienmitglieder an seiner Stelle ein gewisses Maß an Individuation erlangen.[16]

Indem wir die pseudo-gemeinsame Komplementarität den Formen von gemeinsamer und nicht-gemeinsamer Komplementarität gegenübergestellt haben, haben wir die Rollentheorie um eine neue Dimension zu erweitern versucht, die der Art des subjektiven Erlebens der Person, welche eine Rolle übernimmt, gerecht wird. In der Gemeinschaft hat die Komplementarität einen größeren Bezugsrahmen; Individuation und Nicht-Komplementarität bestimmter Erfahrungen haben Wahrnehmungsprüfungen und gegenseitige Zuwendung zur Folge, was die Basis der Beziehung erweitert und vertieft. Flexibilität der Vorstellungskraft und Wahrnehmungsschärfe sind für die Gemeinschaft unerläßlich, vor allem, was die Wahrnehmung nicht-komplementärer Erwartungen betrifft, die zeitweilig ein Element der Entfremdung in der Beziehung auftreten lassen kann. In der Pseudo-Gemeinschaft wird dafür gesorgt, daß Entfremdung und Vereinzelung nicht zu voller Wirkung kommen; aber ein Gefühl von Beziehung, das nicht durch die genaue Wahrnehmung der Realitäten des Verhältnisses gestützt ist, wird zum hohlen und leeren Erleben. In der

---

[16] Wir danken Harold F. Searles, der uns auf diesen Punkt aufmerksam gemacht hat.

nicht-gemeinsamen Komplementarität wird weder energisch danach gestrebt, die Beziehung durch Abwehr der Wahrnehmung von Nicht-Komplementarität zu sichern, noch besteht ein starkes Interesse daran, die Bedeutungen zu erforschen, die jeder Beteiligte dem anderen zu bieten hätte.

Für die Familien bestimmter Schizophrener stellen wir die Hypothese auf, daß in ihnen die Pseudo-Gemeinschaft eine besonders intensive und beständige Form annimmt, wobei die Familienmitglieder nach einem Gefühl von Beziehung streben, indem sie sich der Rollenstruktur der Familie einfügen. Die soziale Organisation wird in diesen Familien von einer durchdringenden familiären Subkultur aus Mythen, Legenden und Ideologie geformt, in der die schrecklichen Folgen einer Abweichung von der relativ begrenzten Anzahl festliegender, stark absorbierender Familienrollen hervorgehoben werden.

Die gemeinsamen Anstrengungen der Familie, alle Anzeichen einer Nicht-Komplementarität in der pseudo-gemeinsamen Beziehung dem Bewußtsein fernzuhalten, werden zu Gruppenmechanismen, die dazu beitragen, die Pseudo-Gemeinschaft zu zementieren. In den Familien Schizophrener sind diese Mechanismen auf einer primitiven Ebene am Werke und verhindern Artikulation und Selektion aller Bedeutungen, die das einzelne Familienmitglied in die Lage versetzen könnten, sich innerhalb oder außerhalb der familiären Rollenstruktur zu differenzieren. Die so verschleierten Familiengrenzen sind beständig, aber unstabil, elastisch wie ein Gummizaun, so daß sie das, was als komplementär interpretiert werden kann, einbeziehen, aber ausschließen, was als nichtkomplementär interpretiert wird.

Die Rollenübernahme ist in diesen Familien nicht durch die Folge wirklicher Teilnahme oder persönlicher Erfahrung modifiziert, und so können die Rollen nicht in die Funktionen eines erkenntnisfähigen Ichs integriert bzw. ein mit Wert besetzter Teil einer integrativen Ich-Identität werden. Vielmehr übernehmen diese Personen die familiäre Rollenstruktur, unserer Hypothese zufolge, als archaisches Überich in ihre Charakterstruktur, von dem ihr Verhalten direkt und ohne Vermittlung mit einem aktiv wahrnehmenden Ich bestimmt wird.

Im akut-schizophrenen Schub lassen sich Repräsentationen des Zusammenbruchs von Pseudo-Gemeinschaft, ihrer versuchten Wiederherstellung, der Erreichung einer verzerrten Art von Individuation sowie der stellvertretenden Äußerung des Bedürfnisses der anderen Familienmitglieder nach Individuation finden. Der chronische Zustand, der sich daran anschließt, kann als eine Rückkehr zur Pseudo-Gemeinschaft betrachtet werden, allerdings eine Rückkehr mit größerer Distanz und mit Symptomen, die einen stabileren Kompromiß darstellen zwischen der Äußerung von Individuation und dem Mißlingen der Individuation, zwischen der Akzeptierung einer besonderen Familienrolle und ihrer Nichtakzeptierung, zwischen der Erreichung von Beziehung und der Auflösung von Beziehung.

Jay Haley
Die Interaktion von Schizophrenen

Trotz allem, was über die Schwierigkeiten von zwischenmenschlichen Beziehungen bereits gesagt wurde, fehlt es der psychiatrischen Literatur immer noch an einem systematischen Verfahren, um das zwischenmenschliche Verhalten des Schizophrenen in seiner Abweichung von dem des Normalen darzustellen. Die Prozesse, die sich im Inneren des Schizophrenen abspielen, werden oft unter dem Aspekt von Ich-Schwäche, von primitiver Logik oder dissoziiertem Denken dargestellt, aber sein zwischenmenschliches Verhalten gibt man gewöhnlich in Form von Anekdoten wieder. Dieser Aufsatz soll nun ein System zur Beschreibung der Interaktionen von Schizophrenen mit anderen Personen liefern, ein System, das notgedrungen auf einem theoretischen Bezugssystem beruht, das alle zwischenmenschlichen Beziehungen erfaßt. Um tatsächlich ein Klassifikationssystem der zwischenmenschlichen Beziehungen zu schaffen, müßte man allerdings die Herkulesarbeit auf sich nehmen, naturgeschichtliche Studien jeder Art von Menschen zu betreiben, zwischen denen Interaktionen bestehen. Dieser Aufsatz wird daher lediglich einen Ansatz zur Erreichung eines solchen Klassifikationssystems vorschlagen. Dabei sollen zunächst die Probleme erörtert werden, die mit der Klassifizierung zwischenmenschlicher Beziehungen zusammenhängen; dann wird eine Unterhaltung zwischen zwei Schizophrenen wiedergegeben und analysiert und schließlich die Bedeutung dieses methodischen Ansatzes bezeichnet.

Die folgende Unterhaltung zwischen zwei hospitalisierten Schizophrenen – ein kurzer Ausschnitt aus dem Gespräch, das weiter unten in diesem Aufsatz ausführlicher und wortgetreu wiedergegeben wird – ist ein Beispiel für die Art von Interaktion, die hier klassifiziert werden soll.

Smith: Arbeitest du auf dem Flugplatz? Hm?
Jones: Du weißt, was ich von Arbeit halte, ich werd' im Juni dreiunddreißig, haste was dagegen?
Smith: Juni?
Jones: Dreiunddreißig Jahre im Juni. Dieses Zeug fliegt aus dem Fenster, wenn ich das hinter mir habe, äh – dieses Hospital verlasse. So kann ich nicht meine Stimmbänder wiederkriegen. So hör' ich mit Zigaretten auf. Ich bin ein Raumfahrer, selbst aus dem Weltraum, kein Beschiß.

In diesem Gespräch werden unmittelbar keine intrapsychischen Prozesse sichtbar. Es gibt kein dissoziiertes Denken, keinen Autismus, keinen Rückzug aus der Realität. Aus dem, was die Männer sagen, könnte man allerdings auf solche Prozesse wie dissoziiertes Denken schließen. Aber auch ohne Rückschlüsse sollte es möglich sein, in diesem zwischenmenschlichen Verhalten etwas festzustellen, was die beiden von anderen Menschen unterscheidet.

Zur Interpretation dieser Daten sind mindestens drei psychiatrische Annäherungsmethoden möglich. Die klassische Methode würde bestimmen, ob die beiden jungen Männer in Kontakt mit der »Realität« sind oder nicht. Wenn einer der beiden sagt, er komme aus dem Weltraum, und der andere, das Hospital sei ein Flugplatz, dann würde der klassische Theoretiker auf Schizophrenie schließen. Er würde das Material nicht weiter analysieren, da die Theorie der klassischen Psychiatrie davon ausgeht, daß diese Menschen nicht aufeinander eingehen oder auf die Umwelt reagieren, sondern sich auf eine eigentümlich ziellose Weise verhalten, die auf eine organische Erkrankung zurückzuführen ist.

Ein anderer Ansatz, der intrapsychische, würde den Denkprozeß der beiden Patienten in den Mittelpunkt stellen. Der Analytiker würde Mutmaßungen anstellen über das, was die Patienten sich gedacht haben müssen, oder darüber, welche verdrehte Logik diese wunderlichen Assoziationen produziert haben könnte. Der intrapsychische Gesichtspunkt würde voraussetzen, daß die Unterhaltung einen Sinn hat, daß sie auf entstellten Denkprozessen beruht und daß sie viele Assoziationen enthält, die so eigentümlich für diese Menschen sind, daß man ihre Lebensgeschichte kennen muß, wenn man verstehen will, welche besonderen Aussagen sie gemacht haben. Unter diesem Gesichtspunkt ist eine Analyse des Materials zwecklos, da die Unterhaltung allein nur unzureichende Informationen liefert. Die jungen Männer sind »unverkennbar« schizophren, und ihre Äußerungen sind symbolische Manifestationen tief wurzelnder Phantasievorstellungen.

Schließlich gibt es den interpersonellen Ansatz zur Erschließung dieser Daten, der die Art der Interaktion der beiden Menschen bzw. ihr gegenseitiges Verhalten hervorhebt. Diese Annäherungsmethode setzt voraus, daß die beiden aufeinander eingehen, nicht bloß auf ihre eigenen Gedanken, und daß sie auf eine Weise reagieren, die sich von der normalen unterscheidet. Das Wissenschaftlichste am interpersonellen Ansatz ist möglicherweise seine Betonung feststellbarer Daten. Die Art der Interaktion zwischen Menschen kann beobachtet werden, während die Feststellung von Gedankenprozessen unvermeidlich auf Mutmaßung gegründet ist. Woran es dem interpersonellen Ansatz mangelt, das ist ein Darstellungssystem zur Unterscheidung der abweichenden von der normalen menschlichen Interaktion.

Eine Idealklassifikation des zwischenmenschlichen Verhaltens würde psychopathologische Typen kennzeichnen oder Menschen nach Klassen unterscheiden, je nachdem, ob ihre Interaktionen leicht beobachtbare Abfolgen aufweisen oder nicht. Wenn es möglich wäre, ein solches Idealsystem zu entwickeln, so würde es der Klärung nicht nur der Diagnose, die zur Zeit noch auf einem antiquierten System beruht, sondern auch der Ätiologie der psychischen Erkrankungen dienen. Sagt man, ein Patient habe sich von der Realität zurückgezogen, dann sagt man nichts über die Prozesse, die diesen Rückzug bewirkt haben. Sagt man aber, ein Patient stehe mit anderen auf bestimmte abweichende Weise in Interaktion, dann ist die Möglichkeit gegeben, die Lernsituation zu beschreiben, die dem Patienten beigebracht hat, sich auf diese Weise zu verhalten.

Die Aufnahme einer zwischenmenschlichen Beziehung

Wenn zwei Menschen sich zum erstenmal begegnen und anfangen, eine Beziehung aufzunehmen, so steht ihnen potentiell ein weiter Verhaltensspielraum zur Verfügung. Sie können Komplimente oder Beleidigungen austauschen, sexuelle Annäherungsversuche machen, behaupten, daß der eine dem anderen überlegen sei, usw. Während sie ihre Beziehung zueinander bestimmen, entwickeln sie gemeinschaftlich jene Art von kommunikativem Verhalten, die in dieser Beziehung am Platze sein soll. Aus allen möglichen Botschaften wählen sie bestimmte aus und kommen überein, daß diese gegenüber anderen den Vorzug haben sollen. Ihre Übereinkunft darüber, was angebracht ist und was nicht, kann man eine gemeinsame Definition ihrer Beziehung nennen. Jede Botschaft, die sie austauschen, bekräftigt diese Definition entweder oder regt eine Veränderung an. Legt ein junger Mann einem Mädchen den Arm um die Schulter, dann gibt er zu erkennen, daß er in ihre Beziehung amouröses Verhalten aufnehmen möchte. Sagt das Mädchen »Nein, nein!« und zieht sich von ihm zurück, dann gibt sie zu verstehen, daß amouröses Verhalten ausgeschlossen bleiben solle. Ihre Beziehung, sei sie nun amourös oder platonisch, wird durch die Art der Botschaften definiert, die sie nach gegenseitiger Übereinkunft zwischen sich für zulässig halten. Diese Übereinkunft ist niemals fix und fertig, sondern ständig im Fluß, da der eine oder der andere eine neue Art von Botschaften vorschlagen oder die Umweltsituation sich ändern und einen Verhaltenswandel bewirken kann.

Würde die menschliche Kommunikation nur auf einer Ebene stattfinden, dann wäre die Festlegung oder Definition einer Beziehung lediglich eine Angelegenheit des Vorhandenseins oder Fehlens von Botschaften. In diesem Fall gäbe es vermutlich keine Schwierigkeiten in zwischenmenschlichen Beziehungen. Menschen kommunizieren jedoch nicht nur, sie kommunizieren auch über die Kommunikation. Sie sagen nicht nur etwas, sondern sie qualifizieren oder bezeichnen auch, was sie sagen.

Im dem obigen Beispiel sagt das Mädchen »Nein, nein!« und zieht sich außerdem von dem jungen Mann zurück. Ihr körperlicher Rückzug qualifiziert ihre verbale Äußerung und soll das auch tun. Da die Qualifizierung ihre Botschaft bekräftigt, gibt es keine sonderliche Schwierigkeit. Sie macht klar, daß zu ihrer Beziehung kein amouröses Verhalten paßt. Nehmen wir aber an, sie hätte »Nein, nein!« gesagt und sich enger an den jungen Mann geschmiegt: dadurch hätte sie ihre Äußerung als widersinnig qualifiziert oder sie dementiert. Wird eine Botschaft als widersinnig qualifiziert, so wird die Beziehung komplizierter als dann, wenn lediglich eine Botschaft gegeben oder nicht gegeben wird. Eine Klassifizierung des menschlichen Verhaltens muß also mindestens zwei *Ebenen* der Kommunikation berücksichtigen. Bei der Darstellung des zwischenmenschlichen Verhaltens darf man nicht nur das kommunikative Verhalten behandeln, sondern muß auch die Qualifizierung dieses Verhaltens durch die Beteiligten in Betracht ziehen.

Die Kommunikation zwischen zwei Menschen findet nicht losgelöst von anderen Verhaltensweisen statt, von denen sie begleitet und kommentiert wird. Wenn jemand sagt: »Freut mich, Sie zu sehen«, so wird seine Äußerung durch den Ton seiner Stimme qualifiziert, so wie dieser wiederum durch die Äußerung und andere Botschaften qualifiziert wird, die ebenfalls gegeben sein können. Die Kommunikation zwischen den Menschen besteht also 1. aus dem Rahmen, in dem sie stattfindet, 2. aus den verbalen Botschaften, 3. aus den Stimm- und Sprechmustern und 4. aus der Körperbewegung. Wenn Menschen kommunizieren, wird ihre Beziehung ebensosehr von der Qualifizierung ihrer Botschaften bestimmt wie von dem Vorhandensein oder Fehlen von Botschaften. Man kann eine Kritik mit Lächeln oder mit Stirnrunzeln begleiten. Das Lächeln oder Stirnrunzeln bestimmt die Beziehung ebensosehr wie die Kritik. Ein Angestellter kann seinem Chef erklären, was zu tun ist, und damit ihre Beziehung als die von Gleichgestellten definieren, er kann sich dabei aber auch mit einer Geste oder einer kraftlosen Stimme selbst herabsetzen und damit die Beziehung als ungleichrangig qualifizieren. Würden die Menschen ihre Worte stets ihrem Inhalt entsprechend qualifizieren, dann wären die Beziehungen klar definiert und einfach, auch wenn die Kommunikation auf zwei Ebenen stattfindet. Wenn jedoch eine Äußerung, die auf eine bestimmte Beziehung hinweist, durch eine Kommunikation qualifiziert wird, die das Gegenteil beinhaltet, so sind Schwierigkeiten in den zwischenmenschlichen Beziehungen unvermeidlich.

Wir sollten betonen, daß man es gar nicht vermag, eine Botschaft *nicht* zu qualifizieren. Eine verbale Botschaft wird stets in einer bestimmten Stimmlage vermittelt, und auch wenn man nichts sagt, qualifiziert man das durch die Körperhaltung, die man einnimmt, und den Rahmen, in dem das Schweigen auftritt. Auch wenn die Bedeutung bestimmter qualifizierender Botschaften klar ist – wenn man zum Beispiel mit der Faust auf den Tisch schlägt, um eine Äußerung zu unterstreichen –, sind stets subtile Qualifikationen gegeben. So kann eine Äußerung etwa durch eine ganz leichte Hebung der Stimme an einem Wortende aus einer Behauptung in eine Frage verwandelt werden. Ein leichtes Lächeln vermag einer Äußerung mehr den Anstrich des Ironischen als des Ernstgemeinten zu geben. Eine winzige Körperbewegung rückwärts qualifiziert eine herzliche Äußerung und zeigt an, daß sie mit Vorbehalten gemacht wird. Das Fehlen einer Botschaft kann ebensogut eine andere Botschaft qualifizieren. Schweigt zum Beispiel jemand, wenn man von ihm erwartet, daß er spricht, dann wird das Schweigen zur qualifizierenden Botschaft, und unterläßt es ein Mann, seiner Frau einen Abschiedskuß zu geben, wenn sie es erwartet, dann qualifiziert diese Unterlassung seine übrigen Botschaften mindestens ebensosehr, wenn nicht noch mehr, als wenn er die Handlung begangen hätte.

Die Menschen neigen dazu, die Frage, ob jemand aufrichtig ist oder heuchelt, ob er es ernst meint oder scherzt usw., danach zu beurteilen, ob er seine Äußerungen durch kongruente Qualifikationen bestätigt. Und wenn jemand auf einen anderen mit seiner eigenen Definition der zwischen ihnen bestehenden Beziehung reagiert, dann bezieht sich diese Reaktion auf alle Ebenen von Botschaften.

Die Kontrolle in einer zwischenmenschlichen Beziehung

Wenn jemand einem anderen eine Botschaft zukommen läßt, unternimmt er ein Manöver zur Definierung der Beziehung. Der andere wird damit vor das Problem gestellt, die angetragene Beziehung entweder zu akzeptieren oder abzulehnen. Er kann die Botschaft hinnehmen und damit die Definition des anderen akzeptieren oder ihr mit einem eigenen Manöver begegnen, um die Beziehung anders zu definieren. Auch kann er das Manöver des anderen akzeptieren und diese Akzeptierung zugleich mit einer Botschaft qualifizieren, die ausdrückt, daß er den anderen mit dem Manöver durchkommen *läßt*.

Wenn ein junger Mann zum Beispiel spontan ein Mädchen umarmt, so muß sie diese Botschaft entweder akzeptieren und ihn damit die Beziehung definieren lassen, oder sie muß ihn zurückweisen, um dadurch selbst die Beziehung zu definieren. Sie kann aber auch die Definierung der Beziehung kontrolliert haben, indem sie ihn zu seinem Verhalten ermunterte. Ebenso kann sie es mit der Qualifizierung, daß sie ihm *erlaubt*, den Arm um sie zu legen, akzeptieren. Indem sie seine Botschaft als eine bezeichnet, die sie ihm gestattet, behält sie die Kontrolle über die Beziehung.

Überall, wo zwei Menschen aufeinandertreffen, sehen sie sich diesem gemeinsamen Problem gegenüber: Welche Botschaften oder welche Verhaltensweisen sollen in dieser Beziehung zugelassen sein? Und wer ist derjenige, der bestimmen darf, was sich in der Beziehung abspielt, und damit die Kontrolle darüber ausübt, wie die Beziehung definiert wird? Wir gehen hier von der Hypothese aus, daß das Wesen der Kommunikation die Menschen dazu bringt, mit diesen Problemen fertig zu werden, und sich die zwischenmenschlichen Beziehungen nach der verschiedenen Art und Weise klassifizieren lassen, auf die sie mit ihnen fertig werden.

Man muß betonen, daß niemand sich einem solchen Kampf um die Definierung seiner Beziehung mit irgendeinem anderen entziehen kann. Jeder ist ständig darin verwickelt, seine Beziehung zu definieren oder der Definition des anderen entgegenzutreten. Redet jemand, so gibt er zwangsläufig zu erkennen, welche Art von Beziehung er mit dem anderen hat. Was auch immer er sagt, er drückt damit aus: »Dies ist die Art von Beziehung, in der das gesagt werden kann.« Und wenn jemand nicht redet, definiert er ebenso zwangsläufig die Beziehung, weil er durch sein Schweigen das Verhalten des anderen begrenzt. Möchte jemand vermeiden, seine Beziehung zu einem anderen zu definieren, so daß er nur über das Wetter redet, so macht er klar, daß er die Kommunikation neutral halten will, und definiert damit die Beziehung.

Nach einer von Bateson[1] dargelegten Grundregel der Kommunikationstheorie ist es schwierig, die Definition einer Beziehung mit anderen oder die Ausübung von Kontrolle hinsichtlich der Definition zu vermeiden. Dieser Regel entsprechend sind alle Botschaften mehr als nur Mitteilungen: sie beeinflussen oder machen Ansprüche geltend. Eine Äußerung wie »Mir geht es heute schlecht« beschreibt nicht einfach nur die innere Verfassung dessen, der sie macht. Sie bringt auch etwas zum Ausdruck wie »Unternimm etwas dagegen« oder »Denk an mich als jemand, dem es schlecht geht«. Selbst wenn man schweigt und versucht, einen anderen nicht zu beeinflussen, wird das Schweigen zum Faktor der Beeinflussung in der gegenseitigen Beziehung. Es ist möglich, daß jemand einem anderen die ganze Initiative hinsichtlich des Verhaltens überläßt, das in ihrer Beziehung gestattet sein soll. Versucht er das, dann kontrolliert er die Beziehung, indem er zum Ausdruck bringt, daß es sich um eine handelt, in der der andere bestimmen muß, welches Verhalten zulässig ist. So kann ein Patient zu seinem Therapeuten sagen: »Ich kann nicht jede Entscheidung selber treffen; ich möchte, daß Sie mir sagen, was ich tun soll.« Damit

[1] Gregory Bateson und Jürgen Ruesch, *Communication, the Social Matrix of Psychiatry*, New York 1951, S. 179.

scheint er dem Therapeuten nahezulegen, die Kontrolle der Beziehung zu übernehmen, indem er das gegenseitige Verhalten bestimmt. Aber indem der Patient den Therapeuten bittet, ihm zu sagen, was er tun soll, sagt er dem Therapeuten, was dieser tun soll. Diese Paradoxie kann entstehen, weil stets auf zwei Ebenen kommuniziert wird – zum Beispiel: 1. »Ich erkläre, daß man mir sagen muß, was ich tun soll«, 2. »Folgen Sie meinem Befehl, mir zu sagen, was ich tun soll«. Wann immer jemand versucht, die Kontrolle der Definition einer Beziehung zu vermeiden, definiert er die Beziehung auf einer anderen Ebene als eine, in der er nicht unter Kontrolle steht. Jemand, der sich hilflos verhält, kontrolliert das Verhalten in einer Beziehung genauso wirkungsvoll wie ein anderer, der sich autoritär verhält und auf einem spezifischen Verhalten besteht. Durch Hilflosigkeit wird das Verhalten des anderen ebensosehr, wenn nicht noch mehr, beeinflußt wie durch direkte autoritäre Forderungen. Wenn sich jemand hilflos verhält, so mag er einerseits von einem anderen, der für ihn sorgt, kontrolliert werden, andererseits definiert er durch sein hilfloses Verhalten die Beziehung als eine, in der für ihn gesorgt wird.
Man muß hier betonen, daß mit »Kontrolle« nicht gemeint ist, daß man jemanden so kontrolliert, wie man einen Roboter kontrollieren würde. Der Akzent liegt hier nicht bei einem Kampf um die Kontrolle des spezifischen Verhaltens eines anderen, sondern vielmehr bei einem Kampf um die Kontrolle der *Art* des Verhaltens, die in der Beziehung gegeben sein soll, und damit um die Definierung der Beziehung. Überall, wo sich zwei Menschen begegnen, müssen sie zwangsläufig herausfinden, was für eine Beziehung sie zueinander haben, und deren Grenzen abstecken.

Vermeidung von Kontrolle in einer zwischenmenschlichen Beziehung

Wie ich festgestellt habe, ist es schwierig, sich nicht zu vergewissern, welche Art von Beziehung man zu einem anderen hat. Auf eine Weise jedoch kann man es vermeiden, zum Ausdruck zu bringen, was in einer Beziehung stattfinden soll, und damit ihre Definierung umgehen. Man kann negieren, was man sagt. Selbst wenn man die Beziehung mit allen Elementen der Kommunikation definiert, kann man diese Definition durch Verwendung von Qualifizierungen aufheben, die diese Kommunikation widerlegen.

Die Tatsache, daß Menschen auf mindestens zwei Ebenen kommunizieren, ermöglicht es ihnen, eine bestimmte Beziehung erkennen zu lassen und sie zugleich in Abrede zu stellen. So kann ein Mann zum Beispiel sagen: »Ich meine, du solltest dies tun, aber es steht mir natürlich nicht zu, dir das zu sagen.« Auf diese Weise definiert er die Beziehung als eine, in der er der anderen Person sagt, was sie tun soll, und leugnet zugleich, daß er die Beziehung auf diese Weise definiert. Das ist es, was manchmal gemeint ist, wenn eine Person als nicht selbstbewußt geschildert wird. Ein Mann könnte die Bitte seiner Frau, das Geschirr zu spülen, damit beantworten, daß er sagt: »Nein, ich will nicht!«, sich hinsetzt und die Zeitung liest. Er hat sich in dem Sinne durchgesetzt, daß er die Beziehung zu seiner Frau als eine definiert hat, in der man ihm nicht zu sagen hat, was er tun soll. Ein anderer mag auf einen ähnlichen Wunsch reagieren, indem er sagt: »Ich würde gern abspülen, aber ich kann nicht. Ich habe Kopfschmerzen.« Auch er lehnt es ab, das Geschirr zu spülen, doch qualifiziert er seine Botschaft in inkongruenter Weise. Er gibt zu erkennen, daß *er* die Beziehung durch die Weigerung *nicht* definiert. Schließlich sind es ja die Kopfschmerzen, die ihn daran hindern, abzuwaschen, nicht er. Ebenso verhält es sich, wenn ein Mann nur im betrunkenen Zustand seine Frau schlägt: diese Handlung wird durch die stillschweigende Folgerung qualifiziert, daß *er* ja nichts dafür kann; es ist eben der Schnaps, der sich so auswirkt. Indem ein Mensch seine Botschaften mit dem selbstverständlichen Schluß versieht, daß *er* für sein Verhalten nicht verantwortlich ist, kann er es vermeiden, seine Beziehung zu einem anderen zu definieren. Diese inkongruenten qualifizierenden Botschaften können verbal sein, wie zum Beispiel: »Ich habe es nicht so gemeint«, oder sie werden mit schwacher Stimme oder in einer Körperhaltung vorgebracht, die Unschlüssigkeit ausdrückt. Sogar der Kontext mag ein Manöver zur Definierung einer Beziehung dementieren – zum Beispiel, wenn ein Junge einen anderen zum Kampf auffordert, während sie in der Kirche sind, wo ein Kampf gar nicht möglich ist.

Zur Erhellung der Art und Weise, in der jemand vermeiden könnte, seine Beziehung zu einem anderen zu definieren, wollen wir annehmen, irgend jemand hätte sich entschlossen, solche Vermeidung ganz und gar durchzuhalten. Da alles, was er sagen oder nicht sagen würde, seine Beziehung definierte, müßte er alles, was er sagt oder nicht sagt, mit einer Negation bzw. einer Verneinung qualifizieren. Zum besseren Verständnis der Art und Weise, in der er seine Botschaften dementieren könnte, kann man die formalen Merkmale einer Botschaft der einen Person an die andere in vier Elemente zergliedern:

1. Ich
2. sage etwas
3. zu dir
4. in dieser Situation.

Ein Mensch kann die Definierung seiner Beziehung vermeiden, indem er eines der vier Elemente oder auch sie alle negiert. Er kann 1. leugnen, daß *er* etwas mitgeteilt hat, 2. leugnen, daß etwas mitgeteilt wurde, 3. leugnen, daß *dem anderen* etwas mitgeteilt wurde, 4. den Rahmen leugnen, in dem das Mitgeteilte gestanden hat.

Die große Vielfalt an Möglichkeiten, die Definierung einer Beziehung zu vermeiden, läßt sich wie folgt kurz zusammenfassen:

1. Um zu leugnen, daß *er* eine Botschaft mitgeteilt hat, kann jemand sich als eine andere Person ausgeben. Zum Beispiel kann er sich unter einem falschen Namen vorstellen. Oder er kann darauf hinweisen, daß er nicht als Person redet, sondern als Vertreter seines sozialen Status, so daß, was er sagt, vom Chef kommt oder vom Professor usw. Er mag darauf hinwei-

sen, daß er nur ein Instrument zur Übermittlung der Botschaft sei, daß man ihn angewiesen habe, so zu reden, daß die Stimme Gottes durch ihn spreche usw., so daß nicht er es ist, der die Beziehung definiert.

Auch mag jemand leugnen, daß *er* etwas mitteilt, indem er seinen Worten den Anstrich gibt, sie seien durch äußere Kräfte ausgelöst. Er kann geltend machen, daß in Wirklichkeit nicht *er* spricht, da er durch Schnaps, Wahnsinn oder Drogen aus dem Gleichgewicht geraten oder verwirrt worden ist.

Er kann seine Botschaften auch als Resultat »ungewollter« Prozesse in seinem Inneren hinstellen, so daß in Wirklichkeit nicht *er* es ist, der Mitteilungen macht. Er kann sagen: »Nicht *du* bringst mich aus der Fassung; es ist etwas, was ich gegessen habe«, und leugnen, daß seine Äußerung von Unpäßlichkeit eine Botschaft ist, die er über die Beziehung macht. Er kann sich sogar übergeben oder urinieren und geltend machen, daß diese Dinge organisch verursacht sind und keine Botschaften von *ihm* darstellen, die man als Kommentare zur Beziehung verstehen sollte.

2. Die einfachste Art, auf die jemand leugnen kann, etwas *gesagt* zu haben, ist, sich auf eine Gedächtnislücke zu berufen. Wenn er sagt: »Ich kann mich nicht erinnern, das getan zu haben«, qualifiziert er eine Handlung durch eine Feststellung, die sie negiert. Auch kann er darauf pochen, daß das, was er gesagt hat, mißverstanden worden ist und die Interpretationen des anderen deshalb nichts mit seinen wirklichen Äußerungen zu tun haben.

Eine andere Art zu leugnen, daß etwas gesagt wurde, besteht darin, eine Äußerung unmittelbar darauf durch eine andere zu qualifizieren, die ihr widerspricht. Dadurch wird alles Gesagte als unerheblicher Unsinn negiert, der somit kein Kommentar zu der Beziehung sein kann. Oder es entwickelt jemand eine eigene Sprache, kommuniziert und negiert zugleich die Kommunikation durch die Tatsache, daß der andere die Sprache nicht verstehen kann. Mit einer anderen Variante kann jemand klarmachen, daß seine Worte nicht Mittel der

Kommunikation sind, sondern Dinge an sich. Er kann etwas feststellen und zugleich die Schreibweise der Wörter in der Feststellung erörtern, um damit klarzumachen, daß er nicht eine Botschaft übermittelt, sondern lediglich die Buchstaben von Wörtern aufgezählt hat.

3. Um zu leugnen, daß das, was er sagt, an die *andere* Person gerichtet ist, braucht jemand nur zu erkennen zu geben, daß er mit sich selbst spricht. Ebenso kann er die andere Person zu jemand anderem machen. Er kann zum Beispiel vermeiden, mit dem anderen zu sprechen, indem er mehr die Statusposition des anderen anspricht als ihn persönlich. So kann man einen Vertreter an der Haustür mit Sarkasmus behandeln, ohne die Beziehung mit ihm zu definieren, indem man Kommentare über Vertreter im allgemeinen abgibt.

Oder wenn jemand ins Extrem gehen will, kann er sagen, daß der Freund in Wirklichkeit kein Freund ist, sondern ein Geheimpolizist. Alles, was er sagt, gilt dann als Äußerung gegenüber einem Polizisten und kann damit nicht seine Beziehung zu seinem Freund definieren.

4. Um zu leugnen, daß das, was er sagt, in dieser Situation gesagt wird, kann jemand seinen Äußerungen den Anstrich geben, sie bezögen sich auf eine andere Zeit oder einen anderen Ort. Er kann sagen: »Ich bin gewohnt, schlecht behandelt zu werden, und werde vermutlich auch in Zukunft schlecht behandelt werden.« Und diese zeitlichen Qualifikationen dementieren seine unausgesprochene Aussage, daß er gerade jetzt schlecht behandelt wird. Ähnlich kann er sagen: »Ich habe jemand gekannt, der hat das und das gemacht«, und indem er auf eine Beziehung in der Vergangenheit verweist, leugnet er, daß seine Feststellung ein Kommentar zur gegenwärtigen Beziehung ist.

Um eine Äußerung zur Situation der Beziehung am wirksamsten zu negieren, kann er sie durch die Feststellung qualifizieren, der Ort sei ein anderer Ort. Er kann den Raum des Psychiaters als Gefängnis bezeichnen und damit leugnen, daß seine Feststellungen seine Beziehung mit dem Psychiater betreffen.

Alles in allem sind das die Möglichkeiten, die Definierung einer Beziehung zu vermeiden. Wenn alles, was jemand zu einem anderen sagt, die Beziehung mit diesem anderen definiert, kann er es nur vermeiden, die Art der Beziehung erkennen zu lassen, wenn er leugnet, daß er spricht, leugnet, daß etwas gesagt wird, leugnet, daß es dem anderen gesagt wird, oder leugnet, daß der Austausch an dieser Stelle zu dieser Zeit stattfindet.

Zwischenmenschliche Beziehungen bei Schizophrenen

Es erscheint einleuchtend, daß die Liste der Möglichkeiten, die Definierung einer Beziehung zu vermeiden, eine Liste schizophrener Symptome ist. Ein Psychiater stellt eine klassische Diagnose auf Schizophrenie, wenn er die deutlichste Manifestation der Schizophrenie feststellt: das Auseinanderklaffen der Kommunikation eines Patienten und der Botschaften, mit denen er diese Kommunikation qualifiziert. Seine Bewegungen negieren oder dementieren, was er sagt, und seine Worte negieren oder dementieren den Kontext, in dem er spricht. Diese Inkongruenz kann kraß und klar erkennbar sein wie bei der Bemerkung: »Mein Kopf ist heute nacht heftig geschlagen worden«, die von einem Patienten gemacht wird, dessen Kopf ganz in Ordnung ist; oder es kann so subtil sein wie bei einem leichten Lächeln oder einem seltsamen Ton in der Stimme. Verleugnet der Patient, daß *er* spricht, indem er entweder in der dritten Person von sich redet oder sich einen anderen Namen gibt, so stellt der Psychiater fest, daß er an einem Identitätsverlust leidet. Gibt der Patient zu erkennen, daß »Stimmen« diese Dinge sagen, so wird er als halluzinativ beschrieben. Leugnet der Patient, daß seine Botschaft eine Botschaft ist, indem er zum Beispiel seine Worte eifrig buchstabiert, so betrachtet der Psychiater das als Manifestation von dissoziiertem Denken. Wenn der Patient verleugnet, daß sich seine Botschaft an die *andere* Person richtet, so betrachtet ihn der Psychiater als wahnhaft. Verleugnet der Patient seine Anwesenheit im Hospital, indem er es als Schloß oder Gefängnis bezeichnet, so stellt der Psychiater fest, daß er einen Rückzug aus der Realität angetreten hat. Wenn der Patient eine Äußerung mit nicht dazu passender Stimme macht, dann offenbart er eine Affektstörung. Beantwortet er das Verhalten des Psychiaters mit Botschaften, die dieses Verhalten unangemessen qualifizieren, dann ist er autistisch.[2]

Die klassischen psychiatrischen Symptome der Schizophrenie lassen sich interaktional so darstellen, daß sie auf eine Erkrankung hinweisen, deren Zentrum eine Spaltung zwischen den Botschaften des Patienten und seinen Qualifikationen dieser Botschaften bildet. Wenn jemand eine solche Spaltung zeigt, so daß seine Worte systematisch durch die Art, in der sie qualifiziert, auch negiert werden, so vermeidet er es, seine Beziehung zu anderen Menschen zu definieren. Die vielfältigen und anscheinend unzusammenhängenden und bizarren Symptome der Schizophrenie lassen einen zentralen und ziemlich einfachen Kern erkennen. Will jemand unbedingt vermeiden, seine Beziehung zu definieren oder die Art des Verhaltens anzuzeigen, die in der Beziehung zulässig sein soll, so kann er das nur, indem er sich auf eine Art verhält, die sich als Symptom von Schizophrenie beschreiben läßt.

Es wurde bereits darauf hingewiesen, daß auch Nicht-Schizophrene die Definierung ihrer Beziehungen mit anderen zuweilen vermeiden können. Es mag jemand leugnen, daß er etwas tut, indem er sein Tun mit der Feststellung qualifiziert, es sei körperlichen Ursprungs oder durch Schnaps bewirkt. Das sind Ausdrucksformen anderer psychischer Erkrankungen und zum Teil Methoden, die Definierung einer besonderen Beziehung zu einer besonderen Zeit zu vermeiden. Sie sind bestenfalls temporär, da Kopfschmerzen nachlassen und die Wirkung von Schnaps verfliegt. Will aber jemand unbedingt die Definierung seiner Beziehung jederzeit und mit jedem vermeiden, während doch alles, was er sagt oder tut, seine Beziehung definiert, dann

---

2 Diese Nomenklatur beschreibt das Verhalten des Schizophrenen, nicht sein subjektives Erleben, das natürlich furchtbar sein mag.

muß er sich wie ein Schizophrener verhalten und ganz und gar leugnen, was er in seiner Interaktion mit anderen sagt oder tut. Verschiedene Typen von Schizophrenen ließen sich hinsichtlich verschiedener Strukturen klassifizieren, und einige ihrer Strukturen kann man auch an Normalen feststellen. Der Unterschied zum Normalen besteht in der Konsistenz des Verhaltens von Schizophrenen und in den Extremen, in die sie dabei verfallen. Der Schizophrene wird nicht nur leugnen, daß *er* etwas sagt, sondern das auch noch auf eine Weise tun, daß seine Verleugnung verleugnet wird. Er benutzt nicht nur einen anderen Namen als den seinen, sondern benutzt sogar einen – etwa Stalin –, der ganz eindeutig nicht seiner ist oder seine Verleugnung auf andere Weise negiert. Wo der Normalere das, was er sagt, auf kongruente Weise negiert, offenbart der Schizophrene auch auf dieser Ebene Inkongruenz.

Als Beispiel für das schizophrene Verhalten möchte ich einen typischen Vorgang anführen. Wenn ein Normaler zur Zigarette greift und keine Streichhölzer hat, so sagt er gewöhnlich zu einem anderen Anwesenden: »Würden Sie mir bitte Feuer geben?« Wenn er das tut, qualifiziert er eine Botschaft hinsichtlich seiner unangezündeten Zigarette mit einer adäquaten Botschaft über sein Bedürfnis nach Feuer, und er definiert seine Beziehung zu dem anderen, indem er um Feuer bittet. Er zeigt an: »Dies ist die Art von Beziehung, in der ich um etwas bitten kann.« Ein Schizophrener kann unter den gleichen Umständen eine Zigarette herausnehmen, seine Taschen nach Streichhölzern durchsuchen und dann die Zigarette in die Luft halten und sie schweigend anstarren. Der Andere sieht sich durch den Schizophrenen vor einen recht eigenartigen Kommunikationsprozeß gestellt. Er wird um Feuer gebeten, und er wird doch nicht um Feuer gebeten. Indem der Schizophrene die Zigarette lediglich anstarrt, qualifiziert er seine Botschaft wegen einer unangezündeten Zigarette mit einer inkongruenten Botschaft. Er zeigt an, daß es sich um etwas handelt, auf das man starren, das man aber nicht anzünden muß. Würde er die Zigarette halten, als sollte sie angezündet werden, so würde er stillschweigend um Feuer bitten und damit seine Beziehung zu dem anderen definieren. Er kann die Andeutung, welche Art von Verhalten er wünscht, und damit, welche Art die Beziehung ist, nur vermeiden, indem er seine Zigarette mit Gleichgültigkeit betrachtet. Ein noch eindeutigeres Beispiel ist das Verhalten eines Schizophrenen, der mit einem Fremden im Raum ist. Er spricht vielleicht nicht mit ihm, aber da er mit seinem Schweigen die Art der Beziehung zu erkennen gibt, wird der Schizophrene sich wahrscheinlich äußerst interessiert an den Dingen im Raum oder gedankenverloren zeigen. Auf diese Weise leugnet er, daß er die Beziehung zu dem anderen durch die Art definiert, in der er sein Verhalten qualifiziert.

Indem er seine Botschaften an den anderen in inkongruenter Weise qualifiziert, vermeidet es der Schizophrene, einen Hinweis auf die Art des in der Beziehung gewünschten Verhaltens zu geben, und vermeidet damit, seine Beziehung zu definieren. Die heutige Strömung in der Psychotherapie des Schizophrenen berücksichtigt sein zwischenmenschliches Verhalten. Der erfahrene Therapeut wird die Äußerungen des Schizophrenen als Äußerungen über die Beziehung auffassen und ihre Dementierung ignorieren. Fängt der Patient an, in einer merkwürdigen Sprache zu reden, so wird dieser Therapeut wahrscheinlich nicht den symbolischen Gehalt dieser Sprache deuten, er wird eher eine Bemerkung machen wie: »Ich möchte wissen, warum Sie mich verwirren wollen?«, oder: »Warum reden Sie mit *mir* in dieser Weise?«

Analyse eines Gesprächs zwischen Schizophrenen

Um die Anwendung der vorstehenden Darstellung zwischenmenschlicher Beziehungen auf Schizophrene zu verdeutlichen, soll jetzt ein auf Tonband aufgenommenes Gespräch zweier junger Männer wiedergegeben und anschließend analysiert werden. Die in Klammern gesetzten Zahlen werden in der dem Gespräch folgenden Analyse zur Identifizierung der analysierten Stellen dienen. Diese Unterhaltung zwischen zwei hospitalisierten Schizophrenen fand statt, als die Männer in zwei aneinandergrenzenden Sprechzimmern allein gelassen wurden, wo sie sich durch eine Verbindungstür sehen konnten. Sie sprachen vermutlich zum erstenmal miteinander, obwohl es sein kann, daß sie sich schon vorher gesehen haben, als sie dasselbe Gebäude betraten.

Jones (1): (Lacht laut, zögert dann.) Ich bin McDougal persönlich. (Das ist in Wirklichkeit nicht sein Name.)
Smith (2): Wovon lebst du, kleiner Freund? Arbeitest auf 'ner Ranch oder sowas?
Jones (3): Nein, ich bin Seemann. Angeblich ein hohes Tier.
Smith (4): Ein singendes Aufnahmegerät, was? Ich denke, ein Aufnahmegerät singt manchmal. Wenn sie richtig eingestellt sind. Mm-hm. Ich dachte, das war es. Mein Handtuch, mm-mh. Wir werden aber doch wieder auf See gehen in etwa – acht oder neun Monaten. Sobald wir unsere – zerrütteten Teile repariert haben. (Pause.)
Jones (5): Ich bin liebeskrank, hab eine heimliche Liebe.
Smith (6): Heimliche Liebe, wie? (Lacht.)
Jones: Ja.
Smith (7): Ich hab keine heimliche Liebe.
Jones (8): Ich hab mich verliebt, aber ich mach keiner den Hof – das sitzt darüber – sieht etwa so aus wie ich – wandert da oben rum.
Smith (9): Meine, oh, meine einzige, meine einzige Liebe ist der Haifisch. Komm ihm nicht in die Quere!
Jones (10): Wissen die denn nicht, daß ich am Leben hänge? (Lange Pause.)
Smith (11): Arbeitest du auf dem Flugplatz? Hm?
Jones (12): Du weißt, was ich von Arbeit halte, ich werd' im Juni dreiunddreißig, haste was dagegen?
Smith (13): Juni?
Jones (14): Dreiunddreißig Jahre alt im Juni. Dieses Zeug fliegt aus dem Fenster, wenn ich das hinter mir habe, äh – dieses Hospital verlasse. So kann ich nicht meine Stimmbänder wiederkriegen. So hör' ich mit Zigaretten auf. Ich bin ein Raumfahrer, selbst aus dem Weltraum, kein Beschiß.
Smith (15): (Lacht.) Ich bin ein richtiges Raumschiff von drüben.
Jones (16): Ein Haufen Leute redet, äh – so, als wär'n sie verrückt, aber, ob du's glaubst oder nicht von Ripley, glaub's oder laß's – allein – ist es im *Examiner*, auf der Witzseite, ob du's glaubst oder nicht von Ripley, Robert E. Ripley, ob du's glaubst oder nicht, aber wir müssen gar nichts glauben, außer mir ist danach. (Pause.) Jede kleine Rosette – zu viel allein. (Pause.)

Smith (17): Jaja, es wäre möglich. (Folgt unverständlicher Satz, durch Flugzeuggeräusch übertönt.)
Jones: Ich bin Seemann.
Smith (18): Könnte möglich sein. (Seufzt.) Ich nehme mein Bad im Meer.
Jones (19): Baden stinkt, weißt du, warum? Weil du nicht kündigen kannst. Du bist im Dienst.
Smith: Ich kann kündigen, wann immer ich kündigen will. Ich kann rauskommen, wenn ich rauskommen will.
Jones: (Spricht zur selben Zeit.) Glaub mir, ich bin ein Ziviler, ich kann kündigen.
Smith: Ziviler?
Jones: Meiner – meiner Wege gehen.
Smith (20): Ich denke, wir haben im Hafen Zivile. (Lange Pause.)
Jones (21): Was haben sie mit uns vor?
Smith: Hm?
Jones (22): Was haben sie vor mit dir und mir?
Smith (23): Was haben sie vor mit dir und mir? Wie soll ich wissen, was sie mit dir vorhaben? Ich weiß, was sie mit mir vorhaben. Ich habe gegen das Gesetz verstoßen, so muß ich dafür zahlen. (Schweigen.)

Während Smith und Jones kommunizieren und dadurch zwangsläufig Manöver machen, um ihre Beziehung zu definieren, qualifizieren sie ihre Äußerungen eindeutig und konsequent durch Verneinungen. Auf dem Tonband, von dem diese Abschrift gefertigt wurde, werden diese Inkongruenzen durch die qualifizierenden stimmlichen Modulationen sogar noch offenkundiger.

Die folgende kurze Untersuchung der verbalen Aspekte des Gesprächs wird die Art und Weise sichtbar machen, in der jeder der beiden Schizophrenen leugnet, daß er eine Beziehung definiert – daß *er* kommuniziert, daß *etwas* kommuniziert wird, daß mit dem *anderen* kommuniziert wird oder daß in einem *Kontext* kommuniziert wird.

Jones (1): Das Gespräch fängt damit an, daß Jones ein eigenartig lautes und abruptes Lachen von sich gibt, auf das eine Pause folgt. Er stellt sich dann in freundlicher Weise vor, benutzt jedoch einen falschen Namen und negiert damit seinen

Schritt hin zur Vertraulichkeit, indem er qualifizierend feststellt, daß nicht *er*, Jones, es ist, der diesen Schritt macht.

Smith (2): Smith antwortet, indem er sich freundlich nach dem anderen erkundigt, nennt ihn jedoch einen kleinen Freund, wodurch er seine Eröffnung mit einem unfreundlichen Kommentar über die Körpergröße des anderen qualifiziert. (Jones ist tatsächlich ein kleiner Kerl, der zu erkennen gibt, daß er nicht allzu glücklich darüber ist, indem er mit gekünstelt tiefer Baßstimme spricht.) Smith stellt auch seine freundliche Frage, ob Jones »auf 'ner Ranch oder sowas« arbeitet, obwohl es klar ist, daß Jones Patient in einer Nervenklinik und unfähig ist, für seinen Lebensunterhalt zu sorgen; er verleugnet also, daß er auf Jones, einen Patienten des Hospitals, antwortet.

Jones (3): Jones leugnet, daß er Patient ist, indem er sich als Seemann bezeichnet, und dann dementiert er das, indem er es mit der Feststellung qualifiziert, er sei angeblich ein hohes Tier. Er hat eine Situation geschaffen, in der seine Äußerungen, ganz gleich, was er sagt, nicht seine Beziehung zu Smith betreffen können, weil *er*, Jones, ja nicht spricht.

Smith (4): Smith erwähnt den Aufnahmeapparat (der im Raum steht, allerdings für Jones nicht sichtbar ist) und sagt, ein Aufnahmegerät könne »singen«, d. h. informieren. Aber diese freundliche Warnung, die ihre Beziehung als eine anteilnehmende definieren würde, wird durch ihre Negation qualifiziert: Er grübelt über das Aufnahmegerät nach, als spräche er mit sich selbst und nicht mit der anderen Person. Auch dementiert er, daß er eine Warnung abgibt, indem er seine Äußerung mit einer völlig inkongruenten qualifiziert, die sich auf ein Handtuch bezieht. Als Nächstes trifft er eine mögliche Feststellung über ihre Beziehung, indem er sagt: »Wir werden aber doch wieder auf See gehen«, doch da sie keine Seeleute sind, hebt sich die Feststellung selber auf.

Jones (5): Nach einer Pause äußert Jones, er sei liebeskrank, habe eine heimliche Liebe. Das könnte ein Kommentar zu der anteilnehmenden Äußerung von Smith sein, sie seien Seeleute, doch leugnet er die Möglichkeit, daß er von Smith spricht, oder macht sie zumindest nicht klar.

Smith (6 und 7): Smith akzeptiert das offenbar als eine mögliche Feststellung über ihre Beziehung; denn er lacht unbehaglich und sagt, er habe keine heimliche Liebe.

Jones (8): Jones macht daraufhin klar, daß er nicht von sich oder von Smith spricht, sondern von jemand, der da oben herumwandert und so aussieht wie er. Da niemand da oben herumwandert, qualifiziert er seine vorangegangene Bemerkung über Liebe mit dem Dementi, daß *er* oder Smith derjenige ist, von dem gesprochen wird.

Smith (9): Smith macht klar, daß seine Liebe dem Haifisch gilt und daß man ihm besser nicht in die Quere kommt. Er leugnet, daß er seine Beziehung mit Jones definiert, indem er von sich und einem Haifisch spricht.

Jones (10): Jones tritt mit einer Äußerung, die sich darauf bezieht, gefressen oder abgewiesen zu werden, den Rückzug an, doch leugnet er, daß er Smith meint, wenn er sagt: »Wissen *die* denn nicht, daß ich am Leben hänge?«

Smith (11): Nach einer weiteren Pause macht Smith einen freundlichen Annäherungsversuch, negiert ihn jedoch als Äußerung über ihre Beziehung, indem er den Schauplatz verlegt und aus dem Hospital einen Flugplatz macht.

Jones (12): Jones reagiert ziemlich aggressiv mit einer Feststellung über sein Alter, verleugnet dabei aber seinen Patientenstatus, indem er sein Alter dafür verantwortlich macht, daß er nicht arbeiten kann – so, als wolle er sagen: »Nicht ich bin es, es ist mein Alter.« Dieses Dementi kontert er jedoch mit einer entgegengesetzten Feststellung, indem er äußert, er sei dreiunddreißig Jahre alt. Hätte er gesagt: »Ich bin sechsundachtzig«, so wäre das als Grund für sein Nichtstun angemessen gewesen. Er dementiert also sogar sein Dementi.[3]

---

[3] Wie bereits erwähnt, ist diese Inkongruenz der dritten Ebene schizophrener Kommunikation einer von den Hauptunterschieden zwischen dem Schizophrenen und dem Normalen. Fast jede Äußerung in dem hier wiedergegebenen Gespräch besteht nicht allein aus Dementis, sondern auch noch aus den Negationen von Dementis. Wenn Jones sich als »McDougal« vor-

Smith (13): Smith wählt aus der Äußerung von Jones den unerheblichsten Teil aus: die Tatsache, daß der andere im Juni dreiunddreißig wird. Wie verschieden ist eine solche Antwort von einer, die Jones' Äußerung »Haste was dagegen?« qualifizieren würde! Statt dieses »Haste was dagegen?« als Äußerung über die Art des Verhaltens, die in der Beziehung gegeben sein soll, zu bestätigen und sich vielleicht zu entschuldigen, daß er das Thema Arbeit anschneidet, macht Smith eine Bemerkung über den Monat Juni. Auf diese Weise verleugnet er, daß das »Haste was dagegen?« von Jones eine Äußerung ist, die ihre Beziehung definiert.

Jones (14): Jones macht eine kongruente Äußerung über den Rahmen, indem er vom Hospital spricht, qualifiziert sie jedoch mit der Feststellung, daß er lediglich das Rauchen aufgeben muß. Und prompt negiert er diese Feststellung, die impliziert, daß ihm ernstlich nichts fehle, indem er sagt, er sei ein Raumfahrer aus dem Weltraum.

Smith (15): Smith schließt sich ihm an, indem er lacht und sagt, er sei ebenfalls ein Raumschiff. Obwohl sie ihre Beziehung gegenseitig definieren, negieren sie diese Definition durch die Feststellung, daß sie nicht zwei Menschen sind, die etwas gemeinsam haben, sondern zwei Wesen aus dem Weltall. Dadurch verwandeln sie ihre Äußerungen über die Beziehung in Äußerungen über eine fiktive Beziehung.

Jones (16): Jones qualifiziert den Rahmen abermals kongruent, indem er Leute erwähnt, die reden, »als wär'n sie verrückt«, qualifiziert dies jedoch sofort durch eine Reihe von Äußerungen, die nicht damit übereinstimmen und keinen Zusammenhang haben, indem er von Ripley und der Witzseite spricht und schließlich sagt: »Zu viel allein.«

Smith (17 und 18): Smith beantwortet diese Äußerungen damit, daß er mit sich selbst redet und nicht mit der anderen Person.

---

stellt, so tut er das in einem Ton, der anzudeuten scheint, daß er in Wirklichkeit anders heißt. Eine Untersuchung dieser dritten Ebene setzt vermutlich eine kinetische und linguistische Analyse voraus und soll hier nur erwähnt werden.

Jones (19): Als Smith eine Bemerkung übers Baden macht, schließt sich Jones seinem Monolog an und liefert wiederum einen Kommentar, der zu verstehen gibt, daß sie in der gleichen Lage sind. Er negiert das aber, indem er es mit der Feststellung qualifiziert, sie seien im Dienst.
Smith (20): Smith pflichtet ihm in der Leugnung bei, daß sie sich in einem Hospital befinden, indem er es als Hafen bezeichnet.
Jones (21 und 22): Nach einer Pause trifft Jones eine direkte, kongruente Feststellung, die ihre Beziehung definiert: »Was haben sie mit uns vor?« Und als Smith nachfragt, wiederholt er seine Äußerung sogar. Ihr Inhalt und die Art ihrer Qualifikation stimmen überein, so daß die Äußerung in diesem Sinne vernünftig ist. Er unternimmt ein Manöver, die Beziehung zu definieren, ohne zu verleugnen, daß er das tut.
Smith (23): Smith weist das Manöver zurück. Er sagt zunächst: »Wie soll ich wissen, was sie mit dir vorhaben? Ich weiß, was sie mit mir vorhaben.« Diese Äußerung paßt zu dem, was Jones gesagt hat, und definiert die Beziehung zu Jones, auch wenn er Jones ablehnt. In diesem Sinne ist seine Antwort vernünftig. Dann qualifiziert Smith seine kongruente Äußerung jedoch, indem er sie gründlich negiert. Indem er sagt: »Ich habe gegen das Gesetz verstoßen, so muß ich dafür zahlen«, leugnet er, daß er sich im Hospital befindet, leugnet, daß er von sich spricht, da er kein Gesetz gebrochen hat, und leugnet, daß Jones und er Patienten sind, indem er die Lokalität als Gefängnis bezeichnet. Mit einer einzigen Botschaft vermeidet er die Definition seiner Beziehung zu Jones und vereitelt dessen Versuch, zu einer gemeinsamen Definition ihrer Beziehung zu kommen. Mit dieser Verneinung endet das Gespräch und die Beziehung.

Diese kurze Analyse befaßt sich nur zur Hälfte mit der Interaktion zwischen Smith und Jones. Die Art, in der jeder die Äußerungen des anderen deutet oder darauf reagiert, ist nicht erschöpfend erörtert worden. Allerdings ist wohl klar geworden, daß sie ihre Äußerungen gegenseitig mit Botschaften qualifizieren, die verleugnen, daß sie von der eigenen Person stammen, daß sie Botschaften sind, daß sie sich an den Empfänger richten und daß sie in dem gegebenen Kontext übermittelt werden. Der Schizophrene vermeidet nicht nur, seine Beziehung zum anderen zu definieren, er kann auch ein aufreizendes Geschick darin entwickeln, den anderen davon abzuhalten, seine Beziehung zu ihm zu definieren. Solche Reaktionen geben einem das Gefühl, daß man unfähig ist, einen Schizophrenen zu »erreichen«.

Was so »deutlich« macht, daß diese beiden Männer sich anders verhalten als andere Menschen, ist die extreme Inkongruenz zwischen dem, was sie sagen, und der Art, in der sie das Gesagte qualifizieren. Zwei normale Menschen, die sich das erstemal begegneten, würden sich vermutlich einander vorstellen und etwas über den Hintergrund des anderen zu erfahren trachten, um auf diese Weise ein gemeinsames Interesse zu entdecken. Wenn der Rahmen dazu überhaupt geeignet ist, werden sie sich daran machen, ihre Beziehung miteinander klarer zu definieren. Sollte der eine etwas sagen, was deplaziert ist, dann wird es der andere vermutlich in Zweifel ziehen. Sie wären nicht nur fähig, das, was sie sagen, kongruent zu qualifizieren, sie wären auch fähig, über ihre Kommunikation zu sprechen, um das Verständnis und damit die Beziehung zu klären. Widersprüche würden nach einer Auflösung verlangen. Würde jedoch einer der Gesprächsteilnehmer unbedingt verneinen, daß das, was er sagt, irgend etwas mit der entstandenen Beziehung zu tun hat, dann hätte das Gespräch zwangsläufig den Spaltungscharakter der Schizophrenie.

Müßte man den zwischenmenschlichen Beziehungen irgendein Ziel oder einen Zweck zuschreiben, so würden diese in hohem Maße abstrakt erscheinen. Die Frau, die sich darum bemüht, daß ihr Mann das Geschirr spült, strebt nicht bloß das Ziel an, daß er sich zu dieser Handlung bequemt. Ihr höheres Ziel scheint mit einem Versuch zusammenzuhängen, zu einer Definition der Art ihrer Beziehung zu kommen. Während Normalere zu einer gemeinsamen Definition einer Beziehung zu kommen trachten und sich gegenseitig dahin manövrieren, scheint der Schizophrene verzweifelt darauf bedacht, dieses Ziel zu vermeiden und die Vermeidung jeglicher Definition seiner Beziehung mit dem anderen zu erreichen.

Die Bedeutung der Analyse zwischenmenschlicher Beziehungen

Wenn man die Schizophrenie als eine Spaltung zwischen verschiedenen Ebenen von Botschaften auffaßt, so kann man die Frage aufwerfen, welche Art von Lernsituation ein solches Verhalten hervorbringen wird. Sagt man, der Schizophrene habe sich aus der Realität zurückgezogen oder lebe in einer Wahnwelt, so liefert eine solche Darstellung keinen Schlüssel zur Entstehungsgeschichte der psychischen Erkrankung. Sagt man dagegen, der Schizophrene vermeide es, seine Beziehungen zu definieren, indem er seine Äußerungen inkongruent qualifiziert, so kann man Vermutungen über die Art der Interaktion in der Familie anstellen, die zu diesem Verhalten getrieben hat. Und mehr noch: Man kann sogar die Interaktion des Patienten mit seiner Familie beobachten, um zu sehen, ob sich ihr Ursprung feststellen läßt.

Vorläufige Untersuchungen von schizophrenen Patienten, die in Interaktion mit ihrer Familie stehen, veranlassen zu der Deutung, daß die Art, in der der Patient seine Äußerungen inkongruent qualifiziert, eine habituelle Reaktion auf widersinnige Botschaften seiner Eltern ist. Nehmen wir zum Beispiel an, eine Mutter sagt zu ihrem Kind: »Komm auf meinen Schoß.« Nehmen wir weiter an, sie hat diese Aufforderung in einem Ton gemacht, der anzeigt, daß sie am liebsten hätte, das Kind würde ihr vom Leibe bleiben. Das Kind wird sich dann der Botschaft gegenübersehen: »Komm mir nahe«, die inkongruent mit der Botschaft qualifiziert wird: »Geh weg von mir«. Das Kind kann diese inkongruenten Wünsche durch keine kongruente Reaktion befriedigen. Käme es ihr nahe, so würde sie ungemütlich werden, weil sie durch ihren Ton angezeigt hat, es solle sich fernhalten. Hielte es sich fern, so würde sie ungemütlich werden, weil sie es doch schließlich zu sich eingeladen hat. Die einzige Art, auf die das Kind diesen inkongruenten Wünschen begegnen kann, ist, auf eine inkongruente Weise zu reagieren: es wird zu ihr hingehen und dieses Verhalten mit einer Äußerung qualifizieren, die ausdrückt, daß es nicht zu ihr hingegangen ist. So wird es zum Beispiel zu ihr gehen, ihr auf den Schoß krabbeln und dabei sagen: »Oh, was hast du für einen schönen Knopf am Kleid!« Auf diese Weise würde es auf ihrem Schoß sitzen, sein Verhalten jedoch mit der Äußerung qualifizieren, daß es nur gekommen ist, um den Knopf zu betrachten. Da Menschen auf zwei Ebenen von Botschaften kommunizieren können, kann das Kind zu seiner Mutter gehen, während es zugleich leugnet, daß es zu ihr geht – schließlich ist es ja der Knopf, weshalb es ihr nahegekommen ist.

Indem die Mutter sagt: »Komm auf meinen Schoß«, während ihre Stimme ausdrückt: »Bleib mir bloß vom Leib«, vermeidet sie es, ihre Beziehung zum Kind zu definieren. Und noch mehr: sie macht es für das Kind unmöglich, seine Beziehung zu ihr zu definieren. Es kann die Beziehung weder als vertraut noch als distanziert definieren, wenn es ihre inkongruenten Wünsche befriedigen soll. Es kann lediglich selbst inkongruente Botschaften äußern und damit vermeiden, seine Beziehung zu ihr zu definieren.

Es erscheint denkbar, daß die inkongruenten Botschaften einer Mutter ihr Kind zu einer Reaktion zwingen, in der es vermeidet, seine Beziehung zu ihr zu definieren. Es erscheint ebenfalls denkbar, daß sie, sollte das Kind seine Beziehung zu ihr durch Übermittlung kongruenter Botschaften definieren, auf inkongruente Weise reagiert und es dadurch zwingt, die Definierung seiner Beziehung zu ihr zu vermeiden. Zumindest theoretisch scheint es vorstellbar, daß ein systematisches Mißverhältnis zwischen Botschaftsebenen bei jemandem auftreten kann, dessen Familie durch ihr kommunikatives Verhalten ein solches Mißverhältnis erzwungen hat.[4] Das wäre besonders dann der Fall, wenn das Kind größtenteils auf eine einzige Beziehung beschränkt gewesen wäre und dadurch bei anderen Menschen keine anderen Verhaltensweisen kennengelernt hätte. Für das Kind ist es »sozial akzeptabel«, die inkongruente Aufforderung seiner Mutter, auf ihren Schoß zu kommen, damit zu beantworten, daß es zu ihr geht und sagt: »Oh, was für ein hübscher Knopf!« Doch ist dieses Verhalten formal das gleiche wie beim Schizophrenen, der sich ängstigt und das Sprechzimmer seines Arztes mit der Frage betritt, ob das hier der Hauptbahnhof sei. Er verhält sich, als suche er Bestätigung, und zugleich qualifiziert er dieses Verhalten, indem er es verleugnet. Der Unterschied besteht in der Tatsache, daß seine Verleugnung selbst inkongruent qualifiziert wird: Er negiert die Verleugnung, indem er sie eindeutig ins Phantastische erhebt.

Eine sinnvolle Hypothese über die Verursachung des schizophrenen Verhaltens – gesehen unter dem Aspekt der Kommunikation – würde die Familieninteraktion des Patienten einbeziehen.[5] Hat ein Kind gelernt, sich zu anderen Menschen wie in der Beziehung zu seinen Eltern zu verhalten, die es ständig dazu zwangen, auf inkongruente Botschaften zu reagieren, so mag es lernen, all seine Beziehungen in dieser Weise zu gestalten. Das würde bedeuten, daß die Kontrolle der Definition von Beziehungen ein Zentralproblem in der Verursachung von Schizophrenie ist.

---

[4] Elterliches Verhalten, das aus inkongruenten Botschaften besteht, ist andernorts als *double bind*-Situation definiert worden. Siehe Gregory Bateson, Don D. Jackson, Jay Haley und John Weakland, »Toward a Theory of Schizophrenia«, in *Behavioral Science* (1956), 1, S. 251–264 [deutsch S. 11 ff. in diesem Band].
[5] Eine ausführlichere Erörterung der Familie des Schizophrenen findet sich bei Jay Haley, »The Family of the Schizophrenic; a Model System«, in *Journal of Nervous and Mental Disease* (1959), 159. Jg., S. 357–374.

Theodore Lidz, Alice Cornelison, Stephen Fleck und Dorothy Terry
Spaltung und Strukturverschiebung in der Ehe

Wir beschäftigen uns mit einer über längere Zeitdauer reichenden intensiven Untersuchung über die Umwelt innerhalb der Familie, in der der schizophrene Patient aufwächst. Aus Raumgründen kann hier keine umfassende Darstellung des theoretischen Bezugsrahmens dieser Untersuchungen gegeben werden, und wir beschränken uns daher auf einen kurzen Hinweis über unsere Richtlinien. Frühere Untersuchungen haben erkennen lassen, daß stark pathologische Veränderungen in der innerfamiliären Umwelt einer der regelmäßigsten Befunde zur Ätiologie der Schizophrenie sind. Wir betrachten die Schizophrenie als eine extreme Form des Rückzuges aus den sozialen Beziehungen, die besonders gekennzeichnet ist durch Versuche, die Realität entweder durch Entstellung der Symbolfunktion oder durch extreme Beschränkung der interpersonellen Umwelt in eine erträgliche Form zu bringen. Eine Theorie der Schizophrenie muß sowohl das *Bedürfnis* des Patienten erklären, sich regressiv und symbolhaft aus dem Bereich des gemeinsamen Lebens und gemeinsamer Bedeutungen zurückziehen zu wollen, als auch seine *Fähigkeit*, dies zu tun. Da die Familie die erste Lehrmeisterin sozialer Wechselbeziehungen und emotionaler Reaktionen ist, ist es von entscheidender Wichtigkeit, sie so erschöpfend wie möglich zu erforschen. Es liegt beträchtliches Beweismaterial vor, daß die Familie des Schizophrenen paralogische Ideenbildung und unerträgliche emotionale Bedürfnisse fördert und häufig sich widersprechende Indentifizierungsmodelle bietet, die nicht integriert werden können. Die Bedeutung der ganz frühen Mutter-Kind-Beziehung erscheint klar, aber wir nehmen an, daß Defekte in dieser Beziehung lediglich eine Anlage entstehen lassen, die für die Entwicklung der Schizophrenie oder anderer psychiatrischer und psychosomatischer Störungen erforderlich ist. Eine Anlage ist keine Ursache. Die Möglichkeit bleibt offen, daß sich spezifische Determinanten in den späteren Schwierigkeiten zwischenmenschlicher Beziehungen auffinden lassen. Wir stellen die Hypothese auf, daß die Ich-Schwäche des Schizophrenen in Zusammenhang stehen könnte mit der Introjektion der elterlichen Schwäche, etwa als Abhängigkeit der Mutter vom Kind in der Erfüllung ihrer eigenen Bedürfnisse, mit der Introjektion elterlicher Ablehnung des Kindes im Verlauf früher Identifizierung mit einem Elternteil, schließlich mit den entwerteten Identifikationsbildern, die durch die Herabsetzung eines Elternteiles durch den anderen hervorgerufen werden.

Das gesammelte Material ist komplex und seine Analyse schwierig und zeitraubend. Vor einem Jahr gaben wir eine kurze vorläufige Übersicht über die Väter in zwölf dieser Familien[1], worin wir auf die stark psychopathologischen Befunde bei diesen Vätern von schizophrenen Patienten hinwiesen, ein Umstand, der bisher allgemein vernachlässigt worden war, weil das Hauptinteresse auf die frühe Mutter-Kind-Beziehung und die Pathologie der Mütter gerichtet war. Wir berichten heute über ein weiteres Teilergebnis der fortschreitenden Arbeit, nämlich über die Gestörtheit der ehelichen Beziehungen zwischen den Eltern von schizophrenen Patienten. Das Thema wurde gewählt, weil ebenso wie die Psychopathologie von Vätern und Müttern die ehelichen Schwierigkeiten ganz deutlich hervortreten, und weil überdies die ehelichen Probleme von grundlegender Bedeutung für die Untersuchung des innerfamiliären Milieus sind. Die möglichen Beziehungen von Elternschwierigkeiten zur Fehlentwicklung der Kinder werden im vorliegenden Bericht weitgehend unausgesprochen bleiben müssen.

Auf Grund früherer Erfahrungen halten wir es für unbedingt erforderlich, hier ausdrücklich zu betonen, daß wir keine un-

---

[1] Siehe den Beitrag »Der Vater« in *Psyche*, VIII. Jg., 5 u. 6 Heft, 1959, S. 268 ff.

mittelbare Beziehung zwischen ehelicher Disharmonie der Eltern und der Manifestierung von Schizophrenie bei einem der Kinder aufzustellen suchen. Es ist offensichtlich, daß schlechte Ehen als solche keine Schizophrenie bei den Kindern herbeiführen. Die vorliegende Darstellung ist lediglich einer von mehreren Versuchen, eine Reihe von Tatbeständen über die familiäre Umwelt zu berichten, die sich in unserer Untersuchung ergeben haben. Es handelt sich dabei nicht um Mutmaßungen, sondern um gut belegbare Beobachtungen, und es ist unwahrscheinlich, daß sie keinerlei Bezug zum Problem der Schizophrenie haben sollten.

Gestörte Beziehungen zwischen den Eltern schizophrener Patienten sind von verhältnismäßig wenigen Autoren festgestellt und untersucht worden. Lidz und Lidz (1) wiesen 1949 auf die Häufigkeit gescheiterter Ehen (broken homes), ausgesprochen labiler Eltern und ungewöhnlicher Erziehungsweisen hin, und stellten fest, daß mindestens 61 % von 33 Patienten aus Elternhäusern stammten, die durch Konflikte gekennzeichnet waren. Tietze (2) berichtete 1949, daß 13 von 25 Müttern schizophrener Patienten ihre Ehe als sehr unglücklich bezeichneten, daß jedoch die Aussagen von weiteren 9 über angeblich gute eheliche Verhältnisse einer näheren Nachprüfung nicht standhielten und auch diese Ehen tatsächlich gespannt und alles andere als glücklich waren. Helen Frazee (3) fand 1953, daß 14 von 23 Elternpaaren sich in schweren Konflikten befanden und keines »normal« war oder nur »mäßige Konflikte« aufwies, während 13 Paare der Kontrollgruppe fast normal waren oder nur mäßige Konflikte zeigten. Sämtliche Eltern von schizophrenen Patienten offenbarten einen ausgesprochenen Mangel an ehelicher Stabilität, während mehr als die Hälfte der Kontrollgruppe nur mäßige Konflikte erkennen ließen oder gute eheliche Anpassung erreicht hatten. Gerard und Siegel (4) fanden 1950 offene Disharmonie bei 87 % der Eltern von 71 männlichen Schizophrenen gegenüber nur 13 % bei der Kontrollgruppe. Reichard und Tillmann (5) beziehen sich auf die unglücklichen Ehen der Eltern Schizophrener und untersuchen die Ursachen der Störungen an Hand der Elternpersönlichkeiten. Interessant ist auch Murphys Arbeit (6) über die familiäre Umwelt zweier an Schizophrenie erkrankter Adoptivkinder, in der das Eheverhältnis feindselig und voller wechselseitiger Beschuldigungen schwer gestörter Eltern war. Viele einzelne Falldarstellungen erwähnen oder betonen ein schlechtes eheliches Verhältnis der Eltern.

Bei unseren Bemühungen um Beschreibung und Untersuchung

des Eheverhältnisses wurde uns – wie auch anderen – deutlich, daß man eine Familie oder auch nur eine Ehe auf der Basis der Einzelpersönlichkeiten allein nicht adäquat erfassen kann. Eine Familie ist eine Gruppe, die eine Beschreibung in Begriffen der Gruppendynamik und der Wechselbeziehungen zwischen ihren Mitgliedern erforderlich macht. Für ihre Bemühungen um die Analyse ehelicher und familiärer Wechselbeziehungen sind wir Parsons und Bales und ihren Mitarbeitern (7), J. Spiegel und F. Kluckhohn (8), Nathan Ackerman (9), Reuben Hill und seinen Mitarbeitern (10), Bradley Buell und den Community Research Associates (11) und anderen zu Dank verpflichtet. Wir befinden uns noch immer auf der Suche nach einem angemessenen Bezugsrahmen, aber die Mängel der deskriptiven Methode dürfen nicht den Blick für die Grundfeststellung trüben – daß nämlich bei allen 14 Fällen, deren Untersuchung nahezu abgeschlossen ist, und ebenso auch bei den noch nicht abgeschlossenen Fällen die elterlichen Beziehungen hochgradig gestört sind.

Die Voraussetzungen für eine harmonische Ehe sind leider alles andere als klar, aber einige wesentliche Punkte zeichnen sich doch ab. Ein Paar muß wechselseitig entsprechende Rollen unter sich wie auch beiderseitig zu den Kindern finden. Ein Fehlen solcher wechselseitiger Rollen bedeutet fortwährend neue Entscheidung, Unsicherheit und Spannung. Spiegel (12) hat darauf hingewiesen, daß wechselseitige Rollenentsprechung ein gemeinsames Verstehen und Annehmen der beiderseitigen Rollen, Ziele und Motivationen, sowie eine ausreichende Gemeinsamkeit der kulturellen Wertorientierung verlangt. Gegenseitiges Vertrauen und affektive Kommunikation miteinander sind wesentliche Erfordernisse, die darin wirksam werden, daß die Rolle und das Selbstwertgefühl des anderen in Zeiten vermehrter Belastung bestätigt wird. Besonders eindrucksvoll finden wir die Notwendigkeit, die Grenzen zwischen den Generationen aufrechtzuerhalten: das heißt, die Unterscheidungen zwischen Eltern und Kindern dürfen nicht verwischt oder durcheinandergebracht werden. Ehepartner können nicht primär in einer Abhängigkeitsbeziehung von ihren Eltern bleiben in einem solchen Grade, daß die wechselseitige Abhängigkeit der Ehebeziehung ausgeschlossen wird. Kein Partner darf sich primär als Kind des andern verhalten, noch in Rivalität zu den eigenen Kindern um die Liebe des anderen kämpfen, noch darf er eine Elternrolle völlig ablehnen (12). Wir gehen an dieser Stelle nicht darauf ein, daß beide Eltern Quellen primärer Liebesbeziehungen für die Kinder und stabile Identifikationsobjekte bilden müssen, da wir es hier in erster Linie mit den Wechselbeziehungen der Ehepartner zu tun haben.

Es scheint zweckmäßig, den Gedanken von Parsons und Bales (7) zu folgen und die Rolle des Vaters in der Familie als primär »adaptiv-instrumental«, die der Mutter als »integrativ-expressiv« zu kennzeichnen. Vielleicht ließe sich – von Parsons etwas abweichend – grob skizzierend etwa folgendes sagen: der Vater sorgt für die Familie, legt ihre Stellung gegenüber anderen Familien fest, verleiht ihr das Prestige und bestimmt die sozialen »Patterns« der Wechselbeziehungen zu anderen Gruppen. Die Grundfunktionen der Mutter gelten den innerfamiliären Wechselbeziehungen mit ihren Spannungen und deren Regulierung; der Befriedigung der oralen Bedürfnisse, sowohl der konkreten wie der affektiven. Jeder Elternteil muß neben dem Vollzug der eigenen Rolle die des anderen durch das eigene Prestige, seine Macht und Gefühlsvalenz für die übrigen Familienmitglieder bestätigen und unterstützen.

Die Ehen der Eltern unserer Schizophrenen sind durch eine große Vielfalt von Problemen und dementsprechenden Versuchen, sie zu lösen, gekennzeichnet. Die 14 Ehen lassen sich aber in zwei große Gruppierungen fassen, die sich natürlich stellenweise überschneiden. Acht von 14 Ehepaaren lebten in einem Zustand der dauernden schweren Störung des Gleichgewichtes und der Disharmonie, den wir als Ehespaltung bezeichnen. Die anderen sechs hatten zwar einen relativen Gleichgewichtszustand erreicht, so daß der Fortbestand der Ehe nicht ständig bedroht war und das Eheverhältnis eine gewisse Befriedigung der Bedürfnisse eines oder beider Partner zuließ;

das Erreichen der elterlichen Befriedigung oder die Opfer eines Elternteiles zur Aufrechterhaltung der ehelichen Harmonie bewirkten aber bei den Kindern eine Verzerrung der familiären Umwelt.

Spaltung (marital schism)

Bei den acht Familien, bei denen der als Ehespaltung bezeichnete Unausgewogenheitszustand herrschte, waren beide Ehepartner in ihre eigenen Persönlichkeitsprobleme verstrickt und wurden dadurch in der Ehe an den Rand der Verzweiflung getrieben. Versuche zu wechselseitiger Ergänzung und Rollenentsprechung endeten in dauerndem Mißerfolg. Keiner erhielt vom anderen Beistand in seinen emotionalen Bedürfnissen, jeder suchte den anderen zu zwingen, sich den eigenen Erwartungen oder Maßstäben zu beugen, stieß aber auf offenen oder heimlichen Widerstand. Diese Ehen sind erfüllt von wiederholten Trennungsdrohungen, die nicht durch Bemühungen um Ausgleich überwunden werden, sondern durch Aufschub der Auseinandersetzung mit dem eigentlichen Konflikt oder durch gegenseitige emotionale Abwendung voneinander – aber ohne Hoffnung oder Aussicht auf Besserung oder Befriedigung in der Ehe. Die Kommunikation besteht in erster Linie darin, daß Zwang ausgeübt und Widerstand geleistet wird, oder aus Versuchen, den Widerstand zu verdecken, um Auseinandersetzungen aus dem Wege zu gehen. Es gibt keine Gemeinsamkeit der Interessen oder Bedürfnisbefriedigungen. Jeder Partner verfolgt seine eigenen Bedürfnisse und Ziele, mißachtet dabei weitgehend die des anderen, verärgert diesen damit und verstärkt nur noch das Mißtrauen und Mißfallen. Ein besonders negatives Merkmal dieser Ehen ist die beständige Herabsetzung eines Partners durch den anderen gegenüber den Kindern. Es besteht eine deutliche Tendenz zur Rivalität um die Anhänglichkeit und Liebe der Kinder, gelegentlich um dadurch einen Ersatz für die fehlende Zuwendung des Partners zu erlangen, manchmal auch einfach nur, um den Partner zu verletzen und ihm zu schaden. Das Fehlen jeglicher positiver Befriedigung in der Ehebeziehung (abgesehen von den Kindern) ist offenkundig, wenn auch in einigen Fällen ein starkes Abhängigkeitsbedürfnis auf masochistische Weise befriedigt werden mag. Beiderseitiges Mißtrauen ist die Regel, und Unterschiede bestehen nur in dem Grade, in dem reale Gründe für Mißtrauen in paranoide übergehen.

In sieben von diesen acht Familien ist dem Ehemann zuhause und bei den Kindern wenig Ansehen verblieben, entweder auf Grund seines eigenen Verhaltens oder auf Grund der Haltung seiner Frau ihm gegenüber. Er ist zum Außenseiter geworden oder zu einer zweitrangigen Figur herabgesunken; er kann seine instrumentelle Führung nicht behaupten, und wenn er sich auf tyrannische Weise durchzusetzen sucht, erreicht er letzten Endes nur, daß ihn seine Familie heimlich überlistet. Seine instrumentelle Rolle beschränkt sich gänzlich auf den finanziellen Erhalt, den er ursprünglich selbst als die Hauptaufgabe des Ehemannes betrachtet haben mochte, oder er wurde in diese Stellung zurückgedrängt. Bedeutungslosigkeit der Rolle des Vaters ist auch bei fünf von den sechs Ehen der anderen Gruppe anzutreffen, wo keine offensichtliche Ehespaltung vorliegt.

Die Ehefrauen sollen hier nur hinsichtlich ihrer Funktionen als Ehefrauen betrachtet werden; die komplexen Mutterbeziehungen, die ebenfalls ehelichen Zwiespalt verursachen können, wenn exzentrische, kalte, starre oder überduldsame Haltung den Kindern gegenüber den Ehemann verbittern, werden hier außer acht gelassen. Sämtliche Ehefrauen besaßen kein Vertrauen zu ihren Männern. Sie zeigten in größeren Bereichen der Wechselbeziehung offenen Widerstand und mißachteten oder umgingen beinahe gewohnheitsmäßig die Forderungen ihrer Männer. Sie waren emotional kalt und distanziert und mit ein oder zwei Ausnahmen sexuell unansprechbar. Sie bemühten sich intensiv um Zuwendung und Liebe der Kinder und versuchten, diesen ihre Werthaltungen einzuflößen, die im Gegensatz zu denen ihrer Männer standen.

Die wechselseitige Verständigung in diesen Ehen ist durch beiderseitige Verschlossenheit und Maskierung der Motive voreinander stark beeinträchtigt; sie wird noch weiter dadurch behindert, daß vier Frauen in ihrem Denken konfus und vier Männer paranoid-starr sind. Unzugänglichkeit für die Gefühle des Partners – charakteristisch für viele Eltern von Schizophrenen – führt noch weitere Verständigungsschwierigkeiten herbei.

Interessant scheint, daß in fünf von den acht Ehen das Übergewicht der Bindungen an den Elternhäusern der Ehepartner verhaftet geblieben und dadurch die Bildung einer Kernfamilie mit dem Schwerpunkt im eigenen Hause verhindert worden war. Ein Großteil der expressiven und instrumentellen Rollen wurde von den Großeltern oder den Geschwistern der Eltern anstatt von dem Ehepartner selbst getragen. Die stärkste emotionale Bindung und Abhängigkeit eines oder beider Partner blieb an eine Elternfigur fixiert und konnte nicht auf den Gatten übertragen werden.

Die acht Familien können in drei Kategorien gruppiert werden, entsprechend der Einteilung der Community Research Associates in ihrer »Classification of Disorganized Families« (11), in der zehn verschiedene Kombinationen von männlichen und weiblichen Persönlichkeiten beschrieben sind, die bei der Bildung ehelicher und familiärer Beziehungen potentiell gefährdet sind.

Vier Ehen lassen sich am besten als »männlich dominierte Kampfehen« (Man Dominated Competitive Axes) bezeichnen. Der Ehemann strebt in pathologischem Grade danach, seine männliche Übermacht durchzusetzen, in deutlicher Reaktionsbildung auf seine weiblich-abhängigen Bedürfnisse. Er braucht eine Frau, die ihn bewundert, seine unstillbaren narzißtischen Bedürfnisse erfüllt und seinen starren Erwartungen nachkommt; er gerät in Ärger und Zorn, wenn sie mit Widerstand und Mißachtung antwortet. Tatsächlich kann auch ihre Unzulänglichkeit als Frau und Mutter Enttäuschung und Erbitterung hervorrufen. Sein Mißtrauen vergrößert sich, und er beginnt, ihr Ansehen bei den Kindern zu untergraben. Die Frauen sind enttäuscht und ernüchtert über die von ihnen geheiratete Vaterfigur, die kein Verständnis für ihre Bedürfnisse aufbringt, und wenn sie sich nicht bloß der Gewalt unterwerfen, suchen sie ihre Bedürfnisse auf Umwegen durchzusetzen. Die Ehemänner sind starre paranoide oder Zwangscharaktere, die Frauen schwach integrierte Zwangscharaktere oder Schizophrene. Die Ehen sind durch chronisches schweres Mißtrauen ohne jegliche (außer in dem leichtesten Fall) Zuneigung gekennzeichnet. Die Familie ist durch den Konflikt und das wechselseitige Untergraben in zwei Parteien gespalten. Obwohl sich beide Partner bekämpfen, ist es der Mann, der durch seine seelische Brutalität, seine Mißachtung und Verachtung der Frau, die er zum Nachgeben zu zwingen sucht, das Bild beherrscht.

Herr Reading, ein kraftvoller und erfolgreicher, aber in paranoidem Grade mißtrauischer Mann, suchte von Anbeginn der Ehe das Verhalten seiner Frau zu kontrollieren. Er war zornig und enttäuscht, als seine Frau entgegen seinen ausdrücklichen Wünschen, sie solle sich aus jeglicher Organisation heraushalten, einem kirchlichen Verein beitrat. Er stand in Abhängigkeit von seiner Mutter, die jahrelang im Hause wohnte, folgte in allen Haushaltsangelegenheiten ihren Ratschlägen, entgegen den Wünschen seiner Frau, die er als unfähig zur Führung des Hauses betrachtete. Die Zwistigkeiten nahmen zu, als die erste der beiden Töchter geboren wurde. Er war offensichtlich eifersüchtig auf die Aufmerksamkeit, die die Frau dem Kinde widmete, mißbilligte alles, was sie für das Kind tat, wenn auch oft mit guten Gründen, und trat mehr als Nebenbuhler denn als Mitsorgender auf. Frau Reading war offensichtlich überbesorgt um die Kinder, während ihr Mann diese mehr für die Härten des Lebens vorzubereiten wünschte. Heftige Szenen, erfüllt von wüsten Drohungen und gelegentlichen Handgreiflichkeiten von seiten des Mannes, waren an der Tagesordnung. Die Ehe spaltete sich noch stärker in zwei feindliche Lager, als Frau Reading entdeckte, daß ihr Mann ein außereheliches Verhältnis begonnen hatte. Sie berichtete diese Entdeckung ihrer Schwiegermutter, um in dieser eine Verbündete zu gewinnen, die ihr Mann fürchtete. Herr Reading konnte ihr dies nie verzeihen. Offenbar um sich zu rächen, verkaufte er das im besten Wohnviertel der Stadt gelegene Haus und zog in ein Zweifamilienhaus in einer wenig beliebten Umgebung. Auf diese Weise versetzte er seiner Frau in ihren Hauptinteressen einen schweren Schlag, nämlich in ihren gesellschaftlichen Ambitionen und ihrem Wunsche, für die Töchter einen »passenden« Umgang zu finden. Die Familie, die vorher in zwei Lager gespalten war, verbündete sich nun gegen Herrn Reading und lehnte es ab, die Mahlzeiten gemeinsam mit ihm einzunehmen. Die Schwierigkeiten, die durch die unentschiedene Zwangsstruktur der Ehefrau und die paranoiden Züge des Mannes verursacht wurden, können hier nicht im einzelnen besprochen werden. Beide Ehepartner benützten die Interviews hauptsächlich dazu, um sich gegenseitig zu beschuldigen und den Interviewer in seinem Urteil gegen den anderen zu beeinflussen.

Die zweite Gruppe, aus zwei Familien bestehend, läßt sich nach der »Classification of Disorganized Families« als »weiblich dominierte Kampfehen« (Woman Dominated Competitive Axes) einstufen. Das wichtigste gemeinsame Merkmal ist dabei die Abdrängung des passiven und masochistischen Ehemannes aus der Führerrolle und die Übernahme der Entscheidungen durch die Frau. Sie setzt ihn durch Wort und Tat herab und verhält sich ihm gegenüber gefühlskalt und abweisend. Ihr ganzes Streben ist auf ihre narzißtischen Bedürfnisse nach eigener Vollkommenheit und Bewunderung durch andere gerichtet. Diese Frauen sind extrem »kastrierend«, und ihre Männer sind verwundbar. Nach seiner Niederlage in diesem Kampf zieht sich der Ehemann in dem Versuch, sich einen Rest von Integrität zu bewahren, aus der Beziehung zurück, findet etwa Trost im Alkohol. Seine Funktion in der Familie beschränkt sich darauf, für den Lebensunterhalt zu sorgen oder, falls ihm dies liegt, die Herrscherrolle der Frau in der Familie zu bestätigen. Die Ehefrau übernimmt keine expressive, unterstützende Rolle für ihren Mann, und ihre expressive Funktionen für die Kinder sind schwer gestört.

Die Eheleute Farell waren eng an ihre Elternfamilien gebunden. Frau Farell, die jüngste von drei Töchtern, war in hohem Maße von ihrer ältesten Schwester abhängig. Diese, eine maskuline, aggressive Frau mit offener Verachtung für die Männer, versuchte, den Haushalt der Farells zu beherrschen. Frau Farell wollte unter keinen Umständen von ihrer Familie entfernt leben und verbrachte jedes Jahr zwei Monate dort, getrennt von ihrem Mann. Sie war eine außerordentlich kalte, narzißtische Frau, die ständig kokettierte und flirtete, ihrem Mann aber die sexuelle Beziehung verweigerte. Er war ein passiver Mann, der sich den Anschein des Familienvorstandes zu geben versuchte, wenn seine männlichen Bekannten anwesend waren. Er schloß sich in kriecherischer Weise an andere Männer an, wofür ihn seine Frau nur noch mehr verachtete. Er wurde mehr und mehr aus dem Familienkreise hinausgedrängt, und seine Meinungen blieben unbeachtet; er fühlte sich als Außenstehender, der kaum noch geduldet wurde. Er stand seiner Mutter, die er auch finanziell unterstützte, sehr nahe. Schließlich beabsichtigte er, sich von seiner Frau zu trennen, falls diese sich nicht von ihren Schwestern distanzierte. Sie gab nach, wurde aber im Verlaufe der Versöhnung schwanger. Sie schämte sich und versuchte, ihre Schwangerschaft zu verheimlichen; dann ließ sie ihren Mann dafür büßen. Von ihren Schwestern getrennt, begann sie unmäßig zu trinken, unterhielt offenkundige Flirts oder sogar Verhältnisse und vernachlässigte ihren Säugling. Der Zwiespalt vergrößerte sich. Als Frau Farell bei einem Unfall, für den ihr Mann verantwortlich war, schwer entstellend verletzt wurde, geriet sie in eine Depression und zog sich in völlige Abgeschlossenheit zurück, bis durch chirurgische Plastik ihre Erscheinung wieder hergestellt worden war. Herr Farell suchte alles wieder gut zu machen, indem er ein schwacher und rückgratloser Ehemann wurde und das jüngste vernachlässigte Kind bemutterte. Er wurde aber bald krebskrank, und seine Frau bekundete körperliche Abscheu vor ihm, da sie fürchtete, sie könnte sich anstecken. Sie weigerte sich, den Todkranken zu pflegen.

Die beiden letzten untersuchten Ehen können als »Ehen zweier unreif-abhängiger Partner« (Dual Immature Dependency Axes) bezeichnet werden. Beiderseitige Zurückziehung voneinander und Abhängigkeit von Mitgliedern der Elternfamilien waren hier die charakteristischen Merkmale. Es ist schwer zu sagen, welcher von den beiden Partnern in der Ehe dominierte, obwohl beide dies versuchten und gleichzeitig eine starke, führende Persönlichkeit vermißten. Beiderseitiges Ressentiment über die Familienbindung des anderen war deutlich ausgeprägt. Ihre Unfähigkeit, eine wechselseitige Bedürfnisbefriedigung zu erlangen, führte zu zunehmender Entfremdung und wachsender Inhaltslosigkeit des Lebens beider. Diese Ehen waren erfüllt von Trennungsdrohungen, doch suchte jeder, seine eigenen Wege zu gehen und die Kinder mehr durch Haltung und Handlung als durch Worte gegen den anderen zu beeinflussen. Trotz der langen Dauer dieser Ehen verblieben sie in einer Art von Probestadium, als ob beide Partner die Lösung überlegten und herbeiwünschten.

Bei den Eheleuten Nussbaum hatten die Unstimmigkeiten schon bald nach der Eheschließung vor 25 Jahren begonnen. Herr Nussbaum war weitgehend durch seinen älteren Bruder unterstützt worden, den er als Vaterfigur betrachtete. Der Vater von Frau Nussbaum war nach geschäftlichen Rückschlägen, für die die Familie die Schuld auf seine Verbindung mit Herrn Nusbaums Bruder schob, tödlich verunglückt. Frau Nussbaum schien bei den Anschuldigungen gegen den Bruder ihres Mannes die Partei ihrer Familie zu ergreifen. Herr Nussbaum empfand diese Haltung als schwere Treulosigkeit, da er sich dadurch völlig aus ihrer engverbundenen Familie ausgestoßen fühlte. Die Angelegenheit kam kaum oder gar nicht zur Sprache, aber sie führte zur Entfremdung. Frau Nussbaum war besorgt, daß ihr Mann sie beherrschen könne, und sie behauptete sich mit Hilfe von heftigen Temperamentsausbrüchen. Sie weigerte sich, ihn zu Gesellschaften zu begleiten, die für seine berufliche Laufbahn wichtig waren und verärgerte seine Freunde. Er fühlte sich ungeliebt, unerwünscht und ständig herabgesetzt. Er hielt sich die meiste Zeit von zu Hause fern und suchte den Eindruck zu erwecken, er habe außereheliche Verhältnisse, entweder um seine Frau zu quälen oder um seine Impotenz zu verschleiern oder aus beiden Gründen zugleich. Manchmal sprachen sie wochenlang nicht miteinander. Die Frau fand Trost in der Beziehung zu ihrem Sohn und der Mann in einer verführerischen Zuwendung zu seiner Tochter, unserer Patientin.

Obwohl bei den Eheleuten Neuberg heftige Auseinandersetzungen stattgefunden hatten und mehrfach Trennungsdrohungen gefallen waren, fanden sich doch Spuren von beiderseitigem gutem Willen. Herr Neuberg ist eine sehr gestörte Persönlichkeit, der zahlreiche unpraktische, oft bombastische Pläne verfolgt. Er redet ständig mit lauter Stimme, sucht zu dominieren, aber ohne gute Urteilsfähigkeit, und obwohl er durch beharrliche und schwere Arbeit für seine Familie sorgt, mußte seine Frau jahrelang befürchten, daß er eines Tages seinen Beruf aufgeben und sich in die Ausführung eines seiner undurchführbaren Projekte stürzen könnte. Er verbrachte nur wenig Zeit mit seiner Familie, teils wegen seiner starken Bindung an seine Mutter, teils wegen der engen Bindung seiner Frau an ihre Schwestern, durch die die Familie gezwungen wurde, zwei Stunden von seinem Arbeitsplatz entfernt zu wohnen. Herr Neuberg nahm die Bindung seiner Frau an ihre Mutter und drei Schwestern übel, insbesondere ihre Abhängigkeit von einer Schwester, die ihn bei seiner Frau und seinen Kindern ständig in Mißkredit brachte. Frau Neuberg ihrerseits behauptete, daß sie sich nur deswegen an ihre Schwestern halte, weil er ihr keinerlei emotionale Zuwendung und keine Unterstützung in der Kindererziehung gebe. Es sei wegen seiner Forderungen, seiner Unüberlegtheit und des ständigen Durcheinanders, das er im Hause verursache, unmöglich, mit ihm zusammen zu leben. Sie bleibt nur deswegen bei ihm, weil die Kinder einen Vater bräuchten, und hielt es für richtig, ihn wie ein Kind zu behandeln und ihn gewähren zu lassen, um auf diese Weise Streit zu vermeiden. Beide beschuldigten die Familie des anderen der Einmischung und der Behinderung und Vereitelung ihrer beiderseitigen Interessen. Es kam zur Krise, als Herr Neuberg nach der Westküste umzuziehen wünschte, weil seine Mutter und sein Bruder dorthin verzogen. Er drohte seiner Frau mit Trennung, falls sie nicht umziehen wollte, und seine Frau drohte auch damit, falls er sie zu diesem Umzug zwingen würde. Beide hatten intensive Bedürfnisse, doch keiner konnte sich zur Gewährung entschließen. Obwohl Herr Neuberg stark paranoide Züge aufwies, seine Frau Kontaktschwierigkeiten hatte und die Feindseligkeit ausgeprägt war, bot diese Familie von allen noch die besten Voraussetzungen für eine Aussöhnung, weil beide die Möglichkeiten hatten, die Bedürfnisse des anderen wie auch ihre eigenen Schwierigkeiten einzusehen.

Die Skizzierungen dieser Familien sind wenig mehr als charakteristische Bruchteile aus der Fülle des gesammelten Materials. Sie verweisen jedoch auf das praktische Fehlen wechselseitiger Ergänzung bei jeder dieser Ehen. Mann und Frau geben einander bei ihren Bedürfnissen keinen Rückhalt, die eheliche Wechselwirkung verstärkt ihre emotionalen Schwierigkeiten, nimmt ihnen jedes Gefühl von Lebenserfülltheit und artet in ein feindseliges Sich-Bekämpfen aus, bei dem beide Partner Verlierer sind. Statt wechselseitigen Gebens und Nehmens finden sich Fordern und Verweigern, es kommt zur Spaltung der Ehe, die die ganze Familie ergreift und die Kinder in einen Konflikt zwischen unvereinbaren Bindungen und Verpflichtungen stürzt.

Strukturverschiebung (marital skew)

Bei sechs von den 14 Ehen war die beschriebene Form der Spaltung nicht anzutreffen, aber das Familienleben wurde durch eine Verschiebung in der Ehebeziehung verzerrt. Bei allen wurde die Familie durch die erhebliche Psychopathologie eines Ehepartners beherrscht. Bei manchen ist die Unzufriedenheit und das Leiden des einen Partners dem anderen und den Kindern offenkundig, aber die Eheleute bringen es wenigstens fertig, einander so weit zu ergänzen und zu unterstützen, daß eine gewisse Harmonie erhalten bleibt. Bei den anderen wird das gestörte Weltbild des einen Partners vom anderen geduldet oder sogar geteilt, wodurch die Atmosphäre einer *folie à deux* geschaffen wird, bzw. sogar einer *folie à famille*, wenn die ganze Familie an der abartigen Gedankenwelt teilnimmt.

Bei allen diesen Familien hatte ein hochgradig abhängiger oder masochistischer Partner einen Gatten gewählt, der als starke und beschützende Elternfigur erschien. Der abhängige Partner duldet oder unterstützt sogar noch die Schwächen oder psychopathologischen Abartigkeiten des anderen, weil seine masochistischen oder Abhängigkeits-Bedürfnisse befriedigt werden. Im Gegensatz zu den gespaltenen Ehen werden hier die narzißtischen Bedürfnisse des einen Partners vom anderen nicht bekämpft, sondern erfüllt. Es mag bezeichnend sein, daß bei keinem Partner in diesen sechs Ehen starke emotionale Bindungen an die Elternfamilie vorhanden waren, und es erscheint möglich, daß das Fehlen solcher Alternativmöglichkeiten der Bedürfnisbefriedigung die Bindung der Gatten aneinander bestärkte. Ein klar hervortretendes Merkmal bei all diesen Fällen war die Psychopathologie des dominanten Partners, durch die eine abnorme Umwelt geschaffen wurde, die den Kindern als normal erscheinen mußte, da sie ja vom anderen, »gesunden« Partner bestätigt wurde. Es fand sich eine beträchtliche »Maskierung« von potentiellem Konfliktstoff, wodurch eine unwirkliche Atmosphäre geschaffen wurde, in der alles, was gesagt und anerkannt wurde, verschieden war von dem, was tatsächlich gemeint und getan wurde. Zwei, vielleicht drei dieser Ehen wären als »Ehen mit Selbsterniedrigung der Frau« (Woman Oriented Self-depreciatory Axes) nach der »Classification of Disorganized Families« (11) zu bezeichnen; in ihnen war die masochistische Selbstopferung der Frau für ihren narzißtischen und enttäuschenden Gatten charakteristisch. Eine oder zwei Ehen könnte man als »Ehen mit Selbsterniedrigung des Mannes« (Man Oriented Self-depreciatory Axes) einstufen, in denen ein demütiger und sich selbst erniedrigender Ehemann einer Frau anhing, die an einer ambulatorischen Schizophrenie litt.

Zwei kurze Skizzierungen von Beispielen sollen hier hauptsächlich die Tatsache veranschaulichen, daß in diesen Ehen trotz einer gewissen Zufriedenheit der Partner das Familienmilieu ebenso verzerrt und gestört war wie bei den gespaltenen Ehen.

Die Familie Schwartz wurde völlig von der paranoiden Mutter beherrscht, die für den Lebensunterhalt der Familie sorgte. Ihr Mann hatte sich bei einer Gelegenheit von ihr getrennt, da ihm ihre Forderungen unerträglich geworden waren, war aber längst wieder zu ihr zurückgekehrt, als der jüngste Sohn, unser Patient, geboren wurde. Bald darauf erlitt der Vater einen Nervenzusammenbruch; danach lebte er als eine Art Handlanger im Hause und arbeitete im Geschäft der Frau wie ein Bediensteter mit. Die Frau hatte für ihre vier Söhne die ehrgeizigsten Pläne; sie trieb sie an, beherrschte ihr Leben und machte ihnen gleichzeitig klar, daß sie nicht wie ihr Vater werden dürften. Sie hatte eine paranoide Angst vor Außenstehenden, glaubte, daß ihre Telefon abgehört würde und daß sich die Familie wegen ihrer jüdischen Abkunft in Lebensgefahr befände. Trotz des Friedens zwischen den Ehepartnern selbst bestand eine schwere Spaltung in der Familie. Die Mutter war auf intensive Weise an ihren ältesten Sohn gebunden, der ein Spieler war und Geld veruntreute und der sowohl ihre ganze Aufmerksamkeit wie auch einen guten Teil des Familieneinkommens für sich in Anspruch nahm. Zwischen beiden bestand ein chronischer Ambivalenzkonflikt, aus dem der Vater und die anderen Söhne herausgehalten wurden. Der Vater schritt nicht ein, sondern erklärte seinen Söhnen lediglich, daß die Schwierigkeiten in der Familie daher kämen, daß sie der Mutter nicht genug gehorchten.

Hier hatte der Vater abgedankt, und die Mutter war ein paranoider instrumenteller Führer; der Vater bot kein männliches Vorbild, mit dem sich die jüngeren Söhne identifizieren konnten.

Als Beispiel für die *folie à deux*- und die *folie à famille*-Gruppe sei die Familie Dollfuss genannt, die von vornehmer europäischer Herkunft war und in einer Vorstadt in New England ohne Kontakt mit ihrer Nachbarschaft lebte. Das ganze Familienleben war auf die Bedürfnisse und Ansichten von Herrn Dollfuss ausgerichtet, der ein erfolgreicher, aber paranoid größenwahnsinniger Erfinder war. Die Kinder wurden von einem verführerischen Kindermädchen erzogen, auf das die kühle und distanzierte Mutter in hohem Grade eifersüchtig war. Frau Dollfuss widmete sich jedoch gänzlich ihrem Gatten, ging auf alle seine Launen ein und hielt ihm die Kinder fern. Das Hauptinteresse Herrn Dollfuss' war eine orientalische religiöse Sekte. Er glaubte, daß er und ein Freund von ihm zu den wenigen auserwählten Seelen gehörten, denen eine besondere Art von Erlösung zugedacht sei. Sowohl seine Frau als auch das Kindermädchen erhoben ihn praktisch zu einem Gott. Beide, wie auch die Kinder teilten seine Ansichten und seinen Größenwahn und lebten in einer Weise, die wir als *folie à famille* bezeichneten. Die Kinder wurden hier weitgehend aus dem Leben der Eltern ausgeschlossen. Für den Sohn war der Vater ein irreales Vorbild, und die intellektuelle und emotionale Umwelt war völlig verschieden von der, in die die Kinder hineinwachsen sollten.

Bei allen diesen 6 Familien waren die Väter besonders unzulänglich und übernahmen außer dem Broterwerb kaum irgendwelche Verantwortlichkeiten als Familienoberhaupt. Entweder handelte es sich um schwache, unzulängliche Männer, die mit eindeutig oder zumindest wahrscheinlich schizophrenen Frauen lebten, oder um gestörte Männer, die eine äußerliche Form von Tüchtigkeit und Stärke durch die Unterstützung einer masochistischen Ehefrau aufrechtzuerhalten vermochten. In allen Fällen war die die Familie durchdringende Psychopathologie maskiert oder sie wurde als normal behandelt.

Auf die Analyse der pathologischen Umwelt und deren Auswirkungen auf die Kinder bei den letzten 6 genannten Fällen kann hier nicht näher eingegangen werden; es sei jedoch betont, daß wir nicht etwa die weniger gestörten Familienumwelten ausgeschaltet haben, um den Akzent dieser Arbeit auf die 8 offenkundig gespaltenen Ehen zu verlegen. In der Betrachtung der 8 gespaltenen Ehen versuchen wir auch nicht, wie bereits erwähnt, das Auftreten einer Schizophrenie bei einem Kind unmittelbar auf die Zwiespältigkeit der Elternehe zu beziehen. Wir sind im Begriffe, eine ganze Reihe von anderen Faktoren zu untersuchen, die auf die Kinder Einfluß haben, doch sie stehen alle in irgendwie gearteten Zusammenhängen mit den Elternpersönlichkeiten und der Atmosphäre, die durch deren Wechselwirkung geschaffen wird. Wir versuchen lediglich, Stück für Stück zu beschreiben, wie diese innerfamiliäre Umwelt aussieht, bis wir die Teile zu einer sinnvollen Beschreibung des Ganzen zusammenfügen können. Wir befassen uns immer noch mit den gröbsten Dingen, denn wenn wir nicht den Anfang bei dem machen, was ziemlich augenfällig ist, könnten diese Faktoren über der Beschäftigung mit den Feinheiten aus dem Blickfeld geraten. Bei dieser Darstellung haben wir den Eltern als individuelle Persönlichkeiten sehr wenig Aufmerksamkeit geschenkt, um uns ganz auf die Probleme zu konzentrieren, die durch ihre Wechselwirkung entstehen.

Diskussion

Wir finden bei diesen Ehen eine Anzahl von Merkmalen, die theoretisch für die »normale« Entwicklung eines Kindes abträglich sind. In diesen Familien strebt jeder Elternteil danach, den anderen anzuschwärzen und seinen Wert zu untergraben, und läßt dabei den Kindern klarwerden, daß keiner den andern achtet und schätzt, sondern vielmehr haßt und verachtet. Jeder Elternteil drückt mehr oder weniger offen Angst aus, daß ein Kind so wie der andere werden könne, und Ähnlichkeit des Kindes mit einem Elternteil ist für den anderen ständige Ursache von Besorgnis oder Ablehnung. Einer oder alle beide versuchen, das Kind dem andern abspenstig zu machen. Die Grenze zwischen den Generationen wird überschritten. Ein Kind spürt, daß von ihm erwartet oder gefordert wird, es solle der Lebenserfüllung eines oder beider Eltern dienen; dies bildet ein schweres Hindernis für seine Entwicklung zu einer unabhängigen Person. Ein Kind kann zum Ersatz für den Gatten gemacht und gebraucht werden. Die Ödipusrivalität wird eher verschärft als überwunden. Das Kind kann wie ein Keil in den Spalt zwischen den Eltern eindringen, auf immer geschicktere Weise den Spalt vergrößern lernen; es kann in die Inzestproblematik hineingeraten, daß der eine Elternteil verführt werden oder verführen könne, wie auch in Schuldgefühle wegen seiner feindselig-zerstörerischen Impulse gegenüber dem anderen Elternteil. Ein gleichgeschlechtlicher Elternteil, mit dem sich das Kind während der Latenz und der Adoleszenz identifizieren können müßte, der aber von dem andern Elternteil nicht als Liebesobjekt bestätigt, sondern gehaßt und verachtet wird, kann nicht zum Vorbild werden, durch das das Kind seine reife Identität erlangen kann. Für potentielle homosexuelle Tendenzen, die in der Schizophrenie eine bedeutende Rolle spielen, ist der Weg offen. Noch viele andere Hindernisse werden einer stabilen Identifikation des Kindes mit einer Elternfigur in den Weg gestellt, die Voraussetzung zur Bildung einer stabilen Ich-Identität gegen Ende der Adoleszenz ist. Darüber hinaus fühlen sich Kinder in einer abweisenden Ehe leicht selbst abgewiesen. Von der Angst erfaßt, daß ein begehrtes elterliches Liebesobjekt durch Trennung der Eltern verlorengehen könnte, mag das Kind viel darauf verwenden, um die gefährdete Ehe zusammenzuhalten. Je stärker die Inzestneigungen, um so stärker ist das Bedürfnis nach Sicherheit in der Gegenwart beider Eltern. Wenn bei einem oder beiden Elternteilen paralogische und konfuse Denk- und Verhaltensweisen bestehen, werden die Schwierigkeiten noch weiter verstärkt.

Zusammenfassung

Eine gründliche Untersuchung von 14 Familien mit schizophrenen Kindern läßt deutlich werden, daß die Ehebeziehungen aller Eltern erheblich gestört waren. Acht dieser Familien waren durch eine offene Spaltung zwischen den Eltern in zwei Parteien getrennt. In diesen gespaltenen Familien drohten die Eltern häufig mit Trennung; ein Partner versuchte, den anderen zur Unterordnung unter starre Forderungen zu zwingen und rief dadurch Widerstand hervor; Schwierigkeiten beinahe aller Arten führten zu gegenseitigen Anschuldigungen, statt zu wechselseitiger Unterstützung. Die Eltern untergruben und diffamierten sich gegenseitig, so daß es für das Kind unmöglich war, den einen als Identifikationsvorbild und Liebesobjekt zu wählen, ohne in Gegensatz zum anderen zu geraten. Die anderen sechs Paare lebten zwar verhältnismäßig harmonisch miteinander, aber die innerfamiliäre Umwelt war stark in ihrer Struktur verschoben oder verzerrt, da in jeder dieser Ehen die schwere Psychopathologie des maßgeblichen Partners vom anderen bestätigt oder sogar geteilt wurde.

Literaturhinweise

1 *Lidz, R. W.* und *Lidz, T.*, The family environment of schizophrenic patients, *Am. J. Psychiat. 106*, 332–345, 1949.
2 *Tietze, T.*, A study of mothers of schizophrenic patients, *Psychiatry, 12*, 55–65, 1949.
3 *Frazee, H. E.*, Children who later became schizophrenic, *Smith Coll. Studies in Social Work*, 23, 125, 1953.
4 *Gerard, D. L.* und *Siegel, J.*, The Family background of schizophrenia, *Psychiatric Quart.* 24, 47–73, 1950.
5· *Reichard, S.* und *Tillman, C.*, Patterns of parent-child relationships in schizophrenia, *Psychiatry 13*, 247–257, 1950.
6 *Murphy, B.*, The genesis of schizoid personality: a study of two cases developing schizophrenia, *Psychiat. Quart.* 26, 450–461, Juli 1952.
7 *Parsons, T.* und *Bales, R. F.* (mit *J. Olds, M. Zelditch* jr. und *Ph. E. Slater*), *The Family*, Glencoe, Ill., Free Press, 1955, 35–131, 307–351.
8 *Spiegel, J.* und *Kluckhohn, F.*, The resolution of role conflict within the family (unveröffentl.).
9 *Ackerman, N.*, The diagnosis of neurotic marital interaction, *Social Casework*, Vol. 35, April 1954.
10 *Hill, R., Mark, J. J.* und *Wirths, C. G.*, Eddyville's families: study of personal and family adjustment subsequent to the rapid urbanizations of a southern town, Chapel Hill, North Carolina, Institute for Research in Social Science, 1953.

11 *Buell, B.* et al., Classification of disorganized families for use in family oriented diagnosis and treatment, New York Community Research Associates, Inc., 1953.
12 *Spiegel, J. P.*, The resolution of role conflict within the family, *Psychiatry* 20, 1–16, 1957.

Harold F. Searles
Das Bestreben, den anderen verrückt zu machen - ein Element in der Ätiologie und Psychotherapie der Schizophrenie

Unter allen Faktoren in der Entstehungsgeschichte der Schizophrenie – Faktoren, die zweifellos komplex und überdies von Fall zu Fall beträchtlichen Schwankungen unterworfen sind – scheint es eine spezifische Komponente zu geben, die oft, wenn nicht sogar, wie ich glaube, regelmäßig anzutreffen ist. Meine klinische Erfahrung hat mich zu der Erkenntnis gebracht, daß das Individuum zum Teil deshalb schizophren wird, weil es einem langwierigen Bestreben der wichtigsten Beziehungsperson oder -personen seiner Kindheit ausgesetzt gewesen ist, dem Bestreben nämlich, es verrückt zu machen, das großenteils oder auch völlig unbewußt war.

Ich weiß wohl, daß es eine Leerformel wäre, die komplexe Ätiologie der Schizophrenie auf die simple Feststellung zu reduzieren, daß jemand schizophren wird, weil ein anderer ihn verrückt macht. Eine solche Formel würde der psychologischen Eigenaktivität des Individuums in der Situation ebenso wenig gerecht werden wie der Verflochtenheit der besonderen zwischenmenschlichen Beziehung, den komplexen gruppendynamischen Prozessen der Familiensituation oder den größeren soziodynamischen Prozessen, in denen die Familie lediglich eine Rolle spielt – eine Rolle zudem, in der die Familie als ganze großen und tragischen Ereignissen, deren Kontrolle oder Verhütung die Kräfte jeder Familie übersteigen, oft hilflos gegenübersteht.

Bisherige Literatur

Die einzigen schriftlichen Äußerungen zu diesem Thema, die ich in der Fachliteratur gefunden habe, sind die Feststellungen von Arieti (1955) und jene einer Forschungsgruppe der Mayo-Stiftung unter Leitung von Johnson (Beckett u. a., 1956; Johnson, Giffin, Watson & Beckett, 1956), und diese Feststellungen tun kaum mehr, als das Thema zur Sprache zu bringen, ohne es im einzelnen zu untersuchen.

Arieti beschreibt, was er »agierte« oder »externalisierte« Psychosen nennt, indem er erklärt: »... diese Menschen schaffen oft Situationen, die bei anderen Menschen Psychosen verursachen, während sie selbst von offenen Symptomen verschont bleiben.«

Johnson und ihre Mitarbeiter, die über die parallele Therapierung von schizophrenen Patienten und deren Familienangehörigen berichten, betonen, daß diese Praxis den ursprünglichen Eindruck der Autoren bestätigt habe, wonach »... der Ausdruck elterlicher Feindseligkeit durch ein Kind in bestimmten Fällen sowohl in dem Kind eine Psychose verursachen als auch die Eltern vor der Psychose bewahren konnte« (Beckett u. a., 1956). In vielen Fällen entdeckten sie eine Geschichte der psychischen Verletzung des Kindes durch Vater und/oder Mutter, die sich in den frühesten Wahnvorstellungen des Patienten in spezifischer Weise widerspiegelte. Von besonderem Interesse ist hier, daß zu den verschiedenen Arten der Verletzung, die sie beschreiben, die Drohung gehörte, »der Patient könne geisteskrank werden«.

Hill (1955) hat zwar nirgends die spezielle Auffassung formuliert, die ich in diesem Aufsatz umreiße, zeichnet aber ein Bild einer symbiotischen Patient-Eltern-Beziehung, das einen Begriffshintergrund enthält, in den meine Konzeption, wie ich glaube, haargenau paßt. Er sagt, daß die Mutter (in gelegentlichen Fällen auch der Vater) »die Bedingungen dafür schafft, daß [das Kind] mit Sicherheit so lebt, wie es ihren eigenen Abwehr- und Aggressionsbedürfnissen zur Vermeidung einer Psychose entspricht«. »Der Sinn der Nutzlosigkeit des Abhängigkeits-Selbständigkeits-Kampfes, den der Schizophrene führt, ... besteht in seinem auf Beobachtung gegründeten Glauben, seine Besserung und Gesundung im normalen Sinne würde seine Mutter psychotisch werden lassen . . .«

Bowen (1956) ist nach simultaner Therapierung schizophrener Patienten und ihrer Familien zu ähnlichen Schlußfolgerungen gekommen wie Hill. Reichard & Tillman (1950), Lidz & Lidz (1952) und Limentani (1956) gehören zu den anderen Autoren, deren Erörterung symbiotischer Beziehungen für meinen Aufsatz relevant sind.

Ich werde meine Theorien, mit kurzen Auszügen aus klinischen Fällen, soweit der Platz es erlaubt, nach folgenden Kategorien darlegen: (A) die *Art und Weise,* in der man versucht, den anderen verrückt zu machen, (B) die *Motive* hinter dem Bestreben, den anderen verrückt zu machen, und (C) diese Art der Interaktion in der *Patient-Therapeut-Beziehung.*

A. Methoden, den anderen verrückt zu machen

Bei dem Versuch, die Methoden oder Techniken zu umreißen, die jemand anwendet, um einen anderen verrückt – oder, in unserer Fachsprache, schizophren – zu machen, kann ich nicht genug betonen, daß dieses Streben sich nach meiner Überzeugung auf einer überwiegend unbewußten Ebene abspielt und daß es nur eine Komponente einer komplexen pathogenen Beziehung darstellt, die einer von den Beteiligten oder auch beide keineswegs vollauf kontrollieren können.

Allgemein kann man wohl sagen, daß *die Auslösung jeglicher Art von zwischenmenschlicher Interaktion, die darauf gerichtet ist, im anderen emotionale Konflikte zu begünstigen – verschiedene Bereiche seiner Persönlichkeit in Widerspruch zueinander zu bringen –, die Tendenz hat, ihn verrückt (d. h. schizophren) zu machen.*

Zum Beispiel berichtet eine Frau über ihren in Analyse befindlichen Mann, er würde ständig die »Anpassung« ihrer jüngeren Schwester, einer unsicheren jungen Frau, »in Frage stellen«, die dadurch zunehmend in Angst gerate; und er tut das offensichtlich, indem er sie immer wieder auf Bereiche ihrer Persönlichkeit aufmerksam macht, die ihr allenfalls schwach bewußt sind – Bereiche, die ganz im Widerspruch zu der Person stehen, als die sie sich betrachtet. Dadurch werden die zur Aufrechterhaltung eines funktionsfähigen Ichs notwendigen Verdrängungen geschwächt (ohne daß ihr eine wirkliche Psychotherapie zur Verfügung stünde), so daß plötzliche Konflikte und Ängste auftreten. Ganz Ähnliches läßt sich beim unerfahrenen oder unbewußt sadistischen Analytiker feststellen, der die Tendenz hat, den Patienten mit verfrühten Deutungen psychotisch zu machen: sein Ich eher zu schwächen, als es, dem bewußten Ziel des Analytikers entsprechend, dadurch zu stärken, daß er dem Patienten durch zeitlich angebrachte Deutungen dazu verhilft, das bisher verdrängte Material allmählich zu assimilieren.

Oder jemand reizt einen anderen sexuell im Rahmen einer Umgebung, wo es für diesen anderen verderblich wäre, den Versuch zu machen, seine angestachelten Sexualbedürfnisse zu befriedigen; das Ergebnis ist wiederum ein Konflikt. Wir sehen das an zahllosen Beispielen aus der Geschichte schizophrener Patienten, in denen sich ein Elternteil dem Kind gegenüber in übermäßig verführerischer Weise verhielt und damit in ihm einen heftigen Konflikt auslöste zwischen sexuellen Bedürfnissen einerseits und strengen Vergeltungsmaßnahmen des Überichs (entsprechend dem gesellschaftlichen Inzesttabu) andererseits. Das Kind kann durch den gleichen Umstand in Konflikt geraten zwischen seinem Reifungsbedürfnis und dem Verlangen nach Entfaltung der eigenen Individualität hier und seinem regressiven Bedürfnis dort, eine infantile Symbiose mit dem Elternteil aufrechtzuerhalten, ja sogar auf Kosten seiner sexuellen Strebungen – seiner Trumpfkarte im Spiel um die Selbstverwirklichung – in dieser regressiven Beziehung zu verharren.

Werden außer den sexuellen Bedürfnissen noch andere gleichzeitig oder im raschen Wechsel stimuliert und frustriert, so kann das nach meiner Meinung einen ähnlich desintegrierenden

Effekt haben. Ein männlicher Patient wurde, als er aus einer Psychose erwachte, in der seine intensiven Ambilenzgefühle gegenüber der Mutter die zentrale Stelle eingenommen hatten, fähig, etwas von seiner Kindheitsbeziehung zu ihr zu beschreiben. Die ablehnende Einstellung seiner Mutter wurde schlagartig durch seine Erinnerung erhellt, daß er sie nie seinen Vater hatte küssen sehen, den die Mutter unbarmherzig beherrscht und ausgezankt hatte. Der Patient erinnerte eine Gelegenheit, bei der die Mutter *Anstalten gemacht* hatte, ihren Gatten zu küssen. Das war in der späten Kindheit des Sohnes, als sein Vater im Anschluß an einen Autounfall zu einer schweren Operation in den Operationssaal eines Krankenhauses gerollt wurde. Die Mutter beugte sich hinab, als wolle sie ihm einen Kuß geben, und der Patient sah, daß sich das Gesicht seines Vaters mit freudiger Erwartung erfüllte. Dann besann sich die Mutter plötzlich und richtete sich auf. Der Patient berichtete das mit niedergeschlagener Stimme, als habe er eine derartige Frustration von ihrer Seite viele Male selbst erleben müssen.

Ähnlich verhält es sich, wenn das Kind den Wunsch hat oder sich verpflichtet fühlt, z. B. einem Elternteil zu Hilfe zu kommen: Häufig entdecken wir in der Geschichte schizophrener Patienten, daß die Mutter oder der Vater das Kind ständig um Sympathie, um Verständnis und etwas, was wir im Kern als therapeutischen Eingriff bezeichnen würden, bemühten, während sie zugleich seine Bemühungen, Hilfe zu leisten, zurückwiesen, so daß seine echte Zuneigung und sein Wunsch zu helfen durchsetzt wurden mit Schuldgefühlen, Wut und vor allem vielleicht mit einem Gefühl der eigenen Hilflosigkeit und des eigenen Unwerts. In diesem Zusammenhang haben Bateson, Jackson, Haley & Weakland (1956) elterliche Gebote, die einen Grundwiderspruch nach Art des *double bind* enthalten, als wichtig für die Verursachung von Schizophrenie dargestellt.

Eine andere Technik, mit der gerade beschriebenen von Stimulation-Frustration eng verwandt, besteht darin, daß man mit dem anderen auf zwei (oder sogar noch mehr) Beziehungsebenen zugleich verkehrt, zwischen denen keinerlei Verbindung besteht. Das hat die Tendenz, den anderen dazu zu zwingen, seine Teilnahme von der einen oder anderen dieser Ebenen (möglicherweise auch von beiden) zu dissoziieren, weil er es als so irrsinnig unpassend empfindet, auf eine besondere Ebene einzugehen, wenn sie keinerlei Bezug zu dem hat, was auf der anderen Ebene, der bewußteren und unverhüllteren, vor sich geht.

Zum Beispiel ist es mir bei ein oder zwei Gelegenheiten in meiner langjährigen Arbeit mit einer körperlich attraktiven und oft sehr verführerischen paranoid-schizophrenen Frau hart angekommen, nicht verrückt zu werden, wenn sie zugleich (a) mich in eine polito-philosophische Diskussion verwickelte (sich dabei einer männlich-betonten, fast geschäftsmäßig-lebhaften Ausdrucksweise bedienend, während ich, obwohl ich keine Chance hatte, viel zu sagen, mich ganz stark dazu gedrängt fühlte, einige dieser Fragen mit ihr zu diskutieren, und das auch tat) und (b) in einem extrem kurzröckigen Tanzkostüm und in sexuell aufreizender Weise im Raum herumlief oder auf dem Bett posierte. Sie machte keine verbalen Anspielungen auf Sexualität, wenn man davon absieht, daß sie mich ganz am Anfang der Stunde beschuldigte, »lüsterne«, »erotische« Wünsche zu haben; von da an bestand die ganze verbale Interaktion aus dieser Diskussion über Theologie, Philosophie und internationale Politik, und mir schien, die nichtverbale Interaktion war unverfroren sexuell. Aber – und das ist, meine ich, der springende Punkt – ich nahm nicht wahr, daß sie diese verhülltere Interaktion auf der Ebene des Bewußtseins entsprechend bestätigte; die nichtverbale sexuelle Interaktion hatte die Tendenz, sich einfach als »verrücktes« Produkt meiner eigenen Einbildung herauszustellen. Obwohl ich sogar wußte, daß es für meine Reaktion auf diese beiden unverbundenen Ebenen eine reale Grundlage gab, empfand ich eine solche Spannung, daß ich, wie gesagt, das Gefühl hatte, ich würde den Verstand verlieren. Ein unsicheres Kind, das von einem Elternteil in eine so tief gespaltene Wechselbeziehung verstrickt wird, würde nach meiner Meinung bei einer oft wiederkehrenden Situation dieser Art ein schweres psychisches Trauma erleiden.

Eine weitere Technik, die eng verwandt ist mit der eben beschriebenen, sich dem anderen auf zwei oder mehr unzusammenhängenden Ebenen auf einmal zu nähern, ist das plötzliche Umschalten von einer emotionalen Wellenlänge auf die andere, wie man das so häufig bei den Eltern schizophrener Patienten findet. Da war zum Beispiel die Mutter eines hochgradig schizophrenen jungen Mannes, eine sehr starke Persönlichkeit, die mit der Geschwindigkeit eines Maschinengewehrs redete; sie überschüttete mich mit einem unablässigen Wortschwall, dessen Sätze, was den Gefühlsausdruck betrifft, so zusammenhanglos waren, daß ich im Augenblick völlig verwirrt war: »Er war sehr glücklich. Niemals bedrückt. Er hat seine Arbeit als Radioreparateur in der Werkstatt von Mr. Mitchell in Lewiston geliebt. Mr. Mitchell achtet sehr auf Perfektion. Ich glaube nicht, daß vor Edward jemand von seinen Leuten es länger als ein paar Monate in seiner Werkstatt ausgehalten hat. Aber Edward ist mit ihm erstaunlich gut ausgekommen. Oft kam er nach Hause und sagte [die Mutter machte einen Seufzer der Erschöpfung nach]: ›Ich halte es keine einzige Minute mehr aus!‹« Der Patient hatte mehrere Monate vor seiner Hospitalisierung die meiste Zeit zu Hause bei seiner Mutter verbracht, und in diesem Zusammenhang hielt ich es für bezeichnend, daß er in den ersten Monaten seines Krankenhausaufenthaltes (im Gesichtsausdruck usw.) alle Anzeichen von Gefühlsaufwallungen zeigte, deren Charakter verblüffend schnell und häufig wechselte. So zeigte sein Gesicht einmal eine Mischung aus Haß und Abscheu, während er im nächsten Augenblick zusammenzuckte, wie von einem massiven Gegenstand getroffen, mit einem Ausdruck von tiefem Kummer im Gesicht.

Meine stillschweigende Folgerung, dieses Phänomen sei teilweise der Tatsache zuzuschreiben, daß er lange der schlecht integrierten Persönlichkeit seiner Mutter ausgesetzt gewesen war, soll nicht die Möglichkeit ausschließen, daß sich der Prozeß zugleich auch in der Gegenrichtung abspielte. Im Gegenteil, ich war beeindruckt von der weit besseren Integration, die die Mutter zeigte, nachdem der Patient einige Zeit von Zuhause fort war, und hielt es für sehr wahrscheinlich, daß sie während meines obenerwähnten Interviews mit ihr, zur Zeit der Einweisung ihres Sohnes, unter den Nachwirkungen der Tatsache stand, daß sie jahrelang einer außerordentlich schlecht integrierten, psychotischen Person ausgesetzt gewesen war, mit deren Fähigkeit zur Verletzung der Integrität eines anderen ich im Verlauf der Behandlung höchst unerfreuliche Bekanntschaft machte. All das berührt die Frage des sich zwischen Kind und Eltern bzw. zwischen Patient und Therapeut abspielenden Kampfes darum, den anderen verrückt zu machen; ich werde darauf noch zurückkommen.

Die inzwischen verstorbene Mutter eines anderen Schizophrenen wurde von dessen Geschwistern als völlig unberechenbar in ihrer emotionalen Sprunghaftigkeit beschrieben; zum Beispiel konnte sie von der Synagoge mit einem seligen Gesichtsausdruck nach Hause kommen, als wäre sie in ein freudiges geistiges Erlebnis vertieft, und zwei Minuten später einem ihrer Kinder einen Kochtopf an den Kopf schmeißen. Manchmal war sie zu unserem Patienten herzlich und liebevoll und fiel im nächsten Augenblick mit bösartigen Beschuldigungen oder schweren Züchtigungen über ihr Kind her. Der Patient, der zur Zeit der Einleitung meiner Therapie bereits mehrere Jahre an paranoider Schizophrenie gelitten hatte, brauchte mehr als drei Jahre intensiver Psychotherapie, ehe er die Wahnvorstellung aufgeben konnte, er habe nicht nur eine Mutter, sondern viele verschiedene. Immer wieder konnte er meinen Hinweis auf »Ihre Mutter« zurückweisen und protestieren, er habe niemals nur *eine* Mutter gehabt; einmal erklärte er ernsthaft und völlig überzeugend: »Wenn Sie das Wort ›Mutter‹ gebrauchen, sehe ich vor mir eine Prozession von Frauen, von denen jede einen anderen Gesichtspunkt repräsentiert.«

Ein ständiges, sprunghaftes Umschalten von einem Gesprächsthema auf ein anderes, ohne daß eine deutliche Änderung der Gefühlslage erkennbar wird, ist an sich schon ein Modus der zwischenmenschlichen Gerichtetheit, der auf die psychische Funktion des anderen eine wesentlich desintegrierende Wirkung haben kann; jeder Therapeut, der mit einem Patienten gearbeitet hat, der eine anhaltende und starke Verwirrtheit zeigte, wird das bestätigen.

Jede einzelne von diesen Techniken hat die Tendenz, das Vertrauen des anderen in die Zuverlässigkeit der eigenen Gefühlsreaktionen und in seine Wahrnehmung der äußeren Realität zu untergraben (eine Formulierung, für die ich Dr. Donald L. Burnham verpflichtet bin). In einem der bereits erwähnten Aufsätze von Johnson u. a. (1956) findet sich folgende treffende Schilderung der Kindheitsbeziehung schizophrener Patienten zu ihren Eltern: ». . . Wenn diese Kinder den Ärger und die Feindseligkeit eines Elternteils wahrnahmen, wie sie das bei vielen Gelegenheiten taten, verleugnete der Elternteil seinen Zorn und verlangte vom Kind, ihn ebenfalls zu verleugnen, so daß dieses sich in dem Dilemma befand, entweder dem Erwachsenen oder seinen eigenen Sinnen zu glauben. Glaubte es seinen Sinnen, so behielt es ein ungebrochenes Verhältnis zur Realität; glaubte es dem Erwachsenen, so behielt es die benötigte Beziehung, jedoch um den Preis einer verzerrten Wahrnehmung der Realität. Verleugneten die Eltern wiederholt ihre negativen Gefühle, so konnte das Kind nicht dazu kommen, eine adäquate Realitätsprüfung zu entwickeln.«[1]

Der Gegenstand, den ich in diesem Aufsatz behandle, steht in engem Zusammenhang mit einem anderen, der auf einem ganz

---

[1] Einer meiner Patienten, der in seiner ganzen Kindheit zu hören bekam: »Du bist ja verrückt!«, wann immer er den elterlichen Abwehrmechanismus der Verleugnung durchschaute, wurde seinen eigenen Gefühlsreaktionen gegenüber so mißtrauisch, daß er sich jahrelang stark auf einen Schoßhund verließ, der ihn durch seine Reaktion auf diese oder jene ihnen begegnende Person wissen lassen sollte, ob diese Person freundlich und vertrauenswürdig oder feindselig sei, so daß er sich vor ihr in acht nehmen müsse.

anderen Gebiet der menschlichen Aktivität zu finden ist: dem der internationalen Politik und der Kriegführung. Ich verweise auf das Thema Gehirnwäsche und verwandter Techniken. Bei der Lektüre eines unlängst erschienenen und hervorragenden Buches über dieses Thema, *The Rape of the Mind* von Meerloo (1956), hat mich immer wieder beeindruckt, welche Ähnlichkeit besteht zwischen den bewußten und mit Berechnung eingesetzten Techniken der Gehirnwäsche, die der Autor beschreibt, und den unbewußten (oder doch vorwiegend unbewußten) Techniken, die Ich-Entwicklung zu stören und die Ich-Funktion zu unterminieren, die ich in der aktuellen wie in der vergangenen Lebenspraxis von schizophrenen Patienten am Werke gefunden habe. Die aufgezwungene Isolation, in der ein der Gehirnwäsche Ausgesetzter lebt – isoliert von allem, ausgenommen seinem Inquisitor bzw. seinen Inquisitoren –, ist nur ein Beispiel für diese Ähnlichkeit; im Leben des Kindes, das einmal schizophren werden wird, sind die elterlichen Verhaltensweisen, die seine Integration hintertreiben, regelmäßig von einem Verbot begleitet, sich anderen Personen zuzuwenden, die seine Gefühlsreaktionen bestätigen und es gegen die von den Eltern eingegebene Angst absichern könnten, es müsse »verrückt« sein, wenn es so »unvernünftig« auf die Erziehungsperson reagiert.

Meerloos Buch beschreibt Gehirnwäsche und verwandte Techniken als existent in der Form (a) von vorsätzlichen Experimenten im Dienste totalitärer politischer Ideologien und (b) von kulturellen Unterströmungen in unserer gegenwärtigen Gesellschaft, selbst in Ländern mit politischer Demokratie. Mein Aufsatz stellt viele derselben Techniken als existent in einem dritten Bereich dar: dem Leben schizophrener Patienten.

B. Motive hinter dem Bestreben, den anderen verrückt zu machen

Ein Modus der zwischenmenschlichen Gerichtetheit, die die Tendenz hat, den anderen verrückt zu machen, läßt sich anscheinend aus einer Vielzahl von verschiedenen Motiven ableiten; in jedem einzelnen Fall ist vermutlich eine komplexe Konstellation von verschiedenen Motiven wirksam. Diese Motive reichen augenscheinlich vor starker Feindschaft auf dem einen Ende der Skala bis zu Wünschen nach einer gesünderen, engeren Beziehung zu dem anderen sowie Wünschen nach Selbstverwirklichung auf dem anderen Ende. Ich werde mit den eindeutigeren Motiven auf dem erstgenannten Ende der Skala beginnen.

1. Das Bestreben, den anderen verrückt zu machen, kann überwiegend von dem psychologischen Äquivalent des Mordes getragen sein; das heißt, es kann hauptsächlich den Drang repräsentieren, den anderen zu zerstören, sich seiner so gänzlich zu entledigen, als wäre er körperlich vernichtet. In diesem Zusammenhang ist die Feststellung interessant, daß unser Rechtssystem, das für denjenigen, der einen physischen Mord begeht, die schwerste Strafe bereithält, für psychischen »Mord«, die psychologische Vernichtung eines anderen, den man »verrückt« macht, keine oder allenfalls nur geringfügige Strafe zumißt. Im Bewußtsein des Durchschnittsmenschen, der mit den Einzelheiten des Rechtswesens nicht vertraut ist, besteht die einzige gesetzliche Strafe auf diesem Gebiet in der nur äußerlich relevanten und gänzlich ungefährlichen Anklage der »seelischen Grausamkeit«, die, wie er weiß, nicht selten als Vorwand beschworen wird, um eine hohe Scheidungsrate zu ermöglichen.[2]

Das soll nicht heißen, daß ich mich über diesen rechtlichen Stand der Dinge wundere oder daß ich in dieser Hinsicht irgendeine Änderung des Gesetzes anregen will; es wäre wohl praktisch unmöglich, den rechtskräftigen Beweis zu erbringen, daß jemand bedeutend dazu beigetragen hat, einen anderen »verrückt« zu machen. Der springende Punkt ist für mich, daß dieser Stand der Dinge in unserem Rechtssystem so beschaffen ist, daß man zwar wegen des Gesetzes Grund hat, vor physi-

---

[2] Das gilt für die USA; das deutsche Rechtssystem kennt nicht einmal diese Möglichkeit, »seelische Grausamkeit« zu ahnden. (Anm. d. Übers.)

schem Mord zurückzuschrecken, aber praktisch keinen, in ähnlicher Weise vor dem zurückzuschrecken, was man als psychischen Mord begreifen könnte.

Ferner muß festgestellt werden, daß eine Psychose, die schwer genug ist, jahrelange Hospitalisierung zu erfordern, in der Tat dazu dient, den Patienten fast so wirksam an der ständigen Teilnahme am Leben beispielsweise einer Familie zu hindern, wie sein Tod es tun würde. Es geschieht nicht selten, daß Eltern eines lange psychotischen, hospitalisierten Kindes verlauten lassen, es sei gestorben, und noch häufiger vermeiden die im Hause verbliebenen Familienangehörigen jeden Hinweis auf den Patienten in ihrem täglichen Umgang mit Freunden und Kollegen, vermeiden es, den Patienten wegen Familienkrisen zu konsultieren oder ihn darüber zu informieren, ganz so, als habe er bereits »das Zeitliche gesegnet«.

Als Beispiel für diese Art von Motiv will ich einiges Material aus meiner Arbeit mit einer jungen Frau anführen, die über drei Jahre wegen einer schizophrenen Erkrankung hospitalisiert und in dieser Zeit fähig geworden war, mir einige Einzelheiten über ihr Familienleben vor dem Ausbruch ihrer Krankheit zu berichten.

Sie hatte eine Schwester, die zwei Jahre jünger war als sie. Beide Mädchen sahen gut aus; beide waren sie von ihren Eltern stark indoktriniert worden, der einzige Lebenszweck eines Mädchens sei es, zu einem reichen Ehemann in gehobener gesellschaftlicher Position zu kommen; beide waren sie stark in Phantasien verstrickt, mit dem Vater verheiratet zu sein, da die Mutter in der Familie eine sehr untergeordnete Rolle spielte. Sie standen deshalb in heftiger und offener Konkurrenz zueinander.

Meine Patientin erinnerte sich in einer der psychotherapeutischen Sitzungen an eine Zeit (nicht mehr als zwei Jahre vor ihrer ersten Hospitalisierung), in der ihre Schwester von einem Freund sitzengelassen worden war, den diese einer angeblichen Freundin namens Mary vorgestellt hatte. Sie sagte, etwa ein Jahr danach habe ihre Schwester eine dunkle Brille getragen,

»ging im Haus herum und redete von Selbstmord« und habe geweint. Die Patientin sagte, die Brille »machte sie [d. h. die Schwester] verrückt«. Sie sagte ferner: »Meine Schwester sagte immer, sie hätte einen Haufen gelesen, deshalb würde sie nicht überschnappen«, und bemerkte dazu: »Die Eifersucht und der Haß ... und das ganze Hänseln ... machen einen rasend.« Sie sprach davon, »wie eifersüchtig Sarah [die Schwester] auf Mary war«, was mich auf den Gedanken brachte, sie wolle sagen, »auf mich«, würde das aber »auf Mary« verschieben; ich hatte durch andere Dinge, die sie sagte, den entschiedenen Eindruck gewonnen, daß die Eifersucht zwischen ihr und der Schwester in jener Periode sehr stark war. Ich bemerkte, daß sie von Zeit zu Zeit, wenn sie von dem Leid sprach, das ihre Schwester gezeigt hatte, ein sadistisches Lächeln im Gesicht hatte. Einmal sagte sie: »Wenn zwei Menschen das gleiche wollen«, so seien sie gezwungen, einander zu hassen und aufeinander eifersüchtig zu sein, und später sprach sie davon, wieviel Haß und Eifersucht man auf jemand hat, der einem bei etwas oder jemand, den man will, im Wege steht. Ich bemerkte dazu beiläufig, daß man sich natürlich so fühle, als müsse man den andern töten, um ihn loszuwerden. Ihre Antwort war: »Töten – das ist nicht erlaubt ...«, als hätte sie bereits diese Möglichkeit bedacht, sei aber darauf gestoßen, daß das unverständlicherweise verboten ist.

Nebenbei gesagt: aus der Fallgeschichte dieses Mädchens erfahren wir, daß sie ihrer Schwester verbal mit Mord gedroht – »Ich mach dich hinterrücks kalt, wenn du nichts merkst« – sowie einen Hammer genommen und gedroht hat, ihre Mutter damit umzubringen. Die Schwester, die ein paar Monate nach der ersten Hospitalisierung der Patientin geheiratet hatte, hatte Angst, sie zu sich zu Besuch kommen zu lassen, da sie fürchtete, diese würde ihr kleines Baby umbringen; kurz, die Familie nahm ihre Morddrohungen sehr ernst.

Als sie nun in dieser therapeutischen Sitzung nachdenklich sagte: »Töten – das ist nicht erlaubt ...«, fügte sie bezeichnenderweise hinzu: »Aber es gibt andere Mittel und Wege.«

Bei einer anderen Gelegenheit fielen ihr, als sie von den Depressionssymptomen ihrer Schwester sprach, die Worte aus dem Nonsenslied »Mairzy Doats« ein, das in jener Zeit populär war. In ihrer chronisch verwirrten Art rätselte sie an dem Wort »Mairzy« herum, wobei sie zweimal feststellte, das Wort heiße manchmal »Mairzy« und manchmal »Mary«, was mir den starken Eindruck vermittelte, daß sie ihre Schwester während deren Depression damit gequält haben mußte, sie wegen dieses Liedes zu befragen und dabei oft das gehaßte Wort »Mary« fallenzulassen, den Namen der früheren Freundin ihrer Schwester, die ihr den ständigen Freund abspenstig gemacht und schließlich geheiratet hatte.

Dieses Material ist zu umfangreich, als daß man es hier in voller Länge wiedergeben könnte; als wesentlich muß jedoch festgehalten werden, daß die Patientin offensichtlich das Gefühl hatte, sich in einem verzweifelten Kampf mit ihrer Schwester zu befinden, der darum ging, welcher von beiden den anderen zuerst verrückt machen würde. Einmal erinnerte sich die Patientin mit deutlicher Angst: »Sarah sagte, ich hätte etwas damit zu tun«, wobei sich das »damit« auf die Depression von Sarah bezog, und sie zitierte deren Bemerkung: »Ich hoffe, du wirst nie so etwas kriegen«, in der für die Patientin eindeutig eine beängstigende Drohung mitschwang. Ich hatte den starken Eindruck, daß sie wegen der Krankheit ihrer Schwester Schuldgefühle hatte, daß sie sich von ihrer Schwester dafür verantwortlich gemacht fühlte und fürchtete, diese würde sich an ihr rächen, indem sie bei ihr eine ähnliche Krankheit verursachte.

Das berührt einen Bereich, den ich, analog zu »Todeswünsche«, mit »Psychosewünsche« umreiße. In der Arbeit mit Patienten, die vor ihrer eigenen Erkrankung erlebt hatten, wie ein Elternteil wegen einer psychotischen Erkrankung hospitalisiert wurde, konnte ich bei verschiedenen Gelegenheiten feststellen, daß sie Schuldgefühle wegen verdrängter »Psychosewünsche« hatten, die den Schuldgefühl verursachenden »Todeswünschen« von Menschen, die einen verhaßten Elternteil durch Tod verloren haben, völlig ähnlich sind. Die Patienten, die wegen solcher »Psychosewünsche« Schuldgefühle äußern, lassen alle Anzeichen dafür erkennen, daß sie das Gefühl haben, einst in einem gegenseitigen Kampf mit dem Elternteil, in der jeder den anderen verrückt zu machen versuchte, Erfolg gehabt zu haben; der schließliche Ausbruch ihrer eigenen Psychose läßt sich wohl zum Teil dem Schuldgefühl sowie der Angst vor der Rache des Erwachsenen zuschreiben, die aus dem Zweikampf in den Jahren davor herrührt. In dem beschriebenen Fall kam die Schwester nicht wirklich ins Krankenhaus; in anderer Hinsicht waren die Umstände jedoch die gleichen wie die soeben in bezug auf Patienten skizzierten, deren Mutter oder Vater in ihrer Kindheit mit Psychose hospitalisiert worden waren.

Im Familienleben dieses Mädchens scheint der besondere Modus des zwischenmenschlichen Interesses, das ich in diesem Aufsatz behandle – das Bestreben, den anderen verrückt zu machen –, in der Interaktion der verschiedenen Familienmitglieder untereinander Jahre hindurch Gewohnheit gewesen zu sein. Als Beleg dafür nur ein weiteres Bruchstück des verfügbaren Materials. In Kindheit und Adoleszenz hatte das Mädchen sehr viel Angst wegen ihrer Zähne gehabt, teilweise deshalb, weil sie bei einem Unfall auf dem Spielplatz ein paar Zähne verloren hatte. Dann und wann erschreckte ihr Vater sie damit, daß er sie neckte: »Ich werde dir die Zähne rausnehmen und sie als Golfmale verwenden.«[3] In den ersten paar Monaten nach ihrer Einweisung in Chestnut Lodge war sie, nach den Worten des Leiters der psychiatrischen Abteilung, »bibbernd vor Angst«, unablässig nach erneuter Bestätigung verlangend, daß ihren Zähnen und verschiedenen anderen Körperteilen kein Schaden zugefügt werde. Nach mehreren Jahren der Therapie bekundete sie mir gegenüber ihre Überzeugung, daß ihre Familienangehörigen, von denen sie jedem einzelnen viel Haß und Neid entgegenbrachte, sich zusammen-

---

[3] Zähne (*teeth*) und Male (*tees*) sind im Englischen Homonyme (Anm. d. Übers.).

getan hätten, um sie verrückt zu machen und sie damit aus dem Haus zu treiben, und obwohl das keineswegs ein vollständiges Bild von dem ist, was geschehen war, ist es doch, so meine ich, eine treffende Darstellung eines Teils davon.

2. Das Bestreben, den anderen verrückt zu machen, kann überwiegend durch den Wunsch motiviert sein, die bedrohliche Verrücktheit in einem selbst nach außen zu verlegen und damit loszuwerden. Es ist nur zu bekannt, daß die Familien von Schizophrenen einen Hang dazu haben, den Patienten als den »Verrückten« in der Familie zu behandeln, gleichsam als Sammelbecken für alle Verrücktheit bei den verschiedenen anderen Familienmitgliedern. Hills bereits erwähntes Buch (1955) enthält einige wertvolle Beobachtungen, die einen zu der Auffassung kommen lassen, daß die Verrücktheit des Patienten in beträchtlichem Maße zurückgeht auf die Introjektion eines verrückten Elternteils (gewöhnlich – nach Hills wie nach meinen eigenen Erfahrungen – der Mutter), der jetzt, da er introjiziert ist, in der Herrschaft des irrationalen, lähmenden und übermächtigen Über-Ichs des Patienten verkörpert ist. In dem Maße, in dem dieser Prozeß sich in der Beziehung der Mutter zu ihrem Kind abspielt, gelingt es ihr, die eigene »Verrücktheit« schließlich dem Kind aufzubürden. Meine Auffassung des Strebens, den anderen verrückt zu machen, fußt natürlich, wie schon erwähnt, auf vielen der interessanten Formulierungen, zu denen Hill gekommen ist.

Ich habe andernorts (1958) bereits die Ansicht vertreten, daß ein höchst wichtiger Bestandteil der oben beschriebenen Mutter-Kind-Beziehung in der echten Liebe und Fürsorge des Kindes besteht, die es für seine Mutter hegt: Liebe und Fürsorge von einem solchen Maße, daß es gezwungen ist, sich mit ihr in dieser pathologischen Symbiose zu verbünden. Das Kind liebt sie so sehr, daß es die Entwicklung seiner eigenen Individualität der Symbiose opfert, die die Mutter zur Funktion ihrer eigenen Persönlichkeit so notwendig braucht.

3. Ein weiteres Motiv, das sich hinter dem hier beschriebenen Bestreben verbirgt, ist in vielen Fällen der Wunsch, einer

unerträglich konfliktreichen und spannungsgeladenen Situation ein Ende zu machen. Droht einem zum Beispiel die Mutter immer wieder, sie werde verrückt werden, wobei sie unterschwellig zu verstehen gibt, welche Katastrophe es für einen wäre, wenn diese unersetzliche Person die Szene verlassen würde, so kann man sehr wohl versucht sein, das Äußerste zu tun, um sie verrückt zu *machen* und damit selbst den Faden zu durchschneiden, an dem das Damoklesschwert über dem eigenen Kopf hängt; wenn es sowieso fallen wird, dann hat man wenigstens die Genugtuung, daß es die eigene Hand ist, die die unvermeidliche Katastrophe ausgelöst hat.

Wir erleben es jeden Tag in unserer psychiatrischen Arbeit, daß die Patienten dazu neigen, sich irgendeine Katastrophe zuzuziehen, die als unvermeidlich empfunden wird, um auf diese Weise unerträgliche Gefühle der Hilflosigkeit und der Spannung zu vermindern.

Die quälende Unsicherheit der ständig ambivalent-symbiotischen Beziehung, die der Schizophrene in früher und frühester Kindheit zu seiner Mutter oder seinem Vater gehabt hat, ist von Hill (1955), Arieti (1955), Bowen (1956) und mir (1951) dargestellt worden. Jeder, der sich in langjähriger therapeutischer Bemühung mit einem schizophrenen Patienten beschäftigt hat, hat zunächst die in der Übertragungsbeziehung zwischen dem Patienten und sich selbst wieder auflebende stark ambivalente Beziehung – ambivalent auf *beiden* Seiten – erlebt, die zwischen dem Patienten und dem für die Krankheitsverursachung wichtigeren Elternteil bestand.

4. Mit überraschender Häufigkeit stellt man in der Lebensgeschichte von Patienten und – was noch viel beeindruckender ist – in der Entfaltung ihrer Kindheitsbeziehung zu den Eltern in der Übertragungsentwicklung fest, daß sie im Laufe ihrer Kindheit die Entdeckung gemacht haben, daß der eine oder andere Elternteil sozusagen ein bißchen verrückt sei. Sie hatten das Gefühl – oft mit Recht, wie ich meine –, daß die Anzeichen für die Verrücktheit des Erwachsenen so subtil seien oder auch vor den Blicken anderer so verborgen würden und nur in der

Eltern-Kind-Beziehung zum Ausdruck kämen, daß nur das Kind sich ihrer voll bewußt wurde. Unter solchen Umständen bleibt dieses Wissen für das Kind ein schuldgefühlsbeladenes Geheimnis; es hat die starke Tendenz, sich für die Verrücktheit des Erwachsenen verantwortlich zu fühlen, und ist stark belastet sowohl durch die Verrücktheit selbst – da der Erwachsene besonders bei seinem Kind Befriedigung für die psychotisch geäußerten Bedürfnisse sucht – als auch durch sein Wissen von deren Existenz.

So entwickelt sich beim Kind die Basis für die Neigung, den Erwachsenen dabei zu unterstützen, offen psychotisch zu werden – das heißt, den Erwachsenen in solchen Wahnsinn zu treiben, daß dieser auch für andere erkennbar wird –, so daß es seine Last mit der Familie und der größeren Umgebung teilen kann. Man begegnet viel mehr Patienten, die diese Art von vorpsychotischem Erleben haben, als solchen, die erlebt haben, wie die Mutter oder der Vater offen psychotisch wurden und ins Hospital gebracht werden mußten.

Bei der Darlegung dieses Gedankens verliere ich nicht aus den Augen, daß ein Patient, der selbst mit einer sich entwickelnden Psychose zu kämpfen hat, wahrscheinlich die eigene ihn bedrohende »Verrücktheit« auf den einen oder anderen Elternteil projizieren wird. Das geschieht oft und, wie ich glaube, sogar regelmäßig. Doch spielt sich der Prozeß, den ich beschrieben habe, nicht selten noch zusätzlich ab.

5. Eines der mächtigsten und oft anzutreffenden Motive hinter dem hier erörterten Bestreben ist der Wunsch, zur Linderung einer unerträglichen Einsamkeit einen Herzensbruder zu finden. Bei jedem schizophrenen Patienten, mit dem ich lange und erfolgreich genug gearbeitet habe, um seine Kindheitsbeziehungen relativ klar überblicken zu können, war dieses Motiv eindeutig bei jenem Elternteil gegeben, der eine symbiotische Beziehung mit dem Kind eingegangen war. Der schlecht integrierte Elternteil ist typischerweise ein ganz einsamer Mensch, der danach hungert, daß jemand seine geheimen Gefühlserlebnisse und seine verdrehten Ansichten über die Welt teilt.

Der folgende Bericht eines Krankenpflegers über sein Gespräch mit einem 28jährigen Schizophrenen zeigt dieses Motiv in seiner Dynamik:

Carl war ruhig gewesen – den ganzen Morgen anscheinend niedergeschlagen –, als er plötzlich anfing, über die Krankheit seiner Mutter zu sprechen. Sagte, er habe seine ältere Schwester beneidet, weil sie nicht der Krankheit seiner Mutter in ganzer Stärke ausgesetzt gewesen sei. (Die Schwester ist nicht krank.) Sagte, seine Mutter habe an ihm ihre paranoiden Vorstellungen »ausprobiert«. Sei im Haus herumgegangen, habe die Jalousien heruntergelassen, kontrolliert, ob jemand in der Nähe sei, und ihm dann erzählt, was offensichtlich völlig verblasene paranoide Vorstellungen über die Nachbarn und Freunde gewesen sind. [Er] verkündete in sehr philosophischer Weise, sie habe das Gefühl gehabt, in ihrer Krankheit Gesellschaft zu brauchen – so einsam zu sein, daß sie sich seiner in dieser Weise bedienen mußte. . . [Er] hat die Vorstellung, daß Leute über ihn reden, und äußert diese Vorstellung in einer naiven, arglosen Weise.

Dieses elterliche Motiv spiegelt sich in der fanatischen Treue des Patienten zu Mutter oder Vater wider, einer Treue, die in der Behandlung der chronischen Schizophrenie erst nach Jahren mühsamer Zusammenarbeit von Patient und Therapeut aufgegeben wird. Anzeichen dafür findet man auch in der Häufigkeit, mit der schwerkranke Patienten diesen Elternteil in idealisierter Form halluzinieren, wobei der idealisierte Erwachsene, wie ich in meiner eigenen Arbeit feststellen konnte, oft in der Vorstellung gespalten wird, so daß ein Teil das Böse und der andere Teil liebevolle Geborgenheit personifiziert. Bei den am schwersten erkrankten Patienten kann es viele Monate nachdrücklicher therapeutischer Bearbeitung erfordern, bis der Therapeut in der Wahrnehmung des Patienten einen Grad von libidinös besetzter Realität erlangt, die es mit den halluzinatorischen, für den Patienten allerdings schlechthin realen Eltern-Imagines aufnehmen kann. Und natürlich bestätigt sich dieses Motiv auch, wie bereits angedeutet, in dem unerbittlichen Kampf des Elternteils, die gemeinsame Anstrengung von Patient und Therapeut mit allen verfügbaren Mitteln zu torpedieren, die darauf abzielt, den Patienten von seiner magisch »engen« Beziehung des »gegenseitigen Verstehens« à la »zwei gegen die ganze Welt« zu befreien, die er zu diesem Elternteil hat.

Bei diesen Feststellungen habe ich dem gegenteiligen und gesunden Verlangen der Eltern, ihrem Kind zur wahren Reife zu verhelfen, keine Anerkennung gezollt, einem Verhalten, das völlig in Widerspruch zu der Art der Beziehung von projizierter gegenseitiger Allmacht und himmlischer Liebe steht, die ich beschrieben habe. Eltern sind niemals frei von derartigen gesunden elterlichen Strebungen, und nach meiner Erfahrung ist dieser Wunsch oft stark genug, sie dazu zu befähigen, die gemeinsame Anstrengung von Patient und Therapeut auf wertvolle Weise zu unterstützen. Nichtsdestoweniger bestätigt sich weiterhin, daß diese Beziehung der infantilen Allmacht zwischen den »kränksten«, den am wenigsten reifen Bereichen der elterlichen Persönlichkeit einerseits und der Persönlichkeit des Patienten andererseits nach meiner Erfahrung das größte Hindernis für die Gesundung des Patienten darstellt.

All das wird in der Übertragungsentwicklung der sich anbahnenden Patient-Therapeut-Beziehung reproduziert, und der Therapeut wird zwangsläufig tief in die subjektive Erfahrung der magischen Nähe zum Patienten und des gemeinsamen Allmachtsgefühls verstrickt. Der Bindungscharakter dieser Phase ist, glaube ich, in vielen Fällen dafür verantwortlich, daß die Gesamtbehandlung dieser Patienten soviel Zeit verschlingt. Der Therapeut gerät mindestens mit einem Fuß in den psychologischen Prozeß, in den der Patient verstrickt ist: den Prozeß nämlich der Aufrechterhaltung einer Spaltung zwischen seinem »guten Selbst« und seinem »schlechten Selbst« wie auch der Spaltung zwischen der »guten anderen Person« und der »schlechten anderen Person«; im allgemeinen gerät der Therapeut für Monate sogar mit beiden Füßen in diesen Prozeß. Dann verbringt er ebenso wie der Patient viel Zeit damit, sich darin zu sonnen, daß er und der andere ausschließlich »gut« sind, während die »schlechten« Elemente in der Beziehung verdrängt und auf die Welt außerhalb des Nestes projiziert werden. In Erlebnissen dieser Art erfährt der Therapeut an sich selbst, wie stark die Verlockung gewesen ist, die dem Patienten in seiner Kindheit durch Vater oder Mutter geboten wurde; die Verlockung, mit ihnen das Vergnügen zu teilen, gemeinsam »verrückt« zu sein.

6. Etwas von der Kompliziertheit einer zwischenmenschlichen Beziehung, der Kompliziertheit des wirklichen Sachverhalts, die jeden Versuch, diese Beziehung zu beschreiben (wie ich es hier versuche), zur vergröbernden Simplifikation stempelt, wird evident, wenn wir das nächste Motiv betrachten.

Ein Modus der Hinwendung zu dem andern, der alle Merkmale eines Versuches trägt, den anderen verrückt zu machen, kann tatsächlich bewußt oder unbewußt von dem starken Wunsch motiviert sein, mit dem anderen zu einer *gesünderen* Intimität zu kommen, ihn zu einer besseren Integration zu bewegen, sowohl im zwischenmenschlichen Bereich der gemeinsamen Beziehung als auch intrapsychisch, in ihm selbst. Tatsächlich nehmen erfolgreiche psychotherapeutische Eingriffe oft gerade diese äußere Form an.

Hier handelt es sich um das bewußte oder unbewußte Streben, abgespaltene oder verdrängte Elemente in der Persönlichkeit des anderen zu aktivieren – nicht, damit sie sein Ich durch ihre Bewußtwerdung überwältigen, sondern vielmehr deshalb, damit er sie in sein Ich integrieren kann. Damit meine ich natürlich nicht, daß derjenige, von dem diese Zuwendung ausgeht, all das vorher konzipiert, sich sein Vorgehen im einzelnen überlegt.

Die Förderung der intrapsychischen und zwischenmenschlichen Integration oder Selbstverwirklichung des anderen gehört zum Wesen der liebevollen Beziehung, wie sie Martin Buber definiert hat (Friedman, 1955). Er bezeichnet sie als die Art, »den anderen präsent zu machen« und, sofern das auf Gegenseitigkeit beruht, »sich gegenseitig zu bestätigen«; und er vertritt die Überzeugung, daß »die Hilfe, die Menschen einander dabei geben können, zu sich selbst zu kommen, das Leben zwischen den Menschen auf seine höchste Höhe führt . . .« (Limentani, 1956).

Um es anders auszudrücken: Mir scheint, daß das Wesen der liebevollen Beziehung unweigerlich zu einer Antwort auf die Ganzheit der anderen Person führt – und zwar (gerade in bezug auf ein kleines Kind oder einen geisteskranken Erwachsenen, in geringerem Maße aber auch in bezug auf alle anderen Menschen) oft auch dann, wenn der andere sich seiner Ganzheit selbst nicht bewußt ist, wenn man in ihm eine umfassendere Person erkennt und darauf reagiert, von deren Existenz er nichts weiß.

Wir stellen also fest, wenn wir uns nunmehr wieder auf das offenbare Bestreben, den anderen verrückt zu machen, konzentrieren, daß dieses Bestreben sehr eng mit jenem, dem anderen zu einer besseren Integration zu verhelfen, verbunden ja sogar damit identisch sein kann, wobei wir das letztere Bestreben als das Wesen der liebevollen Beziehung betrachten können. Ein echtes Bestreben, den anderen verrückt zu machen – seine psychische Integration zu schwächen, den Ich-Bereich zu schmälern und den Bereich abgespaltener oder verdrängter Tendenzen in seiner Persönlichkeit zu vergrößern – kann dagegen als das genaue Gegenteil der liebevollen Beziehung betrachtet werden, wie Buber sie beschreibt.

Ich vermute, daß in vielen Fällen, wo ein Elternteil das »Verrücktwerden« seines Kindes fördert, der Ausbruch der Psychose einen Fehlschlag des bewußten oder unbewußten elterlichen Wunsches darstellt, dem Kind zu einer besseren, reiferen Integration zu verhelfen. Man kann nicht immer die genaue Ich-Stärke des anderen kennen, wie jeder Therapeut bestätigen wird, und es mag gut sein, daß die Eltern oft analog den Eingriffen eines Therapeuten handeln, die zur unrechten Zeit erfolgen oder sonstwie schlecht auf die Ich-Bedürfnisse des Patienten abgestimmt sind und, statt seine weitere Integration zu fördern, nur eine desintegrierende Wirkung haben.

In dieser Hinsicht halte ich es für wichtig, daß in sehr vielen Fällen, wo es zum offenen Ausbruch der Psychose kommt, dem Patienten durch Überstürzung der Ereignisse, welche auch immer es gewesen sein mögen, Wahrheiten über sich und seine

Beziehungen mit anderen in der Familie bewußt geworden sind – Wahrheiten, die tatsächlich wertvoll sind und schon lange fällig waren, Wahrheiten, die die Grundlage für eine rasche Ich-Entwicklung, eine rasche Integration der Persönlichkeit abgeben könnten. Nur sind sie für das Ich des Patienten leider zu schnell gekommen, so daß es sie nicht assimilieren kann: das Ich regrediert, zurückschreckend vor dem, was jetzt, in seinem Effekt, eine geöffnete Büchse der Pandora ist. Was also ein wertvolles, kreatives, Integration förderndes Wachstumserlebnis hätte werden können – und vermutlich in zahlreichen Fällen bei Menschen, die nie zum Psychiater gehen, auch ist –, wird zur Erfahrung, die zur Entwicklung einer Psychose führt, da verschiedene pathologische Abwehrmechanismen (Wahnvorstellungen, Halluzinationen, Depersonalisation usw.) gegen die Bewußtwerdung dieser Wahrheiten eingesetzt werden.

In der Psychotherapie ist der Therapeut oft genötigt, in geschickt dosierten und zeitlich genau bemessenen Mengen gerade die Art von Teilnahme zu gewähren, die, würde sie weniger geschickt verabfolgt (ob nun aus Unerfahrenheit oder deshalb, weil der Therapeut sich in seiner Orientierung am Patienten mehr durch Haß als durch Liebe leiten läßt), eine Wirkung hätte, die der therapeutisch erwünschten genau entgegengesetzt ist. So können zum Beispiel verfrühte Deutungen beim Patienten leichter zur Desintegration als zur Integration führen.

7. Das nächste Motiv, das ich besprechen möchte, kann im Zusammenhang mit einem Punkt gesehen werden, den Hill hervorgehoben hat, dem Umstand nämlich, daß die Mutter des Schizophrenen ihrem Kind androht, es werde sie verrückt machen, wenn es ein Individuum werde, wenn es sich also, psychologisch gesehen, von ihr ablöse.

Das fragliche Motiv sieht dann so aus: Das Kind kann sein eigenes Verlangen nach Individuation als den Wunsch erleben, seine Mutter verrückt zu machen; denn die Mutter reagiert auf dieses Individuationsstreben, als handle es sich um den Wunsch, sie verrückt zu machen. So erscheint es mir als völlig natürlich, daß das Kind überhaupt nicht mehr unterscheiden kann zwischen seinem eigenen normalen und notwendigen Streben nach Individuation und dem monströsen Wunsch, seine Mutter verrückt zu machen, auf dessen Existenz es durch deren Reaktionen immer wieder gestoßen wird.

Wie ich meine, entspricht ein solcher psychodynamischer Zustand völlig dem einer Situation, in der die Mutter zu erkennen gibt, daß es sie umbringen wird, wenn das Kind tatsächlich groß wird; das Kind erlebt dann, wie man in der klinischen Arbeit feststellt, seinen normalen Wunsch, ein Individuum zu werden, als das monströse Verlangen, seine Mutter zu ermorden. Hill trifft diese Feststellung in seinem Buch.

Dringen wir nun ein bißchen tiefer in die Beziehung eines Kindes zu solch einer Mutter, wie Hill sie beschreibt, ein und verändern wir ein wenig den Bezugsrahmen, um den *zwischen* Mutter und Kind tobenden *Kampf* augenfällig zu machen, der das Ziel hat, den anderen in den Wahnsinn zu treiben, so taucht ein weiterer interessanter Punkt auf: in dem scheinbaren Bestreben der Mutter, das Kind verrückt zu machen, läßt sich unschwer als Kern eine anerkennenswerte, wenn auch von ihr nicht ausgesprochene Motivation erkennen – nämlich die, ihrem Kind zu helfen, ein Individuum zu werden. Vermutlich ist es so, daß für die Mutter die Vorstellung der psychischen Getrenntheit, der Individualität, in einem solchen Maße gleichbedeutend ist mit Verrücktheit, daß sie dieses Motiv nicht als einen Wunsch begreifen kann, ihrem Kind zur Individualität zu verhelfen. Es kann dabei jedoch gut sein, daß ein Stück gesunde Mutter in ihr das Empfinden hat, daß das Kind etwas braucht, was sie ihm nicht geben kann, etwas äußerst Lebenswichtiges, und daß es dieser Teil von ihr ist, der anscheinend versucht, das Kind verrückt zu machen – was gleichbedeutend damit ist, ihm zu seiner Individualität zu verhelfen.

In der psychotherapeutischen Beziehung stellen wir fest, daß der Patient aufgrund dieser Erfahrung in der Vergangenheit zwangsläufig dazu neigt, auf die Entwicklung seiner Individualität, auf seine Ich-Entwicklung zu reagieren, als handle es sich um angstauslösende Verrücktheit; und der Therapeut (der während dieser Phase der Arbeit in der Übertragung den Platz der Mutter einnimmt) neigt ebenfalls dazu, diese Angst zu erleben. Somit haben beide Beteiligten die unbewußte Tendenz, die symbiotische Beziehung miteinander zu verewigen, und zwar aus der gemeinsamen Angst heraus, daß der Patient völlig »verrückt wird« – in Wahrheit, daß der Patient sich aus der Symbiose emanzipiert und in einen Zustand gesunder Individualität hineinwächst. Diese Feststellung stimmt mit der Bemerkung von Szalita-Pemow (in einer persönlichen Mitteilung) überein, wonach »die Individualität des [schizophrenen] Patienten zum Teil seinen Symptomen innewohnt«.

8. Das letzte Motiv ist nach meiner Erfahrung tatsächlich oft das mächtigste von allen; ich erwähne es an dieser Stelle nur kurz, weil ich es bereits bei der Besprechung des 5. Motives berührt habe und ihm einen Großteil der abschließenden Seiten dieses Aufsatzes widmen werde. Dieses Motiv zielt auf die Erreichung, ständige Reproduktion bzw. Wiedererlangung der Befriedigungen, die der symbiotischen Beziehung innewohnen. In der Mehrzahl der Fälle, wo jemand versucht, den anderen verrückt zu machen oder seine Verrücktheit für immer zu besiegeln, läßt sich feststellen, daß dem vor allem das unbewußte Streben der Beteiligten zugrundeliegt, sich die Befriedigungen zu verschaffen, die die symbiotische Beziehung trotz ihrer Angst und Frustration verursachenden Aspekte bietet.

Ich unterlasse es, weitere Motive zu besprechen, die sich möglicherweise hinter dem Bestreben verbergen, den anderen verrückt zu machen. Zweifellos ließen sich weitere Motive finden, und einige von ihnen mögen sogar den von mir beschriebenen an Bedeutung gleichkommen. Allerdings sind die acht, die ich hier aufgeführt habe, zumindest nach meiner Erfahrung die häufigsten und stärksten.

C. *Die Beziehung zwischen Patient und Therapeut*

Die klinische Erfahrung, die zur zentralen Hypothese dieses Aufsatzes geführt hat, beruht in beträchtlichem Maße auf Beobachtungen und Berichten über die Beziehungen der Patienten zu ihrer elterlichen Familie sowie zur Gruppe der Mitpatienten und des Personals auf ihrer Station des Hospitals; leider kann ich aus Platzmangel nicht das Material anführen, das dafür spricht, daß die Integration des Patienten mit der Gruppe auf jedem dieser Kampfplätze in vielen Fällen die Form eines gegenseitigen Kampfes darum, den anderen verrückt zu machen, annimmt.

Allerdings bin ich der Meinung, daß sich dort im wesentlichen dieselben psychodynamischen Prozesse abspielen und der einzige fundamentale Unterschied darin besteht, daß sie sich dort im Rahmen einer Gruppe entfalten, statt in einer Zweierbeziehung; und außerdem gilt mein Hauptinteresse der individuellen Psychotherapie, weshalb ich meine restlichen Bemerkungen auf den Bezugsrahmen der Patient-Therapeut-Beziehung beschränken werde.

Nach meiner Erfahrung kann man diese Art der Interaktion – das Bestreben, den anderen verrückt zu machen – in der Beziehung zwischen Patient und Therapeut am deutlichsten wahrnehmen. Insbesondere kann man beobachten, daß diese Art von Beziehung in einer speziellen Phase der sich entwickelnden Übertragung des schizophrenen Patienten auf den Therapeuten vorherrscht, einer Phase, in der zwischen Patient und Therapeut nun ein früherer Kampf darum, den anderen verrückt zu machen, der sich zwischen Patient und Elternteil abgespielt hatte, reproduziert wird. Aus meiner eigenen therapeutischen Arbeit und aus den Beobachtungen, die ich an der Arbeit anderer Therapeuten hier in Chestnut Lodge machen konnte, habe ich den Eindruck gewonnen, daß im Verlaufe jeder erfolgreichen Psychotherapie mit einem schizophrenen Patienten eine solche Phase eintritt. Dabei wird der Therapeut, wie ich glaube, in den meisten Fällen so stark in diesen Kampf verwickelt, daß er tatsächlich das Gefühl hat, seine eigene Integration sei mehr oder minder in Gefahr. Die notwendige Teilnahme des Therapeuten an dieser Phase der Übertragungsentwicklung ist eines der Hauptelemente in der Psychotherapie von Schizophrenen, das die Verrichtung dieser Arbeit zuweilen so anstrengend macht.

Einer meiner schizophrenen Patienten äußerte mir gegenüber mehr als zwei Jahre lang seine Überzeugung: »Sie sind irgendwie *wunderlich*, Dr. Searles«, »Sie sind verrückt, Dr. Searles«, »Sie haben ein eigenartiges Denken«; und er konnte mit wissendem Unterton sagen: »Anderen Menschen gegenüber drükken Sie sich nicht so aus wie bei mir, nicht wahr?« In der Entwicklung der Übertragung dieses Mannes auf mich als eine Mutterfigur zeigte sich sehr schön, daß er in früheren Jahren wiederholt die Zurechnungsfähigkeit seiner Mutter auf die Probe gestellt hatte, indem er sie in verschiedene Situationen brachte und beobachtete, ob sie normal oder anomal reagierte. Die Mutter, die ein paar Jahre vor seiner Hospitalisierung gestorben war, war eine hochgradig schizoide Person gewesen, mit der er viele Jahre hindurch in einer regelrecht symbiotischen Beziehung verstrickt gewesen war. Die anderen Familienmitglieder, äußerst prestigebewußte Menschen, hatten die exzentrische Mutter und diesen Sohn mit einer Barriere aus Schutz und Spott umgeben, ganz so wie die Mutter in ihrer Exzentrizität.

In meiner Arbeit mit diesem Mann lebte der Kampf darum, den anderen verrückt zu machen, mit ungewöhnlicher Intensität wieder auf. Nahezu unablässig war er dabei, mich auf die Probe zu stellen, so wie er das in früheren Jahren offensichtlich mit seiner schizoiden Mutter gemacht hatte, und zwar auf eine Weise, als wollte er den Beweis erbringen für seinen ständigen Verdacht, daß ich leicht oder auch mehr als nur leicht hirnrissig sei. Jahrelang wiederholte er aufreizend schmeichelhafte Stereotype, wobei er sich selbst als durch und durch gesund und gut, mich aber mit einer Art zersetzender Hartnäckigkeit als verdreht und schlecht bezeichnete; und zuweilen hackte er in der gleichen quälenden, sarkastischen, anklägerischen Weise auf mir herum, die seine Mutter offensichtlich ihm gegenüber angewandt hatte, daß ich an mich halten mußte, um nicht aus dem Zimmer zu laufen. Hin und wieder beschuldigte er mich, ihn verrückt zu machen[4]; nachdem ich eine Reihe von Stunden mit ihm verbracht hatte, in denen ich mit ungewohnter Anstrengung um die Aufrechterhaltung meiner eigenen psychischen Gesundheit zu kämpfen hatte, ging mir langsam auf, daß seine oft wiederholte Beschuldigung, *ich* würde *ihn* verrückt machen, eine Projektion enthalten könnte.

In einer Sitzung mit einer 24-jährigen schizophrenen Frau überfielen mich Gefühle der Verwirrung und der Unwirklichkeit, als diese Patientin, eine in Wahnvorstellungen schwelgende Person, mir aus einem Lehrbuch über das japanische Go-Spiel vorlas. Sie schien in fast jedem Wort und sogar in fast jeder Silbe einen verborgenen Sinn zu finden und schaute mich sehr häufig mit einem sarkastischen Lächeln bedeutungsvoll an, als sei sie überzeugt, ich würde die geheimen Bedeutungen, die sie in all dem entdeckte, kennen. Mit einer zeitweilig ganz desintegrierenden Stärke wurde mir bewußt, wie gefährdet, mißtrauisch und isoliert diese Frau war. Was sie mit mir machte, war so ziemlich das gleiche wie das, was ihre Mutter tat, als sie ihre Tochter in deren Kindheit mit ins Kino schleppte und ihr wiederholt befahl: »Nun, *denk nach!*«, was die Patientin – völlig richtig, wie ich glaube – als Befehl auffaßte, dieselben geheimen, besonderen Bedeutungen im Ablauf des Films wahrzunehmen, die die Mutter, während der ganzen Kindheit des Mädchens eine offen psychotische Person, selbst darin entdeckte. Die Patientin war von dieser unlösbaren

---

4 Ein schizophrener Mann sagte nach mehreren Monaten Mutismus, als er anfing, mit seinem Therapeuten zu reden, in ängstlichem Protest: »Sie reden mir zu verschroben . . . Sie sind zu verrückt.« Nach einem Besuch seiner Mutter behauptete er ängstlich, daß diese ihn umbringen wolle, und erklärte, sie habe ihn krank gemacht und seinen Bruder (einen Mönch) ins Kloster getrieben. Ein paar Monate später kamen dieselben Gefühle in Beschuldigungen gegen den Therapeuten zum Ausdruck: »Sie wollten mich umbringen. Sie haben mich krank gemacht . . . Verrückte Gedanken. Sie reden zu verschroben.«

Aufgabe (deren »erfolgreiche« Bewältigung bedeutet hätte, die Psychose ihrer Mutter zu teilen) ganz entnervt worden, gerade so, wie sie mich mit ihrer Lektüre in dieser Sitzung entnervte. Bei späterer Gelegenheit beschrieb sie mir, wie sie ihrer Mutter in genau dieser Weise stundenlang vorgelesen hatte, während die Mutter Hausarbeit machte, und es wurde mir klar, daß sie sehr viel sadistische Befriedigung daraus bezogen hatte, in der Lage zu sein, ihre Mutter mit dieser Methode zur Raserei zu bringen. Ebenso erlebte ich viele Male, wie sie sich mit einem triumphierenden Lächeln zurücklehnte, wenn sie es geschafft hatte, mich mit ihren chaotischen Verbalisierungen wahnhaften Materials gänzlich zu verwirren und mehr als nur ein bißchen unsicher zu machen.

Der gerade erwähnten Frau war von verschiedenen Angehörigen ihrer Familie seit ihrer frühen Kindheit wieder und wieder gesagt worden: »Du bist verrückt!«, wann immer, wie sie selbst erinnerte, sie einen von ihnen bestürmte, ihr eine Auskunft zu geben, um die Verwirrung zu beheben, der in gewissem Maße alle Kinder ausgesetzt sind, wenn sie sich einer ungewohnten und komplizierten Situation gegenüber sehen. Sie stellte mir das einmal so dar: »Wenn ich meinen Mund aufmachte, sprangen mir sechs oder acht von ihnen [d. h. andere Mitglieder ihrer ungewöhnlich großen Familie] an die Kehle und sagten, daß ich verrückt sei, bis ich mich fragte, ob ich tatsächlich dabei war, den Verstand zu verlieren.« Es wurde ganz klar, daß sich zwischen ihr auf der einen und den übrigen Familienmitgliedern auf der anderen Seite ein gegenseitiger Kampf abgespielt hatte, den anderen verrückt zu machen. Mit besonderer Intensität hatte er zwischen ihr und der Mutter getobt, einer extrem wankelmütigen Person (wie einer von den Brüdern der Patientin bestätigte), von der die Patientin noch Jahre nach Beginn der Therapie überzeugt war, sie sei nicht *eine* Person gewesen, sondern viele. Über diese Mutter äußerte sie einmal mir gegenüber, was höchst bezeichnend ist für die Art von Kampf, die ich beschrieben habe: »Sie haben immer gesagt, ›du bist psychosomatisch! Wenn du nicht aufpaßt, endest du mal in der Nervenklinik!« Dabei waren *sie* so und wollten das nicht zugeben.«

Allerdings gab es in meiner Arbeit mit dieser Frau Anzeichen dafür, daß ihre Bemühungen, mich (als eine Mutterfigur in der Übertragung während dieser Phase der Therapie) verrückt zu machen, zuweilen nicht in erster Linie durch das sadistische Vergnügen motiviert waren, mich in Verwirrung zu bringen, auch nicht durch das Bedürfnis, ihre eigene Psychose auf mich zu externalisieren, sondern vielmehr durch wirkliche Sorge um mich. In solchen Augenblicken war die Interaktion zwischen uns derart, daß klar wurde: ich befand mich nun, so wie sie mich sah, in der Position einer geisteskranken Mutter, die Behandlung brauchte, während sie sich selbst außerstande fühlte, sie mir zu geben – was völlig der Situation ähnelte, die sie während ihrer Kindheit in der Beziehung zu ihrer geistesgestörten Mutter erlebt hatte, der nie der Segen einer Fachbehandlung ihrer chronischen, »zirkulären« Schizophrenie zuteil geworden war.

Bei einer Gelegenheit, als diese Facette der Übertragung zutage trat, protestierte die Patientin gegen Ende einer Sitzung, in der wir ganz lebhaft Ansichten ausgetauscht hatten: »Warum *gehen* Sie nicht in ein staatliches Krankenhaus? Sie haben doch die ganze Zeit darum gebeten, wenn Sie gesprochen haben.« Sie sagte das in einem Ton, der nicht Feindseligkeit ausdrückte, sondern Besorgtheit und Hilflosigkeit, als würde man sie dafür verantwortlich machen, daß ich in ein Krankenhaus eingeliefert werde, und als fühlte sie sich gänzlich außerstande, dieser Verpflichtung zu genügen. In einer anderen Sitzung zwei Wochen später fragte sie: »Wann wird man Sie in ein staatliches Krankenhaus einliefern? ... Ich weiß, Sie versuchen, in eines zu kommen.« In diesen Fällen spielte wohl mit, daß sie ihren eigenen unbewußten Wunsch projizierte, in ein staatliches Krankenhaus eingewiesen zu werden. Und trotzdem paßt all das genau zu der Beziehung, die zwischen ihr und der Mutter bestand; und da es außerdem zahlreiche andere Anzeichen dafür gab, daß sie in mir die Mutter ihrer Kindheit erlebte, war ich überzeugt, daß ihre Reaktionen den oben beschriebenen Übertragungscharakter hatten.

Die angeführten Beispiele veranschaulichen in erster Linie das Bestreben der *Patienten*, ihre Therapeuten verrückt zu machen. Mein klinisches Material, das auf meiner eigenen Tätigkeit als Therapeut sowie auf meinen Beobachtungen der Arbeit von Kollegen beruht, spricht dafür, daß die *Therapeuten* ein entsprechendes Bestreben haben, wobei sie (vorwiegend unbewußt, wie ich abermals betone) ebenso wie die Patienten die ganze Skala der Modi bzw. Techniken benutzen, die ich oben bereits beschrieben habe; und der Spielraum der diesem Bestreben zugrunde liegenden Motive ist beim Therapeuten anscheinend genauso groß wie beim Patienten.

In jedem einzelnen Fall lassen sich für das Streben des Therapeuten in diese Richtung, wie ich glaube, zwei Quellen feststellen: a) der Charakter der Übertragung des Patienten auf ihn – nämlich eine Art von Beziehung, in der einer den andern verrückt zu machen versucht –, die ihn zwangsläufig in bestimmtem Maße zu einer Gefühlslage und einer Art von offener Beziehung bringt, die das Gegenstück zu dieser Übertragung sind; und b) ein Charakterzug des Therapeuten, der seine Beziehung zu diesem besonderen Patienten transzendiert, und zwar als eine unbewußte Tendenz, den anderen verrückt zu machen (deren Stärke natürlich von Therapeut zu Therapeut wechselt, die aber vermutlich zur charakterlichen Grundstruktur jedes Therapeuten gehört) – ganz gleich, um *wen* es sich handelt, d. h. zu wem er eine überaus enge Beziehung eingeht.

Wenn wir also bei der Untersuchung einer bestimmten Patient-Therapeut-Beziehung feststellen, daß die Beziehung in diesem Stadium vor allem durch einen Kampf zwischen den beiden Beteiligten charakterisiert wird, die sich gegenseitig verrückt zu machen trachten, dann beruht dieses Verhalten des Therapeuten vermutlich zum Teil – und, wie ich meine, in den meisten Fällen überwiegend – auf der erstgenannten Art einer »normalen« Therapeutenreaktion auf die Übertragung des Patienten.

Ich meine allerdings, daß bei einem beträchtlichen Prozentsatz derartiger Fälle die zweite Quelle, die ich für die Teilnahme des Therapeuten an diesem Kampf erwähnt habe, ebenfalls eine mehr oder minder große Rolle spielt. Den überzeugenden Beweis für einen solchen Charakterzug bei mir selbst fand ich (vor etwa sieben Jahren) gegen Ende meiner eigenen Analyse – ein Charakterzug, der sich nicht bloß in Zusammenhang mit den ein oder zwei Patienten bemerkbar machte, mit denen ich damals arbeitete, sondern allen Patienten galt, ebenso wie zahllosen anderen Menschen: Verwandten, Freunden und Bekannten. Folgende allgemeine Überlegungen sprechen dafür, daß dieser Charakterzug bei Psychotherapeuten und Psychoanalytikern ziemlich häufig anzutreffen ist:

1. Ein paranoid-zwanghafter Typ der Charakterstruktur ist unter Therapeuten und Analytikern bestimmt nicht selten anzutreffen. Ich halte es zwar nicht für ausgemacht, daß eine solche Charakterstruktur in unserem Beruf überwiegt, doch spricht schon jede unbefangene Beobachtung dafür, daß sie sich bei uns vermutlich mindestens so häufig findet wie in der übrigen Bevölkerung in unserer Kultur, die soviele Prämien ausgesetzt hat für paranoid-zwanghafte Charakterzüge wie Ordnungsliebe, Konkurrenzstreben, Intellektualisierung und so weiter.

Daß einer der Haupt-Abwehrmechanismen des paranoiden Zwangscharakters die Reaktionsbildung ist, ist bekannt. Es dürfte also niemand überraschen, wenn man feststellt, daß eine beträchtliche Anzahl von Therapeuten und Analytikern ihre Berufswahl zum Teil auf der Basis einer Reaktionsbildung gegen unbewußte Wünsche getroffen hat, die ihrem in der Tagesarbeit herrschenden Bemühen genau entgegengesetzt sind. Es würde uns ja auch nicht überraschen, wenn ein Chirurg im Laufe seiner Analyse starke und vormals tief verdrängte Wünsche vorbrächte, andere Menschen körperlich zu zerstückeln. Deshalb sollten wir uns nicht der Erkenntnis verschließen, daß nicht wenige von uns, die als Beruf die Behandlung von Geisteskrankheiten gewählt haben, ähnlich starke, langverdrängte

Wünsche haben, die Charakterstruktur anderer Menschen zu zerstückeln.

2. Wenn man die unter (1) dargelegten Überlegungen fortsetzt (von denen ich zugebe, daß sie hypothetisch sind), dann wird verständlich, daß Menschen, die Psychotherapie oder Psychoanalyse als Beruf gewählt haben, als Analysanden in ihrer Lehranalyse der Anerkennung jedes Wunsches, andere verrückt zu machen, bei sich selbst starken Widerstand entgegensetzen; denn diese Strebungen geraten in direkten Widerspruch zu ihrem aufrichtigen und starken Interesse, Geisteskrankheiten zu *beheben*. Solche unbewußten Strebungen könnten somit begreiflicherweise die Tendenz haben, sich der Aufdeckung und gründlichen Bearbeitung in der Lehranalyse zu entziehen, so daß die Berufswahl niemals als bestimmendes Element im Kampf des Analysanden gegen seine unbewußten Wünsche aufgedeckt wird, bei anderen Menschen die Desintegration der Persönlichkeit zu fördern.

All das läßt sich für meine Begriffe am einleuchtendsten so darstellen: der Wunsch, den anderen verrückt zu machen, ist ein Bestandteil der unendlich vielfältigen Charakterkonstellation emotional gesunder Menschen; die Berufswahl von Therapeuten und Analytikern spricht dafür, daß das Individuum zumindest in den Fällen, in denen seine Charakterstruktur dem paranoid-zwanghaften Typus entspricht, gegen unbewußte Wünsche dieser Art kämpft, die stärker als normal sind; und schließlich ist es besonders schwierig für Therapeuten und Analytiker, die sich ja in den Dienst der besonderen Lebensaufgabe stellen, Geisteskrankheiten zu heilen, diese *qualitativ normalen* Strebungen *in sich selbst* anzuerkennen.

3. So viele von uns zeigen eine ständige Bereitschaft, diese oder jene Geistesstörung bzw. diesen oder jenen Patienten als »unheilbar« zu betrachten – und das angesichts einer überzeugenden Fülle klinisch gesicherten Materials, das für das Gegenteil spricht –, daß man den Verdacht hegen muß, diese Neigung zu einer unwissenschaftlich »pessimistischen« Einstellung könnte in Wirklichkeit die unbewußte Besetzung haben, diese Patien-

ten in ihrer Krankheit festzuhalten. Mit dieser Fragestellung möchte ich nicht die riesigen Schwierigkeiten verkleinern, die der Genesung vieler unserer Patienten im Wege stehen; im Gegenteil, es ist meine ureigenste Erfahrung im Kampf mit solchen Schwierigkeiten bei der Arbeit mit chronisch psychotischen Patienten, die es mich für umso wichtiger halten läßt, daß wir diese gewaltige Aufgabe nicht noch mit eigenen Faktoren zusätzlich verkomplizieren.

Ich habe inzwischen bei vielen Gelegenheiten (in meiner Arbeit mit chronisch psychotischen oder neurotischen Patienten, bei meiner Tätigkeit als Kontrollanalytiker mit annähernd zwanzig anderen Therapeuten in Chestnut Lodge und andernorts sowie als Zuhörer bei Falldarstellungen vieler anderer Therapeuten) feststellen können, wie sehr wir dazu neigen, eine Attitüde der Hoffnungslosigkeit zu entwickeln, wenn wir mit einem Patienten arbeiten, indem wir uns unbewußt an die verleugneten, tatsächlich aber hochgeschätzten Befriedigungen klammern, die wir aus einer symbiotischen Patient-Therapeut-Beziehung beziehen. In dieser Phase wehren wir uns, wenn auch unwissentlich, mit Händen und Füßen dagegen, daß der Patient einen großen Schritt vorwärts macht – einen Schritt, von dem man spürt, daß er bevorsteht. Immer wieder geht einem solchen großen Schritt in der Therapie eine derartige Phase der Hoffnungslosigkeit auf seiten sowohl des Patienten wie des Therapeuten voraus, eine Hoffnungslosigkeit, die rückblickend in dem gegenseitigen Sichanklammern an ihre symbiotische Beziehung ihre Erklärung findet.

Inzwischen hat man in vielen Artikeln und Büchern die pathogene Bedeutung einer solchen Beziehung für den Reifungsprozeß des Patienten – und gerade des schizophrenen Patienten – hervorgehoben; ich finde jedoch, wir haben die Elemente der intensiven Befriedigung zu niedrig veranschlagt, die eine solche Beziehung ausmachen – eine Beziehung, die beiden Beteiligten gestattet, ebenso in Gefühlen der infantilen Befriedigung zu schwelgen wie in Phantasien, eine allmächtige Mutter zu sein. Einer der Hauptgründe für die Schwierigkeit,

Schizophrenie zu beheben, besteht für meine Begriffe darin, daß der Therapeut so starken inneren Widerstand dagegen entwickelt, dem Patienten aus der in der Übertragung wieder aufgelebten symbiotischen Eltern-Kind-Beziehung herauszuhelfen. Nicht nur der Patient, auch der Therapeut hat die Tendenz, die voraussichtlichen Früchte einer reiferen Beziehung *fast gar nicht* – wenn überhaupt – für wert zu erachten, dafür auf die symbiotische Beziehung zu verzichten, die trotz ihrer Qualen unschätzbare Befriedigungen bietet.

Jedesmal, wenn es mir gelang, bis ins kleinste detailliertes Material über derartige Situationen zu erlangen, habe ich festgestellt, was vorauszusehen war: Der gegenseitige Kampf zwischen Patient und Therapeut, in dem es darum geht, den anderen verrückt zu machen, spielt sich immer an der Schwelle zu etwas ab, was sich rückblickend als ungewöhnlich großer Fortschritt des Patienten in der Therapie beweisen läßt. Es ist, als würden beide vermittels einer Wiederbelebung ihrer symbiotischen Techniken, mit denen der andere verrückt gemacht werden soll, dagegen kämpfen, daß es zu diesem heilsamen Schritt in der Therapie kommt.

Ich möchte nicht den Eindruck erwecken, als sei das letzte Stück Wegs, das nach einem solchen Durchbruch in der Therapie zurückzulegen ist, eine gerade, breite, ebene Chaussee. Bei der Durcharbeitung der symbiotischen Beziehung des Patienten zu seiner Mutter in der Übertragung muß derselbe Kampf wieder und wieder durchgefochten werden. Obwohl er sich von Mal zu Mal mit weniger zersetzender Schärfe wiederholt, fühlt sich der Therapeut regelmäßig jener dunklen Verzweiflung ausgesetzt, der immer gleichen Empfindung, daß dieser unmögliche Patient ihn völlig verrückt macht, wann immer sie eine Schwelle in den aufeinanderfolgenden Stadien der Lockerung ihrer symbiotischen Beziehung erreichen. Man kann das mit dem Vorgang vergleichen, in dessen Verlauf der Fötus von der Mutter getrennt wird: Eine ganze Reihe von Geburtswehen ist nötig, bevor das Baby ganz zum Vorschein kommt. Von angrenzendem Interesse sind hier folgende Bemerkungen, die

Margaret Little in einem Aufsatz mit dem Titel »Gegenübertragung und die Reaktion des Patienten auf sie« (1951) gemacht hat:

Bewußt und in starkem Maße sicher auch unbewußt wollen wir alle, daß unsere Patienten gesund werden, und können uns leicht mit ihrem Wunsch, gesund zu werden, d. h. mit ihrem Ich identifizieren. Doch neigen wir unbewußt ebenfalls dazu, uns mit dem Über-Ich und dem Es des Patienten zu identifizieren, und damit mit seinem Bemühen, seine Gesundung zu verhindern, krank und abhängig zu bleiben, und indem wir das tun, bremsen wir vermutlich den Gesundungsprozeß. Unbewußt vermögen wir die Krankheit eines Patienten für unsere eigenen Zwecke auszubeuten, sowohl für die libidinösen wie für die aggressiven, und er wird bald darauf reagieren.

Ein Patient, der sich seit etlicher Zeit in Analyse befindet, wird gewöhnlich zum Liebesobjekt seines Analytikers; er ist derjenige, dem der Analytiker Genüge tun will, und dieser Impuls kann, selbst wenn er bewußt ist, durch eine partielle Verdrängung unter die Herrschaft des Wiederholungszwanges geraten, so daß die Notwendigkeit entsteht, den Patienten immer aufs Neue gesund zu machen, *was tatsächlich bedeutet, ihn immer aufs Neue krank zu machen, um ihn gesund machen zu müssen.* [Hervorhebung von mir – H.F.S.] Richtig angewandt, kann dieser Wiederholungsprozeß förderlich sein, wobei das »Krankmachen« dann die notwendige und wirksame Form der Erschließung von Ängsten annimmt, die nun gedeutet und bearbeitet werden können. Doch setzt das auf seiten des Analytikers eine unbewußte Bereitschaft voraus, dem Patienten zu gestatten, gesund zu werden, selbständig zu werden und ihn zu verlassen...

Aufgrund meiner eigenen Erfahrung, die im Gegensatz zu der von Reichard & Tillman (1950), Lidz & Lidz (1952), Limentani (1956) und vielen anderen Autoren steht, bin ich der Meinung, daß der Therapeut dem Patienten an Neuem und Therapeutischem nicht die *Vermeidung* der Entwicklung einer symbiotischen, gegenseitigen Abhängigkeit zu bieten hat, sondern vielmehr deren Akzeptierung – eine Akzeptierung der Tatsache, daß der Patient ihm persönlich eine Menge bedeutet. Diese Anerkennung der eigenen Abhängigkeit vom Patienten ist es, was die Mutter ihm nicht bieten konnte.

Ich glaube, daß wir in der überwiegenden Mehrzahl der Fälle, in denen Patient und Therapeut lange genug miteinander gearbeitet haben, daß sich diese symbiotische Beziehung gut etablieren konnte, und in denen wir feststellen, daß beide die Arbeit mit einem Gefühl der Hoffnungslosigkeit verbinden, viele Anhaltspunkte dafür finden können, daß jeder von ihnen unbewußt bestrebt ist, den anderen verrückt zu machen – oder vielleicht genauer: verrückt zu halten –, damit er sich an die höchst unreife und somit »kranke«, doch tief befriedigende symbiotische Beziehung mit dem anderen klammern kann.

Es ist gut möglich, daß das weitverbreitete Bedürfnis – weitverbreitet nicht nur, was schizophrene Patienten, sondern auch, was die Fachleute betrifft, von denen sie behandelt werden –, den Aspekt der Befriedigung zu verleugnen, die aus der symbiotischen Beziehung bezogen wird, zu der Zählebigkeit des irrationalen, schimpfwortartigen Begriffs der »schizophrenogenen Mutter« beiträgt. Das heißt, wir werden vielleicht auf einer unbewußten Ebene von den Befriedigungen, die eine solche Mutter mit ihrer Art von symbiotischen Beziehung bietet, so stark angezogen, daß wir unsere regressiven Impulse in diese Richtung verleugnen müssen und sie deshalb bewußt so wahrnehmen und in wissenschaftlichen Abhandlungen so darstellen, als wäre sie eine ganz und gar reizlose »schizophrenogene Mutter«, mit der in nähere Beziehung zu kommen die reine Hölle wäre.

4. So viele Therapeuten und Analytiker reagieren auf die Mitteilungen des Patienten in einer für sie selbst charakteristischen Art, die nicht selten den Eindruck erweckt, als seien sie darauf aus, den Patienten verrückt (bzw. verrückter) zu machen, daß es schwerfällt, dieses Phänomen ausschließlich auf den Mangel an klinischer Erfahrung, Geschicklichkeit und Einfühlungsvermögen zurückzuführen. Das heißt, ich vermute, daß an einer ungeschickten therapeutischen Technik, die beim Patienten eher eine weitere Desintegration als eine Integration bewirkt, in vielen Fällen ständig verdrängte (und somit ständig präsente) Wünsche des Therapeuten schuld sind, den anderen verrückt zu machen.

Ein Beispiel, das einem häufig begegnet: Wir Therapeuten

haben eine starke Tendenz, nur auf eine Seite der ambivalenten Gefühle des Patienten zu reagieren. Wenn ein hospitalisierter schizophrener Patient zum Beispiel ein stark gestörtes Verhalten zeigt, mit dem er uns zu verstehen gibt, daß er ein unbewußtes Bedürfnis nach ständiger Hospitalisierung hat, aber *bewußt* einen starken Wunsch äußert, man möge ihm erlauben, die Klinik zu verlassen, so antworten wir vielleicht begütigend: »Ich bin überzeugt, Sie *wollen in Wirklichkeit* im Hospital *bleiben* und haben *Angst*, entlassen zu werden.« Dieses Beispiel spricht für eine Unausgereiftheit der Therapeutentechnik, die man in dieser krassen Form wohl nicht sehr häufig antrifft, obwohl ich nicht selten gerade eine so grob untherapeutische Technik beobachtet habe – und rückblickend erkennen mußte, daß ich sie auch in meiner eigenen Arbeit mit Patienten angewandt hatte. Geringere Grade dieser Art von untherapeutischer Partizipation des Therapeuten (die Feststellungen in diesem Aufsatz beziehen sich ebenso auf die Psychoanalyse wie auf die Psychotherapie, wenn auch mit größerer Bedeutung für letztere) lassen sich allerdings in ganz großer Häufigkeit feststellen. Mit Sicherheit wird mancher neurotische Patient in der Analyse bei zahlreichen Gelegenheiten fast um den Verstand gebracht, weil sein Analytiker so gern die bewußten Gefühle und Einstellungen seines Patienten in ihrer Bedeutung entwertet und auf vorbewußte oder unbewußte Mitteilungen reagiert, als würden sich darin die einzig »realen« und »echten« Wünsche und Einstellungen offenbaren.

Wie man als Therapeut oder Analytiker derartige Reaktionsweisen überwindet, ist nicht einfach eine Frage des Erlernens von Techniken, die dem wirklich ambivalenten, schlecht integrierten Zustand des Patienten besser entsprechen. Um dem Patienten von größerem Nutzen zu sein, muß man sich außerdem auseinandersetzen mit dem eigenen Konflikt zwischen dem Wunsch, dem Patienten zur besseren Integration (und das heißt, zu größerer Reife und Gesundheit) zu verhelfen, und dem gegenteiligen Wunsch, den Patienten im Zustand der schlechten Integration festzuhalten oder ihn sogar zu zerstören, indem man die Zementierung oder Verschlechterung des Krankheitszustandes fördert. Nur diese Bewußtheit über Vorgänge in der eigenen Person befähigt einen dazu, dem Patienten – und vor allem dem schizophrenen und *Borderline*-Patienten[5] – von höchstem Nutzen zu sein und ihm insbesondere über die kritische Phase der Übertragung hinwegzuhelfen, die ich in dieser Arbeit beschrieben habe.

Danksagung und Bibliographie

Folgende Therapeuten haben mir freundlicherweise erlaubt, in dieser Arbeit Material bezüglich ihrer Patienten zu benutzen: Dr. Cecil C. H. Cullander, Dr. Jarl E. Dyrud, Dr. John P. Fort, Dr. Leslie Schaffer, Dr. Roger L. Shapiro, Dr. Joseph H. Smith und Dr. Naomi K. Wenner. Für die theoretische Darlegung hinsichtlich dieses Materials bin ich allein verantwortlich.
Diese Forschungsarbeit wurde durch einen Zuschuß der Ford Foundation an das Chestnut Lodge Research Institute unterstützt. Eine Kurzfassung dieser Arbeit wurde am 31. Oktober 1956 auf dem Zweiten Jahrestreffen von Chestnut Lodge vorgetragen.

Arieti, S. (1955), *Interpretation of Schizophrenia*, New York.
Bateson, G., D. D. Jackson, J. Haley und J. Weakland (1956), Toward a theory of schizophrenia, in: *Behavioral Sci.* 1, 251–64 (siehe S. 11 ff. in diesem Band).
Beckett, P. G. S., D. B. Robinson, S. H. Frazier, R. M. Steinhilber, G. M. Duncan, H. R. Estes, E. M. Litin, R. T. Grattan, W. L. Lorton, G. E. Williams und A. M. Johnson (1956), Studies in schizophrenia at the Mayo Clinic, I. The Significance of exogenous traumata in the genesis of schizophrenia, in: *Psychiatry*, 19, 137–42.
Bowen, L. M. (1956), In transscript of the Combined Clinical Staffs of the National Institutes of Health, Clinical Center Auditorium, 29. März 1956, hektographiert vom Department of Health, Education, and Welfare; National Institutes of Health, Bethesda, Maryland.

---

5 *Borderline* = »Grenzfall«, dessen Symptomatologie nicht eindeutig als schizophren zu diagnostizieren ist, weil z. B. der Kontakt mit der Realität aufrechterhalten bleibt oder »neurosenähnliche« Abwehrmechanismen benutzt werden (Anm. d. Übers.).

Friedman, M. S. (1955), *Martin Buber – The Life of Dialogue*, Chicago.

Hill, L. B. (1955), *Psychotherapeutic Intervention in Schizophrenia*, Chicago.

Johnson, A. M., M. E. Giffin, E. J. Watson und P. G. S. Beckett (1956), Studies in schizophrenia at the Mayo Clinic, II. Observations on Ego functions in schizophrenia, in: *Psychiatry*, 19, 143–48.

Lidz, R. W., und T. Lidz (1952), Therapeutic considerations arising from the intense symbiotic needs of schizophrenic patients, in: *Psychotherapy with Schizophrenics*, hrsg. von E. B. Brody und R. F. Redlich, New York.

Limentani, D. (1956), Symbiotic identification in schizophrenia, in: *Psychiatry*, 19, 231–6.

Little, M. (1951), Counter-transference and the patient's response to it, in: *Int. J. Psycho-anal.*, 32, 32–40.

Meerloo, J. A. M. (1956), *The Rape of the Mind – The Psychology of Thought Control, Menticide, and Brainwashing*, Cleveland und New York.

Reichard, S., und C. Tillman (1950), Patterns of parent-child relationships in schizophrenia, in: *Psychiatry*, 13, 397–413.

Searles, H. F. (1951), Data concerning certain manifestations of incorporation, in: *Psychiatry*, 14, 397–413.

– (1955), Dependency processes in the psychotherapy of schizophrenia, in: *J. Amer. Psa. Ass.*, 3, 19–66.

– (1958), Positive feelings in the relationship between the schizophrenic and his mother, in: *Int. J. Psycho-anal.*, 39, 569; deutsch: Positive Gefühle in der Beziehung zwischen dem Schizophrenen und seiner Mutter, in *Psyche* XIV (1960/61), 162 ff.

Lyman C. Wynne, Juliana Day und Irving Ryckoff
Die Verteidigung stereotyper Rollen in den Familien von Schizophrenen

Nach Auffassung derer, die sich mit Umweltfaktoren auseinandersetzen, liegen die ätiologischen Wurzeln der Schizophrenie in verschiedenen Aspekten einer Pathologie der Umwelt, zu der eine symbiotische Mutter-Kind-Beziehung, ein Trauma und eine empathisch vermittelte Angst gehören. Dieser methodische Ansatz hat sich als fruchtbar erwiesen, doch schien uns, daß er den einen oder anderen Einzelfaktor allzu isoliert hervorhebt, so daß wir es für nützlich erachtet haben, einen größeren Bezugsrahmen herzustellen, der es uns ermöglichen würde, die Umwelt als ganze in unserer Modellbildung zu erfassen. Die Familie, die nahezu die ganze Umwelt des Kindes ausmacht, erscheint uns als passendes Studienobjekt bei dem Versuch einer Modellbildung, deren Grundlage nicht irgendeine Beziehung oder ein Ereignis ist, sondern die dynamischen Elemente, die alle Beziehungen und Ereignisse im Leben des Kindes durchdringen.

Unser methodischer Ansatz beruht also auf der Auffassung der Familie als einer in sich geschlossenen Einheit, eines sozialen Subsystems, dessen Operationen in ihrem Charakter mit Hilfe des Wissens der isolierten, einzelnen Familienmitglieder zwar großenteils erhellt, aber nicht näher definiert werden können. Die gegenseitigen Erwartungen der Familienmitglieder gehen, in Rollenverhalten übertragen, in eine Auffassung von der Familie ein, die von den Familienmitgliedern geteilt wird. Diese Familienkonzeption kann von den Familienmitgliedern als eine Kraft aus sich selbst erfahren werden und tatsächlich auf die Individuen zurückwirken, um ihre Rollen zu bestätigen und zu festigen. In diesem Sinne kann sich eine

Familien-Identität entwickeln, die einen sich selbst erhaltenden Druck ausübt und in pathologischen Fällen die Identität des Einzelnen einengt oder sogar überhaupt nicht zuläßt.

Dieser Aufsatz ist Ergebnis einer noch laufenden, langwierigen Untersuchung der Natur von Familienbeziehungen bei Geisteskranken, die am National Institute of Mental Health 1954 eingeleitet worden ist. Während der ersten Phase dieses Programms wurden, entsprechend dem Forschungsplan, intensive Studien von Familieneinheiten durchgeführt. Dabei wurden die hospitalisierten schizophrenen Patienten in einer intensiven Psychotherapie, ihre Eltern zweimal in der Woche ambulant in Augenschein genommen. Angaben anderer Familienmitglieder, von Freunden, von Mitgliedern des Pflegepersonals und von der Stationsleitung wurden zur Rekonstruktion der Familienstrukturen mit herangezogen. Diese Phase der Untersuchung richtete sich in erster Linie darauf, wesentliche Eigenschaften und Strukturen der Beziehungen in den Familien von Schizophrenen zu skizzieren und Hypothesen hinsichtlich ihrer Auswirkung auf Ich-Entwicklung und Ich-Identität aufzustellen. Eine allgemeine Darstellung unserer Hypothesen wurde bereits veröffentlicht.[1] Der vorliegende Aufsatz wird den Schwerpunkt des Interesses mehr auf die Beziehung legen, die zwischen dem Wesen der Rollenstruktur und des Rollenverhaltens der Familien von Schizophrenen und der Entwicklung eines Gefühls von persönlicher Identität besteht. Einige wichtige Fragen werden durch klinisches Material aus einer einzelnen Familie beleuchtet.

Unsere klinischen Beobachtungen der Familien von Schizophrenen haben uns zu der Hypothese bewogen, daß eine Familienstruktur von anscheinend signifikanter Häufigkeit folgende Hauptelemente umfaßt:

1. Die Familienrollen sind in höchstem Maße verdichtet und

---

1 Wynne, L. C.; I. M. Ryckoff; J. Day und S. I. Hirsch (1958): Pseudo-Mutuality in the Family Relations of Schizophrenics, *Psychiatry* 21 : 205–220 [deutsch S. 44 ff. in diesem Band].

stereotypisiert; komplexe Erwartungen und Erfahrung sind auf eine Reihe vereinfachter Formeln reduziert.

2. Die Familie hat eine starr strukturierte Vorstellung von sich selbst, von der nicht abgewichen werden darf, auch wenn in einigen Familien ein Rollentausch möglich ist.

3. Jedes Familienmitglied wirkt darin mit, daß an den Rollen, die durch die von allen geteilte Familienkonzeption festgelegt sind, zwingend festgehalten wird.

4. Jeder Versuch, diese starr festgelegten Rollen zu modifizieren oder zu erweitern, bekommt es mit den mächtigen Kräften der Triebunterdrückung in den Familienmitgliedern zu tun, zum Beispiel mit Aggression.

Diese Faktoren führen zur Errichtung einer Legende oder mythischen Vorstellung von der Familie, zu deren Verteidigung jedes Familienmitglied eifrig beisteuert. Unter bestimmten Umständen, auf die wir noch näher eingehen werden, kann die Besetzung, die die Verteidigung des Bildes einer Familie von sich selbst, des Familienmythos, erfährt, die Identität des Einzelnen ernsthaft beeinträchtigen und in der Adoleszenz zu einer »Identitätskrise«, um Eriksons Begriff zu benutzen, psychotischen Ausmaßes führen.

Der entscheidende Bereich, in dem der Erfolg oder Mißerfolg der angestrebten Erreichung von Identität liegt, ist das Verhältnis des Individuums zur Rolle. Die Einnahme einer Anzahl von Rollen ist eine Art experimentelles Lernen hinsichtlich dessen, was man tun kann oder nicht, was mit den Erwartungen der anderen übereinstimmt oder nicht. Rollen versehen das Individuum mit Techniken der Orientierung, eines zunehmenden Bewußtseins von sich in Beziehung zu anderen, von der Stellung, die es in der sozialen Situation einnimmt; diese Leistungen sind paradoxerweise jedoch nur dann von Wert, wenn das Individuum sich über das Rollenlernen hinausentwickelt. Diese Entwicklung bedeutet die Abgrenzung des Individuums von seiner Rolle, die Fähigkeit, eine kritische Distanz zu ihr zu gewinnen – die Trennung also von beobachtenden Ich und Rolle –, was erst die Auswahl, Ablehnung und Modifizierung von Rollen und ihre Integration in eine selbständige Identität ermöglicht. Diese selektive, kritische Integration macht die Eigenschaften der Flexibilität, Umstellungsfähigkeit und Phantasie notwendig, die die Anpassung entsprechend den Grundsätzen des hinsichtlich der neuen Situation Gelernten ermöglichen. Das Gegenteil davon, die mechanische Fähigkeit, bestimmte Rollen zu übernehmen, wird am deutlichsten an dem Als-Ob-Charakter von Schizophrenen, bei denen es zur Wiederherstellung von Sozialfunktionen gekommen ist.

Die Familie muß also einen Rahmen abgeben, der größer ist als jener, der mit dem Lernen besonderer Rollen gegeben ist, einen Rahmen, der dem Individuum in Phantasie und Realität eine ausgeprägte Identität gestattet, mit der es sich sicher fühlt. Das bedeutet nicht nur Toleranz gegenüber einer nicht völligen und automatischen Übereinstimmung mit den Rollenerwartungen, sondern auch eine positive Bewertung einer solchen Nichtentsprechung als Zeichen der Individuation. Die Eltern müssen als Objekte der Identifikation ebenfalls die Fähigkeit zeigen, ihre Rollen zu ändern und auf eine Weise, die zu ihnen paßt, von Grund auf neu zu gestalten. Der zur Diskussion stehende Bezugsrahmen erlaubt dem Individuum, alle in ihm vorhandenen Möglichkeiten zu betrachten, so daß seine schließliche Übereinstimmung mit den sozialen Erwartungen durch eigene Entscheidung zustandekommt und nicht durch die Unfähigkeit, sich Alternativen vorzustellen, erzwungen wird.

Der springende Punkt ist die Unterscheidung zwischen Rolle und Identität. Erikson stellt anläßlich der analogen Erörterung von Identifikationen fest: »Die Identitätsbildung schließlich beginnt dort, wo die Brauchbarkeit der Identifikationen endet. Sie entsteht dadurch, daß die Kindheitsidentifikationen teils aufgegeben, teils einander angeglichen und in einer neuen Konfiguration absorbiert werden...«[2] Er macht des weiteren

---

[2] Erikson, E. H. (1956): The Problem of Ego Identity, *J. Am. Psychoanalyt. A.*, 4 : 56–121. Deutsch in: *Identität und Lebenszyklus*, Drei Aufsätze, Frankfurt am Main 1966, S. 140.

klar, daß Identifikationen, die nur einzelne Züge von Menschen betreffen, zusammengenommen noch keine funktionsfähige Persönlichkeit ergeben. Ähnlich ergibt die Addition von Rollen noch keine funktionsfähige Persönlichkeit. Gerade dieser große Sprung aus dem Bereich der Rollen und Identifikationen zur Identität ist es, was der Schizophrene nicht schafft. Der Zusammenbruch in der Adoleszenz, wo die Identifikationen und Rollen der Kindheit nicht mehr das einzige zum Leben nötige Material darstellen, ist das Stadium, in dem die inneren Triebe und die Erwartungsnormen ein selbständiges Wesen erfordern, das mit einem geformten Selbst Beziehungen in Arbeit, Sexualität usw. eingehen kann.

Wie man hinzufügen muß, steckt im Faktum der Identität ein Element der Zukunft; das heißt, Identität vermittelt ebenso ein Gefühl dafür, was man wird, wie dafür, was man ist. Martin Buber weist darauf hin, daß man sich nur dann in jemand hineinversetzen, d. h. seine Identität verstehen kann, wenn man sich vorstellen kann, was aus ihm wird.[3] Dieser auf die Zukunft verweisende Aspekt der Identität kennzeichnet sie als einen Prozeß, nicht als eine statische Leistung.[4] Das fixe, »endgültige« Wesen des Schizophrenen scheint mit dem Ausbleiben dieses vorwärtsgerichteten Prozesses in der Identitätsbildung zusammenzuhängen.

Unser Eindruck ist, daß der latent Schizophrene in seiner psychotischen Lebensweise wegen der Teilnahme an intrafamiliären Operationen seine zum Vorschein kommende persönliche Identität in den Rollen, die die von ihm geteilte Ideologie des Familienlebens bietet, weder ausdrücken noch sie

---

[3] Buber, M. (1957): Distance and Relation, The William Alanson White Memorial Lecture, Fourth Series, *Psychiatry* 20 : 97–104.

[4] Erikson, a. a. O., S. 144: »Genetisch betrachtet, zeigt sich der Prozeß der Identitätsbildung als eine sich entfaltende Konfiguration, die im Laufe der Kindheit durch sukzessive Ich-Synthesen und Umkristallisierungen allmählich aufgebaut wird; es ist eine Konfiguration, in die nacheinander die konstitutionellen Anlagen, die Eigentümlichkeiten libidinöser Bedürfnisse, bevorzugte Fähigkeiten, bedeutsame Identifikationen, wirkungsvolle Abwehrmechanismen, erfolgreiche Sublimierungen und sich verwirklichende Rollen integriert worden sind.«

von ihnen unterscheiden kann. Dazu kommt, daß neue Rollen und künftige Rollenmodifikationen im Rahmen dieser Familienideologie anscheinend nicht möglich sind. Die Mechanismen oder Operationen, an denen er teilhat und durch die eine solche Familienideologie durchgesetzt und Rollenmodifikationen verhindert werden, sind bereits in einem Aufsatz beschrieben worden.[5] Auf alle Fälle ist das Ergebnis eine Diffusion und Konfusion von Erleben und Identität, die nicht mehr mit den bloßen Spielarten des anscheinend zu registrierenden Rollenverhaltens in Übereinstimmung gebracht werden können.

Am Rande sei festgestellt, falls das nicht schon klar ist, daß sowohl »angeborene« Merkmale des Einzelnen als auch die Familienmerkmale zu einer solchen Schwierigkeit beitragen können. Wenn Rollenstruktur und Ideologie der Familie in höchstem Maße amorph, vage oder unbeständig und dabei doch allumfassend sind, so ist es relativ einfach zu erkennen, wie ein solches Milieu in der psychologischen Entwicklung an einer Identitätsdiffusion mitwirken kann. Sind die Familienrollen jedoch ungewöhnlich eindeutig, dann liegen die Bedeutungen für die Identitätsentwicklung weniger auf der Hand. Wir möchten deshalb ein Beispiel für eine solche Familienideologie und -struktur bringen, um sichtbar zu machen, wie stereotype Familienrollen für eine Identitätskrise von der Art, wie wir sie bei akuten schizophrenen Schüben feststellen können, den Rahmen zu schaffen vermögen.

In der Familie F. bestand eine bemerkenswerte Übereinstimmung hinsichtlich des Charakters jedes einzelnen Mitglieds und der Art seiner Beziehung zur übrigen Familie. Die Familie bestand aus Vater und Mutter, beide in den Vierzigern, und zwei Töchtern, Jean, 20jährig, und Nancy, 17. Letztere war hospitalisiert. Einige Zitate aus den Interviews mögen eine Vorstellung davon geben, wie ungewöhnlich diese Einmütigkeit war.

Jean erklärt, als sie sich und ihre Schwester beschreibt: »Wir sind so ganz verschieden. Nancy war immer die Ruhige, und ich war immer

[5] Wynne et. al., a. a. O.

die Frechere, immer in Schwierigkeiten... Ich war für meine Familie eine große Plage... Ich bin so ziemlich wie mein Vater. Ich bin sehr jähzornig. Ich war immer Vaters Liebling, und er hat Nancy wirklich nie viel beachtet... Nancy war immer diejenige, die die guten Noten hatte. Ich hatte nie gute Noten in der Schule. Ich war immer auf Jungens versessen. Schreckliche Dinge hab ich gemacht. Um zwölf oder ein Uhr nachts hab ich mich aus dem Haus geschlichen, die Garagentür aufgemacht und den Wagen genommen und bin bis drei Uhr morgens weggeblieben. Ich glaube, Nancy wär nie auf so ne Idee gekommen... Nancy war immer ein gutes Mädchen. Wirklich. Keiner hatte irgendwelche Schwierigkeiten mit ihr. Nie hat sie gelogen. Ich dagegen war dabei, ein pathologischer Lügner zu werden. Jedes Wort aus meinem Mund war eine Lüge.«

Der Vater sagt von seiner älteren Tochter: »Sie war diejenige, die uns Mühe machte. Sie war ziemlich so wie ich veranlagt. Unbeständig... Jean war eine sehr bestimmte Person. Ich hab sie heftig versohlt. Mit Nancy war das anders. Nancy verhielt sich immer tadellos. Zumindest war sie so schlau, daß sie wußte, wo sie aufhören oder etwas für sich behalten mußte... Sie war so ausgeglichen, so offensichtlich friedfertig, wenn auch sehr bestimmt.«

Die Muter sagt: »Jean war immer schwierig. Nancy konnte man zu allem überreden. Jean und ihr Vater sind ähnlich. Sie fahren leicht aus der Haut. Nancy und ich, wir behalten die Dinge für uns. Jean und ihr Vater lagen sich von einem Augenblick zum anderen in den Haaren. Sie verstehen einander. Jean bietet ihm Trotz. Nancy geriet mit ihm nie in Streit und hatte nie einen Verweis nötig.«

Nancy, die hospitalisierte Tochter, sagt: »Daddy und Jean haben das gleiche Temperament, Mutter und ich auch. Mutter und ich sind ausgeglichener, und wir sagen, was mir meinen. Daddy und Jean haben die gleiche Anzüglichkeit. Wenn sie wütend werden, sagen sie Sachen, die keinen Sinn haben. Sie haben kein Gleichgewicht.«

Beide Mädchen kämpften darum, ein klareres Bild von ihrem Verhalten zu bekommen, das sie beunruhigte, deren Ursprünge ihnen jedoch nicht bewußt waren und über ihre Fähigkeit, sie einzuschätzen, hinausgingen. Jeans rebellisches Adoleszentenverhalten war so extrem, daß es ihre Zukunft gefährdete. Sie war in Furcht versetzt, hatte das Gefühl, nicht zu wissen, was sie trieb, und war erleichtert, als ihre Familie durch Zufall in eine andere Stadt zog und sie somit einer beunruhigenden Situation enthob. Sie war mit einem Jungen gegangen, der sie gelegentlich schlug und mit einer Schußwaffe bedrohte. Sie sagte:

»Ich wurde noch verwirrter, wurde eine pathologische Lügnerin. Ich hoffe, meine Kinder haben das niemals durchzumachen.« Dieses Verhalten erreichte seinen Höhepunkt kurz vor Beendigung der höheren Schule, als sie ohne Überlegung beschloß, eine Schule für Krankenschwestern zu besuchen; diese Entscheidung bedeutete eine Trennung von ihrer Familie. Sie hielt sich überraschend gut und gab ihr delinquentes Verhalten ziemlich schnell auf. Gegen Ende ihrer Ausbildung als Krankenschwester begegnete sie einem ruhigen, ernsthaften jungen Mann, der einen Eisenwarenladen betreibt, und heiratete ihn schließlich. Seitdem ist sie zu einer häuslichen jungen Frau und Mutter geworden, und äußerlich weist nichts mehr auf das frühere Verhalten hin. Sie betrachtet es als ernstliche Krise, die sie unbeschadet überstanden hat, sie stellt erleichtert fest: »Ich hab sie überlebt«, womit sie die lebenswichtige Bedeutung dieses Kampfes um die Änderung ihrer mythischen Rolle in der Familie zum Ausdruck bringt.

Nancy hatte mit 17 einen psychotischen Schub, dessen Einsetzen durch Konzentrationsschwierigkeiten, ein Gefühl der Verlorenheit und der Ratlosigkeit gekennzeichnet wurde. Sie vollendete das letzte Jahr auf der höheren Schule, in einem Internat. Zu dieser Zeit bereitete sich Jean auf die Abschlußprüfung als Krankenschwester vor, wurde engagiert und hatte völlig das Verhalten aufgegeben, das besonders die Mutter so beunruhigte. Der Anfall trat auf, als die Mutter einige Wochen fort war, um Jean zu besuchen. Hier die Schilderung von Nancy nach einem Jahr, wie ihre Identität in dieser psychotischen Krise völlig diffus wurde und sie qualvolle Versuche machte, neue Rollen zu finden, aus denen sie ihre Identität neu integrieren könnte:

»Als das alles anfing, war das wie, nun, es war, als wenn man alles verliert und ganz und gar neu beginnt, ganz von vorn anfängt, alles ausprobiert. Ich hatte das Gefühl, daß alles, was ich jemals getan hatte, falsch war. So versuchte ich denn, alles aufzugeben, was ich jemals gefühlt oder bis dahin getan hatte, um das genaue Gegenteil davon zu tun. Das funktionierte nicht, und gerade ständig die Dinge wegschieben und von vorn beginnen. Und wenn ich auf die falsche

Bahn geriet und es nicht klappen wollte, dann hielt ich es für schlimmer, überhaupt nichts mehr zu versuchen, und versuchte etwas anderes.
Nach der Affäre hauptsächlich wurde es am allerschlimmsten. Ich wollte keinen Jungen mehr sehen, nicht mehr mit Menschen zusammensein, zu keiner Party gehen. Ich wollte keinen Lippenstift mehr; ich wollte mir nicht die Haare waschen; ich kümmerte mich nicht darum, wie ich aussah, was mir gar nicht ähnlich sah.
So ging das eine Weile. Ich arbeitete nicht. Ich fühlte mich noch immer schrecklich; so gab ich all das auf, und dann gab ich all meine Studien auf, malte mir die Lippen wieder an, wusch mir wieder die Haare, fing wieder an zu rauchen und stürzte mich in Begeisterung; ging wieder auf Partys, war viel zu ausgelassen und zu ungezwungen zu den Leuten.
Dann fiel das ins Wasser, das war auch nicht das, was ich wollte. Dann hatte ich einen Tiefpunkt. Ich wußte nicht, was ich wollte; ich wußte nicht, was ich tun sollte; ich wußte nicht, womit beginnen, und das ging so weit, daß sogar das Aufstehen am Morgen und das Anziehen zu einem Riesenproblem wurde. Ich wollte nur tun, was man mir sagte, nur das, was mir jemand sagte; ich hatte kein Vertrauen zu meinem eigenen Urteil. Ich meinte, wenn ich tun würde, was jeder mir sagte, wäre ich in Ordnung, wäre das meine Antwort.
Dann wurde ich trotzig und stellte mich auf die Hinterbeine und stieß jeden zurück. Ich machte mich daran, alles selbst zu tun. So war ich denn also gerade heraus, stellte Ansprüche. Dann klappte das auch nicht.
Ich fiel von einem Extrem ins andere, schwankte hin und her. Dann dachte ich, alles, was das Leben wert ist, ist, sich hinzusetzen und etwas zu essen. Dann war alles, was wert war, dafür zu leben, sich geradewegs zu Tode zu arbeiten. Dann war alles, was wert war, dafür zu leben, nett zu sein und liebenswürdig und nichts auf dem Herzen zu haben und allem gegenüber gleichgültig zu sein; alles, worauf es ankam, war, aus dem Krankenhaus zu kommen und sich mit allem abzufinden; ein gutes Mädchen sein, zu Leuten nett sein und bei der Hausarbeit helfen.«

Nancy wurde in diesen Wochen zunehmend furchtsam und verwirrt. Sie berichtete ihrem Vater einiges darüber, einschließlich ihrer Sorge wegen ihres sexuellen Experimentierens, und der verkleinerte es zu etwas, über das man sich keine Sorgen machen müsse. Sie hatte ein paar manische Perioden und wurde schließlich extrem erregt, wahnbesessen und gewalttätig. Nach ihrer Einweisung ins Krankenhaus neigte sie weiterhin zu heftigen Haßausbrüchen, besonders ihren Eltern gegenüber, und lief aus dem Krankenhaus davon. Ihre Familie hatte das Gefühl, sie sei überhaupt nicht mehr dieselbe Person.

Die erstaunte Reaktion der Familie auf den Zusammenbruch der akzeptierten Rollenarrangements zeigte sich im Verhalten der Eltern, von Jean, anderen Verwandten und Nancy selbst.

Jean sagt: »Ich erinnere mich, wie Nancy in dem ersten Krankenhaus war, da wurde sie aus irgendeinem Grund wütend, und sie sagte: ›Warum muß ich bloß hierbleiben?‹, und meine Mutter sagte: ›Hör mal, Nancy, hör auf zu poltern. Du hast nicht zu poltern!‹ Und ich erinnere mich, wie sie sich zu mir umdrehte und sagte: ›Ich gehör nicht hierher. Jean und Daddy gehören hierher. Sie sind diejenigen, die dauernd poltern!‹ Sie sagte: ›Wenn irgend jemand poltert, wenn ihr dazu hier seid, zu poltern, dann gehören Jean und Daddy hierher.‹ Und ich kann mich erinnern, wie ich dachte: ›Oh Gott, wie recht sie hat!‹ Denn mein Vater und ich haben regelrechte Schlachten gegeneinander ausgetragen.«

Sie macht tatsächlich klar, daß Daddy und Jean, die sich die ganze Zeit so verhalten, als normal gelten, während sie ins Krankenhaus gesteckt wird, weil sie ihr übliches Verhalten geändert hat. Diese *Änderung* der Rolle ist es, was ihr die Behandlung als Kranke eingetragen hat. Man reagierte darauf allgemein mit Ungläubigkeit, die in Bemerkungen wie: »Oh nein! Nancy doch nicht! Ich könnte verstehen, wenn Jean das passieren würde, aber Nancy?«, zum Ausdruck kam. Natürlich äußerte sich darin ebenso die Befremdung über Jeans Verträglichkeit wie die über Nancys Rebellion, und diese Ungläubigkeit ist ein Maßstab dafür, wie starr die allgemeine Ansicht über die Mädchen war.

Der Inhalt der den verschiedenen Individuen zugemessenen Rollen wie auch deren starre, stereotype Form sind psychodynamisch determiniert. Betrachten wir einige von den Daten, die Eltern betreffend, die zumindest die Hauptdeterminanten der Rollenstruktur in der Familie ein wenig beleuchten. Die Mutter hatte bis zur frühen Adoleszenz gegen ihre Eltern rebelliert, änderte sich dann aber radikal und entwickelte eine Schuldangst hinsichtlich der Auswirkungen ihres Trotzes oder

des Trotzes ihrer Geschwister auf die Eltern. Sie kann sich erinnern, davor vom Vater geschlagen worden zu sein und gedacht zu haben: »Niemand wird mich dazu bringen, etwas zu tun, was ich nicht will – ich gebe nicht nach, ganz egal, wie sehr er mich schlägt.« Sie weinte nie, wenn sie geschlagen wurde. Ihre Geschwister waren extrem aufsässig; ihr Bruder kam ins Gefängnis, weil er rücksichtslos Autos zusammenfuhr, und wurde von mehreren Schulen verwiesen. Ihre Schwester log die Eltern ständig an und erreichte ihren Höhepunkt darin, als sie ihnen verheimlichte, daß sie auf der höheren Schule durchfiel, und sie durch Abänderung von Zeugnissen und Vernichtung von Briefen, die die Schule schickte, in dem Glauben ließ, sie würde den Schulabschluß erreichen. Sie schenkte ihren Eltern erst dann reinen Wein ein, als diese am Abschlußabend mit der ganzen Familie im Auditorium saßen.
Nach ihrer eigenen Wandlung beobachtete Mrs. F. (die Mutter unserer Patientin Nancy) das Verhalten ihrer Geschwister mit Erstaunen und Mißgunst. Häufig dachte sie sich: »Wie können sie damit durchkommen?« Sie wurde immer »zufriedener« mit dem, was sie hatte, und war stolz auf diese Fähigkeit, zufrieden zu sein, so daß es ihr nichts ausmachte, wenn ihre Schwestern ähnliche Kleidungsstücke kauften wie sie, während diese anscheinend unwillig waren und wünschten, sie hätten etwas anderes genommen. Sie hat das Gefühl, ihre Schwestern und jetzt auch ihr Mann würden sie um diese Fähigkeit, zufrieden zu sein, beneiden. Dementsprechend entwickelte sie das Talent, in ihren Beziehungen »auf Nummer sicher zu gehen«, indem sie auf Abstand achtete und sich »nicht zu sehr mit anderen einließ«. Sie hat das allgemeine Gefühl, sich über das, was um sie herum vorgeht, erheben und davon absetzen zu können.
Mr. F. war ein undisziplinierter, verwöhnter Junge gewesen, der nie einer Autorität Rechenschaft geben mußte und dessen daraus resultierende Angst die Form von Unsicherheit annahm, wobei er das vage Gefühl hatte, mit dem, was er tat, unzufrieden zu sein, und seine Laufbahn häufig wechseln wollte. Seine Abwehr hat die Form angenommen, intensiv

»praktisch« zu sein, alles schnell zu erledigen, subjektive Überlegungen nicht zuzulassen. Im familiären Rahmen ist er wegen seiner Ungeduld, Reizbarkeit und seiner Wutausbrüche berüchtigt, obwohl man feststellen muß, daß seine Arbeit geradezu für einen hohen Grad an Diplomatie und Takt spricht.
Bei beiden Elternteilen entdecken wir also Ursprünge für die Rollen, die dann von den Kindern angenommen wurden. Die Feindseligkeit und Aufsässigkeit der Mutter ist zwar verdrängt, aber unbewußt mit Wert besetzt; die Unfähigkeit des Vaters, sich der Autorität anzupassen, sowie sein infantiles Allmachtsgefühl sind ebenfalls verdrängt, jedoch unbeständig und mit häufigen Durchbrüchen. Jean wurde zur Verkörperung dieser Triebkräfte in Richtung auf Rebellion und infantile Nachsicht gegenüber Launen ohne Rücksicht auf die Folgen. Nancys Rolle wurde anscheinend nach Werten geformt, die dem Bewußtsein der Eltern näher lagen: stillschweigende Anpassung, Zufriedenheit, Fügsamkeit. Vieles spricht eindeutig dafür, daß die Eltern diese Rollen verstärkten, indem sie die destruktiven Inhalte in der gehemmten Entwicklung ihrer Töchter einfach nicht wahrnahmen. Der Vater zum Beispiel hatte nie das Gefühl, daß Jeans Verhalten Anlaß zu ernster Besorgnis war, und meinte, sie sei schon in Ordnung, wenn man sie sich selbst überlasse. Er sah keine Notwendigkeit, sich mit ihren Eskapaden zu beschäftigen, obwohl das Mädchen selbst äußerst entsetzt darüber war. Die Mutter bemühte sich ständig, aber erfolglos, dem delinquenten Verhalten Einhalt zu gebieten. Keiner der beiden Elternteile war auch nur entfernt beunruhigt über Nancys extreme Fügsamkeit und Willensschwäche, obwohl sie in den ersten Schuljahren schwach war, zweimal sitzenblieb und, wie ihre Lehrer berichten, eine richtige Tagträumerin war.
Die starre Aufrechterhaltung stereotyper Rollen hat zwangsläufig zur Folge, daß jede Änderung mit großer Aufregung verbunden ist. In diesem Fall war die Veränderung in der Familie und die Herstellung eines leidlichen Gleichgewichts mit einem psychotischen Schub, einer Periode der Unruhe und der

Krise sowie, wie man hinzufügen muß, mit Zeiten der elterlichen Depression verbunden. Wir haben das Gefühl, daß die Umwälzung in der Familie an sich keine Heilung erbringt, da sie zwar zum Austausch der Rollen führen mag, aber nicht notwendigerweise zu einer größeren Integration dieser Rollen beim Individuum. In dieser Familie zum Beispiel hat Jean die Rolle der selbstzerstörerischen Rebellion mit Erfolg aufgegeben und ist nun verheiratet, »häuslich« und nach außen hin gutmütig und heiter. Doch hat sie immer noch Angst, neigt zu gelegentlichen Wutausbrüchen gegenüber ihren Kindern und leidet an ständig erhöhtem Blutdruck. Sie identifizierte sich mit einer mütterlichen Tante, die ebenfalls in jungen Jahren rebellisch war und kürzlich an Überdruck starb. Auch Nancy scheint sich von dem psychotischen Schub gut erholt zu haben, ist jetzt glücklich verheiratet, neigt jedoch dazu, ihr neues Selbstvertrauen, das anscheinend eine Verleugnung von Angst enthält, überzubetonen. In anderen Familien war das neue Gleichgewicht mit einer größeren Distanz zwischen den Familienmitgliedern und einer Verminderung der gegenseitigen Verstrickung verbunden.

Zusammenfassung

In der methodischen Absicht, die Familie als Einheit zu untersuchen, haben wir die schizophrene Dynamik in der Familie unter dem Aspekt der Rollenstruktur darzustellen versucht und einige Schlüsse hinsichtlich der Identitätsentwicklung formuliert. Anhand von klinischem Material haben wir eine besondere Rollenstruktur beschrieben, in der starre, übervereinfachte und stereotype Rollen die Identitätsentwicklung hemmten und zu ernsthaften Krisen, einschließlich der Psychose, beitrugen. Wir haben ferner versucht, einige der dynamischen, unbewußten Determinanten dieser Rollen ausfindig zu machen.

Murray Bowen
Die Familie als Bezugsrahmen für die Schizophrenieforschung

Die Schizophrenie des Patienten ist nach meiner Auffassung die Symptombildung eines aktiven Prozesses, an dem die gesamte Familie beteiligt ist. Diese Orientierung hat sich in den dreieinhalb Jahren eines Forschungsprogramms herausgebildet, in dessen Verlauf schizophrene Patienten mit ihren Eltern in der psychiatrischen Abteilung eines Forschungszentrums zusammenlebten. Die Familieneinheit wird als Einzelorganismus betrachtet und der Patient als jener Teil des Familienorganismus gesehen, durch den die offenkundigen Symptome der Psychose ausgedrückt werden.

Sieht man die Schizophrenie als ein Familienproblem, so handelt es sich bei ihr nicht um eine Krankheit nach Art unserer üblichen Auffassung von Krankheit; auch hat sie dann keine Ätiologie in dem Sinne, in dem wir Mediziner Ätiologie zu verstehen gelernt haben. Eine Orientierung an der Familie erlaubt uns jedoch, die Schizophrenie unter dem Aspekt ihres Ursprungs und ihrer Entwicklung zu besprechen. Wenn wir die Familie als Einheit betrachten, rücken bestimmte klinische Muster in das Wahrnehmungsfeld, die von dem gebräuchlicheren Bezugsrahmen des Individuums aus nicht so leicht erkennbar sind. Ich will in diesem Aufsatz einige der ins Auge fallenden klinischen Beobachtungen darstellen und einige Überlegungen vortragen über die Art, in der es in der Familiengruppe zur Entwicklung von Schizophrenie kommt.

Ich werde mein Material in vier Abschnitte gliedern. Der erste wird einige wichtige allgemeine Betrachtungen enthalten. Der zweite soll über die Voraussetzungen der Familienforschungsstudie die nötige Auskunft geben. Der dritte und wichtigste Abschnitt wird klinisches Material aus dem Forschungsprogramm enthalten und theoretische Betrachtungen zum Familienbezug vortragen. Der vierte schließlich wird eine Zusammenfassung dieser Konzeption und einige Überlegungen über ihr Verhältnis zum Gesamtproblem der Schizophrenie darbieten.

Allgemeine Betrachtungen zur Schizophrenie

Das Problem der Schizophrenie ist so grundlegend und dringlich, daß man sich ihm von vielen Seiten und vom Standpunkt zahlreicher verschiedener Disziplinen aus zu nähern versucht hat. Jede dieser Disziplinen – sei es nun Psychologie, Endokrinologie, Soziologie, Genetik, klinische Medizin oder irgendeine andere – hat gelernt, mit Daten in bestimmter Weise umzugehen und auch Daten zu ignorieren, die für die gerade betriebene Studie irrelevant zu sein scheinen. Anders kann sie ihre Arbeit kaum tun. Da jedoch jede dieser Disziplinen dazu neigt, Daten zu ignorieren oder zu unterschätzen, die für eine andere sehr wichtig sein können, ist es nicht überraschend, daß das Studium der Schizophrenie manchmal fast ebenso konfus erscheint wie der Patient; zwar entstammt, das sei nicht unterschlagen, eine große Zahl von Theorien beweiskräftigem Material, doch haben sie die Tendenz, die von anderen Disziplinen mit ganz verschiedenartigem theoretischen Hintergrund und Denkansatz erbrachte Evidenz zu ignorieren oder zu übersehen.
In diesem Zusammenhang tun wir gut daran, uns die »sechs Männer aus Indostan« in Erinnerung zu rufen:

... six men of Indostan
To learning much inclined,
Who went to see the Elephant
(Though all of them were blind),
That each by observation
Might satisfy his mind ... (1)

War der Blinde, der den Elephanten als Mauer wahrnahm, der Wahrheit näher als jener, der ihn als Baum, oder jener, der ihn als Fächer erlebte? Vielleicht hatten sie nicht die Zeit, den ganzen Elephanten zu befühlen, doch sicher wären sie intelligenter vorgegangen, hätten sie ihre Informationen vereinigt, statt sich über partielle Vorstellungen zu streiten.

Beim Studium der Schizophrenie behindert uns die gleiche Art von »Blindheit«. Was not tut, ist nicht weniger als eine Gesamtauffassung vom Menschen, ein Bezugsrahmen, der es uns ermöglicht, die notwendigen Zusammenhänge zwischen Zelle und Psyche und vielleicht auch zwischen der Psyche und jener Entität zu verstehen, die wir als Seele kennen. Von der Fähigkeit zu solchem Denken sind wir zur Zeit noch weit entfernt, doch sollte die Erkenntnis der partiellen »Blindheit« und der Begrenzungen jeder Disziplin dahin führen, daß jener Art von begrenztem Denken, das den Teil für das Ganze hält, der Boden entzogen wird.

Diese einleitenden Überlegungen werden aus mehreren Gründen vorgetragen. Einer davon ist, der Überzeugung zu ihrem Recht zu verhelfen, daß das Verständnis der Schizophrenie geradezu mit »Händen« zu greifen ist, und zwar schon seit langem, wenn wir nur die »Augen« haben, zu sehen, und daß mehr Fortschritte erzielt werden können, wenn man begreift, warum der Mensch so über Schizophrenie denkt, wie er das tut, als wenn man zu begreifen trachtet, warum der schizophrene Patient so denkt, wie er denkt. Außerdem soll der Leser daran erinnert werden, daß die in diesem Aufsatz vorgetragene Familienkonzeption ihre Grundlage im psychologischen Denken hat. Wohl haben wir uns darum bemüht, einen umfassenderen Standort zu gewinnen, um »den Elephanten zu sehen«, doch müssen wir daran erinnern, daß eine psychologische Orientierung ihre eigenen begrifflichen Begrenzungen hat und die Konzeption der Schizophrenie auf der Grundlage der Familie letzten Endes auch nur auf der Wahrnehmung eines »Blinden« beruht.

Die Voraussetzungen der Familienuntersuchung

Die Studie wurde 1954 eingeleitet. Die ursprüngliche Arbeitshypothese war mehrere Jahre zuvor im Laufe der klinischen Einzeltherapie mit schizophrenen Patienten und ihren Müttern entwickelt worden. Diese Hypothese faßte die Schizophrenie als psychopathologische Entität im Patienten, die hauptsächlich durch die Mutter entstanden ist: Danach besteht das charakterliche Grundproblem des Patienten, das später mit schizophrenen Symptomen überlagert wird, in einer ungelösten symbiotischen Bindung an die Mutter.[1]

Die Studie konzentrierte sich anfangs auf die Mutter-Patient-Beziehung. Drei Mütter lebten mit ihren schizophrenen Töchtern auf der Station und nahmen gemeinsam an der Mileubehandlung teil. Jede Patientin und jede Mutter hatten ihre individuelle Psychotherapie. Wenn Mütter und Patientinnen in einer Lebenssituation zusammen waren, kamen bestimmte Facetten der Beziehung in das Beobachtungsfeld, die aufgrund ihrer Einzeltherapie oder der gemeinsamen Interviews mit Mutter und Patientin nicht voraussehbar waren. Wir werden die Einzelheiten der Mutter-Patient-Beziehung später erörtern. Kurz zusammengefaßt läßt sich sagen, daß immer mehr Anzeichen für folgenden Tatbestand sprachen: Die Mutter war ein intimer Teil des Problems der Patientin, die Mutter-Patient-Beziehung ein abhängiger Teil eines größeren Familienproblems, in dem der Vater eine wichtige Rolle spielte.

Nach einem Jahr wurde die Hypothese erweitert, um sie stärker mit den klinischen Beobachtungen in Einklang zu bringen. Die Psychose des Patienten wurde nun als Symptom des Problems der Gesamtfamilie aufgefaßt. Der Forschungsplan wurde

---

1 Diese Art symbiotischer Beziehung war bereits von einer Reihe von Autoren behandelt worden. Benedek (2) hatte die theoretischen Aspekte der Mutter-Kind-Symbiose diskutiert. Mahler (3) hatte klinische Implikationen in ihrer Arbeit mit autistischen und symbiotischen Kindern erörtert. Hill (4), Lidz und Lidz (5) sowie Reichard und Tillmann (6) hatten die Symbiose in Hinblick auf den erwachsenen Schizophrenen behandelt. Unsere augenblickliche Auffassung der Symbiose deckt sich in vieler Hinsicht mit der von Limentani (7).

so revidiert, daß neue Familien unter Einschluß von Vater und Mutter auf der Station leben konnten. Der psychotherapeutische Plan wurde revidiert und auf die neue Arbeitshypothese abgestimmt. Der neue psychotherapeutische Plan, dem wir den Namen »Familien-Psychotherapie« gegeben haben, sah vor, daß die Familienmitglieder alle Therapiestunden gemeinsam besuchten.[2]

Vier Familien, bestehend aus Vater, Mutter und Patient, haben bis jetzt auf der Station gelebt und bis zu zweieinhalb Jahren an der Familientherapie teilgenommen. Normale Geschwister haben bis zu einem Jahr bei zwei der Familien gelebt. Der Wohnraum auf der Station kann drei Familien zur selben Zeit aufnehmen. Insgesamt haben also bisher drei Mutter-Patient-Familien und vier Vater-Mutter-Patient-Familien an der stationären Untersuchung teilgenommen. Bei diesen sieben Familien betrug der Zeitraum der Teilnahme maximal drei Jahre, im Mindestfall 6 Monate und im Durchschnitt 18 Monate. Außerdem sind sieben Familien, bestehend aus Vater, Mutter und leicht gestörten psychotischen Patienten, in Zeiträumen bis zu zwei Jahren ambulant familientherapeutisch behandelt worden. Insgesamt sind das 14 Familien. Zwölf weitere Familiengruppen kamen zu detaillierten Voruntersuchungen, in denen über die Frage ihrer Aufnahme entschieden wurde. Obwohl diese Familien nicht in das Forschungsprogramm aufgenommen worden sind, konnten die Beurteilungsdaten zur Ergänzung bestimmter Bereiche der an den 14 am Forschungsprogramm teilnehmenden Familien gewonnenen Daten herangezogen werden.

Ein Großteil unserer Bemühungen war darauf gerichtet, ein Klinikmilieu zu schaffen, das der Familie gestattete, bei dem Patienten auf der Station zu bleiben. Die Patienten waren chronisch und schwer gestört. Alle waren sie bereits eine Reihe von Jahren vor Aufnahme in das Programm ständig oder

---

2 Einzelheiten der ersten klinischen Beobachtungen an den Familien sowie der anfänglichen Versuche in Richtung auf Familientherapie sind in einem anderen Aufsatz dargelegt worden (8).

zeitweilig hospitalisiert gewesen. Die Stationsleitung wurde so weit wie möglich darauf abgestimmt, daß die Familie ihre Funktionen beibehalten konnte, die sie zu Hause gehabt hatte. Zwanzig Menschen haben ihre volle Arbeitszeit auf die kombinierte Erfüllung von Klinik- und Forschungsaufgaben gerichtet; drei Psychiater und ein Sozialarbeiter bilden das klinische Forschungsteam, und die Station ist mit zwölf Schwestern und Pflegern besetzt, die sich sieben Tage die Wochen in 8-Stunden-Schichten ablösen. Der restliche Stab besteht aus einem Beschäftigungstherapeuten sowie verschiedenen Schreibkräften und technischen Mitarbeitern. Fachärztliche Berater und Mitglieder anderer Berufszweige haben stundenweise teilgenommen.

Die Eltern übernahmen die Hauptverantwortung für die Betreuung der Patienten, doch arbeitete das Ärzte- und Schwesternpersonal darauf hin, daß der Familie auf ihren Wunsch Dienstleistungen geboten wurden. Die Eltern verlangten bald, daß das Personal »in das Familienproblem eintritt« und es für sie löst; so gab es nie das Problem, daß das Personal sich in die Familiensituation »einmischte« oder von ihr »ausgeschlossen« wurde. Die »Helfer«-Beziehung des Personals ermöglichte es ihm, die Familien besser kennenzulernen, doch schuf sie auch neue technische Probleme für das Behandlungsprogramm. Es hat Diskussionen gegeben darüber, wieweit unsere Beobachtungen in der Klinikumwelt von denen abweichen könnten, die ein Beobachter bei der Familie zu Hause macht. Eine Antwort darauf ist unmöglich. Ein wesentliches Element in unseren Beobachtungen entspricht der Sicht des Therapeuten in einer Therapeut-Patient-Beziehung.

Die Lebenssituation in der Klinik hat eine Möglichkeit für subjektive und objektive Forschungsbeobachtungen geschaffen, die nach unserer Erfahrung von keiner anderen aufgewogen wird. Sie ermöglicht es uns wie keine andere Methode, die Familie als ganze in Aktion zu sehen. Zur Erklärung sei kurz gesagt, daß jedes Familienmitglied eine Wahrnehmung von der Familie hat, die sich von der jedes anderen Familienmitglieds unterscheidet. Jedes Familienmitglied verhält sich in seinen

Beziehungen außerhalb der Familie anders als in Gegenwart anderer Familienmitglieder. Der Psychotherapeut, der die Familiengruppe in »Sprechstunden« trifft, hat eine Sicht von der Familie, die anders ist als jede individuelle Wahrnehmung der Familie. Diese Auffassung der Familie als »Familieneinheit«, die für unsere theoretische Orientierung entscheidend ist, wird später erörtert werden. Die Lebenssituation in der Klinik sorgt für eine zusätzliche Sicht des Familiendramas in den Dimensionen von »Sprechen und Handeln«, die in den mehr strukturierten Stunden der Familientherapie nicht möglich gewesen ist. Man erlebt die Familie, wie sie ißt, kommuniziert, arbeitet und spielt. Man erlebt die Familie in Beziehung zu anderen Familien, zum Klinikpersonal und zur Außenwelt. Man erlebt im Längsschnitt die Familieneinstellung zum Erfolg, zum Mißerfolg, zur Krise und zur schweren Krankheit.

Alle Änderungen unserer Arbeitshypothese und Behandlungsmethode kamen aufgrund klinischer Beobachtungen an den hospitalisierten Familien zustande. Die Schwestern notieren in jeder Schicht Beobachtungen an einzelnen Familienmitgliedern, an der Familieneinheit und der Beziehung der Familiengruppe zur Umwelt. Jede Stunde Familientherapie wird auf Band genommen, und dazu werden noch drei schriftliche Berichte angefertigt. Diese Berichte enthalten eine Reihe von Bemerkungen zum psychotherapeutischen Prozeß, eine Zusammenfassung des Gesprochenen sowie ein Soziogramm der Zusammenkunft. Das tägliche Material wird dann zu wöchentlichen und monatlichen Übersichten zusammengefaßt. Die Daten der ambulant behandelten Familien haben die detaillierteren Daten der hospitalisierten Familien fast völlig komplettiert.

Der Begriff der »Familieneinheit« bzw. der »Familie als Einzelorganismus« ist für unsere Auffassung von Schizophrenie entscheidend. Außer den theoretischen Gründen, die ich später darlegen werde, haben uns auch praktische Gründe dazu geführt, bei der »Familieneinheit« anzusetzen. Eine Familie, die ständig in persönlichem Kontakt mit einem psychotischen Angehörigen steht, befindet sich im Zustand eines intensiven

Konflikts und der Gefühlsaufwallung. Jedes Familienmitglied bemüht sich um Unterstützung von außen zur Durchsetzung seines emotionalen Sonderstandpunkts. Den Therapeuten und dem Personal fällt es schwer, objektiv zu bleiben, selbst wenn sie gelernt haben, mit den Problemen der Gegenübertragung umzugehen. Ein unbeteiligter Beobachter könnte noch so sehr nach wissenschaftlicher Objektivität streben; in der emotionalen Spannung, die in diesen Familien herrscht, fängt er mit Bestimmtheit genauso an, sich gefühlsmäßig am Familiendrama zu beteiligen, wie er im Theater innerlich dem Helden applaudiert und den Schurken haßt. Die Mitglieder des Ärztepersonals sind zu einer sachgerechten Objektivität gelangt, indem sie sich emotional von dem Familienproblem lösten. Als es gelang, eine angemessene Ebene interessierter Neutralität zu erreichen, wurde es möglich, das Zentrum der Aufmerksamkeit vom Individuum auf die Gesamtfamilie als Einheit zu verlagern. Auch wenn die Orientierung an der Familieneinheit keine theoretische Verbesserung versprochen hätte, wäre das Ärzteteam durch die Anwesenheit der Familiengruppe auf der Station und die klinische Notwendigkeit, mit der Situation fertig zu werden, gezwungen gewesen, sich in Richtung Familieneinheit zu orientieren. Als es erst einmal möglich war, die Familie als Einheit zum Mittelpunkt der Beobachtung zu machen, war das wie ein Schritt vom Öl-Immersions-Mikroskop zu Elektronenlinsen – oder wie ein Wechsel des Standorts vom Spielfeldrand auf das Dach des Stadions bei einem Fußballspiel. Die groben Schemata von Form und Bewegung, die bei naher Betrachtung undeutlich gewesen waren, wurden klar. Die Nahansicht konnte sinnvoller werden, sobald auch die Fernaufnahme möglich war.

Andere Faktoren haben die Orientierung an der Familieneinheit erschwert. Wir haben alle gelernt, emotionale Probleme als die von Individuen zu betrachten. Der Gesamtbestand an psychologischer und psychoanalytischer Theorie entwickelte sich, indem man die Familie mit den Augen des Patienten sah. Die diagnostischen und deskriptiven Begriffe beziehen sich auf das

Individuum. Wir haben Schwierigkeiten gehabt, diese automatische Denkweise bei uns selbst zu ändern. Damit der Übergang zum Denken in den Kategorien der Familieneinheit leichter wurde, haben wir versucht, uns so weit wie möglich von der zur »zweiten Natur« gewordenen psychiatrischen Terminologie zu lösen und uns zu zwingen, einfache deskriptive Worte zu benutzen. Ich finde keinen Gefallen an den Ausdrücken »Reife« und »Unreife«, wie sie in dieser Arbeit noch benutzt werden, aber ich verwende sie in deskriptivem Sinne, um Ausdrücke zu vermeiden, in denen die Orientierung am Individuum automatisch mitgedacht wird. Die Konzeptualisierung der Familie ist schon für andere, die auf dem Gebiet arbeiten, ein Problem gewesen. Wir stimmen mit denen überein, die zusätzlich zu unserer Individualdiagnose eine Familiendiagnose haben möchten. Ackermann (9) und seine Gruppe haben die Verflochtenheit individueller Abwehrmechanismen zu bestimmen versucht. Mittelmann (10), der mit verschiedenen Angehörigen derselben Familie arbeitete, hat die Wechselbeziehungen zwischen Familienmitgliedern beschrieben. Nachdem wir uns über drei Jahre mit diesem Problem abgemüht hatten, haben wir uns zu einer Art System vorgearbeitet, das mehr auf »Funktion« abgestellt ist als auf die statische Situation, die mit einer diagnostischen Bezeichnung vermittelt wird. Diese Orientierung an der Funktion ist von einer Reihe von Forschern erprobt worden. Spiegel (11) hebt die Funktion in seiner Arbeit über Rollentheorie hervor. Jackson (12) schlägt ein funktionelles System in seiner Klassifikation von stabil-befriedigend, unstabil-befriedigend, stabil-unbefriedigend, unstabil-unbefriedigend vor. Regensburg (13) regt eine funktionelle Klassifikation der Ehebeziehung an aufgrund ihrer Erfahrungen in der Sozialfürsorgearbeit. In all dem spiegelt sich vermutlich die Tendenz, von statischen Begriffen zu dynamischen überzugehen.

Entwicklung von Schizophrenie in einer Familie: Eine theoretische Konzeption

Seit Beginn unserer Familienstudie habe ich die Schizophrenie als einen Prozeß betrachtet, zu dessen Entwicklung drei oder mehr Generationen erforderlich sind.[3] Ich werde das klinische Material und die Forschungsdaten in chronologischer Ordnung präsentieren, beginnend mit den Großeltern und die aufeinanderfolgenden Stadien bis hin zum Ausbruch der Psychose beim Patienten verfolgend. Es ist möglich gewesen, entsprechend der Drei-Generationen-Idee zu einigen ziemlich detaillierten historischen Daten zu kommen, doch bleibt dieser Bereich weiterhin derjenige, in dem die Daten zur Bestätigung dünn gesät sind und man weitgehend auf Spekulationen angewiesen ist.

Die folgende kurzgefaßte Geschichte einer der Familien soll die Punkte illustrieren, die ich gegenwärtig für die wichtigsten innerhalb des Drei-Generationen-Prozesses halte: Die Großeltern väterlicherseits (erste Generation) waren relativ reife und hochrespektierte Mitglieder der bäuerlichen Gemeinde, in der sie lebten. Ihre acht Kinder waren ebenfalls relativ reif, mit Ausnahme eines Sohnes (zweite Generation), des Vaters des Patienten, der viel weniger reif war als seine Geschwister. Als Kind war er von seiner Mutter sehr abhängig. Die übrigen Geschwister betrachteten ihn als Mutters Liebling, doch leugnete sie das entweder und beteuerte, daß sie allen Kindern die gleiche Liebe entgegenbrächte, oder sie stimmte insgeheim zu und sagte, sie hätte für jedes der anderen Kinder genausoviel getan, wenn sie so viel Aufmerksamkeit nötig gehabt hätten wie dieser Sohn. Mit dem Bedürfnis, in der

[3] Die Untersuchung der Drei-Generationen-Idee begann 1955 mit der Feststellung unseres Beraters Dr. Lewis Hill, daß drei Generationen erforderlich sind, damit es zur Entwicklung von Schizophrenie kommt. Das war eine Erweiterung der in seinem Buch *Psychotherapeutic Intervention in Schizophrenia* (University of Chicago Press 1955) vertretenen Auffassung. Dr. Hill starb im Februar 1958, während dieser Aufsatz geschrieben wurde, aber ich glaube, daß die Drei-Generationen-Idee, wie sie hier zum Ausdruck gebracht wird, seine Auffassung ziemlich genau wiedergibt.

Außenwelt Funktionen zu übernehmen, das mit der Adoleszenz auftrat, wurde er plötzlich seiner Mutter gegenüber distanziert und begann nun, in seinen Funktionen außerhalb des Hauses viel fähiger zu werden. Er widmete sich der Schule und später seinem Beruf. Er hatte mehr Erfolg im Beruf als seine Geschwister und Kollegen, doch war er zurückhaltend und unangenehm in seinen eng persönlichen Beziehungen. Gegen seine Eltern lehnte er sich niemals auf, sondern hielt an einer distanzierten, von Gehorsam geprägten Beziehung zu ihnen fest.
Eine ähnliche Struktur war auf der mütterlichen Seite der Familie gegeben. Der Großvater mütterlicherseits (erste Generation) war ein angesehener Geistesarbeiter, der in einer Kleinstadt lebte. Es war die älteste Tochter (zweite Generation), die zur Mutter des Patienten wurde. Von allen Geschwistern hatte sie die stärkste Bindung an die Mutter. In der Adoleszenz reagierte sie anders auf die elterliche Bindung, als das der Vater in seiner Familie tat. Während er seinen Kompetenzbereich außerhalb des Hauses fand, fand sie den ihren im Haus. Aus einem schüchternen, unselbständigen Mädchen, das nichts ohne seine Mutter tun konnte, verwandelte sie sich plötzlich in eine sozial ausgeglichene und wendige junge Frau, die den Haushalt ohne Hilfe führen konnte. Hier waren zwei Menschen mit hochgradiger Unreife, die es aber beide geschafft hatten, ihre Unreife zu verleugnen und in bestimmten Bereichen Funktionen zufriedenstellend zu erfüllen. Beide waren sie Einzelgänger und in ihren Beziehungen zu anderen reichlich distanziert. Sie begegneten einander, als er in der Stadt arbeitete, in der sie lebte. Keiner von beiden hatte ernsthaft an Heirat gedacht, bevor sie sich trafen. Auf einer Ebene hatte die Beziehung den Charakter eines »Wir sind füreinander geschaffen«, doch nach außen hin schienen sie einander nicht sehr zu beachten oder sich sogar gleichgültig zu sein. Die beiläufige Beziehung dauerte ein Jahr. Dann heirateten sie plötzlich, ein paar Tage bevor der Mann an einen anderen Arbeitsplatz in einem anderen Staat versetzt wurde. Sobald sie zusammenlebten, wurde ihre Beziehung konfliktreich.

Entsprechend der spekulativen Drei-Generationen-Idee werden diese beiden Menschen mindestens ein Kind mit einem hohen Grad an Unreife haben, das in dem Versuch, sich den Erfordernissen des Erwachsenwerdens anzupassen, eine klinische Schizophrenie entwickeln kann. Betont werden muß, daß es sich dabei nicht um einen spezifischen Lehrsatz über den Ursprung der Schizophrenie handelt, sondern daß ein solches Muster bei mehreren der untersuchten Familien gegeben war. Wir haben uns Gedanken über die Implikationen dieses Musters gemacht. Es liegt nahe, daß in jeder Geschwistergruppe *ein* Kind einen höheren Grad an Unreife zeigt als die übrigen Geschwister, daß die Unreife bei demjenigen besteht, der die stärkste *frühe* Bindung an die Mutter hatte, und daß die Unreife in etwa den vereinigten Unreifegraden bei den Eltern entspricht. Alle, die mit Eheleuten gearbeitet haben, haben übereinstimmend die klinische Erfahrung gemacht, daß die Menschen sich Ehepartner wählen, die den gleichen Grad an Unreife, aber entgegengesetzte Abwehrmechanismen haben. Die Drei-Generationen-Idee läßt sich also wie folgt zusammenfassen: Die Großeltern sind relativ reif, aber ihre kombinierte Unreife wird von einem Kind erworben, das die stärkste Bindung an die Mutter hat. Wenn dieses Kind später einen Ehepartner heiratet, der den gleichen Grad an Unreife zeigt, und wenn sich dieser Prozeß in der dritten Generation wiederholt, so führt er bei einem Kind (dem Patienten) zu einem hohen an Grad an Unreife, während die übrigen Geschwister viel reifer sind. Wir haben allerdings nicht mit Familien gearbeitet, deren Geschichte durch Ereignisse wie den Tod eines Elternteils, Scheidungen, Wiederverheiratungen oder mehrfache Neurosen und Psychosen in derselben Geschwistergruppe kompliziert worden ist.

Es gibt bestimmte Merkmale in den ersten Jahren des Ehelebens der Eltern, die für unsere theoretischen Überlegungen wichtig sind. In allen 11 Vater-Mutter-Patient-Familien fand sich eine bemerkenswerte emotionale Distanz zwischen den Eltern. Wir haben das als »emotionale Trennung« bezeichnet.

Die Art, in der die Eltern diese Distanz aufrechterhielten, variiert beträchtlich. Am einen Extrem befand sich eine Familie, in der die Eltern eine ziemlich formelle und kontrollierte Beziehung zueinander unterhielten. Sie hatten wenig offene Differenzen. Sie sahen ihre Ehe als ideal an. Sie berichteten von einer aktiven und befriedigenden sexuellen Beziehung. Sie benutzten konventionelle Zärtlichkeitsworte füreinander, doch fiel es ihnen schwer, persönliche Gefühle, Gedanken und Erlebnisse zu teilen. Am anderen Extrem war eine Familie, in der die Eltern die Gegenwart des Ehepartners nicht lange ohne Zank und Drohungen aushalten konnten. In gesellschaftlichen Situationen verhielten sie sich gleichartig. Sie kontrollierten den Konflikt mit physischer Distanz dem anderen gegenüber. Von ihrer Ehe sprachen sie als von schrecklichen 25 Jahren. Die Mitte der Skala nahmen neun Familien ein, in denen die Eltern die emotionale Trennung aufrechterhielten, indem sie auf verschiedene Weise formale Kontrolle und offenen Widerspruch miteinander verbanden. Sie waren sich ihrer Differenzen bewußt, übergingen jedoch die heiklen Punkte, um Streitereien auf ein Minimum zu beschränken. Sie betrachteten ihre Ehe als schwierige Situationen, die sie ertragen mußten.

In sämtlichen Familien handeln die Eltern in der Situation der emotionalen Trennung nach festgelegten Verhaltensmustern. Beide Elternteile sind gleichermaßen unreif. Der eine verleugnet die Unreife und operiert mit einer Fassade übertriebener Tüchtigkeit *(overadequacy)*. Der andere betont die Unreife und operiert mit einer Fassade der Untüchtigkeit *(inadequacy)*. Die Übertüchtigkeit des einen funktioniert in Wechselbeziehung zur Untüchtigkeit des anderen. Keiner der beiden ist fähig, in der Mitte zwischen Übertüchtigkeit und Untüchtigkeit zu operieren. Die Ausdrücke »Übertüchtigkeit« und »Untüchtigkeit« beziehen sich auf Funktionszustände, nicht auf starre Zustände. Übertüchtig meint eine Funktionsfassade der Stärke, die größer ist, als die Realität es erfordert. Untüchtigkeit meint eine Funktionsfassade der Hilflosigkeit, die ebensowenig der Realität entspricht wie die Fassade der Stärke in der anderen

Richtung. Wenn die Mutter als übertüchtig fungiert, ist sie dominierend und aggressiv, während der Vater hilflos und unterwürfig ist. Wenn der Vater als übertüchtig fungiert, ist er unbarmherzig und autoritär, während die Mutter hilflos ist und jammert.

Die Wechselseitigkeit von Übertüchtigkeit-Untüchtigkeit ist von Situationen begleitet, die ständig wiederkehren. Eine davon ist der Streit um »Über- und Unterordnung«. Bei persönlichen Streitfragen, vor allem bei Entscheidungen, die beide Elternteile berühren, wird derjenige, der die Entscheidung trifft, zum Übertüchtigen, während der andere zum Untüchtigen gemacht wird. Der Übertüchtige sieht sich gezwungen, Verantwortung zu übernehmen, vor der sich, wie er meint, der andere drückt. Der Untüchtige sieht sich »zur Unterordnung gezwungen« und den anderen als »dominierend«. Der Begriff der »Über- und Unterordnung« wurde von dem Untüchtigen eingeführt, der sich am meisten beklagt. Damit kommt das Problem der »Entscheidungen« ins Spiel. Zu den hervorstechenden klinischen Merkmalen der Familien gehört die Unfähigkeit der Eltern, Entscheidungen zu treffen. Sie weichen der Verantwortung und der Angst vor »Unterordnung« aus, indem sie Entscheidungen vermeiden. Alle Entscheidungsebenen bleiben in der Schwebe, damit die Zeit, die Umstände oder der Rat von Fachleuten eine Entscheidung herbeiführen. Entscheidungen, die für andere Familien alltägliche Probleme sind, »die gelöst werden müssen«, werden für diese Familien zu Belastungen, »die man ertragen muß«. Die Unfähigkeit, Entscheidungen zu treffen, erzeugt den Eindruck von labilen Familien. Ein Vater brachte ein deutliches Beispiel für dieses Entscheidungsproblem. Er sagte: »Wir können nichts gemeinsam entscheiden. Ich mache den Vorschlag, wir gehen Samstagnachmittag einkaufen. Sie protestiert. Wir streiten uns. Das führt schließlich dazu, daß wir gar nichts tun.« Wenn die Paralyse der Entscheidung beträchtlich wird, übernimmt oft die Mutter die Entscheidungsfunktion gegen den passiven Widerstand des Vaters.

Die bewußten Gründe, aus denen die Eltern ihre Gattenwahl getroffen haben, haben eine ziemlich gleichbleibende Gestalt. Es handelt sich um jene Art von persönlichen Dingen, die dem anderen selten gesagt werden. Dieses Material ist gewöhnlich bruchstückhaft und entstellt, bis die Betreffenden anfangen, sich in der Familientherapie wohlzufühlen. Die Väter sagen, sie hätten an ihrer Frau Bestimmtheit, Leutseligkeit und Offenheit bewundert. Eine Mutter sagte: »Ich hatte in Gesellschaft soviel Angst, daß ich sofort zu plaudern anfing. Es kam halt so aus mir heraus. Und nun höre ich nach 25 Jahren, daß mein Mann dachte, ich sei ein blendender Gesprächspartner.« Die Mütter sagten, sie hätten an ihrem Mann Freundlichkeit, Intelligenz und Zuverlässigkeit bewundert. Ein Vater sagte: »Ich hatte zuviel Angst, als daß ich etwas anderes hätte tun können als zuzustimmen, und sie hielt das für Freundlichkeit.« Die Eigenschaften, die sie bewußt am anderen bewunderten, waren jene, die in der Fassade der Übertüchtigkeit hervorstachen.

Bei den meisten Familien begann der elterliche Konflikt in den ersten Tagen oder Wochen der Ehe. Ausgelöst wurde er durch Entscheidungen, die in alltäglichen Fragen des Zusammenlebens zu treffen waren. Ein eindrucksvolles Beispiel dafür liefert das, was sich zwischen einem Assistenzarzt und einer Krankenschwester abspielte, die heimlich zwei Jahre vor Abschluß ihrer Krankenhausausbildung geheiratet hatten. Ihr Eheverhältnis war ruhig und befriedigend, bis sie zusammenwohnten. Nach unserer heutigen Auffassung stießen die Eheleute auf die Angst vor der Wechselbeziehung von Über- und Untüchtigkeit, sobald sie sich in einer gemeinsamen Lebenssituation befanden. Manche Eltern haben von »Streit um Nichts« berichtet, der sich an Situationen wie Golf, Kartenspielen oder einem Arbeitsprogramm für beide entzündete. Sie fanden Mittel, diese Angst zu umgehen. Die üblichen Mechanismen waren für beide, selbständig zu arbeiten und gemeinsame Aktivität zu vermeiden. Der Konflikt wurde vermindert, wenn eine dritte oder vierte Person anwesend war. Verschiedene Ehepaare verbrachten viel Zeit damit, andere zu besuchen oder Freunde bei sich zu Hause zu bewirten. Die Spannungen in der Ehe ließen sich auch dadurch reduzieren, daß sie oder er die eigenen Eltern besuchte. Ein Vater sah das Dilemma dieser Periode vor Geburt der Kinder rückblickend ganz klar. Er sagte: »Unser Leben war ein Zyklus von zu großer Nähe, zu großer Distanz und Kämpfen. Wir kämpften, wenn wir uns zu nahe kamen. Dann blieben wir verstockt und sprachen nur, wenn es nötig war. Bis einer von uns einzulenken begann. Es gab dann ein paar gute Stunden oder Tage, bis wieder der Zyklus von zu großer Nähe, ein Kampf und ein weiterer Zyklus begannen.« Auf unsere Frage, was er denn unter zu großer Nähe verstehe, antwortete er: »Wenn wir uns nahe waren, fing ich an, mich wie ein kleiner Junge zu verhalten, und sie stellte Ansprüche wie eine despotische Mutter. Verhielt ich mich weiter wie ein hilfloses Kind, konnte sie schnurren wie eine Katze. Das Problem war, daß ich mich teilweise aufgab, wenn ich hilflos war. Ich hatte die Wahl. Entweder gab ich klein bei oder wurde störrisch. Wenn ich klein beigab, blieb sie ruhig. Wurde ich störrisch, so wurde sie gehässig, ich wurde auch gehässig, und wir gerieten in Streit.« Über die Phasen der Distanziertheit sagte er: »Ich konnte am besten arbeiten, wenn wir weit auseinander waren. Es war alles andere als ideal. Das ist die Zeit, in der ich depressiv wurde und über mich selber schimpfte, aber ich konnte dann irgendwie besser arbeiten.« Über die Phasen der Nähe sagte er: »Sie kamen zustande, wenn wir beide anfingen, einzulenken. Ich konnte noch so entschlossen sein, nichts von ihr wissen zu wollen; wenn sie einzulenken begann, war das wie ein Köder, dem ich nicht widerstehen konnte. Ich glaube, es war bei beiden von uns die Sehnsucht nach Nähe, was uns so schnell reagieren ließ.«

Die Entscheidung, ein Kind zu haben, war bei diesen Familien die schwierigste von allen. Dieses Problem begann mit dem ersten Gedanken an ein Baby. Die Geschichte einer Familie, in der das älteste Kind schizophren wurde, wird etwas von den entscheidenden Fragen veranschaulichen. Die Frau hatte ein großes Verlangen, Kinder zu haben, um »Erfüllung als Frau« zu finden. Der Mann übte passiven Widerstand, indem er von Geld und der richtigen Zeit sprach. Seine Opposition überschattete ihre Furcht, vielleicht nicht fähig zu sein, ein normales Baby zu haben. Die Frau wurde zu einer Zeit schwanger, in der ihr Wunsch nach einem Baby groß war. Sogleich geriet sie wegen der Schwangerschaft in einen großen Konflikt. Von Anfang an galten ihre Gedanken fast ausschließlich dem sich entwickelnden Fötus. Diese Gedanken kamen als Zweifel, Sorgen und Beunruhigung wegen der Normalität und Gesundheit des Kindes zum Ausdruck. Wenn sie sich ihrem Mann emotional nahe fühlte, richtete sie ihre Gedanken mehr auf ihn und beschäftigte sich dann weniger mit dem Kind. In Zeiten der größten Distanz zu ihrem Mann empfand sie den Wunsch nach einer Abtreibung, um den Konflikt zu mildern. Diese Mutter erlebte den Konflikt nicht in gleicher Stärke, als sie später mit einem normalen Kind schwanger ging. Sie hatte wohl die gleiche Art von Phantasien, doch waren sie viel weniger stark. Der Konfliktzustand hielt an, bis die Mutter sehen konnte, daß das Kind lebendig und gesund war. Sie sagte, sie habe sich bis zur Geburt des Kindes nicht eingestehen können, wie wichtig dieses Baby für sie war. Die Schwangerschaft war für sie eine ständige Frustration, ein Schwanken zwischen dem »Versprechen von Erfüllung« und der »Drohung, daß es niemals wahr sein könnte«. Sie sorgte sich so sehr, das Baby könne verunstaltet sein oder tot auf die Welt kommen oder abnorm sein und später sterben, daß sie an einen Punkt kam, wo sie sich sagte: »Wenn es *tatsächlich* abnorm wird und stirbt, ist es besser, ich mache jetzt eine Abtreibung«, und: »Ich weiß, *ich* kann niemals ein normales Baby haben. Ich wollte, ich könnte den Schritt tun und eine Fehlgeburt haben.«

Eine bedeutende Veränderung der Ehebeziehung setzte ein, als die Frau erfuhr, daß sie schwanger war.[4] An diesem Punkt

---

[4] Caplan (14) weist auf die Veränderung der Ehebeziehung in der Schwangerschaftsperiode hin. Er macht auch darauf aufmerksam, daß die

begann die Mutter, ihre Gefühle mehr auf das ungeborene Kind als auf den Mann zu richten. Der Konflikt in Erwartung des Babys hielt an, bis es geboren war. Eine weitere bedeutende Veränderung der Familienbeziehungen trat ein, als sie sehen konnte, daß das Baby am Leben und wohlauf war. Sogleich richteten sich ihre Gedanken darauf, für das Kind zu sorgen. Als sie es zum erstenmal sah, dachte sie: »Dieses winzige, winzige, hilflose kleine Ding. Ich bin seine Mutter, und ich bin diejenige, die es beschützen und für es sorgen muß.« Sie sprach von einer überwältigenden Woge mütterlicher Triebe, für das Baby zu sorgen. Die Intensität dieses Mutterinstinkts war gegenüber dem zweiten Kind, das zu einem normalen Menschen heranwuchs, viel geringer. Als sie das zweite Kind zum erstenmal sah, war ihr Gedanke: »Ein Neugeborenes ist so winzig. Es ist ein Wunder, daß solch ein winziges Ding *groß und erwachsen werden kann.*« Das erste Kind kam der »Erfüllung« ihres Bedürfnisses nach einer für sie wichtigen anderen Person näher als jeder andere Mensch in ihrem Leben.

So wie ich heute das Gleichgewicht zwischen Mutter und Kind sehe, war die Mutter mit Sicherheit in der Position der Übertüchtigkeit gegenüber einem anderen Menschen – dieser Mensch gehörte zu ihr, und er war tatsächlich hilflos. Nun konnte sie ihre eigene Unreife kontrollieren, indem sie sich um die Unreife eines anderen kümmerte. Da sich ihre emotionale Funktion in der Beziehung zum Kind stabilisierte, wurde sie für den Vater nun eine stabilere Figur. Er konnte seine Beziehung zu ihr besser unter Kontrolle halten, seit sie in der Erfüllung ihrer Funktionen nicht mehr so heftig schwankte. Er strebte eine festere Position der Distanz zu ihr an, ähnlich seiner Beziehung zu seiner eigenen Mutter. Dieses neue emotionale Gleichgewicht wurde zu einer festgelegten Funktionsweise für Vater, Mutter und Kind. Ich habe das die »interdependente Triade« genannt. Das Kind nahm darin die Schlüsselposition ein. Durch die Beziehung zum Kind war die Mutter in der Lage, ihre eigene

Beziehung der Mutter zum Kind sich aufgrund ihrer Phantasien während der Schwangerschaft vorhersagen läßt.

Angst zu stabilisieren und auf einer weniger angstvollen Ebene zu fungieren. Da sich die Angst der Mutter stabilisierte, war der Vater in der Lage, eine weniger angstvolle Beziehung zur Mutter zu errichten.

Zwei andere Mütter beschrieben mütterliche Gefühle von ähnlicher Intensität, die sie hatten, als sie zum erstenmal das Kind sahen, das später schizophren wurde. Die Erinnerung an dieses Erlebnis war bei ihnen so ausgeprägt wie bei anderen Menschen die Erinnerung an das hervorstechendste Gefühlserlebnis in ihrem Leben. Die ähnlichen, aber weniger intensiven Gefühle anderen Babys gegenüber wurden zu der Zeit nicht besonders beachtet. Die Bedeutung, die ein Baby für diese Mütter hatte, läßt mich an ein psychotisches Mädchen denken, das viele Male sagte: »Ich wünschte, ich könnte ein eigenes Baby haben. Ich weiß nicht, wie ich jemals schwanger werden sollte, aber wenn ich je ein eigenes Baby haben könnte, dann wäre ich nie mehr allein.« Freud (15) stellte hinsichtlich der narzißtischen Mütter fest: »In dem Kinde, das sie gebären, tritt ihnen ein Teil des eigenen Körpers wie ein fremdes Objekt gegenüber, dem sie nun vom Narzißmus aus die volle Objektliebe schenken können.«

Aus Darstellungsgründen werden wir den Zeitraum von der Geburt des Kindes bis zur Ausbildung der akuten Psychose beim Patienten als ein einziges Stadium in der Entwicklung von Schizophrenie in der Familie betrachten. Die Forschungsdaten werden zusammengefaßt unter den Aspekten der Mutter-Kind-Beziehung, der Kind-Mutter-Beziehung und der Beziehungen des Vaters.[5] Die Charakteristika der Beziehungen sind in Stress-Perioden am deutlichsten ausgeprägt.

Vielleicht wird die Erörterung der allgemeinen Merkmale

[5] Unsere klinischen Feststellungen stimmen eng überein mit denen von Lidz (16), Bateson und Jackson (17), Wynne (18) und anderen, die mit schizophrenen Patienten und ihren Familien arbeiten. Vielfach besteht der Hauptunterschied in der Verwendung unterschiedlicher Termini zur Beschreibung desselben Phänomens. Zum Beispiel habe ich den Ausdruck »Wechselbeziehung« (*reciprocal functioning*) benutzt, während Wynne von »Pseudo-Gemeinschaft« und Jackson (13) von »Komplementarität« spricht, wenn von demselben Beziehungsphänomen die Rede ist.

solcher Beziehungen klarer, wenn ich einen kurzen chronologischen Abriß für eine der Familien während dieser Periode gebe. Das war eine Familie mit einer psychotischen älteren und einer normalen jüngeren Tochter. Vater und Mutter hielten ihre emotionale Trennung in der Ehe aufrecht. Für Außenstehende schien die Ehe glücklich zu sein. Nach ein paar schwierigen Jahren hatte der Vater Erfolg im eigenen Geschäft. Die Mutter widmete sich dem Kind und dem Haus. Der Vater richtete seine Energie und seine Gedanken auf das Geschäft. Die Tochter entwickelte sich geistig gut, war aber außerordentlich schüchtern. Ihr Problem ähnelte dem der meisten Patienten in den Forschungsfamilien. Die Eltern sagten: »Sie hatte wenig gute Freunde. Sie fühlte sich bei Erwachsenen wohler. Sie schien nicht zu wissen, was sie tun oder sagen sollte, wenn sie mit anderen Kindern zusammen war.« Nach der Adoleszenz war sie viel aktiver und gehörte in der Schule zu den Besten. Die Psychose brach bei ihr im ersten Jahr aus, das sie von zu Hause weg auf dem College war. Der Vater machte im Jahre darauf mit seinem Geschäft bankrott. Die zweite Tochter, vier Jahre jünger als die Patientin, war ungewöhnlich begabt und erzielte mit minimaler Anstrengung Erfolge.

Die Mutter-Kind-Beziehung ist die aktivste und intensivste Beziehung in der Familie. Der Ausdruck »intensiv« bezeichnet eine ambivalente Beziehung, in der die Gedanken der beiden, seien sie positiv oder negativ, vorwiegend auf den anderen gerichtet sind. Die Mutter stellt an den Patienten in der Hauptsache zwei Forderungen. Am eindringlichsten ist die emotionale Forderung, der Patient solle hilflos bleiben. Sie wird in subtiler, nachdrücklicher Weise übermittelt, die nicht ins Bewußtsein dringt. Die andere ist die offene, verbalisierte, »eingehämmerte« Forderung, daß der Patient ein begabter und reifer Mensch wird. Ein Beispiel von einer hospitalisierten Familie wird diesen Prozeß veranschaulichen, der sich auf getrennten, aber zeitgleichen Ebenen abspielt. Ein psychotischer Sohn aß allein ein spätes Mittagessen. Die Mutter blieb stehen, um ihm zu helfen. Sie schmierte ihm Butter aufs Brot, schnitt sein Fleisch und goß ihm Milch ein. Zugleich drängte sie ihn, auf einer geistig reiferen Ebene, erwachsener zu werden und zu lernen, selbständiger zu sein. Es ist nebensächlich, daß der Patient zu essen aufhörte. Ließe sich das Handlungsgeschehen von dem verbalen Geschehen trennen, so hätten wir zwei verschiedene Themen. Das Handlungsgeschehen würde der Beziehung einer Mutter zu ihrem Kleinkind entsprechen, während das verbale Geschehen am besten für eine Mutter gegenüber ihrem Kind im Teenager-Alter passen würde. Dysinger (19) machte in einem Aufsatz über den »Handlungsdialog zwischen einem schizophrenen Mädchen und seiner Mutter« den Versuch, das Handlungsgeschehen in einer der Forschungsfamilien zu isolieren. Zur Zusammenfassung dieses Punktes stellen wir uns zwei Ebenen des Prozesses vor, der zwischen Mutter und Patient abläuft. Die emotionale Forderung, der Patient möge ein Kind bleiben, wird zum Großteil auf einer Handlungsebene übermittelt und bleibt außerhalb des Bewußtseins von Mutter und Patient. Die verbale Ebene steht gewöhnlich in direktem Widerspruch zur Handlungsebene.

Ein hervorstechendes Merkmal jeder Mutter-Kind-Beziehung sind die Sorgen, Zweifel und Beunruhigungen der Mutter wegen des Patienten. Das ist eine Fortsetzung der Überbesetzung des Kindes durch die Mutter vor seiner Geburt. In den Forschungsfamilien gibt es bestimmte Grundformen für die Sorgen der Mütter. Im allgemeinen sind die Sorgen um die Entwicklung des Patienten, sein Wachstums, Verhalten, seine Kleidung und andere persönliche Fragen zentriert. Jede Mutter gruppiert ihre Sorgen auf besondere Weise, entsprechend ihren eigenen Gefühlen des Ungenügens. So machte sich eine Mutter stets Gedanken wegen ihrer Krankheit und dem Ungenügen ihrer inneren Organe: Ihre Sorgen drehten sich um die Därme, die Haut, die Sinusse ihres Sohnes und endlose andere Fragen von geschwächten Organen. Der Sohn hatte vielfache körperliche Beschwerden. Mehrere Mütter hatten Gefühle der Unzulänglichkeit in bezug auf ihre eigene körperliche Attraktivität. Ihre Sorgen richteten sich auf die Zähne des Patienten, seine

Haare, seinen Teint, seine Haltung, seinen Körperbau, seine Kleidung, die maskulinen oder femininen Merkmale und ähnliches. Diese Patienten waren fast so etwas wie warnende Beispiele für das, »wogegen ihre Mütter gekämpft hatten«. Zwei Mütter zweifelten an ihren eigenen geistigen Fähigkeiten: Ihre Sorgen galten vor allem Intelligenztests, Schulzeugnissen und geistiger Regsamkeit. In diesen beiden Familien machten die Patienten den Eindruck geistiger Stumpfheit. Alles in allem läßt sich sagen, daß das Überinteresse der Mütter an den Patienten und ihr »Mäkeln« an ihnen die gleichen Inhalte hatte wie das Gefühl ihrer eigenen Unzulänglichkeit. Das gilt auf der klinischen Ebene so sehr, daß fast jeder Punkt in der Liste der mütterlichen Klagen über den Patienten sich als eine Externalisierung der Unzulänglichkeiten der Mutter selbst betrachten läßt. Weist allerdings ein Therapeut oder ein anderer Außenstehender darauf hin, so wird die Mutter und werden sogar der Vater und der Patient mit Angriff oder Rückzug oder beidem zugleich reagieren. Wird die Mutter dagegen vom Patienten oder vom Vater damit konfrontiert, so ist ihre Gefühlsreaktion ausgesprochen günstig.

Der Grad der negativen Reaktion beim Patienten steht anscheinend in direkter Beziehung zu der Intensität, mit der die Kampagne zur *Änderung* seiner »Unzulänglichkeiten« geführt wird. Die Bemühungen der Mutter, den Patienten zu ändern, fallen zeitlich zusammen mit ihren Ängsten und haben nichts mit der wirklichen Situation des Patienten zu tun.

Wir haben den Ausdruck »Projektion«[6] benutzt, um den alles durchdringenden Mechanismus in der Mutter-Kind-Beziehung zu bezeichnen. Alle Mütter haben in jedem Aspekt der Beziehung zum Patienten davon ständig Gebrauch gemacht. Nach

---

6 Die »Projektion« der Mutter auf den Patienten ist in der Literatur beschrieben worden. Reichard und Tillman haben 1950 eine ausgezeichnete Darstellung gegeben. »Projektion« beschreibt genau genommen einen Mechanismus beim Individuum, beschreibt aber nicht die entsprechende »Introjektion« des anderen in einer Zwei-Personen-Beziehung. Auch der kombinierte Terminus »Projektion-Introjektion« wird nicht allen wesentlichen Aspekten dieses komplexen Mechanismusses gerecht.

unserer Auffassung kann die Mutter angemessener fungieren, wenn sie dem Kind gewisse Seiten ihrer eigenen Persönlichkeit zuschreibt und das Kind dies akzeptiert. Das ist für den Bereich der mütterlichen Unreife von entscheidender Bedeutung. Die Mutter verleugnet ihr eigenes Gefühl der Hilflosigkeit und ihren Wunsch, als Kleinkind behandelt zu werden. Sie projiziert die verleugneten Gefühle auf das Kind. Dann nimmt sie am Kind wahr, daß es hilflos ist und bemuttert werden will. Das Kind akzeptiert die Wahrnehmung der Mutter als Realität, und sogar die ganze Familie tut das. Die Mutter »bemuttert« dann die Hilflosigkeit des Kindes (ihre eigenen projizierten Gefühle) mit ihrem »tüchtigen« Selbst. So wird eine Situation, die als *Gefühl bei der Mutter* beginnt, zur *Realität beim Kind*. Für diesen Mechanismus haben sich in den Familien viele Beispiele gefunden. Eine Mutter fütterte ihr Kind, wenn sie selbst hungrig war. Wenn ihre Ängste groß waren, nötigte sie dem Kind ihre Aufmerksamkeit auf und rechtfertigte ihr Handeln damit, daß sie eine Autorität zitierte, die empfohlen hatte, Kindern unbegrenzte Liebe entgegenzubringen. Wenn sie keine Angst hatte, konnte sie das Kind relativ nachlässig behandeln und sich damit rechtfertigen, daß sie eine Autorität zitierte, die Festigkeit gegenüber Kindern empfohlen hatte. Indem sie das Kind als Verlängerung ihrer Person benutzte, war sie in gewisser Hinsicht in der Lage, mit ihren Unzulänglichkeiten fertig zu werden, ohne von anderen abhängig zu sein. Ein Beispiel für eine andere Ebene der »Projektion« fand sich bei einer Mutter, die unrealistischerweise meinte, ihre Tochter habe eine bühnenreife Stimme. Die Tochter erkannte bald durch Erfahrungen außerhalb des Hauses, daß das nicht stimmte. Zu Hause aber sang sie für die Freunde ihrer Mutter und tat so, als wäre der Mythos der guten Stimme Realität. Außerhalb des Hauses verhielt sie sich entsprechend den tatsächlichen Gegebenheiten. Sie sagte, sie hielte die Unwirklichkeit zu Hause aufrecht, damit ihre Mutter sich besser fühle. Diese Tochter hatte ein neurotisches Problem. In einer Familie mit Psychose hätten weder Tochter noch Mutter die

Grenze zwischen Wirklichkeit und Unwirklichkeit erkannt, sondern den Mythos der guten Stimme in allen ihren Beziehungen agiert.

Die »Projektion« tritt auch auf der Ebene körperlicher Krankheit auf. Hier handelt es sich um einen Mechanismus, bei dem *das Soma der einen Person mit der Psyche einer anderen Person in Wechselbeziehung gebracht wird.* In vielen Fällen haben wir erlebt, wie die Angst beim einen zur körperlichen Krankheit beim anderen werden konnte. Ehe sich der Stationsinternist dieser Tatsache bewußt wurde, hatte es viele Situationen gegeben, in denen eine offenkundig ängstliche Mutter dem Arzt die Symptome des Patienten beschrieb. Der Patient bestätigte diese Symptome. Der Arzt stellte eine Diagnose und verordnete Medikamente. Innerhalb weniger Stunden konnte sich ein Prozeß von Angst bei der Mutter in Schmerzen beim Patienten verwandeln, die diagnostiziert und behandelt wurden. Wie uns von Kinderärzten berichtet wurde, ist das in ihrer Praxis ein lästiges Problem. Es ist viel leichter, den fügsamen Patienten zu behandeln, als zu versuchen, an das tiefer liegende Problem heranzukommen. Die somatische »Erwiderung« zeitigt oft ein eindeutiges körperliches Krankheitsbild. Eine eindrucksvolle Reihe solcher Erwiderungen zeigte sich bei einer Mutter in Reaktion auf die rasche Besserung eines regredierten Patienten. Innerhalb weniger Stunden nach jeder größeren Veränderung beim Patienten entwickelte die Mutter eine körperliche Krankheit, die mehrere Tage andauerte. Zu den somatischen Reaktionen gehören fieberhafte Entzündung der Atmungsorgane, Kehlkopfentzündung mit schweren Ödemen an den Stimmbändern, Magen- und Darmkatarrh und schwere Nesselsucht. Diese ausgeprägten Erwiderungsmechanismen sind in der Mutter-Patient-Beziehung am häufigsten, aber nicht auf sie beschränkt. Nach meiner Ansicht gehört dieser Mechanismus in erster Linie zur funktionalen Wechselbeziehung zwischen extrem unrealistischer Übertüchtigkeit und extrem unrealistischer Untüchtigkeit.

Ein weiteres Mosaiksteinchen der komplexen Mutter-Kind-

Beziehung wurde von einer Mutter und ihrer Tochter beschrieben, bei denen der Prozeß der Lösung aus der gegenseitigen Umklammerung weit gediehen war. Die Mutter begann zu merken, wieviel Zeit sie damit verbrachte, über die Tochter nachzudenken. Das war ihr vorher nie bewußt gewesen. Sie sagte, sie habe immer die gleichen Gefühle und Empfindungen gehabt wie die Tochter. Sie wunderte sich über ihre intuitive Fähigkeit, zu fühlen, was ein anderer fühlt. Ein Vorfall aus der Kindheit der Tochter fiel ihr ein. Das Kind war gefallen und hatte sich am Kopf verletzt. Genau in dem Augenblick, in dem sich die Tochter am Kopf verletzte, spürte die Mutter, wie ihr eigener Kopf zu schmerzen begann. Sie dachte darüber nach, was der Grund dafür sein könnte, und kam zu dem Schluß, daß ihr eigenes Leben mit dem der Tochter in komplexer Weise verbunden sei. Sie beschloß, »eine unsichtbare Mauer zwischen uns zu errichten, so daß ich mein Leben leben kann und sie das ihre«. Die Tochter bestätigte diese Verschmelzung der Gefühle. Sie selbst war nie in der Lage gewesen zu wissen, wie sie sich fühlte. Darin war sie ganz von der Mutter abhängig, die ihr sagen mußte, wie sie sich fühlte. Hatte sie gelegentlich ein Gefühl, das anders war, als die Mutter sagte, so entwertete sie dieses Gefühl und fühlte so, wie die Mutter ihr sagte, daß sie fühle. Auch in vielen anderen Dingen war sie von der Mutter abhängig. Sie wußte nie, wie sie aussah, ob ihr ein Kleid stand, ob die Farben zusammenpaßten. Darin war sie auf die Mutter angewiesen. Erst als sie längere Zeit von zu Hause fort auf der Schule war, konnte sie anfangen, ihre eigenen Gefühle zu entwickeln. Wenn sie dann nach Hause zurückkehrte, verlor sie wieder die Fähigkeit, sich in ihren Gefühlen auszukennen. Die Tochter beschrieb dann die gleiche intuitive Fähigkeit zu wissen, was die Mutter fühlte.

Betrachten wir nun die Funktion des Kindes in der Kind-Mutter-Beziehung. Es wäre eine zu starke Vereinfachung, wenn man sagte, daß die Mutter ihre Unzulänglichkeiten auf das Kind »projiziert« und das Kind die Unzulänglichkeiten der Mutter automatisch »introjiziert«. Bei genauerer Betrachtung zeigt sich, daß das Kind auf denselben zwei Ebenen des Prozesses beteiligt ist wie die Mutter, nur daß die Mutter ihre emotionalen und verbalen Ansprüche aktiv initiiert, während das Kind mehr damit beschäftigt ist, auf die Ansprüche der Mutter zu reagieren, als seine eigenen Ansprüche zu stellen. In diesem Sinne verläuft das Leben des Kindes so, daß es alle Anstrengungen macht, Mutters Baby zu bleiben, während es zugleich versucht, ein reifer Erwachsener zu werden. Ich halte das für das gleiche Dilemma, das mit anderen Termini von Bateson und Jackson (17) in ihrer *double bind*-Konzeption beschrieben worden ist.

In den Forschungsfamilien variiert die Reaktion des Patienten auf die Forderungen der Mutter mit dem Grad der funktionellen Hilflosigkeit des Patienten und der Funktionsstärke der Mutter. Ein ganz hilfloser und regredierter Patient wird emotionale Forderungen unverzüglich erfüllen und verbalen Forderungen wenig Aufmerksamkeit schenken. Ein weniger stark regredierter Patient bietet emotionalen Forderungen erkennbaren Widerstand, widerspricht aber auch verbalen Forderungen energisch. Ein ziemlich hoher Grad an Funktionsstärke ist für den Patienten erforderlich, um gegen eine emotionale Forderung mit einer Bemerkung zu opponieren wie: »Ich lehne es ab, mich von dir aus der Fassung bringen zu lassen!« Die Mutter kann auf solchen Widerstand reagieren, indem sie in offenkundige Angst gerät oder körperlich krank wird. Der untüchtige Patient fügt sich den emotionalen Forderungen seiner Mutter fast augenblicklich. Sobald die unverhüllt ängstliche Mutter mit dem Patienten in direkten Kontakt kommt, verringert sich ihre Angst, während der Patient psychotischer wird und stärker regrediert. Die tüchtigere Mutter behandelt dann den weniger tüchtigen Patienten wie ein Kleinkind. Anscheinend ist die Angst der Mutter ein automatisches Signal für den Patienten, »der Mutter zu helfen«, indem er ihr Kleinkind wird. Der Patient ist an diesem Prozeß so aktiv beteiligt, daß ich ihn nicht als »Opfer« der Situation ansehen kann. In gewisser Weise akzeptieren die Patienten diese Position ergeben als eine Mission, für die sie geboren wurden. Ein Patient sagte dazu: »Ich bin geboren worden, als meine Mutter jemand brauchte. Es hätte auch mein Bruder sein können oder meine Schwester, wenn sie zu meiner Zeit auf die Welt gekommen wären.« Der Patient lebte sein Leben so, als müßte die Mutter ohne seine »Hilfe« sterben und als würde er, wenn die Mutter stirbt, ebenfalls sterben.

Das Kind stellt seine emotionalen und verbalen Ansprüche an die Mutter, indem es seine hilflose, mitleiderregende Lage ausnutzt. Viele Patienten sind sehr geschickt darin, in anderen Mitleid und übertriebene Hilfsbereitschaft zu wecken. Alle Forschungsfamilien haben ihr Heim schließlich auf die Ansprüche des Patienten abstellen müssen. Die Eltern können sich ebensowenig gegen den Patienten zur Wehr setzen, wie sich der Patient gegen sie zur Wehr setzen kann.

Betrachten wir nun die Beziehungen des Vaters in der interdependenten Triade. Seine emotionale Trennung von der Mutter bleibt ziemlich konstant, doch kann er, sobald die Mutter das erlaubt, eine enge Beziehung zum Kind haben. Die Eltern folgen einem Schema, das dem geschiedener Eltern, die ihre Kinder miteinander teilen, sehr ähnlich ist. Die Mutter, im Verhältnis zum untüchtigen Kind die Übertüchtige, betreut das Kind. Das Kind hat keine direkte Stimme in der Wahl zwischen Vater und Mutter, doch kann es die Mutter quälen, bis sie weggeht und es beim Vater läßt. Der Vater kommt dann in die funktionelle Lage einer Ersatzmutter. Auch dann, wenn er diese Position lange innehat, bleibt er immer noch ein Repräsentant der Mutter. Nach unserer Erfahrung ist es für einen Vater solange unmöglich, eine Primärbeziehung mit dem Patienten einzugehen, wie er seine eigene emotionale Trennung von der Mutter nicht geändert hat.

Alle 11 Forschungsfamilien entsprachen dem Grundschema von einer übertüchtigen Mutter, einem hilflosen Patienten und einem Vater als Randfigur. Alle Mütter machten sich Sorgen über die starke Anhänglichkeit des Kindes ihnen gegenüber. Sie führten diese Anhänglichkeit auf das Desinteresse des

Vaters gegenüber dem Kind zurück. Die Väter stimmten dem zu. Das war besonders bei den sechs Familien mit psychotischen Söhnen der Fall. Die Eltern waren alle beunruhigt, daß die Söhne homosexuell werden könnten, wenn sie weiterhin an ihrer Mutter hingen. Alle Eltern stimmten darin überein, daß Söhne eine enge Beziehung zu ihrem Vater brauchen, um sich männlich identifizieren zu können. Alle sechs Väter versuchten, ihren Söhnen nahezukommen. Jede Bemühung war erfolglos. Am erfolgreichsten erwies sich noch ein Versuch, bei dem der Vater mehrere Jahre hindurch einmal in der Woche einen Nachmittag mit dem Sohn verbrachte. Der Vater nahm dabei die Position des von der Mutter bezahlten Pflegers für den Sohn ein. Ein Vater versuchte, seinen Sohn auf eigene Weise zu gewinnen. Er wurde Truppenleiter bei den Pfadfindern in der geheimen Hoffnung, sein Sohn werde an den Pfadfindern Interesse bekommen. Die Mutter gab nicht einen Fußbreit ihrer Bindung an den Sohn auf, und dieser besuchte niemals ein Pfadfindertreffen.

Die Erfahrung, die wir mit normalen Geschwistern machten, war von größtem Interesse für uns. Zu Beginn der Studie dachte ich, daß alle Geschwister stark in das Familienproblem verwickelt seien. Mit wachsender Erfahrung neige ich nun zu der Annahme, daß der wesentliche Prozeß auf die Vater-Mutter-Patient-Triade beschränkt ist. Die Familiengeschichten und eine flüchtige Beobachtung boten Anzeichen dafür, daß jedes Familienmitglied auf irgendeine Weise beteiligt war. Ein Fall wird diesen Punkt veranschaulichen. Eine Mutter hatte die übliche Bindung an die ältere psychotische Tochter. Die Familiengeschichte legte nahe, daß der Vater und die jüngere Tochter ebenso verstrickt seien wie die Mutter und die ältere Tochter, und Beobachtungen in den ersten sechs Monaten schienen das zu bestätigen. In den nächsten beiden Jahren ergriff die jüngere Tochter für alle drei Mitglieder der grundlegenden Familientriade Partei, doch wurde sie nie in dem Maße hineingezogen, daß sie sich nicht zurückziehen und die Familie verlassen konnte. Wieder und wieder sind normale Geschwister und Verwandte eine Zeitlang in den Familienkonflikt verwickelt worden, doch haben sie sich stets wieder zurückgezogen, so daß die grundlegende Familientriade in ihrer triangulären Interdependenz erhalten blieb.

Bevor ich versuche, die Familienstruktur bis zu dem Punkt zu verfolgen, an dem es zur psychotischen Spaltung kommt, möchte ich zum Ausgangspunkt der Mutter-Kind-Beziehung zurückkehren und einige der Punkte erörtern, die für die Psychose entscheidend sind. Nach unserer heutigen Auffassung wird das Kind für die Mutter zum »wichtigen Anderen«. Durch das Kind kann die Mutter ein stabileres emotionales Gleichgewicht erlangen, als ihr andernfalls möglich wäre. Die Winzigkeit und Hilflosigkeit des Kleinkindes gestattet ihr, von der Position der Übertüchtigkeit aus sicher zu fungieren. Die emotionale Stabilisierung der Mutter befähigt den Vater, eine weniger angstbeladene Beziehung zu ihr zu unterhalten. Die funktionelle Hilflosigkeit des Kleinkindes ermöglicht somit beiden Elternteilen eine weniger angstvolle Einstellung. Zwar haben beide Elternteile sogar den bewußten Wunsch, daß das Kind größer wird und sich normal entwickelt, doch verhalten sich beide automatisch so, daß das Kind in der hilflosen Lage bleiben muß. Ich habe bereits Mechanismen beschrieben, mit denen die Mutter versucht, das Kind hilflos zu halten. Auch der Vater tut das. Hat die Mutter in ihrem Bemühen, »dem Kind Benehmen beizubringen«, nicht sofort Erfolg, dann kommt ihr der Vater zu Hilfe. Ich glaube, Angst ist hier die treibende Kraft. Die Forschungsfamilien haben alle eine niedrige Toleranzgrenze gegen Angst. Sie operieren nach dem Prinzip »Frieden um jeden Preis«. Rasch sind sie bei der Hand, zwischen wichtigen Lebensprinzipien Kompromisse zu schließen, um die Angst für einen Augenblick zu bannen. Natürlich erzeugt diese Politik des »Frieden um jeden Preis« größere Angst für den nächsten Tag, aber man hält an der kompromißlerischen Haltung fest, die Angst für den Augenblick zu vermindern.

Die Mechanismen, durch die entweder die Mutter oder das

Kind das gleiche wie der andere fühlen oder »für den anderen sein« kann, lassen sich begrifflich schwer fassen. In der Literatur ist eine Reihe von möglichen Erklärungen vorgeschlagen worden. Warum begibt sich vor allem das Kind in diese Situation? Ich glaube, das Kind schützt automatisch seine Interessen, indem es das tut, was ihm eine weniger ängstliche, eine berechenbarere Mutter garantiert. Hat sich das Kind aber einmal in dieses »für die Mutter (hilflos) sein« begeben und die Mutter in das entgegengesetzte »für das Kind (stark) sein«, dann sind sie beide in einer funktionellen Bindung des »füreinander sein«. Wenn das Kind sein Selbst dem »für die Mutter sein« widmet, verliert es die Fähigkeit, »für sich selbst« zu sein. Ich betone das funktionelle *being helpless,* »sich in der Hilflosigkeit *befinden*« stärker als das festgelegtere *is helpless,* »hilflos *sein*«. Mit anderen Worten: ich betrachte Schizophrenie als eine funktionelle Hilflosigkeit im Gegensatz zu Auffassungen, die sie als eine konstitutionelle Hilflosigkeit betrachten. Für beide Seiten dieses Sachverhalts lassen sich unbestreitbare Belege erbringen.[7]

Der Prozeß, in dem das Kind beginnt, »für die Mutter zu sein«, führt zu einer Hemmung seines psychologischen Wachstums. Sein körperliches Wachstum bleibt normal. Jedes Jahr wird die Diskrepanz zwischen der körperlichen Entwicklung und der psychologischen Entwicklung größer. Die Beziehung erfordert, daß das Kind sich ganz der Mutter und die Mutter sich dem Kind widmet. Der symbiotische Zustand ist bestenfalls bedenklich ausgeglichen. Mit den Jahren, wenn das Kind körperlich kein Baby mehr ist, wird es noch schwieriger, die Symbiose im emotionalen Gleichgewicht zu halten. Beide werden von Veränderungen beim anderen bedroht. Das Kind ist bedroht durch jedes Zeichen von Altern, Krankheit, Angst, Schwäche oder Änderung der Einstellung bei der Mutter, wo-

---

[7] Bayley, Bell und Schaefer (20) gehören zu denen, die die frühe Mutter-Kind-Beziehung erforschen. Sie suchen zu entschlüsseln, ob der Charakter der Beziehung von angeborenen Eigenschaften des Kindes bestimmt wird, auf die die Mutter reagiert, oder ob er von Faktoren bestimmt wird, die bei der Mutter gegeben sind.

durch sie gehindert werden könnte, stets die starke, tüchtige Mutter zu sein. Die Mutter wird bedroht durch Wachstum, Krankheit oder andere Umstände, die das Kind daran hindern könnten, auf ewig ihr Baby zu sein. Es ist jedoch unvermeidlich, daß sich beide ändern und die Beziehung damit eines Tages zerstört wird. Die Gefühle, die beide in Hinblick auf den Verlust des anderen erleben, werden gleichgesetzt mit Tod.

Die Mutter bedroht das Kind in vieler Hinsicht. Am entscheidendsten ist dabei die Drohung, sie könnte ein weiteres Baby bekommen und das Kind im Stich lassen. Nach meiner Ansicht ist ihre Wahl eines einzelnen Kindes für eine so intensive Beziehung bestimmt durch ihr unbewußtes Fungieren in der vorangegangenen realen Situation. Ein großer Prozentsatz von Müttern wird an der ursprünglichen Beziehung zu dem ersten Kind festhalten. Eine Mutter sagte, das erste sei so mitleiderregend gewesen, als das zweite geboren wurde, daß es sie in stärkerem Maße brauchte. Andere Mütter haben nacheinander Bindungen an jedes neue Kind und halten schließlich an dem jüngsten als »meinem Baby« fest. Wieder andere wählen ein mittleres Kind. Eine Mutter mit fünf Kindern hatte nacheinander Bindungen an die ersten beiden und hielt dann eine Bindung an das dritte aufrecht, eine Tochter, die der Mutter ähnlich sah. Eine weitere Mutter hatte normale Beziehungen zu ihren ersten beiden Kindern und dann eine starke Bindung an das dritte, das kurz nach dem Tod ihrer eigenen Mutter geboren wurde. Die Geburt eines körperlich verunstalteten Kindes kann der »Erfüllung« der emotionalen Bedürfnisse einer solchen Mutter näherkommen als die eines normalen Kindes.

Die Fortsetzung der Mutter-Kind-Symbiose wird hauptsächlich bedroht durch den Wachstumsprozeß des Kindes. Es kann sein, daß die Beziehung ziemlich ruhig verläuft und dann in Zeiten eines raschen Wachstums beim Kind Symptome von Trennungsangst ausbrechen. Das Wachstum kann bei beiden Drohungen, Zurückweisungen, Forderungen und Vergeltungsmaßnahmen auslösen. Phänomenologisch ausgedrückt, versucht die Symbiose, zwei Leben in einer besonders lustvollen Phase in den Lebenszyklen der beiden zum Stillstand zu bringen. Zu Beginn ist die Mutter-Kleinkind-Symbiose ein normales Stadium im Verlauf eines Lebens zwischen Geburt und Tod. Wird sie aber als unabänderlich beibehalten, dann wird sie zu etwas Fremdem, das durch das biologische Fortschreiten gerade jenes Lebensprozesses bedroht wird, von dem sie einmal ein Teil gewesen ist.

Betrachten wir nun einige auslösende Momente, die zur akuten Psychose führen. Das rapide Wachstum des Kindes in der Adoleszenz beeinträchtigt das funktionelle Gleichgewicht der interdependenten Triade. Bei allen drei Beteiligten wächst die Angst. Der Automatismus der Mutter – und ebenso des Vaters – wirkt darauf hin, das Kind in eine hilflosere Position zurückzuzwingen, und der Automatismus des Kindes verläuft in Richtung Fügsamkeit. In der Adoleszenzphase stört der Wachstumsprozeß des öfteren das Gleichgewicht, während der emotionale Prozeß versucht, es wiederherzustellen. Die bewußten, verbalen Äußerungen verlangen, das Kind solle erwachsener werden.

Der Schritt des Kindes von der Adoleszenz in die akute Psychose bedeutet eine Veränderung vom Zustand des hilflosen Kindes hin zu dem eines schlecht funktionsfähigen Erwachsenen, eines hilflosen Patienten. Ich will mich auf die Veränderungen beim Kind konzentrieren, ohne besonders auf die weiterlaufenden Mechanismen einzugehen, mit denen die Eltern darauf reagieren. Die Adoleszenz aktiviert starke Ängste in der symbiotischen Beziehung. Vor der Adoleszenz war die Mutter solange beruhigt gewesen, wie das Kind infantil war. Es hatte seine Wünsche, größer zu werden, mit Phantasien von zukünftiger Größe gepflegt. Die Wachstumsperiode erzeugt beim Kind wie bei der Mutter Angst, bis die symbiotische Beziehung selbst zur ernstlichen Bedrohung wird. Wenn das Kind größer geworden ist, wird es von der Mutter als Kleinkind behandelt. Wenn es kindlich ist, verlangt sie, es solle größer werden. Nach jahrelangem Fungieren als hilfloses Kind hat es wenig eigenes »Selbst« und ist kaum dazu ausgerüstet, etwas ohne die Mutter zu tun. Sein Dilemma ist, daß es zwischen gegensätzlichen Kräften einen Weg finden muß. Sein Problem ist viel größer als das des normalen Jugendlichen, der von seinen Eltern bei den Problemen des Erwachsenwerdens Hilfe erwarten kann und die grundlegende Fähigkeit hat, außerhalb der Familie etwas anzufangen. Das Kind, das sich in diesem Dilemma befindet, muß mit zwei Dingen fertig werden, ehe es zu den Problemen des normalen Jugendlichen kommt: erstens mit der Bemühung der Mutter, es zurückzuhalten, und zweitens mit seinem eigenen Drang, zu ihr zurückzukehren. Hat es sich einmal von der Mutter befreit, dann muß es Beziehungen in der Außenwelt bewältigen, ohne ein eigenes Selbst zu haben. Über dieses Dilemma sagte ein männlicher Patient: »Es gehört schon eine Menge dazu, die Mutter an der Hand zu halten und zur gleichen Zeit Baseball zu spielen!« Eine junge Patientin sagte, die Situation gleiche einem »Magnetfeld« rund um die Mutter. Kam sie der Mutter zu nahe, so fühlte sie sich plötzlich »von der Mutter eingesogen« und ihre eigene Identität verlieren; entfernte sie sich zuweit von der Mutter, dann hatte sie überhaupt kein »Selbst«.

Unsere Patienten benutzten, als sie noch zu Hause lebten, die Mechanismen der Verleugnung und der Isolation, um dem »Magnetfeld« der Mutter zu entfliehen. Einer unserer Patienten stürzte mit 15 Jahren in psychotische Hilflosigkeit, nachdem seine anfänglichen Bemühungen, ohne die Mutter auszukommen, fehlgeschlagen waren. Die meisten unserer Patienten hatten mit ihren ersten Bemühungen, ohne Mutter zu fungieren, Erfolg. Das war zum Beispiel bei der Tochter der Fall, von der in der kurzen Familiengeschichte die Rede war. Sie wurde reger und fühlte sich wohler bei Leuten außerhalb der Familie. Die Familie war sicher, daß die Adoleszenz ihr »Anpassungsproblem« gelöst habe. Sie freute sich darauf, sich völlig von der Familie zu lösen, als sie aufs College ging. Durch erhöhte Verleugnung und Selbstbestätigung schaffte sie es ein Semester lang. Dann, in der ersten Prüfungsperiode, traten Arbeitsstörungen auf. Der psychotische Zusammenbruch bahnte sich über einen Zeitraum von wenigen Tagen an, in denen sie die Verleugnung nochmals verstärkte und ihre Anstrengung, »es allein zu schaffen«, erneut verdoppelte. Von unserem theoretischen Standpunkt aus stellt die Psychose einen erfolglosen Versuch dar, die schwere psychologische Schädigung mit den Anforderungen des Erwachsenenlebens in Einklang zu bringen. Die Verleugnung der Unfähigkeit durch die Patientin und ihre Bekundungen von Stärke kamen nun in verzerrter Verbalisierung zum Ausdruck, während sie ihre Hilflosigkeit in der Psychose agierte.

Die Psychose repräsentierte eine Auflösung der symbiotischen Bindung an die Mutter und einen Zusammenbruch der jahrelangen interdependenten Triade Vater-Mutter-Patient. Die Angst in der Familie wurde groß. Die Mutter versuchte, ihre Angst zu bewältigen, indem sie die Fassade von Stärke, vor allem dem Vater und den Ärzten der Nervenklinik gegenüber, versteifte. Sie hatte die Verantwortung für die Hospitalisierung übernommen. Die Tochter war zum erstenmal feindselig gegen die Mutter und lehnte sich gegen sie auf. Die Mutter behandelte die totale Zurückweisung durch die Tochter, indem sie erklärte: „Das kommt, weil sie krank ist.« Damit drückte sie aus, daß die Tochter sich nicht so verhalten würde, wenn sie gesund wäre. Der Vater war automatisch, ohne sich dessen bewußt zu sein, in bezug auf die extrem übertüchtige Mutter in Funktionsuntüchtigkeit zurückgefallen. Mit seinem Geschäft ging es bergab. Binnen eines Jahres machte er Bankrott, ohne daß ihm im leisesten bewußt wurde, daß sein Bankrott irgend etwas mit der funktionellen Interdependenz der zentralen Familientriade zu tun haben könnte.

Nach meiner Annahme reicht die Skala der ungelösten symbiotischen Bindungen an die Mutter von ganz leicht bis ganz stark, wobei die leichten wenig Schädigung verursachen, während sich bei den Patienten mit der stärksten ungelösten Bindung schizophrene Psychosen entwickeln. Es gibt eine Reihe von Möglichkeiten für Individuen mit starker Mutterbindung, ihr Dilemma einigermaßen zu lösen. Einige sind in der Lage, die eigentliche Mutter gegen einen Mutterersatz auszutauschen. Die funktionelle Hilflosigkeit kann sich in somatischer Krankheit äußern. Der Charakterneurotiker benutzt einen Fluchtmechanismus, um mit der Hilflosigkeit fertig zu werden. Die Patienten in unseren Familien versuchten, kühle Beziehungen zu finden. Der psychotische Zusammenbruch wird als der Fehlschlag eines Lösungsversuchs betrachtet.

Ich habe von »emotionaler Forderung« und »emotionalem Prozeß« gesprochen, um die emotionale Reaktionsbereitschaft zu beschreiben, mit der ein Familienmitglied automatisch auf den emotionalen Zustand des anderen reagiert, ohne sich dessen bewußt zu werden. Vielleicht kann man diesen Prozeß als averbale Kommunikation begreifen, doch ziehe ich es vor, diese Termini in deskriptivem Sinne zu verwenden. Der Prozeß ist insofern unbewußt, als keiner der Beteiligten ihn bewußt wahrnimmt, aber er ist nicht unbewußt in dem Sinne, wie wir den Ausdruck üblicherweise gebrauchen. Dieser »emotionale Prozeß« verläuft in der Tiefe und ist auf irgendeine Weise mit dem *Sein* einer Person verbunden. Er spielt sich in aller Stille unter der Oberfläche ab, bei Menschen, die eine sehr enge Beziehung zueinander haben. Er wirkt in Zeiten des Konflikts wie in Zeiten friedlicher Harmonie. In den meisten unserer Familien gibt es eine Menge Konflikte und offene Mißhelligkeiten sowie zahlreiche Geschichten von Ungerechtigkeit und Niedertracht zwischen den Familienmitgliedern. Der Beobachter kann sich leicht von solchen Konflikten und Aufregungen blenden lassen. Es gibt auch Familien mit schizophrenen Angehörigen, die wenig oder keine Konflikte haben und nichts von den Faktoren aufweisen, die wir gewöhnlich mit Schizophrenie verbinden. Ich glaube, daß sich jener emotionale Prozeß in engen Zusammenhang mit der Schizophrenie bringen läßt und daß die »stille« Familie mehr Auskünfte über ihn zu geben vermag.

Es stellt sich die Frage nach der »abweisenden Mutter«. In

unserer kleinen Zahl von Forschungsfamilien hat es keine abweisende Mutter gegeben. Jede Mutter unserer Gruppe wurde aber von den Patienten »abweisend« genannt. Die Menge der Aufmerksamkeit, die die Mütter den Patienten schenken, hängt vom Grade ihrer Angst ab. Wenn diese Mütter Angst haben, schwanken sie und behandeln den Patienten als infantil. Wenn sie keine Angst haben, schenken sie ihm viel weniger Aufmerksamkeit. Die Patienten erleben diese Verminderung der Aufmerksamkeit als »Ablehnung«. Nach meinem Eindruck handelt es sich bei der wirklich abweisenden Mutter um eine, deren Baby niemals zugunsten ihrer eigenen emotionalen Bedürfnisse Teil ihres Abwehrsystems werden könnte, so daß sie das Baby sich selbst überlassen muß, um anderswo Befriedigung zu suchen.

Bei den Familien, die in der Familientherapie Fortschritte machten, wurden Veränderungen der üblichen, erstarrten Familienstrukturen sichtbar. So zog die Veränderung eines Familienmitglieds Veränderungen bei den beiden anderen nach sich. Die Beobachtung dieser Veränderungen war es, was uns zu der Beschreibung der »Wechselfunktion von Übertüchtigkeit/Untüchtigkeit« veranlaßt hat.

Einige weitere Veränderungen, die im Laufe der Therapie vor sich gehen, sind ebenfalls von theoretischem Interesse. Im Folgenden ein kurzer Bericht über einige Veränderungen in einer aus Vater, Mutter und Tochter bestehenden Familie. Der starke Konflikt zwischen der Mutter und der psychotischen Tochter nahm die ersten Monate der Familientherapiesitzungen in Anspruch. Der Vater blieb an der Peripherie und in einer Position der Untüchtigkeit. Allmählich fing er jedoch an, sich an den Familienproblemen zu beteiligen. Der Konflikt verlagerte sich auf die Mutter-Vater-Beziehung. Als der Vater begann, sich gegen die übertüchtige Mutter zur Wehr zu setzen, wurde sie ihm gegenüber ängstlicher, herausfordernd und aggressiv. Schließlich nahm er eine Position als Familienoberhaupt ein, obwohl ihre Angst, ihre Nervosität und ihr Protest unverkennbar waren. In wenigen Tagen verwandelte sie sich in eine freundliche, mütterliche, objektive Person. Sie sagte: »Es ist schön, endlich mit einem Mann verheiratet zu sein. Wenn er sich nicht wieder davon abbringen läßt, ein Mann zu sein, dann kann ich eine Frau sein.« Die emotionale Trennung wurde aufgehoben, und für zwei Monate gingen sie so völlig ineinander auf, als wären sie ein junges Liebespaar. Die Patientin versuchte, ihre abhandengekommene Symbiosepartnerin zurückzugewinnen, aber die Mutter blieb fest, und die Patientin machte gründliche Fortschritte. In Stress-Situationen fielen sie alle in ihre früheren Funktionsweisen zurück, doch konnte der Vater danach leichter zu einer Position der Tüchtigkeit finden und war deshalb für die Mutter in ihrer Position der Übertüchtigkeit keine Bedrohung mehr.

Eindrucksvoll war die Beobachtung, daß es dem Patienten besser ging, sobald sich die Eltern emotional nahe waren und sich einander stärker zuwandten als jeder von ihnen dem Patienten. Wenn einer der beiden Elternteile seine Gefühle mehr auf den Patienten richtete als auf den anderen Elternteil, regredierte der Patient sofort und automatisch. Waren sich die Eltern gefühlsmäßig nahe, dann konnten sie in ihrer »Behandlung« des Patienten nichts falsch machen. Der Patient reagierte gut auf Bestimmtheit, Nachgiebigkeit, Strafe, »Aussprache« oder andere Behandlungsmethoden. Waren die Eltern »emotional getrennt«, dann blieben alle »Behandlungsmethoden« gleichermaßen erfolglos.

Schlußfolgerungen

Die Arbeitshypothese für dieses Forschungsprojekt basierte auf der theoretischen Annahme, daß die Psychose beim Patienten Symptom eines größeren Familienproblems ist. Diese Annahme steht im Widerspruch zu der üblichen theoretischen Position, die sie als eine Krankheit oder eine Krankheitserscheinung beim Patienten betrachtet. Es ist nicht möglich gewesen, die klinische Arbeit und die Forschungstätigkeit in völligem Einklang mit unserer theoretischen Position zu halten. Unsere Begrenzungen und die allgemein akzeptierte Ansicht, daß es sich um eine Krankheit beim Individuum handelt, machen es nötig, die Orientierung am Individuum teilweise beizubehalten. Mit anderen Worten: Wir können sagen, daß wir die Psychose als ein Familienproblem betrachten, aber in vielerlei Hinsicht müssen wir sie als eine Krankheit des Individuums behandeln. Allerdings hat unser Forschungsinstitut eine ungewöhnliche experimentelle Flexibilität ermöglicht, und wir konnten ein vernünftiges Maß an Harmonie zwischen der Hypothese und der Forschungstätigkeit erzielen. Je mehr wir in der Lage waren, die Psychose als ein Familienphänomen zu erkennen, desto mehr waren wir in der Lage, ein anderes Bild der Schizophrenie zu sehen. Die Arbeitshypothese beruht also auf einer theoretischen Annahme. Die Forschungstätigkeit, auf dieser Hypothese basierend, hat zu Beobachtungen geführt, die sich von denen, welche von anderen theoretischen Standpunkten aus möglich sind, unterscheiden. Die Familienkonzeption ist eine Korrelation von Forschungsbeobachtungen mit der Hypothese. Unser Forschungsprojekt lief über vier Jahre. Die Hypothese und ihre praktische Handhabung sind in gewissem Grade jedes Jahr modifiziert worden. In diesem Sinne könnte man die Familienkonzeption, wie sie hier dargestellt worden ist, als unsere laufend überprüfte Konzeptualisierung der Schizophrenie als Familienproblem bezeichnen.

Zu Beginn des Aufsatzes habe ich unser theoretisches Problem bezüglich der Schizophrenie mit dem Problem verglichen, das die blinden Männer mit dem Elephanten haben. Die Analogie trifft vermutlich mehr auf jene zu, die mit der Familie arbeiten, als auf andere, doch habe ich zu meiner Überraschung festgestellt, daß die Schizophrenie, betrachtet man sie als ein Problem der Familie, sich erheblich unterscheidet von der Schizophrenie, die man als individuelles Problem ansieht. Das liegt nicht an der Schizophrenie; sie hat sich nicht geändert – die einzige Veränderung geschah mit den Augen, die sie betrachten. In diesem Sinne bietet die Familienkonzeption eine andere Position für die Betrachtung eines Dilemmas, das eines der ältesten des Menschen ist.

Bibliographie

1 J. G. Saxe, »The Blind Men and the Elephant«, in B. E. Stevenson (Hrg.), *Home Book of Verse*, New York 1949.
2 T. Benedek, *Studies in Psychosomatic Medicine, Psychosexual Functions in Women*, New York 1952, S. 339–351.
3 M. Mahler, »On Child Psychosis and Schizophrenia«, in *The Psychoanalytic Study of the Child*, Bd. 7, New York 1952, S. 286–305.
4 L. B. Hill, *Psychotherapeutic Intervention in Schizophrenia*, Chicago 1955.
5 R. W. Lidz und T. Lidz, »Therapeutic Considerations Arising from the Intense Symbiotic Needs of Schizophrenic Patients«, in E. B. Brody und F. C. Redlich (Hrg.), *Psychotherapy with Schizophrenics*, New York 1952, S. 168–178.
6 S. Reichard und C. Tillman, »Patterns of parent-child relationships in schizophrenia«, in *Psychiatry*, 13 : 247–257, 1950.
7 D. Limentani, »Symbiotic identification in schizophrenia«, in *Psychiatry*, 19 : 231–236, 1956.
8 M. Bowen, »Family participation in schizophrenia«, Aufsatz vorgelegt beim Jahrestreffen der Am. Psychiatric Association, Chicago, Mai 1957.
9 N. Ackerman, »Interlocking Pathology in Family Relationships«, in S. Rado und G. Daniels (Hrg.), *Changing Concepts in Psychoanalytic Medicine*, New York 1956, S. 135–150.
10 B. Mittelmann, »Analysis of Reciprocal Neurotic Patterns in Family Relationships«, in V. Eisenstein (Hrg.), *Neurotic Interaction in Marriage*, New York 1956, S. 81–100.
11 J. P. Spiegel, »The resolution of role conflict in the family«, in *Psychiatry*, 20 : 16–18, 1957.
12 D. Jackson, »Family interaction, family homeostasis, and some implications for conjoint psychotherapy«, Aufsatz vorgelegt bei der Academy of Psychoanalysis, San Francisco, Mai 1958.
13 J. Regensburg, »Application of psychoanalytic concepts to casework treatment of marital problems«, in *Social Casework*, 25 : 424–432, 1954.
14 G. Kaplan, »Emotional Implications of Pregnancy«, in *The Child: His Health and Development*, Cambridge (bei Abfassung dieses Aufsatzes im Druck).

15 S. Freud, »Zur Einführung des Narzißmus« (1914), in *Gesammelte Werke*, Bd. X, Frankfurt am Main, London 1946, S. 156.
16 T. Lidz, A. Cornelison, S. Fleck und D. Terry, »The intrafamilial environment of schizophrenic patients: II. marital schism and marital skew«, in *Am. J. Psychiat.*, 114 : 241–248, 1957; in diesem Band S. 108 ff.
17 G. Bateson, D. Jackson, J. Haley und J. Weakland, »Toward a theory of schizophrenia«, in *Behavioral Sci.* I : 251–264, 1956; in diesem Band S. 11 ff.
18 L. C. Wynne, I. M. Ryckoff, J. Day und S. J. Hirsch, »Pseudomutuality in the family relations of schizophrenics«, in *Psychiatry*, 21 : 250–220, 1958; in diesem Band S. 44 ff.
19 R. H. Dysinger, »The ›action dialogue‹ in an intense relationship: a study of a schizophrenic girl and her mother«, Aufsatz vorgelegt beim Jahrestreffen der Am. Psychiatric Association, Chicago, Mai 1957.
20 N. Bayley, R. Q. Bell und E. S. Schaefer, »Research study in progress«, Child Development Section, National Institute of Mental Health, Bethesda, Md.

John H. Weakland
»Double-Bind«-Hypothese und Dreier-Beziehung

In einem früheren Aufsatz (1) haben meine Kollegen und ich ein Kommunikationsschema, das zu einem für Schizophrenie charakteristischen Verhalten führt, als *double bind* konzipiert. Im Mittelpunkt unseres Interesses stand dabei die Interaktion zwischen zwei Personen, insbesondere die Kommunikation zwischen Mutter und Kind. Seither ist unser Interesse an den Dreier-Beziehungen gewachsen, an denen unsere Patienten teilnehmen, wobei es uns vor allem um die Beziehung Vater-Mutter-Kind sowie um institutionelle Beziehungen wie die von Stationsleiter-Therapeut-Patient und Arzt-Schwester-Patient geht. Diese Dreier-Situationen sind zwar offenkundig anders und komplexer strukturiert als die vorher untersuchten Zweier-Beziehungen, doch zeigen sie bedeutende Ähnlichkeiten, untersucht man sie hinsichtlich der Struktur einer widersprüchlichen Kommunikation, der der Patient ausgesetzt wird.

Unser genereller Standpunkt und unsere spezifischen Begriffe und Hypothesen beruhen auf einer detaillierten und intensiven Untersuchung von Tonband- und Filmaufzeichnungen, die wir von der echten Kommunikation der Patienten mit Menschen gefertigt haben, welche in ihrem Leben eine wichtige Rolle spielen. Anfangs hatten wir in der Hauptsache die Kommunikation zwischen Patienten und Therapeuten im Einzelinterview untersucht, doch konzentrieren wir uns seit einigen Jahren immer mehr auf die Interaktion der Patienten mit ihren Familienangehörigen auf familientherapeutischen Sitzungen oder auch einfach in der Familiengruppe. Allerdings legen wir in diesem Aufsatz unsere Primärdaten nur in begrenztem Umfang dar. Im Zentrum soll die Anwendung der Methode und der damit erlangten Einsichten auf die Analyse der Dreier-Beziehung sowie auf die Wechselbeziehung der Beobachtungen stehen, die von verschiedenen anderen Schizophrenieforschern mitgeteilt wurden. Wir hoffen, auf diese Weise weitere Evidenz für unsere bisherigen Befunde zu erbringen, eine schizophrenogene Grundstruktur zu klären, die in einer Vielzahl von besonderen Situationen gegeben ist, sowie einer Orientierung an der Kommunikation das Feld zu bereiten, einer Betrachtungsweise also, die der orthodoxen Psychiatrie einigermaßen fremd ist, deren erkenntnisfördernder Wert von uns aber hoch veranschlagt wird.

Der Grundbegriff des »double bind«: die Zweier-Beziehung

Wir möchten zunächst unsere ursprüngliche Auffassung des *double bind* kurz referieren und dann zeigen, wie diese Auffassung bei der Klärung einer schizophrenen Dreier-Beziehung helfen kann. Um Mißverständnissen vorzubeugen: Wir behaupten nicht, daß *double binds* bei der Entstehung der Schizophrenie den einzigen wichtigen Faktor darstellen oder daß diese komplexeren Situationen »nur *double binds*« sind. Wir meinen jedoch, daß dieser Begriff zur Erkenntnis gewisser Ähnlichkeiten verhelfen kann, die für Schizophrenie in bestimmten verschiedenartigen Situationen bedeutsam sind.
Unsere ursprüngliche Position haben wir wie folgt umrissen:
Die allgemeinen Merkmale dieser Situation [des *double bind*] sind folgende:
1. Das Individuum ist in eine intensive Beziehung verstrickt; das heißt in eine Beziehung, in der es ihm als lebenswichtig erscheint, ganz genau zu unterscheiden, welche Art von Botschaft ihm übermittelt wird, damit es entsprechend reagieren kann.
2. Das Individuum ist in einer Situation gefangen, in der die andere Person in der Beziehung zwei Arten von Botschaft ausdrückt, von denen die eine die andere aufhebt.
3. Und das Individuum ist nicht in der Lage, sich mit den ausgedrückten Botschaften kritisch auseinanderzusetzen, um seine Entscheidung, auf welche Botschaft es reagieren soll,

zu korrigieren, d. h. es kann keine metakommunikative Feststellung treffen.
(Andere frühe Feststellungen unserer Forschungsgruppe sind im wesentlichen ähnlich, wenn auch einige Unterschiede in Terminologie und Akzentsetzung bestehen.)
Diese Art, die Kommunikationslage des *double bind* darzustellen, zielt natürlich darauf ab, die Struktur von Botschaften zu charakterisieren, die von einem *binder*, dem Urheber dieser Situation, ausgehen. In unserer anfänglichen Arbeit war es einfach dringend notwendig, diesen Punkt zu betonen – entgegen den herrschenden Meinungen, die sich an die Physiologie oder aber an die Phantasie hielten, darauf zu pochen, daß wirkliche Menschen einander wirkliche, beobachtbare Botschaften übermitteln, die schizophrene Reaktionen auslösen können. Wie wir die Situation darstellten, gibt die eine Person der anderen zwei aufeinander bezogene, aber gegensätzliche bzw. inkongruente Botschaften, die widersprüchliche Gebote darstellen, wobei sie zugleich zu verhindern sucht, daß das »Opfer« ihr entkommt oder die Unvereinbarkeit bemerkt und kommentiert.
Diese Auffassung ist jedoch in zweierlei Hinsicht einseitig. Erstens müssen wir ausdrücklich feststellen, daß derartige Beziehungen damit nicht insgesamt oder vollständig erfaßt sind. Zwar mag dieses einseitige Bild von »Urheber« und »Opfer« für die ganz frühe Eltern-Kind-Beziehung einigermaßen zutreffen, doch erlernt das »Opfer« bald ähnliche oder entsprechende Kommunikationsmuster – sei es, daß es selbst inkongruente Botschaften von sich gibt oder daß es auf jede Kommunikation von anderen reagiert, als sei sie widersprüchlich und lähmend. Dieses Verhalten trägt stark dazu bei, die allumfassenden Strukturen der Kommunikation und Interaktion, die in den Familien Schizophrener zu finden sind, aufrechtzuerhalten und die Psychotherapie mit solchen Patienten zu erschweren; hartnäckig vorgebrachte Botschaften dieser Art drängen den Therapeuten in eine ähnlich pathogene Interaktion mit dem schizophrenen Patienten.

Zweitens wird man, wenn man das Schwergewicht auf die Aussendung von Botschaften legt, daran gehindert, die Situation vom Gegenpol aus zu betrachten – vom Standpunkt der Person, die die *double bind*-Botschaften empfängt und darauf reagiert. Dieser Standpunkt ist hier besonders relevant. Es ist die schizophrene Reaktion auf Kommunikationen in bestimmten Zweier- und Dreier-Beziehungen, was psychiatrisch interessant ist und es erforderlich macht, diese so übliche Reaktion auf übliche Faktoren in früheren Verhältnissen zurückzuführen. Deshalb ist es wichtig, die Kommunikationslage des *double bind* von dem Punkt aus zu charakterisieren, den der Empfänger und Beantworter in dem System einnimmt.

In einer unserer Feststellungen zum *double bind* in jüngerer Zeit haben wir, uns auf die Umstände beziehend, denen sich ein Patient kurz vor seinem psychotischen Zusammenbruch gegenübersah, diesen Gesichtspunkt zum Teil aufgezeigt: »Wir haben unsere Auffassung des *double bind* als die einer Situation beschrieben, in der 1. sich jemand mit widersprüchlichen Botschaften konfrontiert sieht, die 2. aufgrund von Verschleierung oder Verleugnung oder auch deshalb, weil die Botschaften auf verschiedenen Ebenen gegeben werden, nicht leicht als solche erkennbar wird, und der er 3. nicht entrinnen kann und in der er auch nicht die Widersprüche feststellen und wirklich kommentieren kann« (2). Diese Charakterisierung des *double bind* kann, damit ein Maximum an Klarheit gewährleistet ist, wie folgt erweitert werden:

1. *In einer* double-bind-*Situation wird jemand mit einer bedeutsamen Kommunikation konfrontiert, die zwei Botschaften auf verschiedener Ebene oder verschiedenen logischen Typs enthält, zwischen denen zwar eine Beziehung besteht, die sich aber nicht vereinbaren lassen.*

2. *Die Möglichkeit, das Feld zu räumen, ist blockiert.* Eine derartige Flucht, auf die anschließend wahrscheinlich eine befriedigendere Kommunikation anderswo hergestellt werden würde, wäre als potentieller Ausweg eine natürliche und angebrachte Reaktion.

Gewöhnlich ist er deshalb versperrt, weil der Betreffende von der Person oder den Personen abhängig ist, die die widersprüchlichen Botschaften abgeben. Wenn die Abhängigkeit in der Situation selbst liegt (wie in der Kindheit oder bei Krankheit), ist der Fall klar. Komplizierter sind die wichtigen Situationen, in denen die Abhängigkeit (oder der mächtige Glaube daran) durch andere Botschaften einer totalen *double-bind*-Kommunikation in einem Maße genährt wird, das weit über die physische oder emotionale »Realität« der augenblicklichen Lebenssituation des Betreffenden hinausgeht.

3. *Deshalb ist es für ihn wichtig, auf die gegebene Kommunikation adäquat zu reagieren, wozu gehört, auf ihren Doppelsinn und Widerspruch zu reagieren.* Zwei gegensätzliche bedeutsame Botschaften bedeuten zwei unvereinbare Gebote, sich zu verhalten, da jede Botschaft zu einer Verhaltensreaktion auffordert. Wird der Doppelsinn und die Unvereinbarkeit der empfangenen Botschaften nicht erkannt und somit nicht darauf reagiert, so hat das für den Empfänger auf verschiedenen Ebenen des Verhaltens weitere Schwierigkeiten zur Folge: zunächst einen Mangel an Unterscheidungsvermögen gegenüber den Arten der empfangenen Botschaften; dann, daraus folgend, innere Verwirrung und Verzerrung von Ideen und Affekten; schließlich ein Reden oder Handeln, das entweder direkt oder durch eine Alles-oder-nichts-Reaktion auf einen Aspekt der empfangenen Botschaft Verwirrung und Spaltung ausdrückt. Außerdem sind solche unangemessenen und sich nur auf Teile beziehenden Reaktionen sehr dazu angetan, eine weitere Botschaft zu provozieren, mit der die Reaktion verurteilt wird; zum Beispiel: »Warum redest du nicht, wenn ich mit dir spreche?« oder: »Du regst dich immer viel zu leicht auf.« Der Gesamtverlauf hat dann die Form eines größeren, umfassenderen *double bind*, und die Situation verschlimmert sich noch.

Wie es scheint, wäre die einzig adäquate Reaktion auf eine solche widersprüchliche Kommunikation, die Inkongruenz zu erkennen und aufzuzeigen. Das wäre möglich, (a) indem die Inkongruenz als solche bezeichnet würde – d. h. durch Übergang auf eine andere Kommunikationsebene und ausdrückliche Besprechung der ursprünglichen Kommunikationslage. Möglich wäre auch, (b) mit einer offen doppelsinnigen Botschaft zu antworten oder (c) die Art der *double-bind*-Widersprüchlichkeit mit einer humorvollen Antwort bloßzustellen; denn im Humor sind immer vielfältige Botschaftsebenen und Widersprüchlichkeiten enthalten. Zur Veranschaulichung können wir uns überlegen, welche Reaktionen auf eine leichte Form von inkongruenten Botschaften möglich wären. Die Frage: »Möchten Sie nicht das Fenster öffnen?« wird in einer Weise oder einem Zusammenhang gestellt, die anzeigen, daß in Wirklichkeit der Sprecher selbst das Fenster geöffnet haben möchte, was er aber nicht zugibt. Möglich wäre (a): »Sie sprechen, als würden Sie fragen, was ich möchte; dabei scheinen Sie mir eher sagen zu wollen, was ich tun soll.« Oder (b): »Ich möchte nicht, aber wenn Ihnen etwas daran liegt, will ich das für Sie tun.« Oder (c): »Vielen Dank, daß Sie sich meinetwegen Gedanken machen, aber läßt es sich von unten öffnen?« Das soll jedoch nicht heißen, daß irgendeine dieser Antworten leicht zustandezubringen wäre, auch wenn wir die Struktur des *double bind* in diesem Aufsatz einzig und allein unter dem Vorzeichen betrachten, daß es sich um eine Art Manöver mit verschiedenen denkbaren Ergebnissen handelt, und nicht einfach nur die »erfolgreich gestellte« Beziehungsfalle im Auge haben.

4. *Eine adäquate Reaktion ist aufgrund der Verschleierung, der Verleugnung und dem Verbot, die den beiden widersprüchlichen Botschaften innewohnen oder mit ihnen verbunden werden, schwer zu vollziehen.* Die Kommunikationsfaktoren, die dazu dienen können, die Bewußtwerdung und/oder Kommentierung des Doppelsinns und der Widersprüchlichkeit zu hemmen, sind vielfältig; einige sind plump, andere sehr subtil, einige explizit und andere implizit, einige verbal und andere tonal, von Gebärden oder vom Kontext abhängig, einige sind positiv und andere negativ. Vermutlich ist es diese Vielfalt und Subtilität, was Patienten wie Psychiatern den Blick für die Existenz der Kommunikationsstruktur des *double bind*

wie seiner ätiologischen Bedeutung für die Schizophrenie verstellt hat. Im Zusammenhang damit steht die Überbetonung eines spezifischen Traumas durch die Psychiatrie sowie ihre Vernachlässigung des Wiederholungscharakters grundlegender Lernsituationen (3). Ein paar derartige Faktoren von besonderer Bedeutung können hier erwähnt werden, wie sie sich in *double-bind*-Situation mit zwei Personen feststellen lassen; einige Entsprechungen in Dreier-Situationen werden wir später betrachten.

(a) Verschleierung: Die *double-bind*-Kommunikation enthält ihrer Natur nach zwei Haupthindernisse für die offene Erkenntnis der grundlegenden Widersprüchlichkeit. Erstens kontrastieren die Botschaften, die verschiedenen Ebenen oder verschiedenen logischen Typen angehören, nicht direkt, ob nun eine verbale Botschaft eine andere inkongruent qualifiziert oder eine verbale Botschaft mit Ton oder Gestik kollidiert. Es gibt keine klare Konfrontation – »*A* ist wahr. Nein. *A* ist unwahr.« –, selbst wenn die beiden Botschaften verschiedene und widersprüchliche Verhaltensvorschriften übermitteln. In diesem Zusammenhang muß man daran erinnern, daß objektiv kaum vernehmbare Signale – leicht zu ignorieren oder zu verleugnen – die Bedeutung viel klarerer oder längerer Botschaften drastisch modifizieren oder sogar ins Gegenteil verkehren können. Zweitens enthält die Tatsache, daß sich nur eine Person an den Empfänger wendet, die Implikation, es handle sich in der gegebenen Situation um »nur eine Botschaft« oder doch zumindest um Botschaften, die miteinander vereinbar sind. Der Umstand, daß diese Person für den Adressaten wichtig ist, verstärkt diesen Eindruck noch; der Angesprochene kann weder flüchten noch die Botschaften ignorieren – er kann nicht einmal wirklich an ihnen zweifeln oder sie in Frage stellen. Diese verschiedenen Faktoren lassen sich schon an dem einfachen Beispiel feststellen, wenn eine Mutter sagt: »Komm her zu mir, Liebes«, mit einem leichten Unterton verborgener Feindseligkeit in der Stimme oder einem leichten körperlichen Rückzug. Die Inkongruenz besteht tatsächlich, wird jedoch verschleiert,

und es ist nicht leicht, seine Mutter aufgrund eines so offensichtlich geringfügigen Anzeichens zur Rechenschaft zu ziehen.

(b) *Verleugnung*: Die Wirksamkeit der gerade erwähnten Faktoren läßt sich offensichtlich noch verstärken, wenn den ersten zwei inkongruenten Botschaften weitere hinzugefügt werden, mit denen der Gegensatz offen verleugnet wird – und man dem Empfänger vielleicht auch noch die Verantwortung zuschiebt mit der Behauptung, er habe mißverstanden, wobei der Sender nachdrücklich seine Übereinstimmung mit dem Empfänger und seine wichtige Position ihm gegenüber versichert. Um das oben angeführte Beispiel fortzusetzen: Würde das Kind so weit gehen, eine Bemerkung über den Ton der Mutter zu machen, so würde es wahrscheinlich zur Antwort bekommen: »Das bildest du dir nur ein, Liebes; du weißt doch, wie sehr Mutter dich liebt.«

(c) *Verbot*: Die Verstärkung kann ebenso wie durch Verleugnung auch durch »keine Botschaft« erfolgen – d. h. durch starkes Ignorieren der tatsächlichen Kompliziertheit der Kommunikation und der Möglichkeiten der Widersprüchlichkeit sowie dadurch, daß man so tut, als seien die Äußerungen über jeden Zweifel erhaben. Die Untersuchung der Kommunikationslage kann auch durch direktes Verbot, sie zu kommentieren, oder durch verschiedene Drohungen gehemmt werden, zum Beispiel durch Anzeichen für Rückzug oder Verstörtheit auf seiten der Eltern, sobald ein Zweifel auftaucht. Alle diese Faktoren werden noch weiter verstärkt, wenn der Urheber, wie es in der *double-bind*-Situation üblich zu sein scheint, seine eigene Großmut und seine Sorge für das Wohlergehen des anderen hervorhebt. Entsprechend diesen Möglichkeiten könnte sich unsere hypothetisch vorgestellte Mutter so verhalten, als sei ihre inkongruente Äußerung völlig simpel und aufrichtig; würde das in Frage gestellt, so wäre ihre Antwort vielleicht: »Reg dich nicht auf wegen nichts, Liebes; überlaß das nur Mutter«; oder sie würde sich wegen eines ungerechten Angriffs auf ihre mütterliche Liebe und edle Gesinnung verwirrt oder verletzt zeigen; oder sie könnte auch einfach völlig unfähig erscheinen, den Kern der aufgeworfenen Frage zu sehen, eine Reaktion, die eine der verheerenderen Formen des Rückzugs sein kann.

Immer dann, wenn eine ursprüngliche *double-bind*-Kommunikation durch eine solche Botschaft der Verschleierung, Verleugnung oder des Verbots verstärkt wird, erzeugt die Verbindung eine neue *double-bind*-Struktur in erweitertem Maße. Folgt zum Beispiel auf ein Paar inkongruenter Botschaften eine weitere Botschaft, mit der die Existenz irgendeines Widerspruches verleugnet wird, so umfaßt diese Verbindung ein weiteres Paar inkongruenter Botschaften, auf anderen Ebenen, deren Inkongruenz schwer nachzuweisen und zu handhaben ist. Und dieser Prozeß kann sich wiederholen, wobei er jedesmal weitere Kreise zieht. Zweifelt das Kind weiterhin an der Verleugnung auf seiten der Mutter, so wird diese vielleicht sagen: »Du mußt dich über etwas geärgert haben, wenn du deine eigene Mutter so behandelst, die dich doch so liebt.« Die pathogene Macht, die dem Schema einer *double-bind*-Kommunikation innewohnt, und die Schwierigkeit, es zu ändern, scheinen in enger Verwandtschaft mit diesem progressiven und kumulativen Prozeß zu stehen. (Lehrreich ist in diesem Zusammenhang der Vergleich mit der Schilderung von Stanton und Schwartz, wie verborgene, institutionelle Konflikte sich tendenziell entwickeln und ausbreiten [4].)

Vater, Mutter und schizophrenes Kind

In unseren ursprünglichen Konzeptionen einer *double-bind*-Situation haben wir uns auf den Fall konzentriert, in dem jemand von einem anderen zwei verwandte, aber widersprüchliche Botschaften, die verschiedenen Ebenen angehören, empfängt, wobei Flucht nicht möglich und eine Reaktion wichtig ist, aber der Aufspürung und Kommentierung der Widersprüchlichkeit bestimmte ernste Schwierigkeiten entgegenstehen. Allerdings haben wir in unseren früheren Studien kurz auf die

Existenz komplexerer Möglichkeiten hingewiesen und erkannt, daß eine solche Situation nicht unbedingt von der Mutter allein erzeugt wird, sondern auch durch eine Verbindung von Mutter, Vater und/oder Geschwistern herbeigeführt werden kann (1). Betrachten wir nun Vater und Mutter in Beziehung zu einem Kind als besondere Dreier-Situation, die vermutlich in der Praxis höchst wichtig für die Schizophrenie ist, so wird deutlich, daß die meisten der Faktoren, die wir für die Zweier-Situation aufgezählt haben, auch in dieser Dreieckssituation auftreten können. Klar ist, daß Eltern nach einem gegebenen Schema einem Kind widersprüchliche Botschaften geben können. Klar ist, daß es für das Kind, das in einem umfassenden oder kollektiven Sinne *mehr* von beiden Elternteilen abhängt als nur von einem, wichtig ist, mit den widersprüchlichen Einflüssen auf sein Verhalten fertig zu werden, indem es die Inkonsistenz dieser Botschaften bewältigt. Klar ist aber auch, daß ein Elternteil oder alle beide ebenfalls Botschaften übermitteln können, die die Widersprüchlichkeit verschleiern oder verleugnen bzw. ihre Untersuchung in ziemlich der gleichen Weise verhindern, die wir eingangs betrachtet haben.

Weniger klar – wenn auch völlig einleuchtend, sobald man es erkannt hat – ist zunächst, daß selbst jene verhüllenden Faktoren, die der Zweier-Situation innezuwohnen scheinen, in der Dreier-Situation leicht Parallelen oder Äquivalente finden können. Der Vergleich und die Konfrontation von möglicherweise widersprüchlichen Botschaften eines Senders sind schwierig, da die Botschaft sich nicht leicht trennen läßt. Mit zwei Sendern kann es gleichfalls schwierig sein, da die Botschaften *zu sehr* getrennt sind – nach Personen, nach der Zeit, nach verschiedenen Ausdrucksweisen. Und dann können sie auch noch in der Ebene differieren: »Wenn der *double bind* nicht nur von einer Person, sondern von zweien verhängt wird . . ., kann zum Beispiel ein Elternteil auf einer abstrakteren Ebene die Gebote des anderen Elternteils negieren« (1). Sogar die Frage der »Einigkeit« und ihrer Implikationen hinsichtlich einzelner oder übereinstimmender Botschaften kann leicht genug auftauchen, wenn zwei Personen tatsächlich getrennt mit einer dritten kommunizieren, indem die beiden zu einer offensichtlichen Einheit *gruppiert* werden. Die Sprache sorgt mit Pluralpronomen (»*Wir* möchten, daß du das und das tust«) oder kollektiven Nomina wie »Eltern« für diese Möglichkeit. Eine weitere Möglichkeit liegt darin, die Botschaften der beiden ausdrücklich als gleich zu identifizieren (»Dein Vater und ich sind der Meinung, daß es dir noch nicht gut genug geht, um nach Hause zu kommen«). Auch kann ein Elternteil als schweigend, botmäßig oder an einer Situation unbeteiligt auftreten und dem anderen ostensiv die Gesprächsführung überlassen. Aber natürlich sind diese Meta-Ebene-Hinweise auf Einheit und die Behauptungen der Übereinstimmung und der Identität der Botschaften unabhängig von der tatsächlichen Ähnlichkeit oder Differenz von zwei Botschaften – das heißt, sie können falsch sein. Die Dreier-Situation enthält somit für ein »Opfer« Möglichkeiten, auf eine Weise mit widersprüchlichen Botschaften konfrontiert zu werden, daß es äußerst schwierig ist, die Inkonsistenz festzustellen und zu kommentieren, ganz ähnlich, wie es bei der Zweier-Beziehung der Fall ist.

Obwohl wir hier hauptsächlich mit der begrifflichen Analyse der Kommunikationsmöglichkeiten in der Dreier-Beziehung beschäftigt sind, sollten wir doch feststellen, daß sich das empirische Material bereits häuft, aus dem hervorgeht, daß die oben angedeuteten Möglichkeiten tatsächlich in Familien mit einem schizophrenen Angehörigen anzutreffen und für die Schizophrenie relevant sind. So passen zum Beispiel viele der Beobachtungen von Lidz und seinen Mitarbeitern über die Interaktion in der Familie in unser Schema, obwohl deren Arbeit ganz anders orientiert und konzipiert ist als die unsere. Typischerweise zeigten die untersuchten Familien entweder eine »Spaltung« (*marital schism*) oder eine »Strukturverschiebung« (*marital skew*) in der Ehe (5). »Strukturverschiebung« ist in einer Situation gegeben, in der Vater und Mutter offensichtlich eine ziemlich eigenartige Ansicht über Ehe und Familienleben teilen: »Die verdrehte Vorstellung des einen Partners wurde vom anderen akzeptiert oder geteilt, wodurch eine Atmosphäre der *folie à deux* geschaffen wurde« (5). Diese Übereinstimmung ist jedoch mehr scheinbar als real, und Hinweise auf Meinungsverschiedenheit und widersprüchliche Botschaften an die Kinder werden mittels verhüllter Botschaften gegeben. »Eine beträchtliche ›Maskierung‹ möglicher Konfliktquellen lag vor, die eine unwirkliche Atmosphäre schuf, in der das, was gesagt und eingeräumt wurde, sich von dem tatsächlichen Fühlen und Tun unterschied« (5). In der Familie S. »bestand tatsächlich eine starke Spaltung, trotz des Friedens, der zwischen den Eheleuten herrschte« (5). »Der Ausdruck ›Maskierung‹ ... bezieht sich auf die Fähigkeit eines Elternteils oder beider, eine beunruhigende Situation in der Familie zu verschleiern und so zu tun, als würde sie nicht existieren«; doch wird in einem typischen Fall auch eingeräumt, daß die Ehefrau zwar einen Mythos der glücklichen Ehe mit einer starken Vaterfigur aufrechterhielt, aber »die Kinder gar nicht anders konnten, als den Schwindel zu durchschauen« (6).

Ein weiterer Auszug aus der Falldarstellung macht das Gefüge von offen ausgedrückter Einigkeit und verhüllt ausgedrückten Differenzen besonders klar. »Entsprechend seinen Anschauungen mißbilligte der Vater jede Feindseligkeit und brachte niemals eine zum Ausdruck. Jeder in dieser Familie war ›glücklich‹. Die Mutter jedoch bekrittelte und benörgelte trotz ihrer Unterwürfigkeit die Abneigung des Vaters gegen frische Luft, Sport und Leibesübungen, die sie hochschätzte und für ihre Kinder als äußerst wichtig betrachtete« (6). Ein weiterer Punkt, der in diesem Exzerpt beleuchtet wird, ist besonders beachtenswert, wenn er auch den Hauptgegenstand dieses Aufsatzes nur am Rande berührt: Die Mutter rechtfertigt ihren Streit mit dem Mann nicht unter dem Vorzeichen ihrer eigenen Individualität und ihrer Beziehung zu ihm, sondern mit ihrem »uneigennützigen« Interesse am Wohlergehen der Kinder; das heißt, die Verantwortung für Meinungsverschiedenheiten zwischen den Eltern wird den Kindern zugeschoben. Nach unserer Erfahrung mit den Familien Schiozphrener ist das typisch (wenn auch nicht auf die Mütter beschränkt) und wirkt sich auf die Kinder und die Familie als ganze verheerend aus (7).

Diese Exzerpte machen klar, daß die »Strukturverschiebung in der Familie« nach Lidz Situationen umfaßt, in denen die Eltern scheinbar übereinstimmen, aber insgeheim geteilte Meinungen haben – Situationen, die hinsichtlich der Kommunikation inkongruente Botschaften an die Kinder enthalten, die aber mit Verschleierung, Verleugnung und Verbot der Kommentierung einhergehen, deren Wirkungsweise wir bereits umrissen haben. Tatsächlich gibt es in einer Falldarstellung eine Annäherung an diese Begriffe: »Obwohl von den Eltern keiner den anderen vor den Kindern offen diskreditierte«, gab es in der Familie andere »klare« oder »offensichtliche« Hinweise auf Vater, Mutter und ihre Beziehung, die zu »verwirrenden Diskrepanzen« und zu »unvereinbaren und widersprüchlichen Elternbildern führten« (8).

Betrachtet man Lidz' Erörterung der Väter von Schizophrenen (8, 9) zusammen mit seiner Erörterung der »Strukturverschiebung in der Familie«, so scheint es, daß der Spielraum in diesen Familien, auch wenn ein Elternteil offen dominiert, äußerst weit ist – er erstreckt sich vom Bild scheinbarer Übereinstimmung, die in Wirklichkeit natürlich vom unterwürfigen Partner untergraben wird, bis zu einem Bild, in dem der eine Elternteil als wesenlos erscheint und durch passiven Rückzug sowohl Übereinstimmung wie die Unmöglichkeit dazu ausdrücken kann. Dieses letztere Bild, in dem »die Kinder eigentlich vaterlos sind«, steht vielleicht in der Mitte zwischen der aktiveren Dreier-Interaktion und der Zweier-Interaktion, die wir anfangs untersucht haben.

Lidz' Kategorie der »Spaltung in der Ehe« ist nicht so leicht mit unseren Auffassungen zu verbinden, da sie offene Mißhelligkeit zwischen den Eltern einschließt und tatsächlich auch hervorhebt, »starkes chronisches Ungleichgewicht und Zwietracht« (6). Trotzdem könnten diese Familien, wie es scheint, in Einklang mit unserem Schema gesehen werden. Ohne vollständigere Informationen über die Familien von Lidz und ohne sie selbst in Augenschein genommen zu haben, können wir dazu natürlich nur einige denkbare Erklärungen vorschlagen, die unserer eigenen Erfahrung mit den Familien Schizophrener entspringen. Werden *den Kindern* die Schwierigkeiten und Konflikte der Eltern deutlich? Nach unserer Erfahrung äußern die Eltern uns gegenüber oft bereitwillig ihre Gefühle und Schwierigkeiten, wiederholen aber höchst ungern, was sie gesagt haben, vor dem Patienten, ihrem Kind. Auch die Frage des Zeitpunkts taucht hier auf. Waren die Konflikte der Eltern zunächst verhüllt, um erst später manifest zu werden, zu einer Zeit, da ein Kind das Gefühl haben konnte, an dem aufbrechenden Konflikt Schuld zu sein? Drehen sich die offenen Konflikte um die wirklichen Streitfragen? Nach unserer Erfahrung sind die Familien Schizophrener geschickt darin, sich in Auseinandersetzungen zu verstricken, in denen die Hauptkonflikte eher verschleiert als geklärt werden. Derartige Auseinandersetzungen können sich um Randfragen oder sogar ganz irreale Dinge drehen, wie Lidz selber an einem Beispiel zeigt: In einer Familie gab der Vater vor, eine Mätresse zu haben, was gar nicht stimmte; doch »viele der Familienstreits drehten sich um diese nicht existente Situation« (6). Es ist klar, daß diese Familien sich über bedeutende Gegensätze und Widersprüche mittels verschiedener Kommunikationsebenen verständigen und deren Erkennung hemmen müssen, auch wenn diese Kommunikation in einer Weise stattfindet, die die vorher besprochene umkehrt bzw. den Gegenpol dazu bildet. Das heißt, die Eltern in diesen Familien werden dadurch charakterisiert, daß sie Differenzen und Entzweiung offen zum Ausdruck bringen, ja sogar betonen, doch handelt es sich um Ehepaare, die schon viele Jahre zusammengelebt haben und weiterhin zusammen leben werden. Natürlich kommunizieren sie auf der Handlungsebene irgendeine Beziehung. Sie zeigen sich abhängig voneinander – aber nur, um diese Abhängigkeit emsig zu leugnen.

Bowens Befunde (10) verbinden in gewisser Hinsicht die beiden polaren Bilder, die aus Lidz' Familien abgeleitet wurden. Er erlebte Eltern, die mit »bemerkenswerter emotionaler Distanz« gegeneinander kämpften, indem sie offene, hochgradig emotionale Zwietracht mit förmlicher, kontrollierter Übereinstimmung verbanden. Einige Familien neigten zwar dem einen oder anderen Extrem zu, doch waren den meisten »die Differenzen bewußt, nur umgingen sie die heiklen Punkte. Sie hielten eine unpersönliche Distanz soweit aufrecht, wie erforderlich war, um die Zwietracht auf ein Minimum zu begrenzen« (10). In unsere Terminologie übersetzt, hieße das: Sie gaben widersprüchliche Botschaften von sich, betonten trotz grundlegender Nichtübereinstimmung absichtlich ihre Übereinstimmung und Gleichartigkeit. Nach unserer Auffassung ist dieses Verhalten in der Familie natürlich pathogen, und in dem Zusammenhang ist es interessant, daß nach Bowen das steigende Selbstbewußtsein des Vaters in der Familientherapie den therapeutischen Fortschritt einleitete, zunächst über einen offener werdenden Vater-Mutter-Konflikt und dann durch allgemeine Besserung der Familienbeziehungen, wobei die Familien mit den offensten Unstimmigkeiten in der Familientherapie am besten vorankamen.

Wynne und seine Kollegen haben die Familien von Schizophrenen hinsichtlich Rollenverhalten und Gesamtstruktur der Familienrollen untersucht (11), ein Zugang, der sich von unserem völlig unterscheidet. Dennoch machen Wynnes klinische Beispiele, seine Darstellung von Interaktion in der Familie und seine Hauptbegriffe evident, daß in den von ihm untersuchten Familien widersprüchliche Gebote sowie die Verschleierung der Widersprüche an der Tagesordnung sind. Sein Grundbegriff der »Pseudo-Gemeinschaft« – für Beziehungen, die nicht so eng sind, wie sie vorgeben zu sein – impliziert zwangsläufig die Existenz gewisser Botschaften, die Anspruch auf Nähe erheben, während andere auf das Gegenteil hinweisen. Das wird besonders klar in einer Erörterung der Art und Weise, in der die Familienmitglieder kooperieren, um sich der Erkenntnis von Pseudo-Gemeinschaft zu entziehen: »Dagegen begünstigen die gemeinsamen Mechanismen [der Interpretation von Kommunikationen], wenn beide Seiten einer widersprüchlichen Erwartung kommuniziert werden, in den charakteristischen Beziehungen von Schizophrenen ein *Versagen* der Bedeutungsauswahl« (11); das heißt, die Auseinandersetzung mit der Existenz von Widersprüchlichkeit überhaupt wird gemeinsam vermieden. Wynne gibt selbst an, daß diese Auffassung mit dem ursprünglichen *double-bind*-Konzept unserer Gruppe übereinzustimmen scheint (11). Der Begriff des »Gummi-Zauns«, mit dem sich die Familie nach außen abschirmt, enthält ähnliche Implikationen. Ein derartiger »Gummi-Zaun«, der verschoben wird, damit alle Beziehungen, die sich als komplementär vertreten lassen, als innerhalb der Familie bestehend und alle, die nicht komplementär sind, als außerhalb bestehend definiert werden können, entspricht unseren Beobachtungen des Familienverhaltens; allerdings läßt sich dieser Zaun nur durch viel Widersprüchlichkeit und ihre Verschleierung aufrechterhalten.

Ein überzeugendes Beispiel aus unserer eigenen familientherapeutischen Arbeit bestätigt diese Auffassungen und verbindet sie. In der betreffenden Familie hielten der Vater wie die Mutter eine Zeitlang daran fest, daß sie in allen wichtigen Fragen übereinstimmten und in ihrer Familie alles in Ordnung sei – mit Ausnahme natürlich des Kummers und der Sorge, die durch die Schizophrenie ihres Sohnes entstanden seien. Zu dieser Zeit war der Patient fast stumm und murmelte bloß: »Will nicht«, wenn er etwas gefragt wurde. Mehrere Monate hindurch versuchte der Therapeut in den wöchentlichen Familieninterviews die Eltern dazu zu bringen, sich offener über gewisse Dinge zu äußern, die offensichtlich Familienprobleme darstellten – zum Beispiel darüber, daß die Mutter eine starke Trinkerin war. Beide Eheleute leugneten lange, daß das ein Problem darstellte. Schließlich machte der Vater eine Kehrtwendung und sprach sich mit nur leicht verhülltem Ärger aus, wobei er seine Frau beschuldigte, jeden Nachmittag mit Freunden so viel zu trinken, daß sie ihm am Abend keine Gesellschaft mehr bieten könne. Sie gab ihm ziemlich barsch heraus und beschuldigte ihn, sie sowohl zu unterdrücken wie zu vernachlässigen, doch brachte sie im Laufe dieser Anklage einige ihrer eigenen Gefühle viel offener zum Ausdruck und redete frei über Differenzen zwischen ihnen. Diese Sitzung wurde mit den Teilnehmern in der nächsten Woche durchgesprochen (wobei die Tonbandaufnahme der Auseinandersetzung vorgespielt wurde). In der folgenden Sitzung fing der Sohn an, ziemlich zusammenhängend zu sprechen, wobei er sich ausführlich über seine Wünsche äußerte, das Hospital zu verlassen und eine Arbeitsstelle anzunehmen, und danach besserte sich sein Zustand weiterhin bemerkenswert.

Die Anstaltssituation

Die Dreier-Situation in der Anstalt hat große Ähnlichkeit mit jener in der Familie, wobei Einzelpersonen oder Gruppen Rollen übernehmen, die jenen der Eltern parallel laufen. Vielleicht ist diese Beziehung bei Familien von Schizophrenen besonders eng, da sie gleich zweckmäßig eingerichteten Organisationen dazu tendieren, eine Vorstellung von sich zu entwickeln und ihre Funktion mehr im Rahmen genau umrissener Rollen und ihrer Beziehungen zu sehen als in dem der Interaktion und der Entwicklung von Individualität. Dieser Aspekt der Familie, den ein Großteil des oben beschriebenen Materials ziemlich eindeutig impliziert, wird in einem unlängst veröffentlichten Aufsatz der Wynne-Gruppe klargelegt (12).

Die weithin bekannten Originalbefunde von Stanton und Schwartz über pathologische Erregung und heimliche Uneinigkeit im Ärztestab (4) bilden eine gute Grundlage für eine kurze Analyse der Anstaltssituation, obwohl ihr Bezugspunkt etwas enger oder weniger allgemein ist als der hier vertretene und ihr Beobachtungsstandpunkt ein anderer. (Weitere Anstaltsprobleme sind ausführlich von Fry [13] beschrieben und unter dem Aspekt des *double bind* analysiert worden.)

Zusammenfassend stellten Stanton und Schwartz fest: »Immer wenn ein Patient sich manisch erregt zeigte, war er der Uneinigkeit von zwei Personen ausgesetzt, denen ihre Uneinigkeit oft gar nicht bewußt war« (4). Und: »Pathologisch erregte Patienten waren ganz regelmäßig der geheimen, affektiv bedeutsamen Unstimmigkeit des Stabes unterworfen, und ihre Erregung endete, gleichfalls regelmäßig, gewöhnlich abrupt, sobald die Mitglieder des Stabes dazu gebracht wurden, ihre Unstimmigkeiten ernsthaft miteinander zu diskutieren« (4). Zu diesen Unstimmigkeiten gehörten Autorität, Einfluß und Entscheidungen:

> Im Laufe der täglichen Festlegung der Behandlung eines einzelnen Patienten traten unvermeidlich kleine Unstimmigkeiten [zwischen Angehörigen des Ärztestabs] auf, die Entscheidungsbefugnis hatten. Wurden sie aus irgendeinem Grund zu Antagonisten, so neigten sie dazu, diese kleinen Unstimmigkeiten zu übertreiben, und waren nicht in der Lage, sie zu besprechen und beizulegen; zum Beispiel kann der eine . . . dem Patienten etwas regelrecht erlauben, was der andere . . . ihm regelrecht verbietet. Konnten sie das Problem nicht erörtern . . ., so spielte der restriktivere der beiden zunehmend die Rolle des Polizisten oder Schulmeisters, während der andere immer mehr die Rolle der nachsichtigen Mutter übernahm . . .
> Die Reaktion des Patienten auf jeden der beiden entsprach ihren Rollen. Widersprüche, die im Laufe der Behandlung des Patienten auftraten, wurden systematisiert, und – was noch wichtiger ist – der ganze Prozeß war in seinen mittleren Stadien sehr, sehr ruhig. (4)

Der Ausdruck »pathologische Erregung«, wie ihn Stanton und Schwartz benutzen, umfaßt eine beträchtliche Skala symptomatischen Verhaltens: »erhöhte Spannung oder Konfusion«, gesteigerte »Selbstmordneigung«, »wahnhafte Anschuldigungen«, »offene Aggression«, »Überaktivität«, »Anzeichen für Dissoziation«. Die Autoren haben die Neigung, Rückzugsverhalten aus ihrem Bild auszuklammern, doch bleibt die Frage offen, ob diese Auslassung angebracht ist. Sie bemerken: »Es ist möglich, daß ganz ähnliche Phänomene häufig bei schizophrenen Patienten auftreten, bei denen . . . das Phänomen durch eine Rückzugstendenz kompliziert werden mag . . ., so daß eine Spaltung im sozialen Umfeld nicht aufgehoben wird und die dissoziierten Prozesse chronisch werden.« In ihrer Studie waren »auffällig zurückgezogene Patienten« jedoch »nur selten einer Unstimmigkeit ausgesetzt; um Teil des Dreiecksprozesses zu werden, muß der Patient offensichtlich einen bestimmten Grad an Aktivität entfalten« (4). Und im Lichte unserer eigenen Erfahrung mit der Familiensituation sowie in dem der oben angeführten Schriften anderer Autoren über die Familie liegt eine andere Interpretation nahe, die diese Auffassungen verbindet: Rückzug kann mit einer tieferen und beständigeren insgeheimen Unstimmigkeit zusammenhängen, so daß Unstimmigkeit wie Verhaltensstörung weniger ins Auge fallen als bei der offenen Erregung.

Auf jeden Fall geben Stanton und Schwartz Hinweise darauf, daß die in Fällen von pathologischer Erregung auftretende Unstimmigkeit oft dadurch verdeckt wurde, daß sie (a) von den unmittelbar betroffenen beiden Parteien nicht direkt besprochen und (b) dem Patienten nicht offen mitgeteilt wurde, obwohl sie vielleicht anderen völlig klar war:

Daß eine Unstimmigkeit gegeben war, wurde von jedem Beteiligten oft erst lange, nachdem sie ihm eigentlich klar geworden sein mußte, offen anerkannt – und eine solche Anerkennung mußte der Erörterung und Beilegung vorausgehen. Auch die Diskussion zwischen den Kontrahenten wurde hinausgeschoben und oft erst durch die routinierte Vermittlung eines Dritten zustande gebracht ... Die Unstimmigkeit wurde in ihren Frühstadien immer verheimlicht ... Die beiden Beteiligten waren sich selbst nicht klar bewußt, was es mit ihr auf sich hatte, obgleich sie sie seit Wochen mit Freunden besprochen haben mochten und allen Mitgliedern des Stabes außer ihnen klar sein konnte, worum es ging. (4)

In anderen Fällen konnten die beiden Kontrahenten auch »die Formalitäten einer Erörterung der Aspekte in der Behandlung des Patienten durchlaufen, die die Unstimmigkeit zwischen ihnen nur am Rande betraf«. Oder es trat eine Situation des Schweigens und der Zurückhaltung ein, wobei »ein Mitglied des Personals sich unauffällig verhält«. Und, was höchst erstaunlich ist, denkt man an Wynnes Erörterung der »Pseudo-Gemeinschaft« in der Familie und verschiedene Beispiele dafür,

die wir oben anführten: »Pseudo-Übereinstimmung ist die Methode *par excellence,* eine Kontroverse in den Untergrund zu treiben, und als solche ist sie besonders gefährlich« (4).
Dieses Anstaltsmaterial ist faszinierend in seinen manifesten Parallelen zu verschiedenen Aspekten des eingangs präsentierten Familienmaterials, und derartige Parallelen sind auch auf seiten der Fachleute wie der Patienten nicht unbemerkt geblieben. Die Lidz-Gruppe hat auf die Existenz von Ähnlichkeiten hingewiesen zwischen Situationen der Ehe-Spaltung und den Stanton-Schwartz-Situationen, und auch auf eine dritte Möglichkeit hat sie aufmerksam gemacht: ähnliche Konflikte wegen des Patienten zwischen der Familie und dem Krankenhausstab als Kontrahenten (14). Allerdings haben sich diese Autoren nicht mit der allgemeinen oder formellen Darstellung derartiger Situationen befaßt. Auf der anderen Seite hat einer unserer Patienten in der Therapie ganz deutlich seine Furcht geäußert, daß sein Therapeut und der Stationsarzt seinetwegen in Konflikt sein könnten, zu seinem Nachteil und außerhalb seiner Kontrolle, geradeso, wie das bei seiner Frau und seiner Mutter der Fall war (2). Das Material von Stanton und Schwartz hat eine noch weitere und umfassendere Bedeutung, da ihre Bemerkungen über die Beilegung dieser Situationen viele Ideen für therapeutische Eingriffe in die Familiensituation von Schizophrenen enthalten. Sie vernachlässigen jedoch in beträchtlichem Maße die Rolle der »Wohltätigkeit« bei der Verschleierung von Widersprüchen und der Vergrößerung ihrer Wirkungen, obwohl diese Rolle indirekt an anderer Stelle sichtbar wird, wenn die Krankenhausfinanzen zur Sprache kommen. Stanton und Schwartz behandeln einen verwandten Gegenstand – sehr relevant für das Funktionieren der Familie – recht positiv, wenn sie Funktion und Moral der Organisation besprechen. Daß ihre Beobachtungen zutreffen, demonstrieren unsere Beispiele, aus denen hervorgeht, daß die bloße Enthüllung insgeheimer Konflikte bei den Eltern noch vor ihrer Beilegung mit einer Besserung beim Patienten verbunden ist.
Abschließend müssen wir aber solchen manifesten und beson-

deren Ähnlichkeiten und Zusammenhängen, so interessant und wichtig sie sind, den Rücken kehren und uns noch einmal einem formalen Kommunikationsschema in diesen Anstaltssituationen zuwenden, das dem in den bereits untersuchten Situationen von Mutter–Kind und Familie recht ähnlich ist. Dieser generellen und formellen Ebene gilt unser zentrales Interesse, da sie für die Bildung einer allgemeinen Theorie der zersetzenden Interaktion und somit für die Praxis äußerst wichtig ist.

Stanton und Schwartz sagen direkt ziemlich wenig über ihre Situationen der heimlichen Unstimmigkeit im Sinne einer Kommunikation aus der Sicht des Patienten; sie stellen ab auf Kommunikation und Interaktion des Ärztestabs einerseits und die Symptome des Patienten andererseits. Nur beiläufig bemerken sie, daß der Patient mit zwei verschiedenen Rollen versehen ist, denen er beiden gerecht werden muß; mit anderen Worten: »Die beiden Personen in seinem Leben, die für ihn von unmittelbarster Bedeutung waren, haben sozusagen in entgegengesetzten Richtungen an ihm gezogen« (4), doch nicht einmal so klar und deutlich. Diese Hinweise, bringt man sie zusammen mit einer umgekehrten Betrachtung ihrer Bemerkungen über die Kommunikationen des Ärztestabs (etwa so, wie wir bereits unsere ursprüngliche Darstellung des *double bind* umgekehrt haben), ergeben wiederum ein charakteristisches Allgemeinbild:

Der Patient

(a) wird mit widersprüchlichen Botschaften konfrontiert (und zwar zwangsläufig, da die beiden anderen Parteien ihm ihre verschiedenen Ansichten auf irgendeine Weise übermitteln müssen und jeder Versuch, dieser Inkongruenz auszuweichen, den Heimlichkeitscharakter der Situation verstärkt; auch intensiviert ein derartiges Ausweichen das in diesen Situationen vermutlich immer beträchtliche Maß, in dem jede der beiden Personen zwei inkongruente Botschaften abgibt und das verschleiert – d. h. sowohl als Einzelner *double-bind*-Botschaften abgibt wie sich gemeinschaftlich in einer größeren *double bind*-Botschaft engagiert);

(b) von seiten derer, die Autorität über ihn haben und von denen er abhängig ist;

(c) so daß es wichtig ist, die widersprüchlichen Einflüsse dieser Botschaften zu erkennen und mit ihnen fertig zu werden; während

(d) jede Kenntnisnahme und Einschätzung dieser Widersprüche erschwert wird durch Nichtwahrnehmung, Verschleierung, Verleugnung, die als Mechanismen sämtlich im Rahmen der »Eintracht« und der »Wohltätigkeit« des Hospitals operieren, und nicht zuletzt auch durch die Krankheit des Patienten selbst und damit durch die unterstellte Unzuverlässigkeit seiner Wahrnehmungen.

Ein Zugang von der Kommunikation her hat also dazu beigetragen, ein Grundschema zu entdecken und zu klären, daß für die Genese des schizophrenen Verhaltens in drei Milieus signifikant ist, die sich in der Größe und der Art des beteiligten Sozialsystems unterscheiden. Abschließend können wir feststellen, daß Weiterentwicklungen und Erweiterungen einer derartigen Analyse von Kommunikationsmustern in eine Erforschung anderer, verwandter Probleme von psychiatrischem Interesse bereits logisch aus dieser Arbeit ableitbar scheinen. Zum Beispiel könnte man komplexere Systeme von vier oder mehr Beteiligten untersuchen. Das wäre für viele Fragen relevant, wie zum Beispiel für die, welche Rolle Geschwister in der Familie eines Schizophrenen spielen oder welcher Art die Interaktion ist, wenn ein potentiell schizophrener Jugendlicher sich in eine Liebesbeziehung außerhalb des Hauses verstrickt. Man könnte über das Gebiet der Schizophrenie hinausgehen und untersuchen, ob weitere Grundmuster widersprüchlicher Kommunikation an anderen Formen psychiatrischer Störung beteiligt sind. Um einen vielleicht stark simplifizierten Fall zu erwähnen: Könnte eine zyklische Störung wie das manisch-depressive Irresein mit Widersprüchen in Beziehung stehen, die nicht nebeneinander, sondern in einem zeitlichen Nacheinander existieren und damit ein Schema des Wechsels bilden? Oder man könnte einen weiteren Schritt in Richtung

Sozialpsychiatrie machen und die Existenz, Behandlung und Auswirkungen inkongruenter Botschaften in weiteren Bereichen der sozialen und kulturellen Organisation untersuchen. Bestimmt sind die großen Institutionen von Wirtschaft, Politik und Religion nicht völlig frei von diesen Problemen; gibt es bei ihnen doch widersprüchliche Botschaften und deren Verschleierung, die Verleugnung des eigenen Verhaltens und der eigenen Verantwortung sowie die Beteuerung von Eintracht und Wohlwollen, die, wie wir gesehen haben, im System der Familie wie in dem der psychiatrischen Klinik soviel Schwierigkeiten verursacht haben.

Bibliographie

1 G. Bateson, D. D. Jackson, J. Haley und J. H. Weakland, »Toward a theory of schizophrenia«, in *Behavioral Sci.*, I : 251-264, 1956 (in diesem Band S. 11 ff.).
2 J. H. Weakland und D. D. Jackson, »Patient and therapist observations on the circumstances of a schizophrenic episode«, in *A. M. A. Arch. Neurol. & Psychiat.*, 79 : 554-574, 1958.
3 D. D. Jackson, »A note on the importance of trauma in the genesis of schizophrenia«, in *Psychiatry*, 20 : 181-184, 157.
4 A. H. Stanton und M. S. Schwartz, *The Mental Hospital*, New York 1954, S. 352-365.
5 T. Lidz, A. R. Cornelison, S. Fleck und D. Terry, »The intrafamilial environment of schizophrenic patients: II. marital skism and marital skew«, in *Am. J. Psychiat.*, 114 : 241-248, 1957 (in diesem Band S. 108 ff.).
6 T. Lidz, A. R. Cornelison, D. Terry und S. Fleck, »The intrafamilial environment of the schizophrenic patient: VI. the transmission of the irrationality«, in *A. M. A. Arch. Neurol & Psychiat.*, 79 : 305-316, 1958, deutsch: »Irrationalität als Familientradition«, in *Psyche*, XIII : 315-329, 1959/60.
7 S. Fleck, D. X. Freedman, A. R. Cornelison, T. Lidz und D. Terry, »The intrafamilial environment of the schizophrenic patient: V. the understanding of symptomatology through the study of family interaction«, Aufsatz vorgelegt auf dem Jahrestreffen der American Psychiatric Association, 15. Mai 1957.

8 T. Lidz, A. R. Cornelison, S. Fleck und D. Terry, »The intrafamilial environment of the schizophrenic patient: I. the father«, in *Psychiatry*, 20 : 329–342, 1957.

9 T. Lidz, B. Parker und A. R. Cornelison, »The role of the father in the family environment of the schizophrenic patient«, in *Am. J. Psychiat.*, 113 : 126–132, 1956.

10 M. Bowen, R. H. Dysinger und B. Basamania, »The role of the father in families with a schizophrenic patient«, in *Am. J. Psychiat.*, 115 : 1017–1020, 1959.

11 L. C. Wynne, I. M. Ryckoff, J. Day und S. I. Hirsch, »Pseudomutuality in the family relations of schizophrenics«, in *Psychiatry*, 21 : 205–220, 1958 (in diesem Band S. 44 ff.).

12 I. M. Ryckoff, J. Day und L. C. Wynne, »The maintenance of stereotyped roles in the families of schizophrenics«, Aufsatz vorgelegt auf dem Treffen der Am. Psychiatric Assoc. San Francisco, Mai 1956 (in diesem Band S. 168 ff.).

13 W. F. Fry jr. »Destructive behavior on hospital wards«, in *Psychiatric Quarterly* (im Erscheinen).

14 S. Fleck, A. R. Cornelison, N. Norton und T. Lidz, »The intrafamilial environment of the schizophrenic patient: II. interaction between hospital staff and families«, in *Psychiatry*, 20 : 343–350, 1957.

Ezra F. Vogel und Norman W. Bell
Das gefühlsgestörte Kind als Sündenbock der Familie

Die Jagd auf Sündenböcke ist als Phänomen so alt wie die menschliche Gesellschaft. Sir James Frazer nennt in *The Golden Bough*[1] zahlreiche Beispiele für öffentliche Sündenböcke, menschlicher wie nichtmenschlicher Art – Beispiele, die bis in die Antike zurückreichen. Er betrachtet die Sündenbockjagd als Prozeß, in dem »die Einflüsse des Bösen in einem materiellen Medium sichtbar verkörpert oder ihm zumindest aufgebürdet werden, damit es die Leute von allen Übeln befreie, die sie heimgesucht haben«.[2, 3] Frazer behandelt das Phänomen auf der Ebene von Gesellschaft, Stamm, Dorf oder Stadt. Mit diesem Aufsatz beabsichtigen wir, das gleiche Phänomen an der Familie zu untersuchen, indem wir das gefühlsgestörte Kind als Verkörperung bestimmter typischer Konflikte zwischen den Eltern betrachten. Es handelt sich um den Spezialfall eines allgemeinen Phänomens: die Gruppeneinheit wird dadurch hergestellt, daß ein besonderes Mitglied zum Sündenbock gestempelt wird. Daß eine Gruppe Einheit herstellen kann, indem sie die innere Feindseligkeit nach außen projiziert, ist vielleicht weiteren Kreisen bekannt[4]; in einer großen An-

---

[1] Sir James Frazer, *The Golden Bough*, Kurzausgabe, New York 1927, deutsch *Der goldene Zweig*, Leipzig 1928.
[2] Ebd., Originalausgabe, S. 562.
[3] Ebd., S. 575.
[4] Außer Frazer, *op. cit.*, siehe auch Emile Durkheim, »Deux lois de l'evolution pénale«, in *L'Année Sociologique*, IV (1899), S. 55–95; Henri Hubert und Marcel Mauss, »Essai sur la nature et la fonction du sacrifice«, in *L'Année Sociologique*, II (1897), S. 29–138; William Robertson Smith, *The Religion of the Semites*, London 1927; Roger Money-Kyrle, *The Meaning of Sacrifice*, London 1930; George Herbert Mead, »The Psychology of Punitive Justice«, in *American Journal of Sociology*, XXIII (1918), S. 577–620; Ruth S. Eissler, »Scapegoats of Society«, in Kurt R. Eissler (Hrg.), *Searchlights on Delinquincy*, New York 1949, S. 288–305; und Clyde

zahl von Fällen kann eine Gruppe aber auch dadurch Einheit erzielen, daß sie ein besonderes Mitglied dieser Gruppe zum Sündenbock macht. So kann derjenige, der von der Gruppe ein wenig abweicht, für sie eine wertvolle Funktion erfüllen, indem er ein Ventil für ihre Spannungen darstellt und eine Basis zur Solidarität schafft.

Die Auffassung, nach der die Familie für die emotionale Gesundheit des Kindes die Hauptverantwortung trägt, ist für die heutige Verhaltenswissenschaft unabdingbar. Im großen und ganzen hat die Forschung jedoch die Mutter-Kind-Beziehung in den Mittelpunkt gestellt, und die unabhängigen Variablen, mit denen die Mutter-Kind-Beziehung und die Erziehungsmethoden gewöhnlich erklärt werden, sind die Persönlichkeit und die Entwicklungsgeschichte der Mutter. In jüngster Zeit hat man auch den Versuch gemacht, die Vater-Kind-Beziehung zu behandeln, aber wiederum größtenteils unter dem Aspekt von Persönlichkeit und Entwicklungsgeschichte des Vaters. In der klinischen Praxis ist man sich der Familiendynamik zwar einigermaßen bewußt, aber in der Literatur wird die Familie vor allem als eine Ansammlung von Persönlichkeiten behandelt, wobei man die Persönlichkeitsentwicklung des Kindes fast ausschließlich auf die Einzelpersönlichkeiten seiner Eltern zurückführt.[5] Die Interaktionen der Eltern sind kaum jemals als signifikante unabhängige Variable behandelt worden, die die Entwicklung in der Kindheit beeinflußt. Auch wenn die Untersuchung auf größere kulturelle Strukturen ausgedehnt wurde, hat man die Kindheitsentwicklung nur im Zusammenhang mit den Erziehungsmethoden und der kulturellen Eingliederung gesehen, wobei man der Familie als Vermittlungsinstanz wenig Beachtung schenkte.

Die Daten für diesen Aufsatz entstammen einem intensiven

Kluckhohn, »Navaho Witchcraft«, in *Papers of the Peabody Museum of American Archaeology and Ethnology*, Harvard University, XXII (1944).
5 Damit soll die Relevanz psychologischer Aspekte nicht in Abrede gestellt werden. Dieselben Tatbestände können zu einer Reihe verschiedener theoretischer Systeme in Beziehung gesetzt werden, aber hier steht die Gruppendynamik im Mittelpunkt.

Studium[6] einer kleinen Gruppe »gestörter« Familien mit jeweils einem gefühlsgestörten Kind sowie einer Kontrollgruppe »gesunder« Familien, deren Kinder keine klinisch feststellbaren Störungen zeigten. Von den neun amerikanischen Familien jeder Gruppe waren drei irischer Herkunft, drei italienischer Herkunft und drei alteingesessene Familien. Jede Familie wurde von einem Team untersucht, das Psychiater, Sozialfürsorgerinnen, Psychologen und Soziologen umfaßte. Die gestörten Familien, auf denen dieser Aufsatz fußt, wurden einmal per Woche in den Personalräumen einer psychiatrischen Klinik und zu Hause befragt, und zwar über Zeiträume zwischen einem Jahr und vier Jahren. Über Entwicklungsgeschichte und Charakterstruktur der Familienmitglieder wurden detaillierte Informationen gesammelt, doch wurde noch mehr Wert auf spezifische Daten über akute Prozesse gelegt.

Der vorliegende Aufsatz beschäftigt sich damit, wie ein Kind in der Familie, das gefühlsgestörte Kind, als Sündenbock für die zwischen den Eltern auftretenden Konflikte benutzt wird und welche Funktionen und Dysfunktionen diese Einsetzung eines Sündenbockes für die Familie hat.

Bei allen gestörten Familien war festzustellen, daß ein besonderes Kind in die Spannungen zwischen den Eltern hineingezogen worden war.[7] In den zu Kontrollzwecken dienenden

---

[6] Weitere Forschungsberichte dieser Art: John P. Spiegel, »The Resolution of Role Conflict Within the Family«, in *Psychiatry*, XX (1957), S. 1–16; Florence Rockwood Kluckhohn, »Family Diagnosis: Variations in the Basic Values of Family Systems«, in *Social Casework* XXXIX (1958), S. 1–11; und John P. Spiegel, »Some Cultural Aspects of Transference und Countertransference«, in Jules H. Massermann (Hrg.), in *Individual and Family Dynamics*, New York 1959. Eine gedrängtere Darstellung des Bezugsrahmens wird in Kürze publiziert werden: John P. Spiegel, »The Structure and Function of Social Roles in the Doctor-Patient Relationship«, Vorlesung an der Tulane-Universität 1958.

[7] Die vorliegende Stichprobenuntersuchung berücksichtigt nur Familien, in denen keine Trennung oder Scheidung stattgefunden hat. Natürlich gibt es auch Fälle, wo nur ein Elternteil bei den Kindern lebt, und Fälle, in denen ein Elternteil bei anderen Verwandten lebt. Folglich können Spannungen zwischen den Eltern nicht allgemein als Ursache der Gefühlsgestörtheit gelten. Eine allgemeinere Hypothese wäre, daß das gefühlsgestörte Kind immer das Zentrum von Spannungen in der Primärgruppe ist.

»gesunden« Familien waren die Spannungen zwischen den Eltern entweder nicht so stark, oder sie wurden in einer Weise behandelt, daß die Kinder nicht krankhaft darin verstrickt wurden. Gewöhnlich hatten Vater und Mutter des Kindes in der Hauptsache die gleichen Grundkonflikte, fühlten sich in ihrer Beziehung zueinander jedoch als Gegenpole, so daß jeder der beiden Partner geneigt war, eine der entgegengesetzten Seiten des Konflikts auszuspielen. Sie hatten einen Gleichgewichtszustand entwickelt, in dem sie den gegenseitigen Kontakt sowie Affektäußerungen, besonders die zwischen ihnen herrschende starke Feindseligkeit, auf ein Minimum reduzierten und es sich so ermöglichten, miteinander zu leben.[8] Aber dieses Gleichgewicht brachte viele Schwierigkeiten mit sich, von denen die schwerwiegendste war, daß ein Kind zum Sündenbock gemacht wurde.

1. Ursachen von Spannungen, die zur Sündenbockjagd führen

Unsere Behauptung ist, daß die Sündenbockjagd durch die Existenz von Spannungen zwischen den Eltern erzeugt wird, die auf andere Weise nicht befriedigend gelöst worden sind. Die Ehepartner in den gestörten Familien hatten tiefe Ängste wegen ihrer Ehebeziehung und wegen des Verhaltens des Partners. Sie waren immer unsicher, wie der andere auf ihr Verhalten reagieren würde. Dabei war die Reaktion des anderen von großer Bedeutung und wurde als möglicherweise sehr nachteilig eingeschätzt. Die Partner hatten nicht das Gefühl, sich über die Situation direkt verständigen zu können, weil das zu gefährlich schien, und griffen daher lieber zu Manipulationen wie Verheimlichung, Ausweichen und so weiter. Die gespannte Atmosphäre hatte verschiedene Ursachen. Eine davon bestand

---

[8] Das wird detaillierter analysiert bei Ezra F. Vogel, »The Marital Relationship of Parents and the Emotionally Disturbed Child«, unveröffentlichte Dissertation, Harvard-Universität 1958.

in den persönlichen Problemen jedes Elternteils; wir werden bei dieser Analyse das Schwergewicht jedoch auf jene Ursachen legen, die in der Gruppe gegeben waren. Derartige Spannungen haben gewöhnlich mehrere Ursachen. Sehr verallgemeinert läßt sich sagen, daß eine der Hauptursachen ein Konflikt auf der Ebene der kulturellen Wertorientierungen war.[9] Wertorientierungen sind abstrakte, allgemeine Vorstellungen hinsichtlich des Wesens der menschlichen Natur, der Beziehung des Menschen zu seiner Natur, der zwischenmenschlichen Beziehungen, der wichtigsten Zeitdimensionen und der angesehensten Tätigkeit. In allen Gesellschaften gibt es Präferenzen und alternative Präferenzen für diese Koordinaten, die in einer weiten Skala von Phänomenen ihren Ausdruck finden. In komplexer Weise sind sie der Persönlichkeit, der Sozialstruktur und den spezifischen Werten zugeordnet. Befinden sich Menschen im Prozeß der Akkulturation, wie das bei den Familien irischer und italienischer Herkunft der Fall war, so entstehen auf der Ebene der Wertorientierungen viele Möglichkeiten für Konflikte. Jeder einzelne kann in widersprüchlichen oder wirren Verhältnissen erzogen worden sein und ist nun unfähig, die Kluft zu überbrücken. Die Ehepartner können in verschiedenen Verhältnissen erzogen worden sein und nun von verschiedenen Voraussetzungen ausgehen. Alle gestörten Familien hatten Probleme dieser Art. Einige versuchten, damit fertigzuwerden, indem sie rasch Einstellungen übernahmen, ohne sie gänzlich zu internalisieren und ohne die bisherigen Einstellungen außer Kraft zu setzen. Andere versuchten, mit widerstreitenden Orientierungen zu leben.[10]

Ein allgemeines Beispiel für Konflikte auf der Ebene von Kulturwerten ist der Konflikt, in dessen Mittelpunkt die Probleme

---

9 Siehe Florence R. Kluckhohn, *loc. cit.*; und F. Kluckhohn, Fred L. Strodtbeck u. a., *Variations in Value Orientations*, Evanston, Ill. (1964).
10 Gesunde Familien dagegen hatten die Kluft zwischen den Orientierungen verschiedener ethnischer Gruppen oder Klassen überbrückt. Sie hatten es geschafft, die alten Orientierungen zu neutralisieren, bevor sie neue annahmen. Gewöhnlich veränderten sich solche Familien in langsamerer und geordneterer Weise.

der individuellen Leistung stehen. Erhebliche Anstrengungen wurden von den Eltern gemacht, den Leistungsmaßstäben der amerikanischen Mittelklasse zu entsprechen. Den Familien, die teilweise beide Systeme von Wertorientierungen verinnerlicht hatten, war es unmöglich, beiden Wertsystemen entsprechend zu leben, und für welches sich die Familie auch entschied, es bedeutete, daß bestimmte Konflikte auftauchten.

Eine weitere Ursache von Spannungen waren die Beziehungen zwischen der Familie und der größeren Gemeinschaft. Gestörte Familien hatten in der Regel Probleme auf diesem Gebiet, insofern sie die Gemeinschaft ablehnten und/oder von ihr abgelehnt wurden. In einigen Fällen stieß die Familie auf die starke Ablehnung einer überaus geschlossenen ethnischen Umgebung. In anderen Fällen hatte die Familie ihre ethnische Umgebung verlassen, war in feinere Außenbezirke gezogen und hatte nun, ihre neuen Nachbarn vor Augen, das Gefühl, es ginge ihr schlecht. Die sozialen Beziehungen zu diesen Nachbarn waren dementsprechend minimal; wenn sie überhaupt bestanden, waren sie gewöhnlich gespannt, oder es war so, daß ein Ehepartner zu einigen Bekannten einigermaßen gute Beziehungen hatte, während die Beziehungen des anderen zu diesen Bekannten schlecht waren. Alle Familien hatten mehr oder weniger große Probleme, was ihre Beziehungen zu Familien betraf, an denen sie sich orientierten. Charakteristisch war, daß die Ehefrau stark für ihre Eltern eingenommen war und für die Familie ihres Mannes feindselige Gefühle hegte, während dieser wiederum seinen Eltern zugetan war und ihre Familie ablehnte. Kritisierte der eine seine Schwiegereltern, dann ergriff der andere in der Regel für diese Partei und kritisierte seine eigenen Schwiegereltern. Kritisierte der eine seine Eltern, dann brachte der andere ihnen oft Sympathie entgegen. Das Ungleichgewicht in den Einstellungen zu Eltern und Schwiegereltern wurde nicht behoben. Veränderungen erzeugten zumeist noch mehr Spannungen, aber die Grundursachen der Spannung blieben unverändert.[11]

11 Ausführlich diskutiert bei Norman W. Bell, »The Impact of Psycho-

2. Die Wahl des Sündenbockes

Die aus ungelösten Konflikten herrührenden Spannungen waren so stark, daß es gelegentlich zur Entladung kommen mußte. Es überrascht nicht, daß zur Symbolisierung der Konflikte und zur Herabsetzung der Spannung ein geeignetes Objekt gewählt wurde. Es wäre zwar denkbar, daß eine Person oder Gruppe außerhalb der Familie diese Funktion hätte übernehmen können. Doch hatten die Eltern in diesen gestörten Familien die Normen der Umwelt im großen und ganzen so weit verinnerlicht, daß es ihnen, mangels einer geeigneten Grundlage, schwer gefallen wäre, einen Außenstehenden zum Sündenbock zu machen. Außerdem hatten die meisten dieser Familien nur spärliche Bindungen zur Gemeinde, und da sie sehr darauf bedacht waren, akzeptiert zu werden, konnten sie es sich nicht leisten, sich mit ihren Mitmenschen zu verfeinden. Bei einigen Familien gab es zwar zuweilen starke Antipathien gegenüber verschiedenen Mitgliedern der Gemeinde, in der sie lebten, doch konnten diese Antipathien kaum offen zum Ausdruck gebracht werden. Und selbst wenn es ihnen einmal möglich war, ihre Antipathie zu äußern, hatte das nur zahlreiche zusätzliche Komplikationen zur Folge, so daß die Familie es vorzog, das eigene Kind zum Sündenbock zu machen.[12]

Die Kanalisierung der Spannungen innerhalb der Familie führte nicht zu Schwierigkeiten mit der Außenwelt, aber die

therapy Upon Family Relationships«, unveröffentlichte Dissertation, Harvard-Universität 1959.

12 Die einzige Familie, die gelegentlich Außenstehenden gegenüber offene Feindschaft zeigte, war die am meisten gestörte in der Versuchsgruppe. Die Äußerung von Feindseligkeit den Nachbarn gegenüber war mit solchen Konflikten besetzt und mit solchen zusätzlichen Komplikationen verbunden, daß sie sich zwangsläufig als unadäquat erwies und die Familie wieder dazu überging, das Kind zum Sündenbock zu machen.

Viele Angehörige dieser Familien äußerten zwar Vorurteile gegenüber Minderheitengruppen, doch trug dieses Vorurteil nur wenig dazu bei, die starken Spannungen in der Familie abzuleiten. Vielleicht war die Minderheitengruppe nicht geeignet, als Symbol zur Behandlung irgendwelcher Familienkonflikte zu dienen, oder aber sie stand nicht in ausreichender Weise zur Verfügung, um ständig Zielscheibe für Familienspannungen sein zu können.

latenten Feindseligkeiten zwischen den Eheleuten erschwerten gewöhnlich die Behandlung der zwischen ihnen offenen Probleme. Es bestand stets die Gefahr, daß der Partner gereizt würde, was zu augenblicklichen ernsten Schwierigkeiten geführt hätte. Das Kind war dank einer Reihe von Faktoren das geeignete Objekt zur Behandlung der familiären Spannungen. Vor allem war es im Vergleich zu den Eltern in einer relativ ohnmächtigen Lage. Es war von den Eltern abhängig, konnte die Familie nicht verlassen und hatte deshalb der überlegenen Macht der Eltern nichts Wirksames entgegenzusetzen. Wenn die Abwehrmechanismen der Eltern, gemessen an denen von gesunden Eltern, auch ziemlich brüchig waren, so waren sie doch weitaus stärker als die ihrer Kinder. Weil die Persönlichkeit des Kindes noch sehr flexibel ist, kann es noch dazu gebracht werden, die Sonderrolle zu übernehmen, die die Familie ihm zuweist. Übernimmt es etliche von den Charaktermerkmalen, die die Eltern an sich selbst und aneinander mißbilligen, dann wird es ein symbolisch geeignetes Objekt, auf das sie ihre Ängste konzentrieren können. Da die zum Sündenbock gemachte Person oft so starke Spannungen entwickelt, daß sie nicht mehr in der Lage ist, die ihr gestellten üblichen Aufgaben zu erfüllen, ist es wichtig, daß jene Familienmitglieder, die wesentliche, unersetzliche Funktionen für die Familie erfüllen, nicht zum Sündenbock werden. Das Kind hat, verglichen mit den Eltern oder den anderen Erwachsenen, in der Familie relativ wenige Aufgaben zu erfüllen, und seine Gestörtheit beeinträchtigt die Erfüllung der für die Familie notwendigen Aufgaben in der Regel nicht. Die »Kosten« der Funktionsstörungen beim Kind sind niedrig, gemessen an den Funktionsgewinnen für die gesamte Familie.

In allen Fällen, mit der partiellen Ausnahme einer Familie, wurde ein einzelnes Kind zum Sündenbock gemacht, während die übrigen Kinder relativ frei von pathologischen Störungen waren. Die Bestimmung eines einzelnen Kindes zum Sündenbock ist keine zufällige Angelegenheit; *ein* Kind ist das beste Symbol. Ebenso wie ein Traum eine Vielzahl von vergangenen und gegenwärtigen Erlebnissen verdichtet, verdichtet der Sündenbock eine Vielzahl von sozialen und psychologischen Problemen, die auf die Familie einwirken.

Die Wahl des Sündenbocks steht in engem Zusammenhang mit den Ursachen der Spannung. Wo Konflikte auf der Ebene der Wertorientierung bestanden, wurde das Kind gewählt, das diese Konflikte am besten symbolisierte. Stand zum Beispiel die Leistung im Mittelpunkt der Konflikte, dann konnte ein Kind, dessen Leistungen nicht den Erwartungen entsprachen, zum Symbol des Versagens werden. Oder es wurde ein Kind gerade deshalb zum geeigneten Objekt, weil es selbständige Leistungen vollbrachte und damit gegen die Normen der Loyalität gegenüber der Gruppe verstieß.

Die Position des Kindes in der Geschwistergruppe wurde häufig zum Brennpunkt der ungelösten Kindheitsproblematik der Eltern. Hatten die Eltern ihre schwersten unbewältigten Probleme mit männlichen Personen, so wurde gewöhnlich ein Junge zum Repräsentanten des Familienkonflikts bestimmt. Ein ähnlich starker Faktor konnte die Geschwisterfolge sein. Hatte ein Elternteil oder gar beide Schwierigkeiten mit älteren Brüdern, so konnte es sein, daß ein älterer Junge in der Familie zum Sündenbock wurde.

In zwei Fällen scheint das Geschlecht oder die Stellung in der Geschwisterfolge besonders wichtig für die Wahl eines Kindes zum Familiensündenbock gewesen zu sein. Im einen Fall war die Mutter die älteste von drei Geschwistern und hatte beträchtliche Rivalitätsgefühle gegenüber der nächstjüngeren Schwester, die sie nie ganz bewältigen konnte. Der Vater hatte zwar zwei ältere Geschwister, doch waren sie so viel älter, daß sie für ihn eine besondere Familie darstellten. In seiner tatsächlichen Familienumwelt war er der ältere von zwei Geschwistern und hatte beträchtliche Rivalitätsgefühle gegenüber dem jüngeren Bruder, der ihn verdrängte und um den er sich von da an kümmern mußte. Dieses Ehepaar hat drei Kinder, und zwischen dem ältesten und zweitältesten Kind herrschte ein ungewöhnliches Maß an Rivalität. Beide Elternteile standen entschieden auf der Seite des älteren. Ständig fiel ihnen auf, daß das zweite Kind das ältere ärgerte, was ihnen ein Anlaß war, es heftig zu kritisieren. Es gibt viele auffällige Parallelen, selbst in den kleinsten Einzelheiten, zwischen der Beziehung der Eltern zu ihren nächstjüngeren Geschwistern und der Beziehung ihres ältesten Kindes zum nächstjüngeren Kind.

Eine andere Konstellation ist gegeben, wenn ein Kind mit einem Elternteil identifiziert wird, dem es ähnelt. Das konnte bei allen Familien, ob krank oder gesund, in der einen oder anderen Form festgestellt werden; in den gestörten Familien wurden an dem Kind jedoch höchst unerwünschte Charakterzüge entdeckt, und obwohl der betreffende Elternteil tatsächlich die gleichen Eigenschaften besaß, stand das Kind im Brennpunkt der Aufmerksamkeit, nicht der Erwachsene. Bei einer Familie sprang diese Konstellation besonders ins Auge. Der Vater und sein ältester Sohn hatten sehr ähnliche Körpermerkmale; außerdem hatten sie nicht nur denselben Vornamen, sondern wurden von der Mutter auch noch in derselben Verkleinerungsform gerufen. Die Sozialfürsorgerin, die die Mutter besuchte, war sich zuweilen nicht sicher, ob die Mutter von ihrem Mann sprach oder von ihrem Sohn. Die Frau befaßte sich nicht direkt mit ihren Sorgen um die berufliche Leistung ihres Mannes, sondern machte das Kind und seine Schulleistung zur Zielscheibe ihres Affektes. Tatsächlich wurde der Sohn von seiner Mutter wegen aller Eigenschaften kritisiert, die sie an ihrem Mann mißbilligte, während sie nicht in der Lage war, ihren Mann wegen dieser Eigenschaften direkt zu kritisieren. Ihre ganzen Gefühle, vor allem ihre Angst und Feindseligkeit, fanden in dem Kind ein Ventil, obwohl doch ihr Mann ähnliche Probleme hatte. Außerdem verhielt sie sich ihrem Mann gegenüber, um ihre Gefühle zu beherrschen, sehr neutral und distanziert und war nicht in der Lage, ihm gegenüber positive oder negative Gefühle auszudrücken. Indem sie eine Menge Kritik und Ängste an dem Kind ausließ, verschob sie natürlich auch viele positive Gefühle auf das Kind und löste damit heftige Ödipuskonflikte aus. Der Mann war nicht glücklich darüber, daß seine Frau so spröde zu ihm war, doch entdeckte er andererseits, daß er die Last der Probleme von sich fernhalten konnte, wenn er sich der Kritik seiner Frau an dem Kind anschloß. Er projizierte also zusammen mit seiner Frau seine eigenen Schwierigkeiten und Probleme auf das Kind und behandelte sie so, als wären sie mehr die Probleme des Kindes als seine eigenen.

Bei drei Familien hatte der Sündenbock eine erheblich niedrigere Intelligenz als seine Geschwister. In all diesen Familien bestanden ernsthafte Konflikte wegen des Leistungsprinzips, und die Eltern hatten selbst große Schwierigkeiten, ihren Leistungsansprüchen Genüge zu tun. In allen drei Fällen waren die Eltern außerstande, die Tatsache zu akzeptieren, daß die Fähigkeiten ihrer Kinder Grenzen hatten, und setzten ständig unerreichbare Normen für sie fest. Obwohl alle drei Kinder einen IQ hatten, der bei 80 und darunter lag, und mindestens einmal sitzengeblieben waren, gaben alle drei Mütter an, sie hätten vor, ihre Kinder aufs College zu schicken. Zu Beginn der Therapie äußerte eine von den Müttern die Hoffnung, ihr Sohn würde Medizin studieren und Arzt werden; eine andere hatte von ihrem sehr knappen Haushaltsgeld einen kleinen Betrag zurückgelegt, damit ihre Tochter aufs College gehen könne, und das, obwohl diese Tochter die Intelligenz einer Schwachsinnigen besaß. Zu Beginn der Therapie konnte keines der Elternpaare sich mit den eigenen Leistungsschwierigkeiten auseinandersetzen. Im Gegensatz dazu stand eine Familie, von deren drei Kindern zwei eine sehr niedrige Intelligenz hatten und eines einmal sitzengeblieben war; der Sündenbock der Familie war jedoch ein Junge mit normaler Intelligenz. In diesem Fall hatten die Eltern, die durchschnittlich intelligent waren, ihre Leistungsproblematik bewältigt, indem sie ihr Leistungsstreben verleugneten und ihre soziale Position akzeptierten. Dieses Kind mit seiner leicht höheren Intelligenz und seiner größeren körperlichen Aktivität wurde von ihnen als höchst aggressives Kind angesehen, das immer übers Ziel hinausschoß, und sie waren ständig in Sorge, der Junge wäre *too smart*, »zu gerissen«.¹³

In einer Reihe von Fällen hatte das gestörte Kind entweder in den ersten Jahren eine schwere körperliche Krankheit gehabt, oder es wies eine auffallende körperliche Abnormität auf, ein Hasenscharte zum Beispiel oder kahle Stellen im Haar, oder es hatte ungewöhnlich häßliche Gesichtszüge. Die bloße Existenz solcher Ungewöhnlichkeiten schien die Aufmerksamkeit auf das damit behaftete Kind zu ziehen, so daß dieses Kind, wo immer es Ängste oder Probleme in der Familie gab, zu deren Zentrum zu werden schien. Wiederum war es jedoch nicht die bloße Existenz eines physischen Defekts, sondern seine Bedeutung¹⁴ im Leben der Familie, was ihn so wichtig werden ließ. Zum Beispiel bestand bei einigen Familien das Gefühl, sich in bestimmter Weise versündigt zu haben, weil man nicht seinen Idealen entsprechend gelebt hatte, etwa wenn man Verhütungsmittel benutzte. Das war ein sehr verbreitetes Problem, da viele Familien unmöglich zwei entgegengesetzten Leitvorstellungen folgen konnten, die sie zumindest partiell internalisiert hatten. Die körperliche Eigentümlichkeit des Kindes wurde zum Symbol des familiären Verstoßes gegen bestimmte partiell verinnerlichte Werte, und das mißgestaltete Kind wurde als sündiges Kind betrachtet, das nicht den Normen der Gruppe entsprechend lebte. Da die Beziehungen der Familie zur Gemeinde oft recht spärlich waren, hatte die kör-

---

13 Während es eigentlich bei all diesen Familien beträchtliche Probleme hinsichtlich der Leistung gab, hatte eine andere Familie, die von einem der Autoren im Rahmen einer anderen Untersuchung befragt wurde, sehr enge Bindungen an traditionelle ethnische Strukturen und noch nicht ernstlich begonnen, sich das amerikanische Leistungsprinzip zu eigen zu machen. In dieser Familie gab es ein Kind, dessen Intelligenz erheblich unter dem Durchschnitt lag und das sehr häßliche Körpermerkmale hatte; außerdem hatte es epileptische Anfälle. Es waren auch einige Kinder vorhanden, die überdurchschnittlich intelligent waren. In dieser Familie bestanden keine ernstlichen Konflikte wegen der Leistung, und keines der Kinder wurde als Sündenbock benutzt.
14 Alfred Adler, *Menschenkenntnis*, 2. Aufl. Leipzig 1928; und Alfred Adler, »The Cause and Prevention of Neurosis«, in *Journal of Abnormal and Social Psychology*, XXIII (1928), S. 4–11.

perliche Mißbildung eines Kindes, die es zum Gespött der Nachbarn machte, zur Folge, daß die Eltern sich zunehmend wegen seiner körperlichen Merkmale schämten und es immer mehr zum Mittelpunkt ihrer Aufmerksamkeit machten. Zum Beispiel war die Familie eines ungewöhnlich häßlichen Mädchens unter anderem deshalb so beunruhigt, weil es von anderen Kindern ständig wegen seines Aussehens gehänselt wurde. Doch galt diese Sorge eigentlich weniger dem Kind als vielmehr der ganzen Familie. Die Probleme des Mädchens symbolisierten die früheren und gegenwärtigen Probleme der Eltern mit den Nachbarn; statt ihm Sympathie entgegenzubringen, verabscheuten sie es desto mehr. In einem anderen Fall, in dem die körperliche Krankheit eines Mädchens zum Mittelpunkt der Familienprobleme wurde, waren die Eltern in außerordentlicher Sorge um ihre Gesundheit, was wiederum teilweise mit den potentiellen Gefahren in den sozialen Beziehungen zur Außenwelt zusammenhing. Die Krankheit des Mädchens hatte zur Folge, daß die Familie viel vorsichtiger wurde, als nötig war, und manchmal sogar dem medizinischen Rat widerstrebte, das Mädchen an bestimmten Tätigkeiten teilnehmen zu lassen, die ohne Gefahr für ihre Gesundheit waren. Die ständigen Kontakte, die das Kind durch stationäre und ambulante Behandlung mit dem der Mittelklasse angehörenden Fachpersonal hatte, brachten es dazu, bestimmte Werte der amerikanischen Mittelklasse stärker zu übernehmen, als das die übrige Familie tat, und diese brachte ständig das Gefühl zum Ausdruck, das Kind habe seine Einstellungen geändert, seit es im Krankenhaus und mit dem Klinikpersonal in Berührung gekommen sei. Die mißbilligten Einstellungen, die dem Kind zugeschrieben wurden, waren im großen und ganzen jene der amerikanischen Mittelklasse.[15]

Nicht nur Mißbildungen, sondern auch der allgemeine Körperbau konnten für die Sündenbockjagd zum Symbol werden. In zwei Familien hatten die Eheleute viele sexuelle Probleme.

---

[15] In den gesunden Familien gab es Fälle von vergleichbarer körperlicher Krankheit, die nicht dieselbe Art von Ängsten bei der Familie auslösten.

Statt sich mit diesem Fehlverhalten direkt auseinanderzusetzen, brachten sie ihre Probleme dadurch zum Ausdruck, daß sie sich wegen der Männlichkeit und Normalität eines schlanken, graziösen Sohnes Sorgen machten.

Der Prozeß der Symbolisierung eines Sündenbocks ähnelt zwar sehr der Traumsymbolisierung, doch gibt es dabei ein Problem, das bei der Wahl eines Traumsymbols nicht auftritt: das Problem der beschränkten Möglichkeit. Während dem Träumenden jedes Objekt zur Symbolisierung dienen kann, steht der Familie nur eine ganz kleine Zahl von Kindern für die Wahl des Sündenbockes zur Verfügung. Wenn die Familie also ein schwerwiegendes Problem hat, aber kein Kind sich so recht zur Symbolisierung des Problems eignet, muß eine beträchtliche Wahrnehmungsverzerrung eintreten, damit das dafür am besten geeignete Kind als Sündenbock benutzt werden kann. In einer Familie zum Beispiel, die sehr mit Leistungsproblemen zu tun hatte, stand der älteste Sohn im Mittelpunkt dieser Problematik. Obwohl er in der Schule gute Noten erzielte, während die Eltern sehr schlechte Zeugnisse gehabt hatten, waren diese sehr kritisch gegenüber seinen Schulleistungen eingestellt. Aufgrund des Druckes, den sie auf ihn ausübten, war das Kind sehr fleißig und schaffte es, das nächstemal noch bessere Zensuren zu bekommen. Die Mutter behauptete aber steif und fest, ihr Sohn habe diese Noten gar nicht verdient, er müsse gemogelt haben, und fuhr fort, ihn wegen seiner Leistungen zu kritisieren.

Das Problem der begrenzten Möglichkeit hatte noch einen zweiten Aspekt, der darin gründete, daß die Eltern offensichtlich seit der Frühzeit ihrer Ehe Spannungen hatten. Soweit man die Ehegeschichte rekonstruieren konnte, hatten die Eheleute ihre Partnerwahl offenbar zum Teil aufgrund der Tatsache getroffen, daß sie zahlreiche Konflikte teilten und einander ganz gut verstanden. Nicht lange nach der Heirat hatten sie in ihren Konflikten dann wohl gegensätzliche Pole eingenommen, so daß jeder von ihnen nur die eine Seite des Konflikts repräsentierte. Anscheinend war das für beide ein Weg, mit den eigenen Konflikten fertigzuwerden und durch Projizierung von Schwierigkeiten auf den Partner einigermaßen in Einklang mit sich selbst zu bleiben und die Integrität zu bewahren. Dadurch wurde allerdings auch das Eheverhältnis stark belastet und eine große Spannung erzeugt, die nun schnell auf das erstbeste, sich dazu anbietende Objekt verschoben wurde, das sehr häufig mit dem ersten Kind identisch war. Da das älteste Kind das erste war, das man zum Sündenbock machen konnte, scheint es oft in diese Rolle gedrängt und dann darin festgehalten worden zu sein. Vielleicht eignete es sich nur deshalb so gut zum Sündenbock, weil es eher vorhanden und stärker in die Erwachsenenwelt einbezogen war.[16] In dem einen Fall, in dem ein Kind aus der Rolle des Sündenbocks ausbrechen konnte, weil es seine Bindungen an Zuhause lockerte, wurde die Sündenbockrolle auf das nächste dafür in Frage kommende Kind übertragen.

3. Die Ernennung des Kindes zum Sündenbock

Soll das Kind als Sündenbock »zufriedenstellen«, so muß es seine Rolle als »schwererziehbares Kind« spielen. Das problematische Verhalten muß genügend verstärkt werden, damit

---

[16] Es gibt keine adäquate Großstudie, die uns das Ausmaß an Gefühlsgestörtheit abschätzen ließe, die an ältesten Kindern festgestellt wurde. Zahlreiche Kleinstudien wurden durchgeführt, doch sind sie nicht zu vereinbaren und widersprüchlich. Siehe John P. Spiegel und Norman W. Bell, »The Family of the Psychiatric Patient«, in Silvano Arieti (Hrg.), *American Handbook of Psychiatry*, New York 1959. Bei der vorliegenden Studie war etwas mehr als die Hälfte ältestes Kind, ein Ergebnis, das dem einer anderen Kleinuntersuchung ähnelt: Sydney Croog, »The Social Backgrounds of Emotionally Disturbed Children and their Siblings«, unveröffentlichte Dissertation, Yale-Universität 1954. Ebenfalls festgestellt worden ist, daß älteste Söhne eher in Probleme von Erbschaft und Rivalität verstrickt sind und sich eher an den Erwachsenen orientieren. Siehe solch unterschiedlichen Studien wie George Peter Murdock, *Social Structure*, New York 1949; Sigmund Freud, *Der Mann Moses und die monotheistische Religion* (1937), Gesammelte Werke, Bd. XVI, London und Frankfurt/M.; und Charles McArthur, »Personalities of First and Second Children«, *Psychiatry*, XIX (1956), S. 47–54.

das Kind trotz der Feindseligkeit und der in ihm erzeugten Angst daran festhält. Dieses empfindliche Gleichgewicht kann nur dadurch entstehen, daß die Eltern eine überlegene Sanktionsgewalt über das Kind haben, daß sie bestimmen können, was es zu tun und was es zu lassen hat, und daß sie über alles, was es tut oder nicht tut, die Kontrolle haben. Dieses Gleichgewicht setzt voraus, daß die Eltern das Kind in hohem Maße widersprüchlich behandeln.

Der allgemeinste Widerspruch bestand zwischen der impliziten (oder unbewußten) und der expliziten Rollenzuweisung.[17] In allen Fällen verletzte das Kind durch bestimmte Verhaltensweisen anerkannte soziale Normen. Mitunter wurden seine Beziehungen zu Menschen außerhalb der Familie durch Stehlen, Zündeln, feindselige Äußerungen oder mangelnde Hilfsbereitschaft beeinträchtigt. In anderen Fällen belastete es durch Bettnässen, Sträuben gegen elterliche Anordnungen oder aggressives Verhalten gegenüber den Geschwistern die Beziehungen in der Familie. In allen Fällen kritisierten die Eltern zwar das Kind und bestraften es sogar manchmal, ermutigten es jedoch zugleich auf irgendeine Weise, gewöhnlich unausgesprochen, bei dem kritisierten Verhalten zu bleiben. Diese Duldung hatte verschiedene Formen: Drohungen wurden nicht in die Tat umgesetzt, die Bestrafung wurde hinausgezögert, das Symptom des Kindes wurde gleichgültig hingenommen oder mit übermäßigem Interesse behandelt, oder das Kind wurde für sein Symptom durch eine beträchtliche sekundäre Befriedigung entschädigt. Die sekundäre Befriedigung erfolgte gewöhnlich in Form von besonderer Aufmerksamkeit und der

---

17 Die Art, in der ein Elternteil das Kind insgeheim dazu ermuntert, seine eigenen unbewußten Wünsche zu agieren, ist bereits für die Beziehung zwischen einem alleinstehenden Elternteil und einem Einzelkind hinreichend dargestellt worden: Adelaide M. Johnson, »Sanctions for Superego Lacunae of Adolescents«, in Kurt R. Eissler (Hrg.), *Searchlights on Delinquency*, New York 1949; Melitta Sperling, »The Neurotic Child and his Mother: A Psychoanalytic Study«, in *American Journal of Orthopsychiatry*, XXX (1951), S. 351–64. Eine detailliertere Darstellung der Methoden zur Durchsetzung von Familienrollen findet sich bei John P. Spiegel, »The Resolution of Role Conflict within the Family«, *Psychiatry*, 20: 1–16 (1957).

Entbindung von bestimmten Verantwortungen. Die Eltern hatten die sozialen Normen zwar so weit verinnerlicht, daß sie sich selbst einer Verletzung dieser Normen enthielten, aber nicht so weit, daß es sie davon abhielt, ihre Kinder zum Agieren der eigenen verdrängten Wünsche zu ermutigen. Der Wunsch, gegen diese Normen zu verstoßen, wurde auf das Kind übertragen, während sich die Abwehr gegen diesen Wunsch bei ihm niemals so stark entwickelte.[18]

Eine weitere Widersprüchlichkeit: ein Elternteil förderte ein bestimmtes Verhalten, der andere Elternteil das entgegengesetzte Verhalten. Wiederum wurde das Kind ein Gefangener des Konflikts. Das gestattete den Ehegatten auch, ihren gegenseitigen Verdruß indirekt auszudrücken, ohne das Eheleben zu gefährden. So protestierte der Vater in einem Fall dagegen, daß der Sohn sein Spielzeug herumliegen ließ, und konnte dem Kind gegenüber einen heftigen Wutausbruch bekommen, durch den er zu verstehen gab, daß die Mutter unrecht hatte, wenn sie dem Kind das durchgehen ließ. Die Mutter erkannte, daß der Vater sich wegen eines solchen Verhaltens aufregte, und hinderte ihn nicht daran, da sie »wußte, daß er recht hatte«. Trotzdem ließ sie des öfteren durchblicken, daß das Kind sich nicht damit abmühen müsse, das Spielzeug aufzusammeln, da es nach ihrer Ansicht zu klein dafür sei, so etwas selbst zu tun, und der Vater zu streng sei. Hätte sie das Verhalten, das den Vater ärgerte, ausdrücklich unterstützt, so hätte die Gefahr bestanden, daß der Vater seine Feindseligkeit mehr gegen die Mutter als gegen das Kind richten würde. Indem die Ermutigung stillschweigend erfolgte, konnte die Mutter verleugnen, daß sie das Kind ermutigte. Der Vater war gewöhnlich bereit, diese Verleugnung hinzunehmen, selbst wenn er nicht daran

[18] Hier ist abermals die Analogie zur individuellen Persönlichkeit aufschlußreich. Geradeso, wie Freuds hysterische Patienten eine *belle indifference* gegenüber ihren Symptomen zeigten und eine überraschende Abneigung dagegen hatten, sie zu verändern, hatten diese Eltern eine *belle indifference* gegenüber den Symptomen ihrer Kinder. Genauso, wie das Symptom des Individuums eine Äußerung seines eigenen unbewußten Wunsches repräsentiert, repräsentiert das Symptom des Kindes eine Äußerung der unbewußten Wünsche seiner Eltern.

glaubte, um einen Streit mit seiner Frau zu vermeiden. In anderen Fällen war der Gatte allerdings verärgert oder fühlte sich genötigt, seiner Frau den Vorwurf zu machen, das Kind nicht richtig zu behandeln. Dann mußte die Ermutigung des Kindes, sich in bestimmter Weise zu verhalten, in subtilerer Weise erfolgen, damit der Kritik des Gatten die Spitze abgebrochen wurde – ein weiteres empfindliches Gleichgewicht, das es zu schützen galt. Der eine mußte das Kind genügend ermutigen, die Handlung zu begehen, ohne daß es dem anderen so weit auffiel, daß er sich zur Kritik genötigt fühlte.

Außer diesen widersprüchlichen Pressionen, die aus dem Unterschied zwischen expliziten und impliziten Erwartungen sowie aus den unterschiedlichen Erwartungen der beiden Elternteile erwuchsen, war das Kind auch noch Veränderungen ausgesetzt, die in der Erwartung jedes Elternteils eintraten. Unter dem Gesichtspunkt des elterlichen Bewußtseins resultierte diese Widersprüchlichkeit aus dem Versuch, zwei konträre Wünsche zu versöhnen: dem Kind beizubringen, sich anständig zu betragen, und zugleich dem Kind gegenüber nicht »zu hart zu sein«. Wenn ein Elternteil bewußt versuchte, dem Kind anständiges Verhalten beizubringen, so war er äußerst aggressiv und kritisch.[19] Dann wieder hatte er das Gefühl, das Kind zu stark kritisiert zu haben, und gestattete diesem, sich in derselben Weise zu verhalten, ohne es zu bestrafen, und neigte sogar dazu, äußerst liebevoll und zu Zugeständnissen bereit zu sein. Dieses widersprüchliche Verhalten wurde zwar damit begründet, daß man dem Kind das gewünschte Verhalten beibringen wollte, ohne »zu hart« zu sein, doch hatte es

---

[19] Während die Kontrolle, die von den Eltern in gesunden Familien ausgeübt wird, manchmal extrem aggressiv und strafend zu sein schien, stellte diese Aggression keinen derartig massiven Angriff auf das Kind dar und war nicht mit der Drohung derartig schwerer Sanktionen verbunden, wie das bei der Aggression der gestörten Eltern der Fall war. In den gesunden Familien wurde die Bestrafung des Kindes von diesem nicht als so schädigend empfunden, und es hatte dort regelrecht die Möglichkeit, weiteren Bestrafungen zu entgehen, indem es sich anders und in der gewünschten Weise verhielt. In den gestörten Familien hatte das Kind nur geringe Möglichkeiten, dieser Feindseligkeit zu entgehen.

insgeheim die Funktion, das Kind davon abzuhalten, das angeblich gewünschte Verhalten anzunehmen, und sein mißliebiges Verhalten zu unterstützen. Die Zeit, in der man »nicht zu hart« sein wollte, diente dazu, das mißbilligte Verhalten zu stärken, und die Zeit, in der man »fest« war, gestattete den Eltern, ihre Angst und Feindseligkeit auszudrücken. Dieses Gleichgewicht war ebenfalls sehr empfindlich, da es stets möglich war, daß sich negative Sanktionen so stark auswirkten, daß die Eltern keinen Grund mehr hatten, das Kind zu bestrafen, weil dieses sein kritisiertes Verhalten aufgegeben hatte.

Wie empfindlich dieses Gleichgewicht war, zeigt sich vielleicht am deutlichsten am Problem des Bettnässens. Die Eltern klagten über das Bettnässen, konnten sich aber zugleich nicht dazu durchringen, etwas zur Veränderung des kindlichen Verhaltens zu unternehmen. Konnte der Therapeut beide Elternteile dazu bringen, zur gleichen Zeit fest zu sein, so hörte das Kind gewöhnlich auf, das Bett zu nässen. Sehr bald jedoch wurde das Kind, indem man ihm ein Gummituch ins Bett tat oder ihm besonderes Nachtzeug kaufte, »nur für den Fall, daß es ins Bett macht«, ermutigt, erneut das Bett zu nässen. Einer Mutter gelang es mehrmals, Methoden zu finden, die das Bettnässen ihres Sohnes beendeten; aber sie unterließ es jeweils sofort wieder, von ihnen Gebrauch zu machen, »da er ja jetzt aufgehört hat«. In mehreren Fällen waren die Eltern einmal interessiert und bemüht, fest zu sein, und dann wieder gleichgültig und dazu geneigt, das Verhalten stillschweigend zu ermutigen, – jederzeit inkonsequent, der eine wie der andere. Die Frage, ob das Kind ins Bett machte oder nicht, schien ein relativ empfindlicher Gradmesser dafür zu sein, wo das Gleichgewicht von Lohn und Strafe bei den Eltern gerade lag. Im allgemeinen waren die unausgesprochenen Forderungen allerdings mit der größeren Sanktionsgewalt versehen, und das Kind blieb bei seinem Verhalten, das von den Eltern unbewußt gebilligt, bewußt mißbilligt wurde. Wahrscheinlich nahmen die Sanktionen der Eltern gegen das Bettnässen zu, sobald das

Kind älter wurde, und das Gleichgewicht wurde wohl erst zu dieser späteren Zeit so empfindlich.

Da diese kollidierenden Erwartungen einen langen Zeitraum hindurch bestanden, ist es nicht verwunderlich, daß das Kind diese Konflikte verinnerlichte. War das Kind erst einmal für die Rolle des abweichenden Verhaltens ausersehen worden, so gab es eine zirkulare Reaktion, die diese Rollenzuweisung tendenziell unabänderlich machte. Hatte das Kind auf die impliziten Wünsche seiner Eltern reagiert und auf etwas gestörte Weise gehandelt, so konnten die Eltern es behandeln, als wäre es wirklich ein Problem. Das Kind reagierte dann auf diese Erwartungen, und der Teufelskreis war in Gang gesetzt. Das Kind und die Eltern hatten jetzt Erwartungen, die einander ergänzten. Die dem Kind zugeteilte Sonderrolle wurde angemessen belohnt. Es ist schwierig, wenn nicht gar unmöglich, festzustellen, an welchem Punkt genau die Eltern anfingen, das Kind zu behandeln, als wäre es ein Problem, und an welchem Punkt das Kind die Problematik tatsächlich verinnerlichte. Wie es scheint, hat sich die kindliche Problematik nicht plötzlich entwickelt; sie zeigte vielmehr den Charakter eines Prozesses, der über einen längeren Zeitraum läuft. Bis die Familie sich in der Klinik sehen ließ, hatte der Teufelskreis feste Formen angenommen und das Kind seine Gestörtenrolle in solchem Maße verinnerlicht, daß es schwierig war, nur durch Beseitigung des Drucks von außen eine Änderung zu bewirken. Das war natürlich vor allem bei älteren und gestörteren Kindern der Fall. Die Störung des Kindes gibt dem Rollensystem Stabilität, so daß die Sündenbockjagd, ist sie erst einmal in Gang gesetzt, nicht leicht von einem Kind auf ein anderes übergeht. In den nicht gestörten Familien war die Sündenbockjagd, wenn sie überhaupt stattfand, weniger heftig und wurde nicht durch die Wahl eines Kindes zum ständigen Sündenbock stabilisiert.

4. Die Rationalisierung der Sündenbockjagd

Wenn sich eine bestimmte Form der Sündenbockjagd herausgebildet hatte, so war in der Familie ein relativ stabiles Gleichgewicht erreicht. Allerdings bestand noch das Problem, dieses Gleichgewicht aufrechtzuerhalten. Die Eltern hatten beträchtliche Schuldgefühle wegen der Art und Weise, in der sie das Kind behandelten, und sobald das Kind von Nachbarn, Lehrern, Ärzten oder anderen Instanzen der Außenwelt als gestört identifiziert war, wurde Druck auf sie ausgeübt, irgend etwas zu unternehmen. Wandte man sich an die Eltern, dann fiel es diesen nicht schwer zu erklären, warum sie wegen des Kindes so beunruhigt seien, doch hatten sie große Schwierigkeiten, ihre aggressiven und libidinösen Äußerungen den Kindern gegenüber zu rationalisieren.

Eine Art, in der die Eltern ihr Verhalten rationalisierten, war die, sich selbst mehr als die Kinder als Opfer zu bezeichnen. Sie betonten, wie schwer es sei, mit all den Problemen fertig zu werden, die ihr Kind aufwerfe. So beklagten sich die Mütter von Bettnässern über das Problem, das Bettzeug sauber zu halten, und über die Unmöglichkeit, das Kind über Nacht bei Freunden oder Verwandten zu lassen. Derartige Rationalisierungen schienen von einigen Schuldgefühlen wegen des Quälens der Kinder zu entlasten und dienten dazu, den ständigen Ausdruck von Ärger gegenüber den Kindern zu rechtfertigen.

Eine andere Art der Rationalisierung bestand in dem nachdrücklichen Hinweis darauf, wie gut es doch ihren Kindern gehe. Bei der Mehrzahl dieser Eltern war der Lebensstandard, den sie ihren Kindern boten, viel höher als jener, den sie selbst genossen hatten, als sie Kinder gewesen waren. Eine der Hauptklagen dieser Eltern, vor allem der Väter, war, daß die Kinder zuviel verlangten und viel mehr bekämen, als die Eltern je bekommen hatten, als sie Kinder waren. Sie hielten das für eine berechtigte Entschuldigung dafür, daß sie ihren Kindern die Spielzeuge, Vergünstigungen und andere Dinge, die sie wünschten, versagten und es ablehnten, die Klagen der

Kinder anzuerkennen. Eine Art von Rationalisierung, die eng damit zusammenhängt, entstammt dem Wandel, der während der letzten Generation in den Erziehungsmethoden eingetreten ist. Die Eltern hatten das Gefühl, ihre eigenen Eltern seien viel strenger gewesen als sie und die Kinder würden heutzutage »mit Mord durchkommen«. Viele Eltern hatten akute Konflikte wegen der Frage, wie streng sie zu ihren Kindern sein sollten, und wenn sie den Kindern gegenüber ihre Aggression zum Ausdruck brachten, erklärten sie diese oft als heilsame Strenge, die »dem Kind eine Lehre erteilen« solle. Ihre eigenen Eltern seien viel strenger mit ihnen gewesen, ihre Kinder würden eben nicht einsehen, »wie gut sie es haben«.

Die Eltern benutzten auch verschiedene spezifische Normen, um ihr Verhalten zu rechtfertigen. Selbst wenn sie das Kind stillschweigend ermutigten, diese Normen zu brechen, gab ihnen die Tatsache, daß diese sozialen Normen ausdrücklich anerkannt sind, eine begründete Basis dafür, die Kinder zu bestrafen. Solange die Erlaubnis, die Gebote und Verbote zu mißachten, nur unausgesprochen bestand, konnten die Eltern leugnen, sie wirklich gegeben zu haben. Im allgemeinen räumten diese Eltern nur ungern ein, daß ihr Kind eine emotionale Störung hatte oder daß sein Verhalten auf einer bestimmten inneren Problematik beruhte. Allgemein interpretierten sie das Verhalten des gestörten Kindes als eine vorsätzliche Bosheit. Sie meinten, wenn das Kind wirklich wollte, dann könnte es sich anders verhalten. Nach ihrer Ansicht war das, was nötig war, somit nicht Überlegung, Rat und Hilfe, sondern eine »Lehre« in gutem Verhalten, d. h. strenger Tadel und Strafen; doch selbst dazu waren sie nicht fähig. Zuweilen versuchten die Eltern rundum zu leugnen, daß sie dieses besondere Kind zum Sündenbock machten. Sie blieben hartnäckig dabei, daß sie »alle Kinder völlig gleich behandeln«. Mitunter machten sie auch geltend, dieses besondere Kind sei ganz anders als die übrigen und sie seien gute Eltern, da ihre anderen Kinder sich so gut entwickelt hätten.

Häufig zeigten die Mütter, wenn auch unbeständig, eine ungewöhnlich starke Zuneigung zu einem Sohn. Die Rechtfertigung dafür war fast immer die gleiche: Das Kind habe Probleme und Schwierigkeiten und benötige somit mehr Hilfe und Fürsorge als die anderen Kinder. Was sie als Fürsorge und Schutz ansahen, ging jedoch weit über das übliche Maß hinaus. Das zeigt sich zum Beispiel bei der Mutter, die ihren zwölfjährigen Sohn vom Bett auf die Toilette trug, damit er nicht ins Bett machte, oder bei jener anderen Mutter, die ihren adoleszenten Sohn ständig liebkoste und ihn *lovie* nannte, sowie an den häufigen sprachlichen Fehlleistungen einer Reihe von Familienmitgliedern, die Mutter und Sohn als Eheleute bezeichneten. Die Väter wiederum hatten oft eine besondere Zuneigung und Vorliebe für ihre Töchter.

All diese Versuche der Eltern, ihr Verhalten zu rationalisieren, hatten einen starken Abwehrcharakter und zeigten die Schwierigkeiten dieser Eltern, ihr Verhalten mit den allgemeinen sozialen Normen hinsichtlich der Kindererziehung in Einklang zu bringen. In den schwerer gestörten Familien machte der Problemdruck eine starke Verzerrung der sozialen Normen nötig, während ihnen in den leicht gestörten Familien mehr Aufmerksamkeit geschenkt und versucht wurde, Gefühlszustände auf annehmbarere Weise auszudrücken. Auf jeden Fall war viel Energie nötig, um das Gleichgewicht stabil zu halten, ein Zustand, der die Koordination vieler subtiler und widersprüchlicher Gefühle und Verhaltensweisen erforderte. Es handelte sich tatsächlich um einen »Waffenstillstand«, und die Gefahr einer Explosion war stets gegeben.

5. *Funktionen und Dysfunktionen der Sündenbockjagd*

a) Funktionen. Obwohl sich der vorliegende Aufsatz mit der Dynamik der Familie als Gruppe in Beziehung zu einem gefühlsgestörten Kind befaßt, sind einige Anmerkungen zu den Funktionen angebracht, die die Sündenbockjagd sowohl für die Eltern als Einzelpersonen als auch für das Sozialsystem erfüllt. Bei den Eltern dient sie als Prozeß zur Stabilisierung der Persönlichkeit. Da die Eltern starke innere Konflikte hatten, trug die Projektion dieser Schwierigkeiten auf ein Kind dazu bei, sie auf ein Minimum zu reduzieren und zu kontrollieren. So waren sie trotz ihrer individuellen Schwierigkeiten in der Lage, den Anforderungen der Gesellschaft zu genügen, und brachten nur ein Minimum dieser Schwierigkeiten im Rahmen des Wirtschafts- und Sozialsystems zum Ausdruck. Die meisten von ihnen waren fähig, Positionen als fleißige Arbeitskräfte und relativ respektierte Mitglieder der Gemeinde auszufüllen.

Indem sie das Kind zum Sündenbock machten, konnten die Eltern ihren gesellschaftlichen Verpflichtungen nachkommen; allerdings genügten sie diesen oft nicht so gut wie andere Familien, und dann wurde die ganze Familie zum Sündenbock für die Gemeinde. In diesem Fall wirkten zwischen Außenwelt und Familie die gleichen Mechanismen wie zwischen Eltern und Kind. Ähnlich ihren Kindern setzten sich die Familien selten ernsthaft zur Wehr; vielmehr benutzten sie das Kind, um ihre zusätzlichen Frustrationen und Spannungen abzureagieren. Ist die Situation der Sündenbockjagd einmal hergestellt, so spielen viele Kräfte dabei mit. Obwohl das Kind vermittels der Familie schon zusätzlich belastet ist, kann es dazu beitragen, die Spannungen der sozialen Gruppe in bezug auf eine spezielle Familie abzuleiten.

Von der Familie her gesehen, hat die Sündenbockjagd vor allem die Funktion, das Zusammengehörigkeitsgefühl zu bewahren. In allen gestörten Familien herrschten starke Spannungen, die ständig die Gefahr eines Auseinanderbrechens der Familie heraufbeschwörten.[20] In allen gestörten Familien traten im Verlauf der Therapie ganz erhebliche Unzufriedenheiten zwischen den Eheleuten zutage, die viel stärker waren als jene, die bei nicht gestörten Familien festgestellt wurden. In den bei-

---

20 In einer gesunden Familie wurde eine beträchtliche eheliche Spannung, als sie auftrat, auf sehr offene Weise behandelt, und die Eheprobleme wurden nicht auf Kosten des Kindes ausgetragen.

den Familien mit den am schwersten gestörten Kindern wurden Ausbrüche zwischen den Eltern, als die Verfolgung des Kindes während der Therapie nachließ, so stark, daß ernstlich zu fürchten war, die Familie würde auseinanderbrechen. In dem einen Fall, in dem die Probleme zwischen den Gatten die ganze Therapie hindurch relativ latent blieben, traten sie nach Beendigung der Therapie um so deutlicher zutage, was zu schweren Angstanfällen seitens des Vaters führte. Angesichts dieser inneren Spannungen zeigten jedoch alle diese Familien eine überraschende Stabilität. Einzig in einer Familie hatten sich die Eltern für kurze Zeit freiwillig getrennt gehabt, und das war noch vor der Geburt ihres ersten Kindes gewesen. Indem sie ein besonderes Kind zum Mittelpunkt machten, waren die Familien in der Lage, sich gegen Probleme und Ängste zu sperren, die möglicherweise verschiedene Familienprozesse hätten zersetzen können. Zwischen den Eltern, die sich gegen ein schwererziehbares Kind vereinigten, schien ein zusätzliches Zusammengehörigkeitsgefühl zu bestehen. Daß es sich bei dem gestörten Wesen um ein Kind handelt, erlaubt den Eltern, die zur Haushaltsführung notwendigen Aufgaben weiterhin einigermaßen regelmäßig zu verrichten. Da das Kind abhängig ist und relativ wenig häusliche Pflichten hat, beeinträchtigt sein Fehlverhalten die Stabilität der Familie nicht sonderlich.

b) Dysfunktionen. Während die Behandlung eines Kindes als Sündenbock dazu dient, bedeutende Spannungsquellen in der Familie unter Kontrolle zu halten, zieht die Gefühlsgestörtheit eines Kindes störende Komplikationen nach sich, die allerdings meist weniger ins Gewicht fallen als die ursprünglichen Spannungen. Eine Dysfunktion besteht darin, daß der Familie gewisse reale Probleme und Sonderaufgaben erwachsen. Das Kind erfordert Sonderbehandlung und Aufmerksamkeit. Ist es zum Beispiel ein Bettnässer, dann muß die Familie es entweder regelmäßig wecken oder viele Laken waschen und andere Vorsichtsmaßregeln treffen. Das wird besonders akut, wenn man reist, Besuche macht oder zeltet. Ist das Kind in Behandlung, so müssen die Eltern dafür Zeit und Geld aufbringen.

Außerdem kann das Kind auch, während es für die stillschweigenden Sanktionen seiner Eltern empfänglich ist, Mechanismen entwickeln, um sich zur Wehr zu setzen und die Eltern für die Art, in der sie es behandeln, zu strafen. Oft entwickelt das Kind geradezu ein Geschick darin, die Ängste seiner Eltern herauszufordern oder etwas, das es tun soll, bewußt ungeschickt zu verrichten. Natürlich macht die Mutter, die den größten Teil des Tages zu Hause ist, mehr Erfahrung mit dieser Gegenaggression, und das erklärt zum Teil ihre Bereitschaft, das Kind zur Behandlung zu bringen. In den meisten dieser Familien war es die Mutter, die die Initiative zur Aufnahme einer Behandlung ergriff. Offenbar kann sie, solange sie das Ausmaß der Feindseligkeit, die das Kind ihr entgegenbringt, unter behutsamer Kontrolle zu halten vermag, diese Dysfunktion tolerieren; übersteigt diese Feindseligkeit jedoch einen gewissen Punkt, dann ist sie bereit, um Hilfe von außen nachzusuchen.

Die Funktionen des Sündenbocks *innerhalb* der Kernfamilie gleichen seine Dysfunktionen eindeutig aus; bei den Beziehungen des Kindes *außerhalb* der Kernfamilie ist das bezeichnenderweise nicht der Fall. Zwar erhält das Kind von der Familie so viel Unterstützung, daß es seine Rolle in der Familie beibehalten kann, doch gibt sie ihm, gerade weil sie es als Sündenbock benutzt, oft nicht das nötige Rüstzeug, um sich außerhalb der Kernfamilie anpassen zu können. Dieses Problem wird besonders akut, wenn das Kind anfängt, auf der Schule gegenüber seinen Kameraden und Lehrern wichtige Verbindungen einzugehen.[21] Gerade zu dieser Zeit erfolgen viele Einweisun-

---

[21] In der Adoleszenz, wenn das Verlangen nach Unabhängigkeit stärker wird, taucht eine große Anzahl akuter Störungen auf. Viele, die sich den ihnen in der Familie zugewiesenen Rollen adäquat angepaßt hatten, waren nicht in der Lage, sich entsprechend der Neuanpassung außerhalb der Familie zu verhalten. Siehe zum Beispiel Nicholas J. Demerath, »Adolescent Status and the Invidual«, unveröffentlichte Dissertation, Harvard-Universität 1942. Eine große Anzahl akuter Neurosen tritt auch dann auf, wenn junge Männer eingezogen werden und in den Militärdienst eintreten. Unter normalen Umständen wird das Kind durch den Sozialisierungsprozeß auf die sozialen Anforderungen der Außengesellschaft vorbereitet. Siehe z. B.

gen in psychiatrische Kliniken.²² Erschien den Eltern das Verhalten des Kindes bis dahin völlig erträglich, so wird es jetzt plötzlich unerträglich. Mag es auch immer noch die von der Familie gewünschte Rolle spielen, die es zum Sündenbock macht, so steht diese Rolle nunmehr im Widerspruch zu jener anderen als Repräsentant der Familie. Die Familie kommt somit in Konflikt: einerseits will sie das Kind als Sündenbock benutzen, andererseits muß sie sich mit ihm wegen seiner Rolle als Familienrepräsentant in der Außenwelt identifizieren. Beide Seiten des Konflikts zeigten sich am deutlichsten bei jener Familie, die eine Fehde mit der Außenwelt austrug; einmal bestrafte sie die Tochter wegen ihres schlechten Schulverhaltens, dann wieder kritisierte sie die Lehrer und Kinder in der Schule, weil diese bei ihrer Tochter Probleme verursachten. Bei fast jeder dieser gestörten Familien war die Schwierigkeit in der Schule ein auslösender Faktor für die Entscheidung, das Kind in psychiatrische Behandlung zu schicken. Während das Verhalten des Kindes zu Hause belohnt wurde, wurde es in der Schule nicht belohnt, und während die Familie sein Fehlverhalten zu Hause ertragen konnte, fanden es die Eltern bestürzend und unangenehm, wenn die Schule von diesem Verhalten besondere Notiz nahm.

Dieses Problem in der Beziehung zur Außenwelt wird am Fall der Schule vielleicht am deutlichsten, gilt aber auch zum Beispiel für die Beziehungen zu Nachbarn und Verwandten. Nachbarn und Verwandte kritisieren die Familie wahrscheinlich heftig wegen der Verhaltensstörungen des Kindes, und die

---

Talcott Parsons, »The Incest Taboo in Relation to Social Structure and the Socialization of the Child«, in *British Journal of Sociology*, V (1954), S. 101-17; und David Aberle und Kaspar Naegele, »Middle-Class Fathers' Occupational Roles and Attitudes toward Children«, in *American Journal of Orthopsychiatry*, XXII (1952), S. 566-78.

22 Die Bedeutung der Schwierigkeiten mit Bezugspersonen außerhalb der Kernfamilie, die die Familie dazu bringen, um psychiatrische Behandlung nachzusuchen, ist von Klinikern seit langem erkannt worden. Siehe z. B. Anna Freud, »Indications for Child Analysis«, in *The Psychoanalytic Study of the Child*, Bd. 1, New York 1945, deutsch »Indikationsstellung in der Kinderanalyse«, in *Psyche*, April 1967, S. 233-253.

Familie unternimmt dann oft die größten Anstrengungen, das Fehlverhalten des Kindes zu beseitigen. Wo die Familie das Kind wegen seines Verhaltens abwechselnd bestrafte und belohnte, waren Schwierigkeiten mit der Außenwelt für sie oft ein Anlaß, das Pendel zur Seite der Strafe und der Kritik an dem Kind ausschlagen zu lassen.

Obgleich die Gestörtheit des Kindes alles in allem dazu diente, familiäre Spannungen zu vermindern, hatte sie oft weitere Spannungen in der Familie zur Folge. In dem Maße, wie die Normen oder Maßstäbe der Außenwelt, denen das Kind nicht standhält, als richtig angesehen werden, sind Frustrationen unvermeidlich. Die Eltern waren zwar eifrig bemüht, das Verhalten des Kindes und nicht ihr eigenes Verhalten dafür verantwortlich zu machen, doch gelang ihnen das niemals ganz. Gemäß der modernen Theorie der Kindererziehung, mit der sie zumindest in Berührung gekommen waren, machten sie sich wenigstens teilweise für die Gestörtheit des Kindes verantwortlich, und das scheint zum Zeitpunkt der Therapie besonders der Fall gewesen zu sein. Die Gestörtheit des Kindes wirkt also auf die Probleme zurück, denen sich die Eltern gegenübersehen, und diese schieben sich oft gegenseitig die Verantwortung für jene Gestörtheit zu. Die Mutter wird zum Beispiel sagen, der Vater widme den Kindern nicht genügend Zeit, und der Vater wird sagen, die Mutter werde mit den Kindern nicht richtig fertig. Das Eheverhältnis wurde dadurch zwar gestört, doch wirkte sich das niemals so stark aus, daß die Eltern aufgehört hätten, das Kind als Sündenbock zu benutzen. Die Aggression richtete sich weiterhin in erster Linie gegen das ungezogene Kind, statt gegen den Ehepartner.

Während die Verhaltensstörung der Familie einige Dysfunktionen einträgt, ist es die Persönlichkeit des Kindes, die am meisten unter der Sündenbockjagd leidet. Jeder, der in einer Gruppe von den Normen abweicht oder ihr Sündenbock ist, fühlt sich einem starken Druck von ihrer Seite ausgesetzt, der in ihm beträchtliche Konflikte erzeugt.[23] Verglichen jedoch

23 Siehe z. B. die Analyse des Falles von Long Johns Alpträumen in Wil-

mit anderen Gruppen, die ihre Integration auf Kosten des Abweichenden behaupten, kann dieser Druck in der Kernfamilie über einen langen Zeitraum stabilisiert werden und zu weitaus stärkeren Schädigungen der Persönlichkeit des Kindes führen, das in die Rolle des Abweichenden gedrängt worden ist. Die Entwicklung der Gefühlsgestörtheit ist geradezu Teil des Prozesses, in dessen Verlauf das Kind die widersprüchlichen Forderungen seiner Eltern verinnerlicht. Während es auf kurze Sicht von der Familie mehr belohnt wird, wenn es diese Rolle spielt, als dann, wenn es sie nicht spielt, wird es auf lange Sicht in seiner Persönlichkeit schwer geschädigt. Kurz, der Mechanismus der Sündenbockjagd erfüllt eine Funktion für die Familie als Gruppe, wirkt sich aber für die emotionale Gesundheit des Kindes und seine Anpassung außerhalb der Orientierung bietenden Familie als Dysfunktion aus.

---

liam F. Whyte, *Street Corner Society*, Chicago 1943; und einen Bericht über die Experimente von Asch in Solomon E. Asch, *Social Psychology*, New York 1952.

Ronald D. Laing
Mystifizierung, Konfusion und Konflikt

Man kann manchen manchmal etwas vormachen ...

Marx benutzte den Begriff der Mystifizierung im Sinne einer nicht zu durchschauenden Verdrehung dessen, was vor sich geht (Prozeß) oder was getan wird (Praxis), im Dienste der Interessen einer sozio-ökonomischen Klasse (der Ausbeuter) über oder gegen eine andere Klasse (die Ausgebeuteten). Indem die Ausbeuter Formen der Ausbeutung als Formen der Wohltätigkeit darstellen, verwirren sie die von ihnen Ausgebeuteten so sehr, daß diese sich mit ihren Ausbeutern eins fühlen oder für ihre (nicht erkannte) Ausbeutung dankbar sind und sich nicht zuletzt schlecht oder verrückt vorkommen, wenn sie auch nur an Rebellion *denken*.

Wir können uns den theoretischen Bezugsrahmen von Marx nicht nur zur Erhellung der Beziehungen zwischen Gesellschaftsklassen, sondern auch der wechselseitigen Interaktion von Person zu Person zunutze machen.

Jede Familie hat ihre Differenzen (die von leichten Meinungsverschiedenheiten bis zu gänzlich unvereinbaren und widersprüchlichen Interessen und Standpunkten reichen), und jede Familie verfügt über bestimmte Mittel zu ihrer Handhabung. Eine Art, solche Widersprüche zu behandeln, soll hier unter dem Stichwort *Mystifizierung* dargestellt werden.

Ich werde in dieser Arbeit in diskursiver Form diesen und einige verwandte Begriffe vorstellen, wie sie zur Zeit in Forschungsarbeit und Therapie mit Familien von Schizophrenen, Neurotikern und Normalen in der Tavistock Clinic und am Tavistock Institute of Human Relations, London, entwickelt werden.[1] Ich werde den Begriff der Mystifizierung mit be-

---

[1] Forscher: R. D. Laing (Leiter des Forschungsprogramms), Dr. A. Russell Lee (1959–1961), Dr. Peter Lomas, Miss Marion Bosanquet, P. S. W. –

stimmten engverwandten Begriffen vergleichen und gewisse Aspekte der untersuchten Familien kurzgefaßt darstellen, wobei ich hoffe, den heuristischen Wert der theoretischen Erörterung und ihre entscheidende Bedeutung für die Therapie demonstrieren zu können. Allerdings werde ich dabei nicht auf die praktischen Aspekte der Therapie eingehen.

Der Begriff der Mystifizierung

Unter Mystifizierung verstehe ich sowohl den *Akt* des Mystifizierens als auch den *Zustand* des Mystifiziertwerdens. Das heißt, ich benutze den Ausdruck im aktiven wie im passiven Sinne.

Mystifizieren im aktiven Sinne bedeutet, einen Vorgang vertuschen, verschleiern, verdunkeln oder maskieren, gleichviel, ob es sich um Erleben, Aktion, Prozeß oder sonst etwas handelt, das zur »Streitfrage« werden kann. Dadurch entsteht Verwirrung: Es wird unmöglich, zu erkennen, was wirklich erlebt oder getan wird oder was vor sich geht, und es wird unmöglich, die tatsächlichen Streitpunkte festzustellen und zu unterscheiden. Die Folge ist, daß richtige Auffassungen hinsichtlich dessen, was erlebt oder getan wird (Praxis) bzw. vor sich geht (Prozeß), durch falsche Auffassungen ersetzt und Scheinfragen als die tatsächlichen Streitobjekte ausgegeben werden.

Der *Zustand* der Mystifizierung, die Mystifizierung im passiven Sinne also, kann, muß aber nicht, mit dem *Gefühl* identisch sein, konfus gemacht oder verwirrt zu werden. Die Mystifizierung als Akt tendiert entschieden dazu, falls sie nicht durch Gegenwirkung neutralisiert wird, einen Zustand der Mystifikation oder Konfusion zu erzeugen, der nicht notwendigerweise als solcher empfunden wird. Das Gefühl der Ver-

---

Dr. Laing ist ordentliches Mitglied des Foundation's Fund for Research in Psychiatry. Die Teilnahme von Dr. A. Russell Lee wurde durch das National Institute of Mental Health, Bethesda, Maryland, ermöglicht.

wirrtheit und das Erlebnis von Konflikt müssen von der Mystifizierung als Akt wie als Zustand unterschieden werden. Obwohl die Mystifizierung auch die Funktion hat, einen echten Konflikt zu vermeiden, ist der Ausbruch offenen Konflikts bei mystifizierenden und mystifizierten Familien gang und gäbe. Der Verschleierungseffekt der Mystifizierung kann den Konflikt nicht verhindern, wenn er auch das, um was es geht, verbirgt.

Dieser Effekt läßt sich erhöhen, wenn man die Mystifizierung besiegelt, indem man den Akt der Wahrnehmung von Mystifikation als das, was sie ist, mystifiziert – das heißt, indem man die Wahrnehmung der Mystifikation zum Gegenstand eines Streites macht, der sich darum dreht, ob es nicht schlecht oder verrückt sei, so etwas wahrzunehmen.

Die Person, die mystifiziert wird, gerät also entschieden in Verwirrung, muß sich aber nicht unbedingt verwirrt *fühlen*. Wo wir auf Mystifizierung stoßen, werden wir auf die Existenz irgendeines Konflikts aufmerksam, dem ausgewichen wird. Der Mystifizierte ist, soweit er der Mystifikation erliegt, unfähig, den authentischen Konflikt zu sehen, erlebt aber möglicherweise intrapsychische oder zwischenmenschliche Konflikte einer nicht authentischen Art. Er kann einen trügerischen Frieden, eine gleisnerische Ruhe erleben oder in nicht authentischen Konflikt oder Konfusion über falsche Streitfragen gestürzt werden.

Auch im täglichen Leben begegnet uns die Mystifizierung in bestimmtem Maße. So ist es zum Beispiel üblich, einen anderen hinsichtlich seines Erlebens zu mystifizieren, indem man den Erlebnisinhalt bestätigt, die Art und Weise des Erlebens dagegen in Abrede stellt (wobei Wahrnehmung, Vorstellung, Phantasie und Träumen als getrennte Erlebnisweisen aufgefaßt werden, eine Theorie, die an anderer Stelle [Laing, 1962] entwickelt worden ist).

Widersprechen sich also die Wahrnehmungen zweier Menschen, so sagt der eine zum andern: »Das bildest du dir bloß ein.« Das heißt, es wird der Versuch gemacht, einen Widerspruch, einen Gegensatz, eine Unstimmigkeit zu unterlaufen oder aufzuheben, indem man die Erlebensweise des anderen von der Wahrnehmung in die Einbildung, von der Erinnerung einer Wahrnehmung in die Erinnerung eines Traumes transponiert (»Das mußt du geträumt haben!«).

Eine andere Form der Mystifizierung besteht darin, daß der eine den Erlebnisinhalt des anderen bestreitet und ihm statt dessen Erlebnisqualitäten unterschiebt, die seiner eigenen Vorstellung vom anderen entsprechen (vgl. Brodeys [1959] Begriff der »narzißtischen Beziehung«).

Ein Kind spielt am Abend lärmend; seine Mutter ist müde und möchte, daß es ins Bett geht. Eine offene Erklärung wäre:

»Ich bin müde und möchte, daß du ins Bett gehst.«

Oder:

»Geh ins Bett, weil ich dir das sage.«

Oder:

»Geh ins Bett, weil es Zeit für dich ist, schlafenzugehen.«

Eine mystifizierende Art, das Kind zum Zu-Bett-gehen zu bewegen, wäre:

»Ich bin überzeugt, du bist müde, Liebling, und möchtest jetzt ins Bett, nicht wahr?«

Die Mystifizierung tritt hier in verschiedener Hinsicht auf. Was angeblich eine Bezeichnung für die Verfassung des Kindes ist (du bist müde), ist »in Wirklichkeit« ein Befehl (geh ins Bett). Dem Kind wird gesagt, wie es sich fühlt (ob es nun müde ist oder nicht), und das, was es angeblich fühlt, ist das, was die Mutter selbst fühlt (projektive Identifikation). Nehmen wir an, es fühlt sich *nicht* müde, dann wird es seiner Mutter vielleicht widersprechen. In diesem Fall wird es vielleicht einem weiteren mystifizierenden Verfahren unterworfen:

»Mutter weiß das am besten.«

Oder:

»Sei nicht frech.«

Die Mystifizierung kann sich auf Streitfragen beziehen, die etwas mit den *Rechten* und *Pflichten* jeder Person in der Familie hinsichtlich der anderen zu tun haben. So erklärt zum

Beispiel ein 14jähriger Junge seinen Eltern, er sei unglücklich, und diese erwidern:

»Wie kannst du bloß unglücklich sein. Haben wir dir nicht alles gegeben, was du willst? Wie kannst du nur so undankbar sein, daß du sagst, du bist unglücklich, nach allem, was wir für dich getan haben, nach all den Opfern, die für dich gebracht worden sind?«

Die Mystifizierung erweist sich als besonders wirksam, wenn sie sich auf dieses System von Rechten und Pflichten in solcher Weise erstreckt, daß eine Person anscheinend das *Recht* hat, das Erleben eines anderen zu bestimmen, oder daß jemand in Ergänzung dazu *verpflichtet* ist, den oder die anderen, sich selbst, seine Welt oder irgendeinen Aspekt davon auf bestimmte Weise zu erleben oder nicht zu erleben. Zum Beispiel: Hat der Junge ein Recht darauf, unglücklich zu sein, oder muß er glücklich sein, weil er sich sonst als undankbar erweist?

Marxens Formulierung impliziert, daß der aufgeklärten Aktion die Entmystifizierung der Streitfragen vorangehen müsse. Mit Streitfrage meinen wir wie in der Jurisprudenz »den Punkt, der von der einen Partei bejaht, von der anderen bestritten wird« (*Oxford English Dictionary*). Die Streitfrage ist in unserem Material häufig die, wie die »wirkliche« oder »wahre« Achse der Orientierung zu bestimmen sei: Der strittige Punkt ist, worin der Streitpunkt bestehen soll. Streitigkeiten drehen sich oft um die Frage, über was man sich streitet – was sich abspielt, ist ein Konflikt oder Kampf darum, sich entweder zu vertragen oder den »Hauptstreitpunkt« zu bestimmen. In den Familien von Schizophrenen besteht einer der starrsten Aspekte des extrem starren Familiensystems oft in einer besonderen Orientierungsachse, die anscheinend die Sicherheitsnadel darstellt, mit der die ganze Familienstruktur zusammengehalten wird.

In einigen Familien wird jede Handlung der einzelnen Familienmitglieder unter dem Vorzeichen ihrer besonderen Orientierungsachse bewertet. Was ein auf diese Weise festgelegtes Familienmitglied tut, kann zur Streitfrage werden, und ebenfalls kann die Streitfrage sein, wie schon erwähnt, an welche Orientierungsachse man sich zwingend zu halten hat.

Die 28jährige Judith und ihr Vater haben häufig Streit. Er will wissen, wohin sie geht, wenn sie das Haus verläßt, mit wem sie zusammen ist, wann sie zurück sein wird. Sie sagt, er mische sich in ihr Leben ein. Er sagt, er tue lediglich seine Pflicht als Vater. Er sagt, sie sei unverschämt, weil sie ihm nicht gehorche. Sie sagt, er sei ein Tyrann. Er sagt, so dürfe sie nicht mit ihrem Vater reden. Sie sagt, sie habe das Recht, jede Ansicht zu äußern, die sie äußern will. Er sagt, vorausgesetzt, daß diese Ansichten richtig sind, und sie seien nun mal nicht richtig, usw.

Jedem, auch dem Untersucher, steht es frei, in irgendeinem Teil der familiären Interaktion eine Streitfrage auszumachen. Auch wenn alle Familienmitglieder sich über den Streitpunkt einig sind, heißt das noch nicht, daß die Untersucher ihn unter den gleichen Aspekten sehen müssen wie sie.

Für uns als Forscher wie als Therapeuten ist die Orientierungsachse: herauszufinden, welche Orientierungsachsen und Streitfragen für die einzelnen Mitglieder der Familie bestehen. Diese können explizit oder implizit zum Ausdruck kommen. Bestimmte Mitglieder einer Familie sind manchmal ausgesprochen unfähig, irgendeine Orientierungsachse zu erkennen oder zu merken, daß außer ihren eigenen Streitfragen noch andere bestehen.

Um zu erkennen, daß wir es mit Personen zu tun haben und nicht bloß mit Objekten, müssen wir uns darüber klar werden, daß der andere Mensch nicht nur ein anderes Objekt im Raum ist, sondern auch ein anderes Zentrum der Orientierung auf die objektive Welt. Gerade diese Anerkennung des anderen als unterschiedliches Orientierungszentrum, also als Person, ist es, was in den von uns untersuchten Familien von Schizophrenen zu kurz kommt.

Die Möglichkeit für Streitfragen ist so groß wie die Möglichkeit der Menschen, welche zu erfinden, doch haben wir uns angewöhnt, die Frage der mitmenschlichen Wahrnehmung bei allen untersuchten Familien als zentral zu betrachten. Mag diese Frage auch so zentral sein, wie wir sie empfinden, so haben wir uns doch immer zu vergegenwärtigen, daß die Familienmitglieder sie nicht unbedingt als solche sehen oder akzeptieren.

Besteht die aktive Mystifizierung in der Verhüllung und Maskierung der Praktiken und/oder Prozesse der Familie, der Vernebelung der Streitfragen und dem Versuch zu leugnen, daß das, was man selbst für die Streitfrage hält, von den anderen nicht so gesehen werden muß, so müssen wir uns fragen, wie wir entscheiden, was für uns die zentrale Frage ist, sofern unsere Wahrnehmung der zentralen Frage mit den Wahrnehmungen der Familienmitglieder selber nicht übereinstimmt.

Die einzige Sicherheit besteht hier darin, das Bild, das jeder einzelne (einschließlich wir selbst) sich von der »gemeinsamen Situation« macht, nachzuzeichnen und sodann die Evidenz für die Gültigkeit der verschiedenen Standpunkte zu vergleichen. Zum Beispiel kann man bestimmte Orientierungsachsen aufspüren, wenn man untersucht, wie die Aktionen der Familie von ihren einzelnen Mitgliedern bewertet werden:

Junes Mutter beschrieb die folgenden Veränderungen im Charakter ihrer Tochter, die (im Alter von 15) sechs Monate vor den für uns ersten Anzeichen von Psychose auftauchten. Ihre Persönlichkeit hatte sich in den letzten sechs Monaten gewandelt, nachdem sie in einem Ferienlager und zum erstenmal in ihrem Leben aus dem Haus gewesen war.

Laut ihrer Mutter war June:

VORHER	NACHHER
lebhaft	ruhig
sagte mir alles	sagt mir nicht, was in ihr vorgeht
begleitete mich überall hin	möchte mit sich allein sein
war sehr glücklich und temperamentvoll	sieht oft unglücklich aus; ist weniger temperamentvoll
liebte Schwimmen und Radfahren	tut das nicht mehr so viel, sondern liest mehr
war »sensibel«	hat »Jungens im Kopf«

spielte abends Domino, Dame und Karten mit Mutter, Vater und Großvater	hat kein Interesse mehr an diesen Spielen; sitzt lieber in ihrem Zimmer und liest
gehorchte	ist ungehorsam und gehässig
hat nie an Rauchen gedacht	raucht pro Tag ein bis zwei Zigaretten, ohne um Erlaubnis zu bitten
glaubte an Gott	glaubt nicht mehr an Gott

In den sechs Monaten zwischen ihrer ersten Wahrnehmung solcher Veränderungen an June und dem Anfang des Prozesses, in dem wir einen psychotischen Zusammenbruch erkannten, hatte Junes Mutter zwei Ärzte konsultiert und über diese Veränderungen bei June geklagt, die sie als Äußerungen von »Krankheit« und vielleicht auch von Gottlosigkeit ansah. »Sehen Sie, das ist nicht June. Das ist nicht mein kleines Mädchen.« Keiner der Ärzte konnte bei June Anzeichen von Krankheit oder Schlechtigkeit entdecken. Die Mutter führte diese Veränderungen bei June, die für uns normale, kulturadäquate Reifungserscheinungen des Erwachsenwerdens und der Erlangung von größerer Autonomie darstellten, auf eine immer ernster werdende »Krankheit« oder auf »Schlechtigkeit« zurück. Das Mädchen war dieser Mystifizierung völlig ausgeliefert; denn obwohl sie autonomer wurde, vertraute sie immer noch ihrer Mutter. Da ihre Mutter ihr immer wieder sagte, ihre Entwicklung von Autonomie und sexueller Reife sei der Ausdruck von Verrücktheit oder von Schlechtigkeit, begann sie tatsächlich, sich *krank* und *schlecht* zu *fühlen*. Man kann darin eine *Praxis* ihrerseits sehen, den Widerspruch zwischen den *Prozessen* ihrer Reifung und dem von ihrer Mutter durch negative Bewertungen dagegen aufgerichteten Damm zu lösen zu suchen.

Von unserem Standpunkt aus erscheint June mystifiziert. Sie fühlt, sie hat eine reizende Mammi, sie bittet um Verzeihung, weil sie so eine schlechte Tochter ist, sie verspricht, sich zu bessern. Obwohl sie an diesem Punkt darüber klagt, daß »Hitlers Soldaten hinter ihr sind«, hat ihre Mutter in all den Interviews keine anderen Klagen über June als die, daß jene Prozesse der Entwicklung, die wir als höchst normal betrachten, schlecht oder verrückt sind.

Daraus geht hervor, daß die Mutter die Veränderungen bei June lediglich mit einer Orientierungsachse von gut-schlecht, gesund-verrückt erkannte und bewertete. Als June anfing, sich von einem psychotischen Zusammenbruch zu erholen, wurde ihre Mutter immer mehr in Furcht versetzt, June gehe es schlechter, da sie verstärkte Anzeichen von Schlechtigkeit an ihr wahrnahm, während wir an ihrer Tochter in gleichem Maße feststellten, daß sie eine größere Ich-Stärke und Autonomie gewann.

Zur Mystifizierung gehört untrennbar das Handeln einer Person gegenüber einer anderen. Sie ist *trans*personal. Die *intra*psychischen Abwehrmechanismen, mit denen uns die Psychoanalyse vertraut gemacht hat, oder auch die mannigfachen Formen der »bösen Absicht« im Sinne von Sartre sind inzwischen von Handlungsweisen gegenüber dem anderen bestens abgegrenzt worden. Es ist das Wesen der mystifizierten Aktion von Menschen untereinander (nicht der auf sie selbst gerichteten), auf das wir in dieser Arbeit besonders eingehen wollen.

Eine Person (P) ist bestrebt, in dem *Anderen* Veränderungen hervorzurufen, die für ihre (P's) Sicherheit notwendig sind. Mystifizierung ist eine Form der auf den Anderen gerichteten Handlung, die der Verteidigung, der Sicherheit der eigenen Person dient. Will jemand etwas nicht wissen oder sich nicht daran erinnern, so ist es für ihn nicht damit getan, daß er es verdrängt (oder es sonstwie »in« sich selbst abwehrt); darf auch nicht durch den Anderen daran erinnert werden. Eine Person kann etwas selbst verleugnen; dann muß sie aber den Anderen dazu bringen, es ebenfalls zu verleugnen.

Natürlich muß nicht jede Handlung des Einen gegenüber dem Anderen, die im Dienste der Sicherheit, der Seelenruhe, des Selbstinteresses usw. des Einen steht, eine Mystifizierung sein. Es gibt viele Arten von Überredung, Zwang, Drohung, durch die der Eine das Verhalten des Anderen zu kontrollieren, zu lenken, zu benutzen und zu manipulieren trachtet.

Wenn man sagt: »Ich vertrag es nicht, wenn du darüber sprichst. Bitte sei ruhig«, so ist das ein Versuch, den Anderen hinsichtlich dieses Themas zum Schweigen zu bringen, aber keine Mystifizierung.

Ebenso liegt keine Mystifizierung vor, wenn erklärt wird: »Wenn du nicht aufhörst damit, knall ich dir eine!«

Oder:

»Ich finde, so etwas Abscheuliches sollte man nicht sagen. Ich bin sehr ärgerlich über dich.«

Im folgenden Beispiel hat man einen Jungen durch Drohung mit etwas sehr Unangenehmen dazu gebracht, seine eigene Erinnerung zu verleugnen. Die Taktik ist jedoch keine Mystifizierung:

Ein vierjähriger Junge hatte eine Beere in seine Nase gesteckt und kriegte sie nicht wieder heraus. Er sagte das seinen Eltern, und die besahen sich die Nase, konnten aber nichts finden. Sie wollten nicht recht glauben, daß er eine Beere in die Nase gekriegt hatte, aber er klagte über Schmerzen, und so holten sie einen Arzt. Der schaute und konnte nichts finden. Er zeigte dem Jungen ein langes, blitzendes Instrument und sagte: »Ich kann nichts finden, aber wenn du morgen noch sagst, es ist da, dann werden wir das mit dem hier herausholen.« Der Junge war so entsetzt, daß er »beichtete«, die ganze Geschichte erfunden zu haben. Erst volle zwanzig Jahre später brachte er den Mut auf, sich selbst einzugestehen, daß er tatsächlich eine Beere in seine Nase gesteckt hatte.

Im Gegensatz dazu ist das Folgende ein Beispiel für Mystifizierung:

MUTTER: Ich bin nicht böse, daß du so redest. Ich weiß ja, du meinst es nicht wirklich so.
TOCHTER: Aber ich meine es so.
MUTTER: Nun, Liebes, ich weiß, du meinst es nicht so. Du kannst dir nicht selber helfen.
TOCHTER: Ich kann mir selber helfen.
MUTTER: Nein, Liebes, ich weiß, du kannst es nicht, denn du bist krank. Würde ich einen Augenblick vergessen, daß du krank bist, dann wäre ich sehr wütend auf dich.

Hier benutzt die Mutter ganz naiv eine Mystifikation, die den innersten Kern eines Großteils von Sozialtheorie ausmacht. Damit wird Praxis (was eine Person tut) in Prozeß verwandelt (eine unpersönliche Kette von Ereignissen, die keinen Urheber haben). Diesen Trennungsstrich zwischen Praxis und Prozeß hat Sartre (1960) mit außerordentlicher Klarheit gezogen.[2]

Leider neigen wir dazu, diese besondere Mystifikation zu zementieren, wenn wir den Begriff der »Pathologie« der Familie oder Gruppe benutzen. Der Begriff der individuellen *Psycho*pathologie ist schon problematisch genug, da man ohne Spaltung und Verdinglichung von Erleben und Verhalten, um zur Vorstellung von einer »Psyche« zu kommen, dieser Fiktion keine Pathologie oder Physiologie zuschreiben kann. Von der »Pathologie« der Familie zu sprechen, ist aber noch problematischer. Die Prozesse, die sich in einer Gruppe abspielen, werden durch die Praxis ihrer einzelnen Mitglieder erzeugt. Mystifizierung ist eine Form der Praxis; sie ist kein pathologischer Prozeß.

Die Mystifizierung erreicht ihren theoretisch höchsten Grad, wenn die Person (P) in dem Anderen (A) Konfusion (die A nicht unbedingt bemerken muß) hinsichtlich des gesamten Erlebens (Erinnerung, Wahrnehmungen, Träume, Phantasie, Vorstellung), der gesamten Prozesse und Aktionen von A zu erzeugen sucht. Der Mystifizierte ist jemand, dem man zu verstehen gibt, daß er sich glücklich oder traurig fühlt, ohne Rücksicht darauf, wie er fühlt, daß er sich fühlt; jemand, den man für dieses oder jenes verantwortlich macht oder nicht, ohne Rücksicht darauf, welche Verantwortung er übernommen oder nicht übernommen hat. Es werden ihm Eigenschaften oder ein Mangel an bestimmten Eigenschaften zugeschrieben, ohne daß man sich auf ein gemeinsames empirisches Kriterium bezieht, mit dem sich diese Eigenschaften näher bestimmen ließen. Seine eigenen Motive und Absichten werden herabgesetzt bzw. verkleinert und durch andere ersetzt. Sein Erleben und seine Handlungen werden grundsätzlich ohne Bezug zu seinem eigenen Standpunkt ausgelegt. Man unterläßt es überhaupt, von

[2] Eine Stellungnahme zu dieser Theorie findet sich bei Laing und Cooper (1964).

seiner Selbstwahrnehmung und Selbstidentität Notiz zu nehmen.[3] Und natürlich sind, wenn das der Fall ist, nicht nur seine Wahrnehmungen von sich selbst sowie seine Selbstidentität konfus; auch seine Wahrnehmungen anderer, wie sie ihn erleben und ihm gegenüber handeln, seine Vorstellungen davon, wie sie denken, daß er denkt usw. sind zur selben Zeit zwangsläufig vielfältigen Mystifikationen unterworfen.

Die Funktion der Mystifizierung und einige verwandte Begriffe

Die Hauptfunktion der Mystifizierung besteht anscheinend darin, den Status quo zu erhalten. Sie kommt ins Spiel oder wird verstärkt, wenn ein Mitglied oder auch mehrere Mitglieder des Familiennexus (Laing, 1962) den Status quo dieses Nexus durch die Art ihres Erlebens oder Handelns in der mit den anderen Familienmitgliedern geteilten Situation bedrohen oder man auch nur meint, daß sie ihn bedrohen.

Die Mystifizierung hat die Funktion, stereotype Rollen zu verteidigen (Ryckoff, Day und Wynne, 1959) und andere Menschen in eine Schablone, ein Prokrustes-Bett zu pressen (Lidz, Cornelison, Terry und Fleck, 1958). Die Eltern kämpfen um die Erhaltung ihrer eigenen Integration, indem sie ihre starre vorgefaßte Meinung über sich und das, was sie sein sollten, über ihre Kinder und das, was diese sein sollten, und die Art der Situation, die das Familienleben kennzeichnet, ständig beibehalten. Sie sind unzugänglich (Lidz u. a., 1958) für jene emotionalen Bedürfnisse ihrer Kinder, die ihre vor-

---

[3] Bei den meisten Arten von Psychotherapie unterstellt der Therapeut dem Patienten Motive und Absichten, die nicht in Einklang sind mit jenen, die der Patient seinen eigenen Handlungen beimißt. Der Therapeut (so ist jedenfalls zu hoffen) mystifiziert jedoch den Patienten nicht, wenn er ihm, ob ausdrücklich oder nicht, erklärt: Sie sehen sich selbst als durch A motiviert und streben B an. Für mich heißt Ihr Motiv jedoch X und Ihr Ziel Y, und hier ist mein Beweis, den ich aus meiner persönlichen Begegnung mit Ihnen gewonnen habe.

fabrizierten Schemata zu sprengen drohen, und sie maskieren oder verschleiern Störungssituationen in der Familie so, als würden sie gar nicht existieren (Lidz u. a., 1958). Unzugänglichkeit und Maskierung sind ganz regelmäßige Begleiterscheinungen der Mystifizierung in unseren Zeitläuften – etwa wenn sie durch ein auf den anderen gerichtetes Verhalten unterstützt werden: zum Beispiel, indem man den Anderen glauben machen will, seine emotionalen Bedürfnisse würden befriedigt, während sie eindeutig unbefriedigt bleiben; indem man solche Bedürfnisse als unvernünftig, hemmungslos oder egoistisch hinstellt, weil die Eltern nicht in der Lage oder nicht bereit sind, sie zu erfüllen; oder indem man dem Anderen einzureden versucht, daß er sich nur einbildet, Bedürfnisse zu haben, sie »in Wirklichkeit« aber nicht hat, und so weiter.

Unnötig zu sagen, daß die Beziehung zwischen Mystifizierendem und Mystifiziertem niemals in echtem Sinne einer der gegenseitigen Bestätigung sein kann. Was der Eine vielleicht bestätigt, ist eine vom Anderen aufgerichtete Fassade, ein vorfabriziertes Schema auf seiten des Einen, das der Andere mehr oder weniger zu verkörpern hat. Ich habe bereits anderorts versucht, bestimmte Formen derartig unechter Beziehungen darzustellen (Laing, 1960, 1961).

Derartige Begriffe kommen dem der nicht-gemeinsamen Komplementarität (*nonmutual complementarity*) nahe, der von Wynne und seinen Mitarbeitern entwickelt wurde. Die von diesen Autoren beschriebene starke Pseudo-Gemeinschaft, »das überwiegende Aufgehen im Zusammenschluß auf Kosten der Differenzierung der Identitäten« (Wynne u. a., 1958, S. 207), stimmt in bedeutendem Maße mit unseren eigenen Befunden überein.

Die Mystifizierung erscheint als eine (in den Familien von Schizophrenen hochentwickelte) Technik, die starre Rollenstruktur in solchen pseudo-gemeinsamen Verbindungen aufrechtzuerhalten. Wir untersuchen zur Zeit, in welchem Ausmaß und auf welche Weise Pseudo-Gemeinschaft und Mystifizierung in den Familien von Nicht-Schizophrenen vorkommen.

So hat Lomas (1961) die Familie eines als hysterisch diagnostizierten Mädchens beschrieben, in der ein unechter Zusammenhalt und starr verteidigte Stereotyprollen mit erstickendem Charakter klar zutage traten.

Searles (1959; in diesem Band S. 128 ff.) beschreibt sechs Arten, den anderen verrückt zu machen bzw. Techniken, die darauf abzielen, »das Vertrauen des anderen in die Zuverlässigkeit der eigenen Gefühlsreaktionen und in seine Wahrnehmung der äußeren Realität zu untergraben«. Ich habe Searles' sechs Arten der Schizogenese leicht umgearbeitet und in folgende Form gebracht:

1) P macht A wiederholt auf Bereiche der Persönlichkeit von A aufmerksam, die A nur schwach bewußt sind und die ganz im Widerspruch zu der Art von Person stehen, als die A sich selbst betrachtet.
2) P reizt A sexuell in einer Situation, in der es für A einer Katastrophe gleichkäme, sexuelle Befriedigung zu suchen.
3) P setzt A einer gleichzeitigen Stimulation und Frustration bzw. einem raschen Wechsel von Stimulation und Frustration aus.
4) P wendet sich an A auf mehreren Ebenen zugleich, die keine Beziehung zueinander haben (z. B. sexuell und intellektuell).
5) P schaltet von einer emotionalen Wellenlänge auf die andere um, während das Gesprächsthema gleich bleibt (indem er dieselbe Sache erst »ernst« und dann »im Spaß« behandelt).
6) P wechselt das Thema, ohne die emotionale Wellenlänge zu wechseln (d. h. eine Sache von lebenswichtiger Bedeutung wird in derselben Weise erörtert wie das banalste Ereignis [Laing, 1961, S. 131–132]).

Jeder Modus dieser Art von Schizogenese ist dazu angetan, das Opfer in Verwirrung zu stürzen, ohne daß es unbedingt erkennt, in welcher Verwirrung es steckt. In diesem Sinne handelt es sich jeweils um Mystifizierung.

Ich habe darauf hingewiesen (Laing, 1961, S. 132–136), daß das schizogenetische Potential solcher Manöver nicht so sehr in der Aktivierung verschiedener Persönlichkeitsbereiche gegeneinander, also der Auflösung eines Konflikts besteht, als vielmehr in der Erzeugung von Konfusion, Verwirrung oder Zweifel, die oft nicht als solche erkannt werden.

Diese Betonung des Unbewußten, der unbewußten Konfusion bzw. des unbewußten Zweifels an sich selbst, an dem oder den anderen und an der gemeinsamen Situation, diese Betonung also eines Zustands der Mystifizierung hat viel gemeinsam mit Haleys (1959b; in diesem Band S. 81 ff.) Hypothese, daß die Kontrolle der Definierung des Verhältnisses ein Zentralproblem in der Verursachung von Schizophrenie ist. Der Mystifizierte operiert unter Bedingungen, die für ihn unredlich definiert worden sind. Diese Definition manövriert ihn in einen Zustand der Verteidigungsunfähigkeit, ohne daß er ihn erkennen oder ohne daß er verstehen kann, warum er wohl das intensive, aber vage Gefühl hat, daß es so ist (Laing, 1961, S. 135). Er versucht dann vielleicht, seiner Verteidigungsunfähigkeit in der mystifizierten Situation zu entrinnen, indem er die Mystifizierung seinerseits vertieft.

Der Begriff der Mystifizierung überschneidet sich mit dem des *double-bind* (Bateson, Jackson, Hayley und Weakland, 1956; in diesem Band S. 11 ff.), ist aber kein Synonym für dieses. Das *double-bind* scheint zwar zwangsläufig mystifizierend zu sein, doch muß Mystifizierung nicht unbedingt ganz ein *double-bind* sein. Der wesentliche Unterschied besteht darin, daß dem Mystifizierten, im Gegensatz zur »doppelt gebundenen« Person, ein relativ eindeutiger »rechter« Weg der Erfahrung und des Handelns offengelassen wird. Dieser richtige Erfahrungsgegenstand und diese richtige Handlungsweise bedeuten zwar für uns als Forscher und Therapeuten einen Verrat an den Möglichkeiten der Selbstverwirklichung des Betreffenden, doch muß dieser es keineswegs so empfinden.

In der mystifizierten Situation die richtigen oder falschen Dinge zu tun, kann jedoch bloß *relativ* unzweideutig sein. Das Tourniquet kann stets noch um eine weitere Windung zusammengepreßt werden, und mehr bedarf es nicht, damit die mystifizierte Situation im vollen Sinne des Wortes zum *double-bind* wird.

In dem bereits zitierten Beispiel von dem Jungen, für den glücklich mit dankbar und unglücklich mit egoistisch und undankbar gleichgesetzt wurden, wäre der Konflikt und die Konfusion noch weitaus verstärkt worden, wenn Unehrlichkeit mit starken Verboten belegt worden wäre. Unter solchen Umständen hätte die Äußerung von Unglücklichsein bedeutet, schlecht, weil egoistisch und undankbar, zu sein, während der Ausdruck von Glücklichsein ebenfalls bedeutet hätte, schlecht zu sein, da das ja unehrlich gewesen wäre.

Im Falle des Jungen, der sich eine Beere in die Nase steckte, kann man sich gut vorstellen, daß seine Eltern hätten sagen können: »Aber wir haben dich *gefragt*, ob deine Nase in Ordnung ist, und du hast uns gesagt, sie sei in Ordnung und du habest die ganze Sache erfunden.« Das verwandelt die Situation in eine, die zugleich als *double-bind* und als Mystifikation zu charakterisieren ist.

Fall-Darstellungen

Die folgenden Beispiele entstammen den Familien der drei weiblichen Schizophrenen Maya, Ruby und Ruth.[4]

MAYA

Maya (28 jährig) meint, sie habe damit begonnen, sich »sexuelle Dinge« vorzustellen, als sie mit etwa 14 Jahren nach einer sechsjährigen Trennung während des Zweiten Weltkriegs zu ihren Eltern zurückkehrte. Sie konnte in ihrem Schlafzimmer liegen und darüber nachdenken, ob ihre Eltern wohl Sexualverkehr hätten. Sie fing an, sexuell erregt zu werden, und etwa um diese Zeit begann sie zu onanieren. Sie war jedoch sehr schüchtern und mied die Jungen. Die körperliche Erscheinung ihres Vaters irritierte sie immer mehr. Sie protestierte dagegen, daß er sich in dem Raum rasierte, in dem sie frühstückte. Sie hatte große Angst, ihre Eltern wüßten etwas von den sexuellen Gedanken, die sie sich über sie machte. Sie ver-

---

[4] Ausführliche phänomenologische Darstellungen dieser und anderer Familien finden sich bei Laing und Esterson (1964).

suchte, ihnen etwas davon zu erzählen, aber sie sagten ihr, *sie habe gar keine Gedanken dieser Art*. Sie erzählte ihnen, daß sie onaniere, und sie sagten ihr, *sie onaniere gar nicht*. Für das, was sich 1945 oder 1946 abspielte, haben wir natürlich nur Mayas Geschichte zur Verfügung. Als sie allerdings ihren Eltern in Gegenwart des Interviewers erklärte, sie onaniere noch immer, erwiderten diese einfach, das stimme nicht!

Mayas Mutter sagt nicht etwa: »Wie schlimm von dir, zu onanieren«, oder: »Ich kann kaum glauben, daß du *so etwas* tust«. Sie sagt ihrer Tochter auch nicht, sie solle nicht onanieren. Nein, sie sagt ihr einfach, sie täte das gar nicht.

Wiederholt versuchte die Mutter, Maya dazu zu bringen, verschiedene Episoden zu vergessen, an die sie (die Mutter) nicht erinnert werden wollte. Sie sagte jedoch nicht: »Ich möchte nicht, daß du das erwähnst, geschweige denn dich darauf besinnst.« Sondern: »Ich möchte, daß du dem Doktor hilfst, indem du dich erinnerst, aber natürlich kannst du dich nicht erinnern, denn du bist ja krank.«

Mrs. Abbott appellierte ständig an Mayas Erinnerungsvermögen im allgemeinen, um (vom Standpunkt der Mutter aus) ihr zu helfen, die Tatsache einzusehen, daß sie krank war, indem sie ihr zeigte, 1., daß ihr Gedächtnis schwach war oder 2., daß sie gewisse Tatbestände falsch aufgefaßt hatte oder 3., daß sie sich einbildete, sich zu erinnern, weil ihre Mutter oder der Vater ihr später davon erzählt hatten.

Diese »falsche«, aber »eingebildete« Erinnerung wurde von Mrs. Abbott mit großer Sorge betrachtet. Sie war auch ein Punkt, an dem Maya höchst verwirrt war.

Mrs. Abbott erzählte uns schließlich (in Mayas Abwesenheit), sie bete darum, daß Maya sich niemals an ihre »Krankheit« erinnern werde, weil sie (die Mutter) meine, sie (die Tochter) werde dadurch aus der Fassung geraten. Tatsächlich glaubte sie so fest daran, daß sie sagte, sie halte das für das Annehmbarste, selbst wenn das bedeute, daß Maya im Hospital bleiben müsse!

Die Eltern widersprachen also nicht nur den Erinnerungen, Gefühlen, Wahrnehmungen, Motiven und Absichten von Maya, auch ihre eigenen Charakterisierungen widersprachen sich in merkwürdiger Weise. Und während sie außerdem redeten und sich verhielten, als wüßten sie besser als ihre Tochter, woran sich diese erinnerte, was sie tat, was sie sich vorstellte, was sie wollte, was sie fühlte, ob sie sich freute oder müde war, übten sie diese Schiedsrichterfunktion (*»one-upmanship«*) oft in eine Weise aus, die die Mystifizierung verstärkte. So sagte Maya bei einer Gelegenheit, sie möchte das Hospital gern verlassen, glaube aber, daß ihre Mutter sie im Hospital zu halten versuche, obwohl gar keine Notwendigkeit mehr für sie bestehe, stationär behandelt zu werden. Ihre Mutter erwiderte: »Ich denke, Maya ist . . . Ich denke, Maya ist sich klar darüber, daß ich alles tun würde, wovon sie glaubt, daß es wirklich für sie gut ist . . . Nicht? . . . Hmm? (keine Antwort) Ohne jeden Vorbehalt . . . Ich meine, falls irgendwelche Veränderungen zu treffen wären, würde ich sie gern vornehmen . . . Es sei denn, das wäre absolut unmöglich.« Nichts hätte von dem, was Maya in jenem Augenblick erkannte, entfernter sein können. Aber die Mystifizierung in dieser Erklärung liegt auf der Hand. Was Maya auch wollte, es wurde unabdingbar mit »wirklich« und »für sie gut« qualifiziert. Natürlich war Mrs. Abbott der Schiedsrichter, der darüber befand, 1. was Maya »wirklich« wollte im Gegensatz zu dem, wovon sie sich nur *einbilde*, es zu wollen, 2. was für sie gut war, 3. was möglich war.

Maya durchschaute solche Mystifikationen manchmal scharfsinnig, doch war das für sie weitaus schwieriger als für uns. Ihr Problem bestand ja gerade darin, daß sie sich nicht sagen konnte, wann sie ihrer eigenen Erinnerung, wann ihrer Mutter und ihrem Vater, wann ihrer eigenen Perspektive und Metaperspektive, wann den Angaben ihrer Eltern über deren Perspektiven und Metaperspektiven trauen durfte.[5]

---

[5] Perspektive bezeichnet den Standpunkt von P in einer Situation, Metaperspektive P's Standpunkt gegenüber A's Standpunkt (s. Laing, 1961).

Die eingehende Untersuchung dieser Familie ergab tatsächlich, daß man den Äußerungen ihrer Eltern ihr gegenüber über sie, über sich, über das, wovon sie meinten, Maya würde meinen, daß sie es meinen usw., und sogar über das, was faktisch geschehen war, nicht trauen konnte. Maya *hatte* diesen Verdacht, doch sagten ihr die Eltern, daß gerade darin ihre Krankheit bestehe. Sie zweifelte daher oft an der Berechtigung ihres eigenen Verdachts; und oft widersprach sie (in wahnhafter Weise) dem, was ihre Eltern sagten, oder erfand irgendeine Geschichte, an die sie sich vorübergehend klammerte. So behauptete sie einmal steif und fest, sie sei mit acht Jahren im Krankenhaus gewesen, als sie das erstemal von ihren Eltern getrennt war.

Dieses Mädchen war ein Einzelkind und wurde geboren, als die Mutter 24, der Vater 30 Jahre alt war. Vater und Mutter waren beide der Ansicht, daß sie große Vorliebe für ihren Vater zeigte. Im Alter von drei bis sechs Jahren weckte sie ihren Vater um halb 5 Uhr morgens auf, und sie gingen miteinander zum Schwimmen. Immer war sie Hand in Hand mit ihm. Am Tisch saßen sie eng beieinander, und er betete mit ihr, bevor sie einschlief. Bevor sie mit acht Jahren evakuiert wurde, machten sie häufig zusammen lange Spaziergänge. Dann lebte sie, von kurzen Besuchen zu Hause abgesehen, bis zu ihrem vierzehnten Lebensjahr von den Eltern getrennt.

Mrs. Abbott brachte in ihrem und durch ihren Bericht über Mayas frühe Intimität mit dem Vater nichts so klar zum Ausdruck wie ihre eigene Eifersucht. Sie schien sich so sehr mit Maya zu identifizieren, daß sie durch sie eine Neuauflage ihrer Beziehung zu dem eigenen Vater erlebte, die nach ihrer Auskunft durch einen raschen, unvorhersehbaren Wechsel zwischen Akzeptierung und Ablehnung und umgekehrt bestimmt war.

Als Maya mit 14 ins Elternhaus zurückkehrte, war sie verändert. Sie wollte lernen. Sie hatte keine Lust mehr, mit ihrem Vater schwimmen zu gehen oder lange Spaziergänge zu machen. Sie hatte keine Lust mehr, mit ihm zu beten. Sie wollte die Bibel für sich allein lesen. Sie erhob Einspruch, wenn ihr Vater seine Zuneigung zeigte, indem er sich bei den Mahlzeiten an sie drückte. Sie wollte weiter weg von ihm sitzen. Auch wollte sie nicht mit ihrer Mutter ins Kino gehen. Sie wollte sich mit häuslichen Dingen befassen, aber sie wollte das allein tun. So putzte sie (wie ihre Mutter erzählte) einen Spiegel, ohne ihrer Mutter zu sagen, was sie vorhabe. Ihre Eltern beklagten sich uns gegenüber auch darüber, daß sie kein Verständnis für ihre Mutter oder ihren Vater aufbringen wollte und daß sie ihnen nichts über sich erzählen konnte.

Die Reaktion der Eltern auf diese Veränderung, die offensichtlich ein harter Schlag für sie war, war interessant. Sie spürten beide, daß Maya über außergewöhnliche Geisteskräfte verfügte, die so groß sein mußten, daß Mutter wie Vater überzeugt waren, *sie könne ihre Gedanken lesen*. Der Vater versuchte, dafür eine Bestätigung zu bekommen, indem er ein Medium konsultierte. Sie fingen an, sie in verschiedener Weise auf die Probe zu stellen.

VATER: »Wenn ich im Erdgeschoß war, und jemand kam rein und fragte, wie es Maya ginge, dann fragte mich Maya, wenn ich unmittelbar darauf nach oben ging: ›Was hast du über mich gesagt?‹ Ich sagte: ›Nichts.‹ Sie sagte: ›Oh doch, ich hab dich ja gehört.‹ Nun war das so merkwürdig, daß ich, was Maya nicht wußte, mit ihr experimentierte, nicht wahr, und dann, als ich es ausprobierte, dachte ich: ›Nun, ich ziehe Mrs. Abbott ins Vertrauen‹, und sagte es ihr, und sie sagte: ›Ach, sei nicht albern, das ist doch unmöglich‹, und ich sagte: ›Nun gut, wenn wir Maya heute abend im Wagen mitnehmen, werde ich mich neben sie setzen und mich auf sie konzentrieren. Ich werde etwas sagen, und du paßt auf, was passiert.‹ Als ich mich hinsetzte, sagte sie: ›Würde es dir was ausmachen, dich auf die andere Seite zu setzen. Ich kann Vatis Gedanken nicht ergründen.‹ Und das stimmte. Nun, etwas später, an einem Sonntag, sagte ich – es war Winter – ich sagte: ›Nun wird Maya auf dem üblichen Stuhl sitzen, und sie wird ein Buch lesen. Jetzt nimm eine Zeitung in die Hand, und ich nehme auch eine Zeitung in die Hand, und dann gebe ich dir das Wort und‹ äh ... Maya las eifrig die Zeitung und äh ... ich nickte meiner Frau zu, dann konzentrierte ich mich auf Maya hinter der Zeitung. Sie nahm die Zeitung ... ihr ... hm ... Magazin oder was immer es war und ging ins Vorderzimmer. Und ihre Mutter sagte: ›Maya, wohin gehst du? Ich habe kein Feuer gemacht.‹ Maya sagte: ›Ich kann nicht verstehen ... Nein, ich kann nicht in Vatis Kopf eindringen. Kann nicht in Vatis Kopf eindringen!‹«

Derartige Mystifizierungen waren von ihrer ersten »Erkrankung« an bis in die Gegenwart im Gange und kamen erst ans Licht, als mehr als ein Jahr dieser Untersuchung verstrichen war.

Mayas Irritiertheit, Sprunghaftigkeit, Konfusion und ihre gelegentlichen Vorwürfe gegen die Eltern, sie würden sie auf irgendeine Weise »beeinflussen«, wurden natürlich jahrelang von Vater und Mutter in ihrer Gegenwart mit Lachen abgetan, aber im Laufe der vorliegenden Untersuchung erzählte der Vater Maya von diesen Praktiken.

TOCHTER: Nun, ich meine, du solltest das nicht tun, es ist nicht natürlich.
VATER: Ich tue es doch nicht . . . Ich tue es doch nicht . . . Ich dachte . . . »Nun, ich tue das Falsche, also tu ich es nicht.«
TOCHTER: Ich meine, die Art, in der ich reagiere, würde dir zeigen, daß es falsch ist.
VATER: Und vor ein paar Wochen gab es einen beispielhaften Fall, ihr gefiel ein Rock von ihrer Mutter.
TOCHTER: Das stimmt nicht. Ich hab ihn anprobiert, und er paßte.
VATER: Nun, und sie mußten zu einer Schneiderin gehen . . . Die Schneiderin war von jemandem empfohlen worden, Mrs. Abbott suchte sie auf, und sie sagte: ›Was kostet das?‹ Die Frau sagte: ›Vier Shilling.‹ Mrs. Abbott sagte: ›Oh, nein, es muß Sie mehr gekostet haben als das‹, da sagte sie: ›Naja, Ihr Mann hat mir vor ein paar Jahren einen guten Dienst erwiesen, und ich hab mich nie dafür revanchiert.‹ Ich weiß nicht, was das war. Mrs. Abbott gab ihr natürlich mehr. Als Maya dann nach Hause kam, fragte sie: ›Hast du den Rock geholt, Mammi?‹ Sie sagte: ›Ja, und er hat auch einen Haufen Geld gekostet, Maya.‹ Maya sagte: ›Ach, du kannst mich nicht reinlegen, sie sagen mir, es waren vier Shilling.‹
TOCHTER: Nein, ich dachte es waren sieben.
VATER: Nein: du sagtest, es waren vier, genau, und meine Frau sah mich an, und ich sah sie an . . . Also, wenn du das erklären kannst, ich kann's nicht.

Eine weitere von Mayas »Beziehungsideen« war, daß zwischen ihren Eltern etwas vor sich ging, das sie nicht ergründen konnte und von dem sie annahm, daß es sie betraf, aber sie war sich nicht sicher.

Und sie hatte recht. Wenn Vater, Mutter und Maya zusammen interviewt wurden, tauschten die Eltern ständig ein Lächeln, ein Zwinkern, Nicken und Gesten aus, wie sie unter »Eingeweihten« üblich sind und die für den Beobachter so »augenfällig« waren, daß er sie nach zwanzig Minuten des ersten Dreier-Interviews zur Sprache brachte. Von Maya aus gesehen bestand die Mystifizierung darin, daß ihre Eltern weder diese Bemerkung des Interviewers gelten ließen, noch jemals, soweit wir das wissen, die Richtigkeit ähnlicher Wahrnehmungen und Bemerkungen durch Maya anerkannt hatten. Die Folge war, wie uns schien, daß sie nicht wußte, wann sie etwas, das vor sich ging, wahrnahm und wann sie es sich bloß einbildete. Der offene, zugleich jedoch geheimnisvolle, nichtverbale Austausch zwischen Vater und Mutter war tatsächlich ganz offenkundig und völlig unübersehbar. Mayas »paranoide« Zweifel an dem, was vor sich ging, erschienen deshalb zum Teil als Ausdruck ihres Mangels an Vertrauen in die Rechtmäßigkeit ihres Verdachts. Sie konnte nicht »wirklich« glauben, daß das, wovon sie annahm, es vor sich gehen zu sehen, vor sich ging. Eine weitere Folge war für Maya, daß sie nicht unterscheiden konnte zwischen dem, was (für die Untersucher) der Intention nach keine kommunikativen Handlungen zwischen Menschen im allgemeinen waren (das Abnehmen der Brille, Wimpernzucken, Nasereiben, Stirnrunzeln und so weiter), und dem, was tatsächlich Signale zwischen Vater und Mutter waren. Das Merkwürdige war, daß einige dieser Signale teilweise als »Test« dienten, um zu ermitteln, ob Maya sie aufschnappen würde. Ein wesentlicher Teil des Spiels, das die Eltern spielten, bestand jedoch darin, auf entsprechende Bemerkungen zu erwidern: »Was meinst du damit, was für ein Zwinkern?« und so weiter.

RUBY

Als Ruby (im Alter von 18) ins Hospital eingewiesen wurde, war sie völlig stumm und befand sich in einem unzugänglichen katatonischen Stupor. Zunächst weigerte sie sich zu essen, doch ließ sie sich mit der Zeit dazu überreden. Nach ein paar Tagen begann sie zu sprechen. Sie führte dunkle, unzusammenhängende Reden und widersprach sich oft selbst. So sagte sie zum Beispiel, ihre Mutter liebe sie, und im nächsten Augenblick, ihre Mutter wolle sie vergiften.

Unter dem Gesichtspunkt der klinischen Psychiatrie lag eine Inkongruenz von Denken und Affekt vor; zum Beispiel lachte sie, als sie von ihrer nicht weit zurückliegenden Schwangerschaft und Fehlgeburt sprach. Sie klagte über Hämmern im Kopf und über Stimmen außerhalb des Kopfes, die sie als »Schlampe«, »dreckig« und »Prostituierte« beschimpften. Sie nahm an, »die Leute« würden schlecht von ihr reden. Sie sagte, sie sei die Jungfrau Maria und die Frau von Elvis Presley. Sie nahm an, ihre Familie lehne sie ab und wolle sie loswerden; sie hatte Angst, man habe sie ins Hospital abgeschoben. »Die Leute« mochten sie nicht. Sie fürchtete sich von Menschenmengen und »Leuten«. Wenn sie in eine Menschenansammlung geriet, hatte sie das Gefühl, der Boden würde sich unter ihren Füßen auftun. Nachts lagen »Leute« über ihr und hatten Geschlechtsverkehr mit ihr; nach ihrer Einweisung ins Hospital brachte sie eine Ratte zur Welt; sie glaubte, sich im Fernsehen zu erblicken.

Es war klar, der Sinn dieses Mädchens für die »Realität«, für das, was tatsächlich existierte und was nicht existierte, war aus den Fugen geraten.

Die Frage ist: War das, was man gemeinhin »Realitätssinn« nennt, bei diesem Mädchen von anderen Menschen zerstört worden?

Ist die Art des Verhaltens dieses Mädchens und sind die Dinge, die sie sagt, der begreifliche Ausfluß eines pathologischen Prozesses?

Besonders konfus war dieses Mädchen in bezug auf die Frage, wer sie sei – sie schwankte zwischen der Jungfrau Maria und der Frau von Elvis Presley –, und sie wußte nicht, ob ihre Familie und »die Leute« im allgemeinen sie liebten oder nicht und in welchem Sinne – ob sie sie mochten als diejenige, die sie war, oder ob sie sie sexuell begehrten und zugleich verachteten.

Welcher soziale Hintergrund verbirgt sich hinter diesen Bereichen der Konfusion?

Damit dem Leser die anfängliche Konfusion der Untersucher, ganz zu schweigen von der des Mädchens, erspart bleibt, wollen wir ihren Familien-Nexus in einer Tabelle darstellen.

BIOLOGISCHER STATUS	ANREDEN, DIE RUBY BEIGEBRACHT WURDEN
Vater	Onkel
Mutter	Mammi
Tante (Schwester der Mutter)	Mutter
Onkel (deren Ehemann)	Daddy, später Onkel
Cousin	Bruder

Kurz, Ruby war ein uneheliches Kind, das von ihrer Mutter, der Schwester ihrer Mutter und dem Mann dieser Schwester großgezogen worden war.

Wir werden im Folgenden auf ihre leiblichen Verwandten Bezug nehmen, ohne sie in Anführungszeichen zu setzen, und die Anreden, die Ruby für sie gebrauchte und/oder die sie für sich selbst benutzten, in Anführungszeichen setzen.

Ihre Mutter und sie lebten bei der verheirateten Schwester ihrer Mutter, deren Mann (»Daddy« und »Onkel«) und Sohn (ihrem Cousin). Ihr Vater, der verheiratet war und anderswo eine Familie hatte, kam gelegentlich zu Besuch. Sie sprach von ihm als ihrem »Onkel«.

Ihre Familie widersprach uns in einem Erstinterview heftig, als wir meinten, Ruby sei in dem Wissen großgeworden, »wer sie sei«. Ihre Mutter (»Mammi«) und ihre Tante (»Mutter«) waren nicht davon abzubringen, daß sie nicht die leiseste Ahnung davon habe, wie die Dinge sich wirklich verhielten, aber ihr Cousin (»Bruder«) betonte, sie müsse schon seit Jahren davon gewußt haben. Sie (Mutter, Tante und Onkel) argumentierten auch, daß niemand in dem Bezirk davon wisse, doch gaben sie schließlich zu, daß jedem bekannt sei, daß sie ein uneheliches Kind sei, aber niemand würde ihr das vorhalten.

Die höchst komplizierten Spaltungen und Verleugnungen in der Wahrnehmung des Mädchens von sich selbst und den anderen wurden zugleich von ihr erwartet und von den anderen praktiziert.

Sechs Monate vor ihrer Einweisung ins Hospital wurde sie schwanger (und hatte im vierten Monat eine Fehlgeburt).

Wie so viele von unseren Familien hatte auch diese Angst vor Klatsch und Skandalgeschichten, vor dem, was »die Leute« sagen oder denken usw. Als Ruby schwanger war, verstärkte sich das noch. Ruby dachte, »die Leute« würden über sie reden (was sie tatsächlich taten), und ihre Familie wußte, daß sie das taten, versuchte aber, als Ruby davon sprach, sie zu beruhigen, indem sie sagte, sie solle nicht albern sein, solle sich nicht Sachen einbilden, und natürlich würde niemand über sie reden.

Das war nur eine von den vielen Mystifikationen, denen das Mädchen unterworfen war. Im Folgenden ein paar von den übrigen.

1) In ihrem zerrütteten, »paranoiden« Zustand sagte sie, Mutter, Tante, Onkel und Cousin könnten sie nicht leiden, hackten auf ihr herum, hänselten und verachteten sie. Als sie sich »besserte«, schämte sie sich sehr, solch schreckliche Dinge gedacht zu haben, und sagte, ihre Familie sei »wirklich gut« zu ihr gewesen und sie habe eine »liebenswerte Familie«.

Tatsächlich gab ihr die Familie allen Anlaß, Schuldgefühle zu haben wegen dieser Art, sie zu sehen, indem sie sich erschreckt und entsetzt darüber zeigte, daß das Mädchen meinen könnte, man würde es nicht lieben.

In Wirklichkeit erzählten sie uns, sie sei eine Schlampe und kaum besser als eine Dirne – und sie sagten uns das mit Heftigkeit und hitzig.

Sie versuchten, das Mädchen dazu zu bringen, sich wegen der Wahrnehmung der wirklichen Gefühle ihnen gegenüber schlecht oder verrückt zu fühlen.

2) Sie hatte den mit Schuldgefühlen verbundenen Verdacht, daß ihre Familie sie nicht aus dem Hospital nach Hause neh-

men wollte, und beschuldigte sie in plötzlichen Ausbrüchen, sie loswerden zu wollen. Die Familienmitglieder fragten sie, wie sie so etwas von ihnen denken könne, aber tatsächlich waren sie außerordentlich abgeneigt, sie zu Hause zu haben.
Sie versuchten, sie glauben zu machen, man würde sie gern nach Hause holen, und versuchten ihr das Gefühl zu geben, sie sei schlecht oder verrückt, sobald sie erkannte, daß man sie nicht zu Hause haben wollte, wenn dies tatsächlich so war.
3) Äußerst konfuse Einstellungen kamen ins Spiel, als sie schwanger wurde.
Nachdem Ruby ihnen davon erzählt hatte, legten »Mammi« und »Mutter« sie, sobald sie konnten, auf den Divan im Wohnzimmer, und während sie versuchten, ihr heißes Seifenwasser in den Uterus zu pumpen, erzählten sie ihr unter Tränen, Vorwürfen und Bekundungen von Mitgefühl, Mitleid und Groll, was für eine Närrin, was für eine Schlampe und in was für einer schrecklichen Lage sie sei (genau wie ihre »Mammi«), was für ein Bastard der Junge sei (»genau wie ihr Vater!«) – welche Schande, die Geschichte wiederholt sich, wie konnte man auch etwas anderes erwarten...
Das war das erstemal, daß sie ausdrücklich damit bekannt gemacht wurde, wessen Kind sie in Wahrheit war.
4) In der Folgezeit begann sich bei Ruby das Gefühl, die Leute würden über sie reden, zu verfestigen. Wie schon erwähnt, sagte man ihr, das sei doch Unsinn, und ihre Familie erzählte uns, jeder habe ihre »Hoffnung« »sehr freundlich« aufgenommen. Ihr Cousin war am ehrlichsten, »Ja«, sagte er, »die meisten sind freundlich zu ihr, ganz so, als wäre sie eine Farbige.«
5) Die ganze Familie hatte das beklemmende Gefühl von Schmach und Schande. Immer wieder bekam Ruby das von ihren Angehörigen vorgehalten, aber wenn sie selbst die Befürchtung äußerte, die Leute würden über sie reden, dann sagte man ihr, sie solle sich nicht solche Sachen einbilden.
6) Ihre Angehörigen *beschuldigten* sie, verdorben und ver-

wöhnt zu sein, aber sobald sie sich nicht von ihnen verwöhnen lassen wollte, hieß es, 1. sie sei undankbar, 2. sie brauche sie doch, schließlich sei sie ja noch ein Kind, usw. (als wäre Verwöhntwerden etwas, was *sie* tat).

Der Onkel wurde von Mutter und Tante den Untersuchern als ein sehr guter Onkel geschildert, der Ruby liebe und wie ein Vater zu ihr sei. Sie waren fest davon überzeugt, daß er bereit sei, alles zu tun, was er konnte, um ihnen zu helfen, Rubys Problem zu erhellen. Trotzdem war es ihm nie möglich, zu einem vorher vereinbarten Interview zu kommen. Sechsmal trafen wir eine für beide Seiten günstige Verabredung in der Zeit der Untersuchung, und jedesmal hielt er sie nicht ein, wobei er uns entweder überhaupt nicht benachrichtigte oder erst in den letzten vierundzwanzig Stunden absagte. Schließlich suchten die Untersucher ihn auf, ohne sich vorher anzumelden.

Wie die Untersucher von Onkel, Mutter und Tante erfuhren, wurde diesem Mädchen wiederholt von seinem Onkel gesagt, wenn es sich nicht »bessere«, müsse es das Haus verlassen. Wie wir wissen, sagte er ihr bei zwei Gelegenheiten tatsächlich, sie solle gehen, und sie ging. Aber als sie ihm sagte, er habe sie aufgefordert, das Haus zu verlassen, *bestritt er es ihr gegenüber* (während er es uns gegenüber zugab)!

Dieser Onkel erzählte uns bebend, sie habe an ihm herumgefummelt, mit ihren Händen über seine Hose gestreichelt, und das habe ihn ganz krank gemacht. Seine Frau sagte ziemlich kühl, sie habe aber nicht den Eindruck gehabt, daß es ihn damals krank gemacht hätte.

Als wir später Ruby fragten, hatte sie offensichtlich bewußt keine Ahnung davon, daß ihr Onkel etwas dagegen hatte, abgeknutscht und getätschelt zu werden. Sie dachte, er habe das gern, und hatte es ihm zum Gefallen getan.

Nicht nur in einem Bereich, sondern auf jede erdenkliche Weise – hinsichtlich ihrer Kleidung, ihrer Sprache, ihrer Arbeit, ihrer Freunde – war dieses Mädchen Mystifikationen unterworfen, die alle Fugen ihres Seins durchdrangen.

Die Familienangehörigen der soweit untersuchten schizophrenen Patienten benutzten die Mystifizierung häufig als das bevorzugte Mittel zur Kontrolle des Erlebens und Handelns dieser Patientin.

Bis jetzt haben wir noch keinen Prä-Schizophrenen erlebt, der vor dem offenen Ausbruch seiner Psychose nicht in einem hochgradig mystifizierten Zustand gewesen wäre.

Dieser mystifizierte Zustand wird von den aktiv mystifizierenden anderen Familienmitgliedern natürlich nicht als solcher erkannt, während er häufig von einem relativ unbeteiligten Mitglied aus dem Kreise der Familie (einem »normalen« Bruder oder einer »normalen« Schwester, einem Onkel oder einer Tante, einem Freund) aufgedeckt wird. Der psychotische Schub kann manchmal als erfolgloser Versuch betrachtet werden, den Zustand der Mystifikation zu erkennen, in dem der Betreffende sich befindet. Doch widersetzen sich die aktiven Mystifikateure in der Familie jedem derartigen Versuch heftig durch alle erdenklichen Mystifizierungen.

RUTH

Das folgende Beispiel einer Mystifizierung impliziert wiederum die Vermengung von Praxis und Prozeß.

Worin für die Untersucher das reale Selbst des Mädchens zum Ausdruck kommt, was auch immer die Eltern für eine Vorstellung von diesem Selbst haben mögen, betrachten die Eltern als bloßen Prozeß; das heißt, sie schreiben einem solchen Verhalten kein Motiv, keine Wirksamkeit, Verantwortlichkeit oder Absicht zu. Das Verhalten, das den Untersuchern als unecht und Ausdruck von Gehorsam erschien, betrachteten die Eltern als gesund, normal und als ihr wahres und reales Selbst. Diese paradoxe Situation wiederholt sich ständig in unserem Material.

Ruth trug von Zeit zu Zeit farbige Wollstrümpfe und kleidete sich allgemein auf eine Weise, die in bestimmten Gruppen von Londonern ganz üblich, in den Kreisen ihrer Eltern aber ungewöhnlich ist. Ihre Eltern erblickten darin ein »Symptom«

ihrer Krankheit. Für ihre Mutter war die Handlungsweise von Ruth, solche Strümpfe anzuziehen, das erste Anzeichen eines herannahenden weiteren »Anfalls«. Das heißt, die Mutter (und der Vater) verkehrte ihr Handeln (Praxis) in ein Zeichen für einen pathologischen. Prozeß. Dasselbe Handeln ist für die Untersucher Ausdruck eines Selbst, das sich von der starr vertretenen Auffassung der Eltern von dem, wer Ruth ist und was sie sein sollte, unterscheidet.

Diese Akte der Selbstbehauptung waren bei Ruth ebenso wie bei ihren Eltern von ungeheurer Heftigkeit begleitet. Die Folge war eine drohende Periode gestörten Erlebens und Verhaltens, das klinisch als »psychotischer Schub« diagnostizierbar ist. Am Ende steht eine Versöhnung auf der Grundlage, daß Ruth krank gewesen ist. Im Zustand des Krankseins fühlte sie, tat sie, sagte sie Dinge, die sie nicht wirklich so meinte und für die sie nichts konnte, weil sie ja »krank« war. Nachdem es ihr wieder besser geht, sieht sie das selber ein.

Als Ruth zum erstenmal farbige Strümpfe anzog, ging es den Eltern um folgende Fragen: Was bringt sie dazu, uns solche Schande zu bereiten? Sie ist doch ein braves Mädchen. Immer ist sie so sensibel und dankbar. Sie ist gewöhnlich nicht dickfellig und rücksichtslos. Wenn sie solche Strümpfe usw. tragen will, weiß sie, daß sie ihren Vater damit aufregt, und sie weiß doch, daß er ein schwaches Herz hat. Wie kann sie ihn nur so aufregen, wenn sie ihn wirklich liebhat?

Die Schwierigkeit der Analyse dieses Mädchens in ihren nichtpsychotischen Perioden liegt, wie nicht selten bei Schizophrenen in ihrer »Schweigephase«, darin, daß sie völlig für die Ansicht ihrer Eltern, sie habe periodisch »Anfälle« ihrer »Krankheit«, Partei ergreift. Nur wenn sie »krank« ist, verwahrt sie sich gegen die »Orientierungsachse« ihrer Eltern (und auch dann nur mit einem Teil ihres Selbst).

Die Logik, die dieser Mystifikation innewohnt, läßt sich vielleicht wie folgt nachzeichnen.

X ist gut. Alles, was nicht X ist, ist schlecht. Ruth ist X. Wäre

Ruth Y, dann wäre sie schlecht. Aber es scheint so, als wäre Ruth Y.

Also muß Y gleichbedeutend sein mit X, was soviel heißt wie: Ruth ist nicht wirklich Nicht-X, sondern tatsächlich X.

Ferner: sofern Ruth versucht, Y zu sein, oder sogar Y ist, ist sie schlecht. Aber Ruth ist X, das heißt, sie ist gut, so kann Ruth nicht schlecht sein, also muß sie verrückt sein.

Ruth möchte farbige Wollstrümpfe anziehen und mit Jungen ausgehen, aber sie will nicht schlecht sein oder verrückt. Die Mystifizierung besteht hier darin, daß sie, wenn sie nicht schlecht oder verrückt ist, nur eine schlampige alte Jungfer werden kann, die bei ihren betagten Eltern wohnt. Sie wird von den »Stimmen« ihres eigenen ungelebten Lebens verfolgt, wenn sie gut, und von den »Stimmen« ihrer Eltern, wenn sie schlecht ist. So oder so muß sie verrückt werden. Ihr Zustand ist also das, was ich eine *Position der Verteidigungsunfähigkeit (untenable position)* genannt habe (Laing, 1961, S. 135).

Die Aufgabe des Therapeuten ist es, einem solchen Menschen dazu zu verhelfen, *entmystifiziert* zu werden. Die erste Phase der Therapie besteht in einem solchen Fall großenteils in dem Bemühen um Entmystifizierung, um die Entwirrung des Knotens, mit dem sie oder er gefesselt ist, oder auch in der Aufwerfung von Streitfragen, die nie gestellt wurden und an die man nicht einmal dachte, außer wenn der Betreffende »krank« war: Ist es schlecht oder eine Schande, ist es egoistisch, rücksichtslos, undankbar usw., Nicht-X zu sein oder zu tun, und ist es unbedingt gut, X zu sein?

Aber die *Praxis* der Therapie steht auf einem anderen Blatt.

Bibliographie

Bateson, G., D. D. Jackson, J. Haley und J. Weakland (1956), »Toward a theory of schizophrenia«, in *Behav. Sci.* 1, 151–264 (in diesem Band S. 11 ff.).

Brodey, W. M. (1959), »Some family operations and schizophrenia«, in *A. M. A. Arch. gen. Psychiat.* 1, 379–402.

Haley, J. (1959 a), »The family of the schizophrenic: a model system«, in *J. nerv. ment. Dis.* 129, 357–374.

– (1959 b), »An interactional description of schizophrenia«, in *Psychiatry*, 22, 321–332 (in diesem Band S. 81 ff.).

Laing, R. D. (1960), *The divided Self*, London, Chicago 1961.

– (1961), *The self and other*, London, Chicago 1962.

– (1962), »Series and nexus in the Family«, in *New Left Revue*, 15, Mai/Juni.

– und R. D. Cooper (1964), *Reason and violence. A decade of Sartre's philosophy* – 1950–1960, London, New York.

– und A. Esterson (1964), *Sanity, madness and the family*, Bd. 1, *Families of schizophrenics*, London, New York.

Lidz, T., A. Cornelison, D. Terry und S. Fleck (1958), »Intrafamilial environment of the schizophrenic patient: VI. The Transmission of irrationality«, in *A. M. A. Arch. Neurol. Psychiat.* 79, 305–316, deutsch: »Irrationalität als Familientradition«, in *Psyche* XIII (1959/60), 315–329.

Lomas, P. (1961), »Family role and identity formation«, in *Int. J. Psycho-Anal.* 42, Juli/Oktober.

Ryckoff, I., J. Day und L. C. Wynne (1959), »Maintenance of stereotyped roles in the families of schizophrenics«, in *A. M. A. Arch. gen. Psychiat.* 1, 93–98 (in diesem Band S. 168 ff.).

Sartre, J. P. (1960), *Critique de la raison dialectique*, Paris, deutsch *Kritik der dialektischen Vernunft*, Reinbek bei Hamburg 1967.

Searles, H. F. (1959), »The effort to drive the other person crazy – an element in the etiology and psychotherapy of schizophrenia«, in *Brit. J. Med. Psychol.* 32, 1–18 (in diesem Band S. 128 ff.).

Wynne, L. C., J. M. Ryckoff, J. Day und S. I. Hirsch (1958), »Pseudo-mutuality in the family relations of schizophrenics«, in *Psychiatry*, 21, 205–220 (in diesem Band S. 44 ff.).

J. Foudrain
Schizophrenie und Familie
Überblick über die Literatur zur Ätiologie der Schizophrenie aus den Jahren 1956-1960

Gegenstand dieses Aufsatzes ist die Referierung und Zusammenfassung eines Teils der psychodynamisch orientierten Literatur zur Entstehung von Schizophrenie, die zwischen 1956 und 1960 publiziert wurde. Dabei möchte ich nur auf die Arbeiten derer eingehen, die von der Hypothese ausgehen, daß die schizophrene Reaktion die letzte Phase einer einzigartigen Kette von Ereignissen darstellt, deren primäre Ursache in den schwer gestörten zwischenmenschlichen Beziehungen zwischen dem Kind (dem späteren Patienten) und seinen Eltern liegt.

Kurz gesagt, geht die Forschung, die hier referiert werden soll, von der Hypothese aus, daß Schizophrenie durch »schlechte Behandlung von Menschen (Kinder) durch Menschen (Eltern)« (Wolman) entsteht. Unter diesem Gesichtspunkt liegt eine Form von defektem Persönlichkeitswachstum vor, die zu einem allmählichen Versagen der Fähigkeit führt, in zwischenmenschliche Beziehungen einzutreten, die wenigstens ein Minimum an Sicherheit und Befriedigung von Grundbedürfnissen garantieren würden. Dieser Teufelskreis, in dem jeder zwischenmenschliche Kontakt in das entmutigende Erlebnis des »völligen Andersseins« ausläuft, bringt den Patienten dazu, seine Selbsteinschätzung unerhört niedrig anzusetzen und sich unvorstellbar einsam und isoliert zu fühlen. Schließlich ist ein Zustand erreicht, in dem das Individuum sich aus der Welt der zwischenmenschlichen Beziehungen zurückzieht und seine eigene Welt zu errichten beginnt. Dieser Verlust an Beziehungen (94), der zu einem katastrophalen und tatsächlich totalen Zusammenbruch der Kommunikation und zur Ausbildung irrsinniger symbolischer Prozesse führt, in denen Wahrnehmung, Bedeutung und Logik verzerrt werden, ist das Phänomen, das wir als Psychose bezeichnen. Unter diesem Gesichtspunkt läßt sich die Schizophrenie als rein psychogen bedingte Funktionsweise betrachten. Allerdings muß die fortschreitend autistische Entwicklung als eine *psychische Funktionsweise* immer noch erklärt werden. Arieti definiert diese autistische Entwicklung als »progressive teleologische Regression« und sieht in ihr einen wirksamen Mechanismus zur Beseitigung übermäßig starker Ängste und zur Wiederherstellung einer Art von psychischem Gleichgewicht (7, 8, 9).

Wenn, wie Lidz behauptet, diese psychogene Hypothese sich halten läßt, so dürfte die Erforschung von Ursache und Entwicklung des schizophrenen Lebensstils wichtige Aufschlüsse hinsichtlich der Dynamik in der Entwicklung der normalen und der gestörten Persönlichkeit liefern (64). In dieser Hinsicht könnte die Forschung auf dem Gebiet der Schizophrenie einen wichtigen Beitrag leisten zur Ausbildung einer einheitlichen Theorie von Entwicklung und Verhalten des Menschen.

Wachstum und Differenzierung der Persönlichkeit finden im Bereich der Familiengruppe statt. Die Familie ist die Matrix der wachsenden Persönlichkeit (2). Wenn wir uns fragen, auf welche Weise die Familie als Einheit funktioniert und wie sie den primären Sozialisierungsprozeß des Individuums bewerkstelligt, dann kann es sein, daß wir die überraschende Feststellung machen müssen, weit entfernt davon zu sein, diese Fragen erschöpfend beantworten zu können.

Viele Faktoren haben zu dieser Wissenslücke beigetragen. Spiegel und Bell haben einen ausgezeichneten Überblick über die Schwierigkeiten gegeben, denen sich Theoretiker wie Praktiker bei ihrem Bemühen gegenübersehen, die Familie als signifikantes System mit eigenen Gesetzen zu konzipieren (82). Es stimmt, daß viele Forscher aller Fachrichtungen ein großes Interesse an der Familie des schizophrenen Patienten genommen haben. Trotzdem scheint fast jeder, wenn es darum geht, das Konzept des Familienganzen zu verwenden, einen starken Widerstand dagegen zu entwickeln. Man begnügt sich mit der

Analyse isolierter Aspekte – einzelner situationsbedingter oder psychodynamischer Faktoren –, statt die Familie als Einheit in den Mittelpunkt zu rücken. Die ältere psychoanalytische Theorie hat zwar den gewaltigen Einfluß der Familienstruktur und der elterlichen Erziehungsmethoden auf die Entwicklung des Kindes erkannt, doch wurde die Aufmerksamkeit in der Hauptsache auf das Unbewußte und die intrapsychische Struktur konzentriert, wodurch sich »Realität« in ein ziemlich verschwommenes Konzept verwandelte.

Ferenczi war einer der ersten, der die Aufmerksamkeit darauf lenkte (31). Er forderte mehr Interesse am »Objekt«, an der Realität der »Realität«. Wie er sagte, *ist es die Realität, wodurch das Kind tatsächlich geschädigt wird, und die unbewußten Phantasien sind der symbolische Ausdruck davon.* Nach meiner Überzeugung ist diese Konzentration auf die »Realität« einer der wichtigsten Trends in der psychodynamischen Forschung unserer Zeit. In der Frühzeit des Studiums schizophrener Patienten waren wir beeindruckt von dem bedrohlichen Charakter der Phantasien unserer Patienten. Jetzt bestürzt uns die Entdeckung, daß unsere Patienten uns etwas erzählen, was einmal eine bedrohliche Realität für sie gewesen ist.

Ausgehend von der Tatsache, daß das Individuum von den ersten Augenblicken seines Lebens an stark objektbezogen ist, gibt es in der Psychoanalyse eine Tendenz, die Theorie in den Kategorien der Objektbeziehung neu zu formulieren (Fairbain, Balint, 10, 11).

Ein typisches Beispiel für diese Tendenz, die ältere psychoanalytische Theorie durch Neuformulierung ihrer theoretischen Konzeptionen zu revidieren und diese neuen Konzeptionen durch direkte Beobachtung von Interaktionsstrukturen zwischen Menschen zu überprüfen, bietet die Arbeit von Bowlby (21, 22). In dieser Arbeit wird ein entschiedener Nachdruck auf Beobachtungsdaten gelegt. Eben diese Betonung von Beobachtungsdaten hat Sullivan dazu gebracht, die Wissenschaft der Psychiatrie auf die Phänomene der zwischenmenschlichen bzw.

sozialen Beziehungen zu lokalisieren, d. h. auf die Prozesse, die sich zwischen Menschen abspielen (84). Daß diese Prozesse tatsächlich auf dem Wege der teilnehmenden Beobachtung (Psychotherapie) festgestellt werden können, bedeutet, daß der Psychotherapeut weiterhin eine führende Position auf dem Gebiet der psychiatrischen Forschung einnimmt. Bowlby schreibt denn auch in seinem Artikel über Trennungsangst: »Nach meiner Ansicht besteht die beste Möglichkeit, die Bedingungen zu enthüllen, unter denen ein Individuum in exzessivem Maße der Trennungsangst verfällt, entweder in der direkten Beobachtung eines Kindes, das einem angstauslösenden Erlebnis ausgesetzt ist, oder in einer klinischen Untersuchung in einer analytisch orientierten Child-Guidance-Clinic[1], in der nicht nur das Kind, sondern auch die Eltern behandelt werden und eine detaillierte Geschichte sowohl der Hauptereignisse im Leben des Kindes als auch der elterlichen Einstellungen ihm gegenüber zustandegebracht werden kann.«

Was hier zum Phänomen der »Trennungsangst« gesagt wird, gilt auch für jede andere Funktionsstörung der Persönlichkeit. An der Literatur interessieren uns besonders jene Stellen, die sich auf die verblüffenden Einsichten beziehen, welche in der Situation der gleichlaufenden Psychotherapie gewonnen werden können (85, 86).

Die simultane Psychotherapie des Patienten und seiner Familienangehörigen hat, besonders im Hinblick auf das Problem der Schizophrenie, ein wirkliches Verständnis der Interaktionsstrukturen bewirkt, die sich zwischen Eltern und Kindern erstrecken. Aus diesen Untersuchungen geht eindeutig hervor, wie wenig wir über die Kommunikationsprozesse zwischen Menschen wissen. Es wird uns klar, daß wir diesen komplexen Prozeß nicht mit Kategorien wie elterliche Verbote, Frustrationen, Belohnungen oder Schädigung von Triebbedürfnissen ausreichend formulieren können. *Wir wollen ja gerade wissen,*

---

[1] Kinderklinik, in der nicht nur das erkrankte Kind behandelt, sondern auch ein Beratungskontakt mit den übrigen Familienmitgliedern aufrechterhalten wird. (Anm. d. Übers.)

wie Eltern sich und ihre Kinder behandeln, und warum und wann. Wir wollen mehr über die Kommunikationsstrukturen wissen, die sie benutzen und ihren Kindern beibringen, über die Art und Weise, in der sie »ihre Kinder der Kultur anpassen«, und die Umstände, unter denen sich dieser äußerst komplexe Prozeß vollzieht.

Dieses neuerliche Interesse an der Realität der Eltern neutralisiert die Tendenz der analytischen Metapsychologie, zwischenmenschliche und intrapsychische Prozesse mit einem mehr oder minder festgelegten theoretischen System zu interpretieren. Theorien hinsichtlich einer konstitutionellen Minderwertigkeit der Ich-Struktur (wie auch immer definiert) und einer konstitutionellen Schwächung der Aggressionstriebe und ihre Veränderungen in den ersten Lebensjahren (Melanie Klein) laufen einigermaßen Gefahr, den Brennpunkt des Interesses auf das Individuum zu richten, als handle es sich um eine in sich abgeschlossene Wesenheit. Diesen metapsychologischen Spekulationen, wie fruchtbar und notwendig sie auch sein mögen, wohnt eine Tendenz inne, voreilig auf Ursachen zu weisen und sie ebenso voreilig innerhalb einer bestimmten Entwicklungsperiode des Individuums zu fixieren. Ferenczi sah deutlich diese Gefahr, als er schrieb: »Eine unzureichend tiefe Exploration der exogenen Faktoren bringt einen in Gefahr, zu voreiligen Erklärungen – oft allzu leichtfertigen Erklärungen – im Sinne von ›Disposition‹ und ›Konstitution‹ Zuflucht zu nehmen« (31).

Ich möchte nicht auf die Schwierigkeiten eingehen, die aus der künstlichen Trennung von »Trieb« und »exogenen Faktoren« erwachsen sind. Diese Unterscheidung hat zu endlosen Diskussionen über ein Problem geführt, das an sich falsch gestellt ist. Generell können wir feststellen, daß die heutige Entwicklung eine klare Tendenz zur Integration von Psychoanalyse, Soziologie, Ethologie, Sozialpsychologie und Kulturanthropologie zeigt, und diese Integration ist es, was schließlich zur Errichtung eines Begriffssystems führen könnte, das die Interaktion zwischen Menschen transparenter macht.

Die Forschung zur Erhellung der Ätiologie von Schizophrenie hat sich in den letzten vier Jahren hauptsächlich auf das Studium der Familienumwelt des schizophrenen Patienten konzentriert (6, 14, 16, 17, 18, 25, 35, 54, 68). Diese gegenwärtige Akzentuierung der Familie als Funktionseinheit hat der Forschung einen neuen und fruchtbaren Weg eröffnet (1, 2, 20, 82, 92, 93). Und das, obwohl unser Begriffssystem, das die vielfachen Wechselbeziehungen in der Familie verständlicher macht, noch keineswegs komplett ist.

Ackermanns Arbeit über die Psychodynamik der Familie sowie der Begriff der Kernfamilie als soziales System, den Parson und Bales entwickelt haben, sind wichtige Eckpfeiler dieser Forschung (2, 69). Wie Ackerman schreibt: »Die Beziehungen der Einzelpersönlichkeit und die gruppendynamischen Prozesse des Familienlebens bilden ein wesentliches Glied in der Kette der Verursachung von Zuständen geistiger Gesundheit und Krankheit« (2).

Wenn wir nun zur Familienstruktur des schizophrenen Patienten zurückkehren, wenden wir uns am besten zunächst dem Konzept der Mutter-Kind-Symbiose zu. Diese ursprünglich von Lewis Hill entwickelte Vorstellung, wonach die pathologische Mutter-Kind-Symbiose eine ätiologische Bedeutung für die Entwicklung in Richtung auf Schizophrenie hat, nimmt in der Literatur der letzten Zeit einen hervorragenden Platz ein. Dieses Konzept hat sich als sehr fruchtbar erwiesen, und die Psychodynamik dieser Symbiose ist in verschiedenen Aufsätzen herausgearbeitet worden (66, 67, 78, 83).

Daß die Basis für die spätere schizophrene Desintegration in der Phase der oralen Interaktion (ein Terminus, der neu definiert werden muß) gelegt wird, scheint in hohem Maße unwahrscheinlich. Lewis Hill hat bereits darauf hingewiesen, daß diese Frühphase ganz im Gegenteil ungewöhnlich befriedigend zu sein scheint (41). Das Problem der Mutter-Kind-Symbiose, die eine normale Entwicklungsphase darstellt, scheint darin zu bestehen, daß sie nicht endet und sich in eine pathologische Symbiose verwandelt, die die Ich-Entwicklung schwer beeinträchtigt und das Kind jeder Möglichkeit einer individuellen Entwicklung, der Integration und der Ausbildung eines Gefühls der Identität beraubt. Diese pathologische, statische Symbiose, eingebettet in eine Familienstruktur, die offensichtlich zu ihrer Existenz beiträgt (wobei die Rolle des Vaters nicht die geringste ist), wird als eine intensive gegenseitige Abhängigkeit beschrieben, die für keinen der Beteiligten eine Möglichkeit des Wachstums zuläßt und die das Kind unter Drohung der völligen Isolation akzeptieren muß. Das Kind orientiert sich an der »Realität des Stärkeren« (Stierlin, 83). In diesem Anpassungsschema ist das Kind in vieler Hinsicht »Mutter« für seine Mutter, ein Instrument, das sie benötigt, um ihren eigenen manifesten psychotischen Zusammenbruch zu verhindern. Viele Psychotherapeuten haben diese fanatische Treue eines Kindes gegenüber einer außerordentlich kranken Mutter beschrieben. Searles beschreibt die tiefen positiven Gefühle zwischen der Mutter und ihrem schizophrenen Kind, Gefühle, die wechselseitig verleugnet werden und zu dem führen, was der Autor als »das liebevolle Opfer des Kindes in Form seiner ganzen Individualität zum Wohle der Mutter« beschreibt (76).

Schizophrene Patienten zeigen tatsächlich eine auffallende Sensitivität für die Bedürfnisse und Konflikte der Mutter, die für das Kind große Tiefe und Bedeutung erlangen. In einem anderen Artikel von Searles, »Das Bestreben, den anderen verrückt zu machen«, wird diese Auffassung weiter ausgeführt (78). Er verweist auf Hills Ansicht, wonach »der Sinn der Nutzlosigkeit des Abhängigkeits-Selbständigkeits-Kampfes, den der Schizophrene führt, ... in seinem auf Beobachtung gegründeten Glauben [besteht], seine Besserung und Gesundung im normalen Sinne würde seine Mutter psychotisch werden lassen«. Searles Bemerkungen über die verrücktmachende symbiotische Verwicklung zwischen Mutter und Kind und ihre Wiederholung in der Beziehung von Übertragung-Gegenübertragung mit dem Therapeuten scheint mir von größter Bedeutung (78).

In der jüngsten Literatur wird die Mutter des schizophrenen Patienten häufig als Untersuchungsobjekt dargestellt (36, 42, 79). Die ältere Literatur war charakterisiert durch Beschreibungen typischer Charakterzüge und typischer Verhaltensformen, die Mütter in der Beziehung zu ihren Kindern zeigten. (Kasanin, Reichard und Tillmann, Tietze, 5, 51, 71, 87). Diese Arbeit ist von großer Bedeutung gewesen, und der Terminus »schizophrenogene Mutter« hat zweifellos großen Wert für die Konzentrierung des Interesses auf die ganz schwere Psychopathologie gehabt, von der die Mutter geprägt ist.

Die jüngere Literatur zeigt eine Tendenz, das Problem von einem *Angelpunkt der Interaktion* aus anzugehen. Die Interaktionen, die die schizophrene Schädigung hervorrufen, haben sich als höchst kompliziert erwiesen, und die Verbindung der typischen Verhaltensform der Mutter mit den Störungen des Kindes zu einem geradlinigen Kausalnexus wird dieser Komplexität nicht genügend gerecht. Abgesehen davon, daß das, was durch die Ursache erzeugt wird, zugleich die kausale Wirkung beeinflußt (das Prinzip der zirkulären Kausalität – Brody), hätten wir gern mehr über die Kommunikationsstrukturen zwischen Müttern und ihren Kindern gewußt. Hier stehen wir wiederum vor dem Problem einer weiteren Konzipierung von Interaktionen. Der Terminus »ablehnend« verliert viel von seinem Wert, wenn praktisch alles, was Ich-Entwicklung und Differenzierung verhindert, darunter zusammengefaßt wird. Wir möchten wissen, in welcher Form es zur Ablehnung kommt, durch welche Reaktion des Kindes sie provoziert wird und unter welchen Umständen. Wie Ackerman es ausdrückt: »Wo es Ablehnung gibt, muß sie hinsichtlich ihrer Intensität, ihrer Ausdrucksform und ihrer relativen Spezifität für das betreffende Kind qualifiziert werden: hinsichtlich der Rolle des Motivs der Ablehnung in der Ökonomie der mütterlichen Persönlichkeit und der Rolle des Ablehnungsverhaltens in der psychosozialen Gesamtökonomie des Familienlebens« (2).

Bevor wir mit der Besprechung der Literatur bezüglich der Familie des schizophrenen Patienten beginnen, ist es ratsam, eingehender die Methode zu spezifizieren, mit der die Informationen erlangt werden, mittels deren wir die familiäre Binnenwelt des Patienten rekonstruieren können (34). Wie schon erwähnt, werden die wertvollsten Informationen durch die psychotherapeutische Beziehung mit dem Patienten, mit seinen Eltern oder mit beiden zugleich erlangt. Der Psychotherapeut als teilnehmender Beobachter ist derjenige, der am tiefsten in die Familienstruktur eindringen kann, die mit großer Angst und Schuldgefühlen durchsetzt ist. Erfahrungen mit den Eltern schizophrener Patienten und mit der ganzen Familie, die aufgrund der psychotherapeutischen Annäherung gewonnen wurden, lassen keinen Zweifel daran. Wir können nicht zu dem vorstoßen, was in diesen Familien tatsächlich geschieht, wenn unser Herangehen an die Eltern und andere Mitglieder der Familie sich darauf beschränkt, Fragen zu stellen (29). Wer auf diesem Feld arbeitet, muß eine gute Interviewtechnik beherrschen. Die psychoanalytische und sozialpsychologische Ausbildung muß ihn zur aktiven Teilnahme befähigen, und trotzdem muß er in der Lage sein, eine Beobachterposition gegenüber den großen emotionalen Problemen der Eltern beizubehalten. Man muß imstande sein, wenn nötig, Korrektivmaßnahmen zu ergreifen. Erst wenn man mit den Eltern eine vertrauensvolle Beziehung hergestellt hat, kann man die massiven Verleugnungen, hinter denen sich große Ängste und Schuldgefühle verbergen, durchstoßen. Dann lassen sich die extrem pathologischen emotionalen Beziehungen in diesen Familien mit großer Schärfe analysieren.

In dem Versuch, zu einer Perspektive zu kommen, die so umfassend wie möglich ist, machen die verschiedenen Autoren Gebrauch von Falldarstellungen, von Psychotherapie mit gleichlaufenden Beobachtungen und von Tiefeninterviews. Jüngeren Datums ist die Methode, die gesamte Familie zu hospitalisieren, was eine langfristige und direkte klinische Beobachtung ermöglicht (20).

Wenn wir nun unsere Aufmerksamkeit auf die Literatur richten, die sich mit der Familienstruktur des schizophrenen Patienten beschäftigt, so müssen wir mit der extensiven Studie von Beckett und Mitarbeitern beginnen, die sich der Bedeutung exogener Traumata bei der Genese von Schizophrenie widmet. Die Autoren beschreiben den massiven Gebrauch von Verleugnungsmechanismen in diesen Familien, das Erlernen hypertrophierter Abwehrmechanismen, das von den Eltern gefördert wird (Projektion, Verdrängung, Verleugnung), woraus eine ständige Beeinträchtigung der Ich-Differenzierung und Störung der Entwicklung einer gesunden Realitätswahrnehmung folgt. Sie bieten uns eine aufschlußreiche Darstellung des Prozesses, mit dem der feindliche Aggressor introjiziert wird – eine adaptive Reaktion auf das verletzende Verhalten der Eltern, das einen überwältigend destruktiven Charakter hat.

Bei ihren Bemühungen, zwei Gruppen von traumatischer Verletzung zu beschreiben – die nachhaltige Hemmung der Ich-Differenzierung sowie die diskontinuierliche körperliche oder psychologische Verletzung –, sind die Autoren auf jene generelle Kritik gestoßen, die voraussehbar ist, wenn eine Theorie der psychogenen Verursachung von Schizophrenie ernstlich ins Auge gefaßt wird. Zur Verteidigung der Autoren macht Jackson einige grundlegende Bemerkungen über die Bedeutung des Traumas bei der Genese von Schizophrenie (44). Wie er schreibt, genügt es nicht, wenn wir bei unseren Versuchen, die Schizophrenie auf rein psychogener Grundlage zu erklären, einen quantitativen Faktor wie das Ausmaß oder die Häufigkeit von Traumata postulieren. Was sich in der Familie des schizophrenen Patienten tatsächlich abspielt, ist außerordentlich schwer zu erfassen, doch scheint es auf jeden Fall gewiß, daß die traumatische Verletzung, wie sie von Johnson beschrieben wird, von solcher Art ist, daß Trauma kaum das geeignete Wort dafür ist. Das erinnert uns an die Kritik, die gegen die Auffassung des Traumas als eines psychischen Schocks, der die Psyche des Kindes mit mehr Affekt oder Triebenergie überflutet, als es verkraften kann, vorgebracht werden mag. Traumata solcher Art kommen ganz gewiß in großer Häufigkeit in der Lebensgeschichte unserer schizophrenen Patienten vor. In dieser Hinsicht ist die Beobachtung von Johnson und Mitarbeitern wohl ganz richtig. Der wesentliche Punkt fehlt in ihr jedoch, wenn man nicht erkennen kann, daß die traumatischen Erlebnisse, von denen uns unsere Patienten zu berichten versuchen, zugleich als »bezeichenbare Situationen in einem ansonsten unklaren und verschwommenen Bild« dienen. Wie Jackson feststellt, geht es um die Atmosphäre in der Familie, die Ereignisse von subtiler Boshaftigkeit überdauert, denen der Patient ständig ausgesetzt ist.

Trauma in diesem Sinne bildet eine Bedingung, die in der Umwelt des Patienten kontinuierlich und diskontinuierlich am Werke ist. *Die dauernde Beeinträchtigung der Ich-Differenzierung geht in erster Linie auf »stille« Weise vor sich.* Die sorgfältige Analyse dieses traumatischen Prozesses scheint die anspruchsvollste Aufgabe zu sein, die wir zu bewältigen haben. In seinem Artikel »Einige Familienoperationen und Schizophrenie« beschreibt Brody das Netz der narzißtischen Beziehungen, in denen die Eltern ihre Kinder als nach außen projizierte Teile ihrer selbst behandeln, wobei sie ihnen nur die Wahl lassen zwischen der Anpassung an diese projizierten Rollen, der Verwirklichung und Bestätigung der elterlichen Erwartungen, und einer Situation der völligen Isolation (23). Die Folge ist ein Schwanken zwischen stark symbiotischer Nähe, verbunden mit einem völligen Verlust an Identität und Autonomie, und äußerster Isolation und Distanz. »Die Eltern transponieren ihre innere Welt auf die Außenwelt und nehmen nur an jenem Stück Außenwelt Anteil, das sie zur Bestätigung ihrer Projektionen herauslösen können, während sie dazu in Widerspruch stehende Realitäten gar nicht wahrnehmen.« Dieser Prozeß der selektiven Verwendung von Realität zur Bestätigung der Projektion wird als »Externalisation« bezeichnet. Das Kind wird in eine Situation hineingezwungen, in der es als »Realität« die pathologische Definition dieser Realität akzeptieren muß, die die Eltern ihm anbieten. Das führt dazu, daß das Kind, wenn es mit der gewöhnlichen Realität konfrontiert wird und seine schwer gestörte Wahrnehmung in Einklang damit zu bringen versucht, sich in einem Vakuum wiederfindet.

Die ich-dystonen Aspekte des Selbst werden von jedem Mitglied der Familie nicht nur externalisiert, sondern auch in allegorische Rollen umgruppiert, deren hervorstechendstes Merkmal die Dichotomie von Allmacht und Hilflosigkeit ist. Die Festlegung des Kindes auf eine bestimmte Rolle, die für die psychosoziale Ökonomie der Familie eine funktionelle Bedeutung besitzt, ist häufig beschrieben worden. Übrigens deutet die Verwendung des Begriffs »Rolle« auf die große Schwierigkeit hin, die wir bei dem Versuch erleben, die innere Pathologie der Familie mit unseren üblichen psychodynamischen Formulierungen zu klären.

Die Sozialpsychologie und die Theorie der menschlichen Kommunikation haben in hohem Maße zu der Bildung eines theoretischen Bezugsrahmens beigetragen, innerhalb dessen die Familiendynamik genau verstanden und einer Wertung unterzogen werden kann. Häufig wird der Terminus »Transaktion« verwendet und als der reziproke, rückwirkende Prozeß der Kommunikation definiert, der in jedem System der Aktion oder des Verhaltens auftritt. Er verweist auf die anhaltende Kommunikation zwischen Individuen und die ständige Rückkoppelung, von der die folgende Reaktion jedes Einzelnen modifiziert wird (82). Den Begriff der »sozialen Rolle« haben wir bereits erwähnt. Er wird definiert im Sinne der Darstellung des Verhaltens unter dem Gesichtspunkt der sozialen Situation, wobei die Rolle von inneren Motivationskräften wie von kulturellen Wertorientierungen bestimmt wird.

Unter Verwendung dieser Begriffe beschreibt Spiegel die Familie als ein System von Rollenbeziehungen mit verschiedenen Graden der Komplementarität (81). Die Stabilität des transaktionalen Feldes ist abhängig von dem Grad an Komplementarität des Rollenverhaltens bei den Beteiligten. Er macht den Versuch, die Prozesse zu analysieren, die teilweise zur spaltenden Nicht-Komplementarität (zum Rollenkonflikt) führen, teilweise ein neues Gleichgewicht begünstigen. Viele Autoren bedienen sich beim Studium der schizophrenogenen Familie dieses Ansatzes, mit dem sie versuchen, die wechselseitigen Rollen und vielfachen Transaktionen zu konzipieren, die der Familiengruppe innewohnen. Übrigens beweist der Terminus »schizophrenogene Familie«, daß unser Standort in den letzten Jahren einen bedeutenden Wandel durchgemacht hat. Früher hat man die Situation des Kindes zu beschreiben versucht, das einem hochgradig schädigenden Streß ausgesetzt ist, der ihm von einem einzelnen Elternteil mit der daraus folgenden schädigenden Introjektion und Identifikation auferlegt wird – die Situation also, »in der der eine in dem anderen Schizophrenie erzeugt«. Der Terminus »schizophrenogene Familie« zeigt an, daß bei der Untersuchung des Phänomens eine Akzentverschiebung stattgefunden hat. Wir untersuchen jetzt soziodynamische Familiensituationen, »in denen Schizophrenie entsteht«.

Die Arbeit von Wynne und seinen Mitarbeitern demonstriert das sehr klar (96, 97). Sie benutzen das Konzept der »Pseudo-Gemeinschaft«, das sie als »Zusammenschluß auf Kosten der Differenzierung und der Identitäten jener Personen, die an der Beziehung beteiligt sind«, beschreiben. Sie gehen davon aus, daß in den Familien von Menschen, die in einen akuten schizophrenen Schub geraten, jene offen als akzeptabel anerkannten Beziehungen durch eine starke und anhaltende Pseudo-Gemeinschaft charakterisiert sind. In diesen Beziehungen erhalten die Beteiligten ein Gefühl der gegenseitigen Erfüllung von Erwartungen aufrecht und versuchen, jeden offenen Konflikt (Nicht-Komplementarität) zu vermeiden, da jede Divergenz in hohem Maße mit Angst und Aggression verbunden ist und zur totalen Zerstörung der bestehenden Beziehung führen würde. Die Autoren beschreiben die starre Organisation der hochgradig komprimierten und stereotypisierten Rollen, die die individuelle Identität ernstlich beschränkt oder sogar völlig erstickt. Das führt zu einer schweren Störung im Prozeß der Entwicklung flexibler Rollenadaptationen und der Übernahme einer Vielzahl von Rollen, die zur selektiven Verwerfung und Assimilation von Kindheitsidentifikationen führt. Dieses statische, depersonalisierende, Autonomie verneinende Sozialsystem, das als eine Art archaisches Familien-Über-Ich auftritt, ist ein ständiges Hindernis für den Prozeß der sukzessiven Ich-Synthesen und ihrer Verbindung zu neuen Ich-Konstellationen, der der sich herausbildenden Identität der Familienmitglieder Prozeßcharakter gibt, statt sie als statische Leistung zu kennzeichnen (28). Wie die Autoren postulieren, entwickelt sich eine besondere Anzahl gemeinsamer Familienmechanismen, mit deren Hilfe Abweichung von der familiären Rollenstruktur ignoriert oder wahnhaft umgedeutet wird. Sie stellen fest: »Diese gemeinsamen Mechanismen sind auf einer primitiven Ebene wirksam zur Verhinderung der Artikulation und Selektion irgendwelcher Bedeutungsinhalte, die das einzelne Familienmitglied befähigen könnten, seine eigene Identität innerhalb oder außerhalb der Rollenstruktur der Familie abzugrenzen.«

Es ist interessant festzustellen, daß die Wynnesche Studie auch die kulturelle Isolation der Familiengruppe betont. Eine normale Familie läßt sich als ein differenziertes Subsystem der Gesellschaft betrachten, das im wesentlichen einen offenen Charakter besitzt. Zwischen der Familiengruppe und dem Gemeinwesen findet ein ständiger Austausch statt. Im Gegensatz zur Normalfamilie wird die schizophrenogene Familie dadurch charakterisiert, daß sie sich als selbstgenügsames Sozialsystem mit völlig abgeschlossener Umgrenzung verhält, der die Autoren den Namen »Gummi-Zaun« geben. Dieses Charakteristikum wird oft durch das äußerst pathologische Verhalten der Eltern verstärkt. In vielen Fällen resultiert daraus die Entwicklung eines auffällig hohen Grades von kultureller Isolation für die Familiengruppe.

Das erinnert uns an eine rein soziologische Theorie der Schizophrenie, die von früheren Soziologen vertreten wurde; sie sahen die kulturelle Isolation und die daraus resultierende kulturelle Desorientiertheit als die Primärfaktoren in der Kausalkette, die zum schizophrenen Zusammenbruch der zwischenmenschlichen Beziehungen führt (30, 53). In der Tat sieht es so aus, als habe die schizophrenogene Familie in vieler Hinsicht eine Kultur für sich. Sie hat eigene gestörte Kommunikationsstile, Denkweisen, Wahrnehmungen und Realitätsdeutungen. Das Kind, das in einer solchen Umwelt aufwächst, hat sich, um am Leben zu bleiben, deren Orientierung zu eigen zu machen und kommt daher in große Schwierigkeiten, sobald es die Begrenzungen dieser Familienkultur überschreiten muß. Man könnte sagen, daß das Kind eine Art kultureller und kommunikativer Desorientiertheit entwickelt. Dieser unvermeidliche Zusammenprall zweier Realitätsorientierungen (Familienrealität gegen gewöhnliche Realität) scheint eine gute Erklärung für die Häufigkeit des schizophrenen Zusammenbruchs im Jugendalter zu sein. Ein Patient Stierlins drückt es so aus: »Ich hätte leicht in der Welt leben könnte, hätte sie sich so erwiesen, wie Mutter sie mir dargestellt hat. Aber als ich älter wurde, erkannte ich, daß die Welt anders ist. Und ich brach zusammen« (83). Einer meiner eigenen Patienten stellte dieses Problem folgendermaßen dar: »Als ich meine Familie verließ, fühlte ich mich wie ein Russe unter Eskimos. Das ist noch immer so. Warum von abnormen Gefühlen sprechen? Ich weiß ja nicht mal, was normal ist.«

Einer der interessantesten Beiträge zum Problem der Ätiologie von Schizophrenie kommt aus dem Gebiet der Kommunikationstheorie (12, 13, 37, 38, 39, 40, 43, 45, 72, 73, 74, 75, 90, 91).

Unzufrieden mit der konventionellen psychiatrischen Terminologie, betrachten diese Forscher die Eltern-Kind-Beziehung im Rahmen einer provisorisch definierten Theorie der menschlichen Kommunikation. Ein wesentliches Element dieser Theorie besteht in dem Grundsatz, daß zwischen Menschen nicht nur *eine* Form der Kommunikation existiert, sondern daß auch über die sich vollziehenden Kommunikationsprozesse eine Kommunikation stattfindet. Die Kommunikationslage zwischen Menschen besteht aus 1. dem Kontext, in dem die Kommunikation stattfindet, 2. verbalen Botschaften, 3. stimmlichen und sprachlichen Mustern sowie Körperbewegungen, wobei die letzteren in gewisser Weise die verbale Kommunikation qualifizieren. Wir tauschen nicht nur verbale Botschaften, sondern auch Signale aus, die auf einer metakommunikativen Ebene diese Botschaften qualifizieren. Bateson und seine Mitarbeiter beschreiben als einen typischen Aspekt des kommunikativen Verhaltens des schizophrenen Patienten seine beständige Konfusion bezüglich der Kommunikationsebenen. Der schizophrene Patient qualifiziert, was er sagt, in ziemlich widersprüchlicher Weise. Ein derartiger Kommunikationsstil führt dazu, daß jede Definition einer Beziehung vermieden wird (37). Diese Beobachtung hat die Frage aufgeworfen, ob sich eine typische Lernsituation feststellen ließe, die für diesen systematischen Widerspruch der Kommunikationsebenen verantwortlich ist. Die Autoren haben eine solche Situation analysiert und als *double bind* bezeichnet. In dieser Situation zwingen die Eltern (vor allem die Mutter) ihre Kinder dazu, auf inkongruente Botschaften zu reagieren, um sie auf diese Weise daran zu hindern, die Beziehung mit ihnen zu definieren. Die *double-bind*-Situation wird definiert als eine feindselige Abhängigkeitsbeziehung, in der einer der Beteiligten verlangt, daß der andere auf vielschichtige Arten von Botschaften reagiert, die sich gegenseitig aufheben, während dieser (der spätere schizophrene Patient) die Widersprüchlichkeit weder kommentieren noch sich aus der Situation zurückziehen kann. In dieser Kommunikationslage wird das Kind ständig in eine Position gedrängt, in der es »nicht gewinnen kann«, weil es, in welcher Weise es auch die Botschaft interpretiert und demgemäß reagiert, auf jeden Fall »unrecht hat« und bestraft wird. Die Autoren haben festgestellt, daß diese *double-bind*-Situationen meistens dann auftreten, wenn die Mutter in Angst gerät, weil das Kind versucht, einen engeren und persönlicheren Kontakt herzustellen. Da die Mutter die Gefühle der Angst und Feindseligkeit nicht akzeptieren kann, simuliert sie ein liebevolles Verhalten, das eine entscheidende Diskrepanz ausdrückt zwischen dem, was sie sagt, und dem, was sie auf andere Weise (auf metakommunikativer Ebene) vermittelt. Die Autoren illustrieren das durch folgendes Beispiel. Eine Mutter fühlt sich durch ihr Kind gereizt und gestört, sagt ihm aber: »Geh zu Bett, du siehst müde aus, und ich möchte, daß du etwas Schlaf bekommst.« Das verleugnete Gefühl ist: »Geh mir aus den Augen, ich kann dich nicht ausstehen.« Würde das Kind die Botschaft richtig interpretieren, so würde es bestraft werden oder Angst erleben. Daher muß es sich über seine innere Verfassung hinwegtäuschen und seine Mutter bestätigen. Um in dieser Situation zu überleben, muß das Kind seine eigenen inneren Botschaften ebenso wie die Botschaften anderer falsch interpretieren. Diese häufig wiederkehrenden Situationen führen zu Wut, Panik und Erbitterung und können nur gemeistert werden durch Verleugnung der widersprüchlichen Botschaften oder den Versuch, sie zu ignorieren.

Die Tendenz zur autistischen Entwicklung (Rückzug aus der Realität) wird durch einen Lernprozeß verständlich, der das Kind die Erfahrung machen läßt, daß alles, was es tut, auf Disqualifikation hinausläuft. Zugleich ist dem Kind nicht gestattet, sich über die Widersprüchlichkeit der Botschaften kritisch zu äußern oder mit anderen eine Beziehung einzugehen, die es ihm ermöglichen würde, ein anderes Verhalten zu erlernen. Diese *double-bind*-Theorie macht auch verständlicher, warum sich schizophrene Patienten oft verzweifelt an eine einzige Kommunikationsebene zu klammern scheinen und eine große Unsicherheit im Unterscheiden von Kommunikationsstilen zeigen. Schizophrene Patienten verwenden nicht nur ungekennzeichnete Metaphern, sie nehmen auch gebräuchliche Metaphern wörtlich (12).

Spätere Studien der Palo-Alto-Gruppe deuteten darauf hin, daß man die *double-bind*-Situation als ein Kommunikationsschema mit Wiederholungscharakter sehen könnte, das alle Interaktionen der Familie durchdringt (38, 39, 40, 45, 91). Als ein auffälliges Kennzeichen der schizophrenogenen Familie bezeichnen die Autoren die ständige Inkongruenz zwischen dem, was gesagt wird, und der Art seiner Qualifizierung. Die Familienmitglieder disqualifizieren nicht nur ständig ihre eigenen Äußerungen, sondern auch die Qualifizierungen anderer. Das führt zu Situationen, in denen keiner sich verantwortlich fühlt, die Initiative zu ergreifen. Das Resultat ist eine Art »Entscheidungsparalyse« und der Mangel an irgendeiner klaren Führungsstruktur.

Das Auftreten von psychotischen Schüben wird teilweise als ein Mittel betrachtet, mit der *double-bind*-Situation fertig zu werden, um ihren hemmenden und kontrollierenden Effekt zu überwinden.

Diese *double-bind*-Hypothese, die die ernsthaften Kommunikationsstörungen des schizophrenen Patienten, von denen er in einen Zustand fortschreitender Isolation getrieben wird, im Lichte einer Lerntheorie betrachtet, ist zweifellos sehr faszinierend. Allerdings bezeichnet Arieti die Mechanismen des *double bind* in einem kritischen Kommentar als nicht-spezifisch für Schizophrenie oder Neurose (9). Für ihn sind die Menschen ständig solchen Situationen mit doppelten oder mehrfachen Bindungen ausgesetzt. Er vergleicht die Situation mit jener der geteilten Loyalität und meint, daß der Mechanismus an sich nicht pathologisch ist, sondern es erst durch die Art und Weise wird, in der sich die Eltern seiner bedienen. Ich bezweifle jedoch, daß Arieti der *double-bind*-Theorie gerecht wird. Das spezifische und pathogene Element in dieser Kommunikationslage zwischen dem Schizophrenen und seiner Mutter ist nicht, daß das Kind zwei widersprüchlichen Botschaften ausgesetzt wird, denen es gehorchen muß (wie das in der Situation der geteilten Loyalität der Fall ist), *sondern daß diese Widersprüchlichkeit auf einer metakommunikativen Ebene existiert.* Ackerman kennzeichnet sie wie folgt: »Eigentümlich am *double bind* in der Psychopathologie des schizophrenen Patienten ist, daß die Mutter, wenn sie redet, aus beiden Mundwinkeln zugleich spricht. Oder besser, sie sagt eine Sache mit dem Mund und eine andere mit dem Hintern ... Das heißt, man erhält eine Botschaft von ihrem Körper und eine entgegengesetzte

Botschaft aus ihrem Mund. Und die Gleichzeitigkeit dieser Botschaften ist das wichtige Merkmal, das man in bezug auf seinen Effekt für einen schizophrenen Patienten betrachten muß« (4). Wir haben es hier mit dem Faktum zu tun, daß das Kind die grundsätzliche Widersprüchlichkeit in der *double-bind*-Situation erleben und zugleich nicht offen erkennen kann. Weakland liefert dafür ein weiteres Beispiel. Eine Mutter sagt: »Komm zu mir, Liebes«, wobei die leichte Schärfe ihres Tonfalls oder ein leichter körperlicher Rückzug auf eine verborgene Feindseligkeit hindeutet. Obwohl ganz real, ist die Widersprüchlichkeit doch verschleiert, und folglich ist die Möglichkeit zu Diskussion oder Kommentar für das Kind beschränkt. Die Unfähigkeit des Kindes, auf die Inkongruenz hinzuweisen, wird noch dadurch vergrößert, daß die Mutter den Widerspruch offen verleugnet. (»Das bildest du dir nur ein, Liebes; du weißt doch, wie sehr Mutter dich liebt.«) Ebenso muß sie jede weitere Erforschung der Kommunikationslage durch ihr Kind verbieten (91).

Die *double-bind*-Hypothese wirft in der Tat eine große Anzahl von Fragen auf. Das Motiv, das diesem Mechanismus zugrundeliegt, bedarf unserer weiteren Analyse. Eine weitere Frage, die übrigens für alle bereits erwähnten psychogenen Theorien zu stellen wäre, ist, in welchem Maße die Existenz dieser *double-bind*-Situationen für die Familie des schizophrenen Patienten charakteristisch ist. Wenn diese Mechanismen in den Familien von neurotischen Patienten ebenfalls vorkommen, was sie tatsächlich tun, worin bestünde dann der Unterschied, den wir erwarten könnten? Ist dieser Unterschied qualitativ oder quantitativ? Das sind Fragen, die noch beantwortet werden müssen. Auf jeden Fall haben die von Bateson und seinen Kollegen gemachten Beobachtungen den großen Wert, die Kommunikationstheorie als Begriffssystem in die zeitgenössische Forschung zum Problem der Schizophrenie eingeführt zu haben.

Um den Überblick über die Literatur aus jüngster Zeit fortzusetzen, möchte ich jetzt die Arbeit von Lidz und seinen Mitarbeitern an der Yale-Universität besprechen (32, 33, 57, 58, 59, 60, 61, 62, 63, 64, 65). Die Arbeit, die diese Männer geleistet haben, ist zweifellos die überzeugendste und extensivste auf ihrem Gebiet. Das Material für diese Studie wird durch langfristige Beobachtung von 16 schizophrenen Patienten gewonnen, die im Psychiatrischen Institut von Yale hospitalisiert sind. Die Mehrzahl der Familien zeigte eine höchst beeindruckende Pathologie, was ein überzeugendes Argument für die Hypothese der Autoren ist, daß die Schizophrenie als eine Form von gestörter Persönlichkeitsentwicklung betrachtet werden kann. In ihrer theoretischen Argumentation definieren die Autoren Schizophrenie als extreme Form eines sozialen Rückzugs, der den Patienten schließlich dazu bringt, die Logik seiner Kultur aufzugeben, indem er die Wahrnehmung von sich und anderen verändert. Die Gestaltung einer Wahnwelt, die Opferung der Realitätskontrolle und die Bildung abweichender symbolischer Prozesse haben den Zweck, einer unerträglichen, Angst erzeugenden Welt den Rücken zu kehren und in einer neu geformten inneren Repräsentation von Realität eine gewisse Form von Selbstachtung zu bewahren. Die Autoren kritisieren ältere Vorstellungen, denen zufolge die schließliche Manifestation von Schizophrenie eine Regression zu einem früheren Entwicklungsstadium darstellt, die durch Deprivation und die daraus folgende Fixierung charakterisiert werde (Abraham). Nach ihrer Auffassung *ist der Rückzug aus der Realität ein primäres schizophrenes Manöver*. Den Grund für dieses Manöver liefert die Realität selbst. Regression wird hier gesehen als ein Sich-Zurückziehen des Individuums aus einer bedrohlichen und verwirrenden Realität, mit der es bis zur Adoleszenz konfrontiert war, sowie als Wiederentdeckung der Sicherheit, die aus den omnipotenten Wunscherfüllungsstrukturen der frühen Kindheit gewonnen wurde. Auch die Arbeit von Lidz und seinen Mitarbeitern legt den Akzent auf die Familie als ganze. Es ist die Familie, in der das Individuum fähig wird, das Kulturerbe zu assimilieren und ein soziales Wesen zu werden. Es ist die Familie, in der man lernt, zu denken, zu handeln und zu kommunizieren. Da die Eltern die wichtigsten Übermittler des kulturellen Instrumentariums sind, ist die Manier, in der sie die Akkulturation ihrer Kinder durchführen, in hohem Maße die Determinante, von der die Fähigkeit ihrer Nachkommen abhängt, mit anderen Menschen in Harmonie zu leben. Was demonstriert werden muß, ist das große Ausmaß, in dem Eltern in diesem Lernprozeß versagen. Eigentlich ist es unmöglich, die umfassende Arbeit von Lidz im Rahmen dieses Aufsatzes angemessen darzustellen. Ich werde mich auf einige der wichtigsten Punkte konzentrieren. Die Strukturen, die in diesen Familien am häufigsten anzutreffen sind, werden als »Ehespaltung« und »Strukturverschiebung in der Ehe« bezeichnet. Erstere ist durch einen schweren Konflikt zwischen den Eltern gekennzeichnet, der die Familie in zwei gegnerische Lager spaltet. In dieser Situation machen sich die Ehepartner ständig gegenseitig herunter, wobei sie die Kinder in ihrem fortwährenden Kampf als emotionale Kompensation benutzen. Die als »Strukturverschiebung« bezeichnete Familienstruktur bietet das Bild eines Elternteils, der die Psychopathologie des dominierenden anderen passiv hinnimmt. Die Autoren liefern eine höchst eindrucksvolle Schilderung der völlig irrationalen Welt, die vor den Kindern aufgerichtet wird, sowie von der verderblichen und gelegentlichen Umkehrung der Unterschiede zwischen den Generationen. Das Verschwinden der Schutzgrenze, die normalerweise die Generationen trennt, spielt eine entscheidende Rolle für das Auftreten von Inzest- und Kastrationsängsten, die in diesen Familien besonders in der ödipalen Phase deutlich werden. Lidz' Überlegungen zur Frage der homosexuellen Panik als auslösendes Moment für den akuten schizophrenen Schub sind von größtem Interesse. Er verschiebt die Akzentsetzung, wenn er bemerkt, es sei nicht so sehr die homosexuelle Panik, sondern die häufig auftretende Inzestangst, was unserer Aufmerksamkeit bedarf. Nach seiner Darstellung gibt es Väter und Mütter, die so verführerisch sind, daß ihre Kinder sich aktiv wehren müssen, damit es nicht zum Inzest kommt (68). Das erinnert an die sehr interessante Auffassung, die von Mitarbeitern der Mayo-Klinik hinsichtlich der Frage der Wahnbildung vorgebracht wurde. Wie sie gezeigt haben, verdient der in der Wahnvorstellung enthaltene »Kern der Wahrheit« offensichtlich viel mehr Aufmerksamkeit, als wir ihm bis jetzt gewidmet haben. Zum Teil kristallisieren sich die Wahnerlebnisse um die massiven psychologischen und körperlichen Traumata, die für den Patienten einmal eine bedrohliche Realität gewesen sind (15). Nach meiner Meinung haben die Autoren recht, wenn sie feststellen, daß der Ausbruch vorübergehender Wahnzustände im Verlaufe der Psychotherapie vor allem mit der Bewußtwerdung verdrängter Traumata und der Konfrontation mit den damit verbundenen Gefühlen intensiven Schreckens, starker Wut und Scham in Verbindung steht.

Der Vater, der in den Studien lange Zeit völlig in den Hintergrund getreten ist, scheint ebenso häufig und schwer gestört zu sein wie die Mutter (19, 26, 59, 62). Wenn die Autoren (Lidz et al.) ihre Aufmerksamkeit dem Vater zuwenden, so entspricht das ihrer Betonung der späteren verursachenden Faktoren in dem Entwicklungsprozeß, der zum schizophrenen Zusammenbruch führt. Gefangene ihrer eigenen ungelösten Probleme, sind die Eltern völlig unfähig, ihre adaptiv-instrumentale Rolle in der Familie zu spielen. Diese Rolle besteht im wesentlichen in der Anleitung des Kindes auf seinem Weg zur Gemeinschaft, in seiner Versorgung mit ökonomischer und emotionaler Sicherheit in bezug auf die Mutterperson sowie in der Bildung eines Objektes zur Identifikation als ein Element, das zur Identitätsbildung von Sohn und Tochter beiträgt. Die Arbeit von Parsons und Bales über die Struktur der Kernfamilie bietet einen wertvollen Bezugsrahmen für diese Fragen (69). Diese Autoren betonen nachdrücklich, daß die Verbindung von einem schwachen und unselbständigen Vater und einer kalten, emotional teilnahmslosen Mutter dem Kind entschieden mehr Schaden zufügt als ein kalter, teilnahmsloser, aber starker Vater in Verbindung mit einer schwachen, aber warmherzigen Mutter. Der grundsätzlich schwache und unselbständige Vater ist ein Typ, der in der Familie des schizophrenen Patienten häufig anzutreffen ist. Zeitweilig ist er distanziert, ein völlig isolierter Fremder in der Familie (»ein apologetisches Sprachrohr seiner Frau«), zu anderen Zeiten verlangt er ständig nach Befriedigung seiner eigenen enormen narzißtischen Bedürfnisse (59). Das führt zu einer Struktur starker Rivalität mit den eigenen Kindern, die wiederum als Faktor zur Verwischung der Grenzen zwischen den Generationen beiträgt. Ziemlich überraschend ist die verhältnismäßig große Zahl von Vätern mit ambulatorischer Schizophrenie und paranoiden Größenwahnvorstellungen, die das paranoid-ähnliche irrationale Verhalten in der Familie begünstigen. Diese Väter verursachen oft eine »folie à famille«, die eine wichtige Rolle bei der Isolation der Familie von der übrigen Kommunität spielt. Zweifellos gibt es Väter, die zu ihrer Tochter eine ähnlich symbiotische Beziehung eingehen, wie sie in der älteren Literatur als für die Mutter charakteristisch beschrieben wurde. Zusammenfassend können wir zu dieser extensiven Studie sagen, daß die Autoren reichlich Beweise für die Existenz gewaltiger Konflikte, Spannungen und Ängste in der Familie des schizophrenen Patienten erbracht haben.

Die Arbeit von Bowen akzentuiert ebenfalls die Familie als Einheit, als einen »Einzelorganismus« (19, 20). Die schizophrene Psychose wird als »Symptombildung eines aktiven Prozesses, an dem die gesamte Familie beteiligt ist«, gefaßt. Die Betonung der funktionellen Bedeutung, die den Symptomen und dem Verhalten des Patienten innewohnt, entspricht den Auffassungen der Palo-Alto-Gruppe. Der Patient ist sozusagen jener Teil des Familienorganismus, durch den die offenen Symptome der Psychose ausgedrückt werden. Es ist interessant festzustellen, daß die Forschung von Bowen und Kollegen im wesentlichen derselben Akzentverlagerung folgt, die ein allgemeines Kennzeichen der gegenwärtig formulierten Hypothesen hinsichtlich der Ätiologie von Schizophrenie ist. Die anfängliche Hypothese, daß das charakterliche Grundproblem des Patienten in einer ungelösten symbiotischen Bindung an die Mutter besteht (Hill, Lidz, Reichard und Tillman, Limentani), wurde zu der Auffassung erweitert, daß die Psychose des Patienten die Manifestation eines Problems der Gesamtfamilie sei. Ziemlich einmalig in dieser Forschung ist das Faktum, daß 4 von 7 untersuchten Familien als Gruppe hospitalisiert wurden, was dem Forschungsteam die Möglichkeit zur kontinuierlichen Beobachtung bot. Das Team bestand aus Sozialpsychologen, Psychiatern und psychiatrischen Fürsorgern, von denen jeder seine Ansichten über die von ihm beobachteten Familiensituationen darlegte. Diese Studie konfrontiert uns mit ziemlich demselben Kampf um die Konzipierung des Binnenlebens der Familie in funktionell-dynamischer Terminologie und dem Versuch, sich von den statischen, am Individuum orientierten Konzepten der Psychologie und Psychoanalyse zu befreien. Die von Lewis Hill entwickelte Auffassung, daß drei Generationen nötig seien, damit es zur Ausbildung von Schizophrenie kommt, wird in dieser Studie mit größerer Detailliertheit weiterentwickelt. Zusammenfassend vertreten die Autoren die Auffassung, daß nach ihrem Eindruck die Großeltern verhältnismäßig reif sind und ihre unreifen Züge kombiniert von einem Kind übernommen werden, das die stärkste Bindung an die Mutter hat. Wenn dieses Kind einen Menschen heiratet, der einen gleichen Grad an Unreife zeigt, und sich dieser Prozeß in der dritten Generation wiederholt, dann wird ein Kind (der künftige Patient) hochgradig unreif sein. Als häufiges Kennzeichen der beobachteten Familien beschreiben die Autoren die emotionale Distanz zwischen den Eltern (»emotionale Trennung«) und ihre Dickfelligkeit gegenüber den Gefühlen und Bedürfnissen der Kinder. Die emotionale Trennung wird stabilisiert und aufrechterhalten durch bestimmte Funktionsmuster, wechselseitige und komplementäre Rollen, die als Funktionszustände der »Übertüchtigkeit« und »Untüchtigkeit« beschrieben werden. Diese Rollenteilung zeigt eine große Ähnlichkeit zu der Situation der »Strukturverschiebung in der Ehe«, die Lidz beschreibt. Beide Rollen, »Übertüchtigkeit« wie

»Untüchtigkeit«, haben Fassadencharakter, sind in jeder Beziehung unrealistisch und führen zu immer wiederkehrenden Situationen von Herrschaft und Unterordnung. Noch einmal findet man die Darstellung einer Projektion der eigenen verleugneten Gefühle und Ängste auf das Kind, das sich nach den projizierten Tendenzen richten und sie sozusagen »real« machen muß. Dieser sehr komplexe Prozeß, der die Grundlage für das als »Ich-Schwäche« beschriebene Phänomen sein könnte, ist in dem kombinierten Terminus Projektion-Introjektion anscheinend nicht hinreichend zu erfassen. »Werden, was Mutter möchte, daß ich bin« ist ein entschiedenes »für die Mutter werden«. Es ist in dem Sinne funktional, daß es Mutter und Kind hilft, im Moment am Leben zu bleiben, und wirkt auf lange Sicht für das psychologische Wachstum des Kindes äußerst destruktiv. In dieser Hinsicht läßt sich das Dilemma des Schizophrenen folgendermaßen ausdrücken: »Ich möchte leben, aber ich muß mein Leben opfern, um jene zu schützen, von denen mein Überleben abhängt« (Wolman, 95). Bowen verdanken wir die folgende einleuchtende Schilderung: »Die Mutter verleugnet ihr eigenes Gefühl der Hilflosigkeit und ihren Wunsch, als Kleinkind behandelt zu werden. Sie projiziert die verleugneten Gefühle auf das Kind. Dann nimmt sie am Kind wahr, daß es hilflos ist und bemuttert werden will. Das Kind akzeptiert die Wahrnehmung der Mutter als Realität, und sogar die ganze Familie tut das. Die Mutter ›bemuttert‹ dann die Hilflosigkeit des Kindes (ihre eigenen projizierten Gefühle) mit ihrem entsprechenden Selbst. So wird eine Situation, die als *Gefühl bei der Mutter* beginnt, zur *Realität beim Kind.*« Diese Stabilisierung der Gefühlslage durch das Kind befähigt die Mutter auch, eine weniger ängstliche Einstellung zum Vater zu finden. Hier erleben wir eine Akzentverschiebung in der Richtung der Vater-Mutter-Kind-Triade. Die übertüchtige Mutter, der (funktionell) hilflose Patient und der am Rande betroffene Vater bilden ein häufig wiederkehrendes Muster. Hier sehen wir Vater wie Mutter damit beschäftigt, das Kind automatisch in die vorgeschriebene

Rolle des »Hilflosen« zu zwingen und darin festzuhalten (obwohl sie auf der Ebene des Bewußtseins wollen, daß es groß wird und sich normal entwickelt). Die beschriebenen Familien operieren aufgrund ihrer niedrigen Angstschwelle nach dem Prinzip »Frieden um jeden Preis«. Nach Bowen ist das Wachstum des Kindes in der Adoleszenzzeit der wichtigste Stimulus für den Ausbruch der akuten Psychose. Das Wachstum des Kindes stört das funktionelle Gleichgewicht der interdependenten Triade. Es erzeugt eine starke Angst in der symbiotischen Beziehung mit der Mutter. Der Wunsch des Kindes, groß zu werden, wird durch automatische Mechanismen der Eltern gehemmt, die das Kind erneut auf die Rolle der Hilflosigkeit festlegen wollen. Zugleich bekämpft das Kind seine eigenen Tendenzen, sich in diese Rolle zu fügen, die als illusionäre Quelle der Sicherheit fungiert und ein Symbol des elterlichen Schutzes ist. In diesem Kampf wird das Kind auch mit der Realität konfrontiert und versucht, ohne die Mutter auszukommen, wofür es jedoch zu wenig eigenes »Selbst« besitzt, so daß die akute Psychose ausbricht. Mit besonderem Nachdruck weist Bowen auf das emotionale Verständnis hin, mit dem das eine Familienmitglied automatisch auf die emotionale Verfassung des anderen reagiert. Das muß nicht unbedingt ein bewußter Prozeß sein. Die »ruhige« Familie, die wenig oder keinen offenen Konflikt zeigt, kann uns tatsächlich, sofern wir ihre »Maske der Gesundheit« zu durchstoßen vermögen, höchst wertvolle Aufschlüsse über die Interaktion unbewußter Faktoren zwischen Eltern und Kindern liefern.

Das Interesse an dem Problem der Interaktion unbewußter Faktoren bei der Mutter und der Störung des Kindes ist in jüngster Zeit gewachsen. Gleichzeitige Psychoanalyse von beiden kann viel von der Art, in der diese Interaktion verläuft, klären. Die Arbeit von Johnson und Szurek hat über diesen Gegenstand eine Menge Aufschlüsse geliefert (48, 49, 50, 75). Sie beschreiben, auf welche Art die Eltern ihre eigenen verdrängten antisozialen Tendenzen mit Hilfe ihrer Kinder agieren, und haben in sehr überzeugender Weise eine Verbindung aufgezeigt zwischen dem unbewußten Geistesleben der Eltern und der Krankheit der Kinder. Wir wissen aus Erfahrung, daß schizophrene Patienten eine unheimliche Fähigkeit besitzen, unbewußte Tendenzen in ihrem Therapeuten zu registrieren. »Das Unbewußte des Therapeuten«, wurde gesagt, »spricht lauter zum Schizophrenen als seine Worte«. Das bringt uns zu der Auffassung, daß schizophrene Patienten eine Fähigkeit zur unbewußten Kommunikation besitzen (während diese Fähigkeit bei normaler Entwicklung verkümmert), woran die langwierigen symbiotischen Beziehungen schuld sind, von denen ihre Entwicklung gekennzeichnet ist (27, 77, 83). Dieses Problem hat eine so fundamentale Bedeutung bekommen, daß weitere Studien zu diesem Gegenstand der Psychodynamik symbiotischer Funktionszustände mit Sicherheit zu erwarten sind.

Bis jetzt sind wir noch nicht auf die Rolle eingegangen, die Erbfaktoren in der Ätiologie von Schizophrenie spielen. Offen gesagt, haben wir die Diskussion dieser Frage absichtlich vermieden, da die Konzeption vage ist und nur einen begrenzten Spielraum für die weitere Forschung enthält. Der voreilige Rückgriff auf die Heredität zur Erklärung der schizophrenen Entwicklung überzeugt nicht, und in vieler Hinsicht hat er zur Behinderung und somit zur Unterbindung weiterer Forschung geführt. Natürlich können wir das Verhalten eines bestimmten Kindes, das einem Druck zur Symbiotisierung nachgibt, durch Postulierung eines Erbfaktors erklären (83). Wir können eine maximale Empfänglichkeit für die (unbewußten) Bedürfnisse des emotional wichtigen Erwachsenen postulieren und auf diese Weise versuchen, die Bindung des Kindes an eine bestimmte Rolle zu erklären, die für die Familie funktional und für das Individuum dysfunktional ist. Doch die häufig gestellte Frage, warum ein Kind aus einer Familie mit vielen Kindern schizophren wird, ist bis jetzt noch nicht beantwortet worden. Lidz hält das Problem für lösbar, ohne den vagen Begriff der erblichen Disposition zu benutzen. Voreilige Erklärungen unter dem Gesichtspunkt von Disposition und Konstitution scheinen tatsächlich ziemlich sinnlos zu werden, sobald wir anfangen zu erkennen, wie wenig wir über die Funktionsweise der Familie als ganze wissen, und versuchen, dem Problem mit einem Begriff zu Leibe zu rücken, der sich als höchst vielversprechend erwiesen hat. Es scheint gut möglich, daß wir eine befriedigende Antwort finden, wenn wir die intrafamiliäre Dynamik genau analysieren.

Vogel und Bell unternehmen einen interessanten Versuch in dieser Richtung (88, 89). Sie beschreiben die Mechanismen der »Sündenbockjagd« als eine Operation der Familiengruppe zur Abwehr und Beseitigung übergroßer Ängste und Spannungen. Die starken Konflikte zwischen den Eltern, die das Weiterleben der Familiengruppe bedrohen, werden auf ein einzelnes Kind projiziert, das als »Sündenbock« dient. Durch diese Prozedur kann die Gruppeneinheit und Solidarität aufrechterhalten werden. Die Festlegung eines Kindes mit den Merkmalen, die es zur Aufnahme von Projektionen geeignet machen, auf eine stereotype Rolle (der Dumme, der Hilflose, der Verrückte) sticht in der Literatur als immer wiederkehrendes Thema hervor (Wynne, Bowen).

Zur Abrundung dieser Übersicht möchte ich mich mit der Frage befassen, welche Implikationen die ätiologische Literatur für die psychotherapeutische Behandlung des schizophrenen Patienten haben könnte. Bevor ich näher darauf eingehe, ist es wohl richtig, noch einmal auf Ackermans Auffassungen über die therapeutische Annäherung an die Familie als ganze zurückzukommen (2, 3, 4). In seiner in hohem Maße originellen und »revisionistischen« Arbeit richtet Ackerman die Aufmerksamkeit auf zwei Konsequenzen, die das zwangsläufige Resultat der historisch gewachsenen, einseitigen Orientierung der Psychoanalyse auf das Individuum und seine geistige Binnenwelt sind. Erstens hat die relative Vernachlässigung der gruppendynamischen Prozesse die Konzeptualisierung der Wechselbeziehungen erschwert, die zwischen der Entwicklung des Individuums und den Familienprozessen bestehen. Zweitens konzentrierte der Psychotherapeut seine Bemühungen auf das Individuum und dessen intrapsychische Struktur und zeigte daher nur ein relativ begrenztes Interesse an den sozialen Realitäten des Patienten. Jeder engere Kontakt mit Familienmitgliedern des Patienten wurde als Störung für die Durchführung der Analyse empfunden. Ackerman unterzieht die vielen Tabus in dieser Hinsicht einer gründlichen Analyse und Revision. Er zeigt überzeugend, wie der Therapeut seinem Einblick in den Patienten eine neue Dimension erschließen kann, indem er direkte Interviews mit Familienmitgliedern und therapeutische Sitzungen mit der gesamten Familiengruppe durchführt. Die aus der direkten Beobachtung gewonnene objektive Kenntnis der Interaktionen in der Familie erhöht die Fähigkeit der Realitätsprüfung beim Therapeuten in hohem Maße. Diese Konfrontation mit der Familie als Lebensgemeinschaft wirkt auch der Tendenz entgegen, intrapsychische Erlebnisse von den zwischenmenschlichen Beziehungen zu isolieren. Ackerman stellt fest: »Nach meiner Meinung ist ein genaues Verständnis des Unbewußten nur möglich, wenn man die Dynamik des Unbewußten im Zusammenhang mit der bewußten Organisation des Erlebens, den integrativen Gesamtstrukturen der Persönlichkeit und den vorherrschenden zwischenmenschlichen Realitäten interpretiert.« Nach seiner Ansicht ist es die Entität der Familie und nicht nur der Patient, was die Einheit der Krankheit und damit die Behandlungseinheit bildet. Im Laufe der therapeutischen Annäherung an die Familie werden pathologische Gleichgewichtsmuster direkt angegriffen und der Versuch gemacht, eine günstigere Verlagerung in der Homöostase der Familiengruppe herbeizuführen: »Im Prozeß des Familieninterviews mobilisiert der Therapeut jene Formen der Interaktion, die die Möglichkeit maximieren, verzerrte Auffassungen von sich und anderen aufzuheben, Verwirrung zu beseitigen und die Sicht freizumachen für die Hauptkonflikte. Der Therapeut erschließt ungenutzte Quellen und rüttelt die Familie auf, nach besseren und realistischeren Lösungen zu suchen. Indem er das tut, schwächt er die pathogenen Abwehrmechanismen und stärkt die gesunden« (4).

Die Probleme, die mit der Annäherung des Psychotherapeuten an den schizophrenen Patienten verbunden sind, haben gezeigt, daß Ackermans Ansichten allergrößte Bedeutung zukommt. Wenn man den schizophrenen Patienten in Isolation behandelt, lädt man sich Schwierigkeiten auf den Hals. Wie ich meine, ist überzeugend nachgewiesen worden, daß das Verhalten des schizophrenen Patienten eine große funktionelle Bedeutung für das psychische Gleichgewicht der Elternfiguren hat. Symptome und Verhalten des Patienten, eingebettet in das soziale Feld der Familie, sind integrale Faktoren zur Aufrechterhaltung eines Status quo, der für die Gruppe funktional ist. Bei ihren Versuchen, die Reifung und Entwicklung ihrer Patienten zu fördern, sind sich viele Therapeuten bewußt geworden, daß es sich in der Tat um eine Kardinalfrage handelt, die man nicht umgehen kann. Die Veränderung des Patienten, seine Erprobung neuer Adaptationsmuster stoßen auf den massiven Widerstand der Gruppe, der er angehört. Die Reifung des Patienten wird erlebt als ein destruktiver Einfluß auf das herrschende Familiengleichgewicht und kann sehr wohl eine zersetzende Wirkung auf das prekäre psychische Gleichgewicht eines Elternteils oder beider haben. Das kann sich in dem Ausbruch einer bedeutenden psychopathologischen Störung wie psychosomatische Krankheit, Selbstmord oder manifeste Psychose bei Familienangehörigen zeigen. Im Laufe der Therapie äußerte einer meiner Patienten: »Ich habe mich nicht getraut, mich in psychotherapeutische Behandlung zu begeben, weil ich Angst hatte, meine Besserung und Veränderung würde meine Mutter zum Selbstmord treiben.« Das war keine wahnhafte Fehldeutung, sondern tragische Realität!

Die Hauptursache für die vielen Fehlschläge, von denen jene berichtet haben, die schizophrene Patienten mit intensiver Psychotherapie zu behandeln versuchen, liegt meiner Meinung nach darin, daß man sich die Bedeutung der funktionalen Rolle, die der Patient in der psychosozialen Gesamtökonomie seiner Familiengruppe spielt, nicht genügend klargemacht hat. Diese Klarlegung scheint mir das hervorstechendste Ergebnis der jüngsten Forschung zu sein, das erhebliche Konsequenzen für die Praxis hat. Mehr und mehr werden wir Zeuge, wie sich ein psychotherapeutischer Ansatz, der auf das Familienganze abzielt, als wesentlicher Beitrag zur individuellen Psychotherapie des schizophrenen Patienten durchsetzt (4, 6, 52, 56, 70). Die psychotherapeutische Beziehung zu den Eltern wirkt nicht nur als Präventivmaßnahme gegen ihre Bestrebungen, sich im schlechtesten Moment in unseren therapeutischen Kontakt zum Patienten einzumischen, sie vergrößert auch entschieden unsere Einsicht in die Probleme unserer Patienten.

Schlußfolgerungen

In diesem Artikel wurde ein Überblick über die Forschung auf dem Gebiet der Familienumwelt des schizophrenen Patienten gegeben. Es wurde Bezug genommen auf die Arbeiten jener Autoren, die der Meinung sind, daß sich das schizophrene Syndrom als rein psychogen bedingt ansehen läßt. Aus dieser Perspektive betrachtet, könnte die gründliche Analyse der Objektbeziehungen in früher und später Kindheit und das Studium der dynamischen Prozesse in der Familiengruppe sehr wohl einen wesentlichen Beitrag zur Frage der Ätiologie von Schizophrenie leisten. Besonders auffällig an der jüngsten Forschung ist der Versuch, ein Begriffssystem zu errichten, das es ermöglicht, die Interaktionen zwischen Menschen zu analysieren und intrapersonelle Strukturen in sinnvoller Weise mit zwischenmenschlichen Erfahrungen zu verbinden.

Ein weiterer wichtiger Aspekt der heutigen psychodynamisch-psychogenetisch orientierten Forschung ist die Tendenz, nur das Material als wissenschaftlich wertvoll zu betrachten, das der direkten oder der teilnehmenden Beobachtung entspringt, so daß der Zusammenstoß gegensätzlicher theoretischer (metapsychologischer) Spekulationen ersetzt wird durch direkte Beobachtung und die Bildung von Hypothesen, die überprüft werden können. Die beobachtbaren Daten liegen auf dem

Feld der zwischenmenschlichen Prozesse, der Interaktionen zwischen Menschen. Dieser Ansatz wurde bereits von Sullivan formuliert und ermöglichte es der psychiatrischen Forschung, rasch in ihren heutigen wissenschaftlichen Status hineinzuwachsen (24).

Die enorme Bedeutung der Rolle, die die Familie in der Entwicklung zur Schizophrenie spielt, wird immer mehr bewußt. Allerdings sind viele Fragen noch ungelöst. Die Phase der statistischen Bewertung von Befunden ist noch nicht erreicht, und eine befriedigende Lösung für das Problem von Kontrollgruppen ist noch nicht gefunden worden. Eine definitive Antwort auf die Frage, ob es einen wesentlichen Unterschied zwischen der »neurotogenen« und der »schizophrenogenen« Familie gibt, steht noch aus.

Generell läßt sich feststellen, daß die Erforschung der psychogenen Faktoren als ein wichtiges Element in der Genese von Schizophrenie zu einem beachtlichen Fortschritt geführt hat. Die Ergebnisse sind zahlreich und höchst eindrucksvoll. Die Hypothese, die zu ihrer Entdeckung führte, hat sich in der Tat als sehr fruchtbar erwiesen.

Bibliographie

1 Ackerman, N. W., »Interlocking pathology in family relationship«, in *Changing Concepts in Psychoanalytic Medicine*, S. 81–100, New York 1956.
2 Ackerman, N. W., *The Psychodynamic of Family Life*, New York 1958.
3 Ackerman, N. W., »Toward an integrative therapy of the family«, in *Amer. J. Psychiat.*, 114 : 727–733 (1958).
4 Ackerman, N. W., »Family-focussed therapy of schizophrenia«, in *The Out-patient Treatment of Schizophrenia*, hrg. von S. C. Scher und H. R. Davis, New York 1960.
5 Alanen, Y. O., »The mothers of schizophrenic patients«, in *Acta psychiat. scand.*, 124 : 33 (1958).
6 Alanen, Y. O., »Über die Familiensituation der Schizophrenie-Patienten«, in *Acta psychother.*, 8 : 89–101 (1960).

7 Arieti, S., *Interpretation of schizophrenia*, New York 1955.
8 Arieti, S., »Recent conceptions and misconceptions of schizophrenia«, in *Amer. J. Psychother.*, 14 : 3–30 (1960).
9 Arieti, S., »Etiological considerations of schizophrenia«, in S. C. Scher und H. R. Davis (Hrg.), *The Out-patient Treatment of Schizophrenia*, New York 1960.
10 Balint, M., *Primary Love and Psychoanalytical Technique*, London 1952, deutsch *Die Urformen der Liebe und die Technik der Psychoanalyse*, Stuttgart und Bern 1966.
11 Balint, M., »Primary narcissism and primary love«, in *Psychoanal. Rev.*, 29 : 6–44 (1960).
12 Bateson, G., D. D. Jackson, J. Haley und J. H. Weakland, »Towards a theory of schizophrenia«, in *Behav. Sci.*, 1 : 252–264 (1956) (in diesem Band S. 11 ff.).
13 Bateson, G., »Schizophrenic distortions of communication«, in C. A. Whitaker (Hrg.), *Psychotherapy of Chronic Schizophrenic Patients*, Boston 1958.
14 Beck, S., »Families of schizophrenic and of well children: method, concepts and some results«, in *Amer. J. Orthopsychiat.*, 30 : 247–276 (1960).
15 Beckett, P. G. S., et al., »The significance of exogenous traumata in the genesis of schizophrenia«, in *Psychiatry*, 19 : 137–143 (1956).
16 Behrens, M. J., und W. A. Goldfarb, »A study of patterns of interaction of families of schizophrenic children in residential treatment«, in *Amer. J. Orthopsychiat.*, 28 : 300–312 (1958).
17 Block, J., V. Patterson, J. Block und D. D. Jackson, »A study of the parents of schizophrenic and neurotic children«, in *Psychiatry*, 21 : 387–399 (1958).
18 Bour, P., »Schizophrenie et dissociation familiale«, in *Evol. psychiat.*, 1 : 85–105 (1958).
19 Bowen, M., R. H. Dysinger und B. Basamania, »The role of the father in families with a schizophrenic patient«, in *Amer. J. Psychiat.*, 115 : 1017–1021 (1959).
20 Bowen, M., »A family concept of schizophrenia«, in D. D. Jackson (Hrg.), *The Etiology of schizophrenia*, New York 1960 (in diesem Band S. 181 ff.).
21 Bowlby, J., »Separation anxiety«, in *Int. J. Psycho-Anal.*, 40 : 89–114 (1960).
22 Bowlby, J., »The nature of the child's tie to his mother«, in *Int. J. Psycho-Anal.*, 39 : 350–373 (1958).
23 Brody, W. M., »Some family operations and schizophrenia«, in *Arch. gen. Psychiat.*, 1 : 49–73 (1959).

24 Bruch, H., »Studies in schizophrenia«, in *Acta psychiat. scand.*, 34 : 130 (1959).
25 Delay, J., P. Deniker und A. Green, »Le milieu familial des schizophrènes«, in *Encéphale*, 46 : 189–233 (1957).
26 Eisenberg, L., »The fathers of autistic children«, in *Amer. J. Orthopsychiat.*, 27 : 715–725 (1957).
27 Ehrenwald, I., »Schizophrenia, neurotic compliance and the psi-hypothesis«, in *Psychoanal. Rev.*, 47 : 42–55 (1960).
28 Erikson, E. H., »The problem of ego identity«, in *J. amer. psychoanal. Ass.*, 4 : 56–121 (1956), deutsch in *Identität und Lebenszyklus*, Frankfurt am Main 1966, S. 123 ff.
29 Ernst, K., »›Geordnete Familienverhältnisse‹ späterer Schizophrener im Lichte einer Nachuntersuchung«, in *Arch. Psychiat. Neur.* 194 : 355–367 (1956).
30 Faris, R. E. L., »Culture isolation and the schizophrenic personality«, in *Amer. J. Sociol.*, 40 : 155–163 (1935).
31 Ferenczi, S., *Final Contributions to the Problems and Methods of Psychoanalysis*, hrg. von Michael Balint, London 1955.
32 Fleck, S., A. R. Cornelison, M. Norton und T. Lidz, »The intrafamilial environment of the schizophrenic patient: II. Interaction between hospital staff and families«, in *Psychiatry*, 20 : 343–350 (1957).
33 Fleck, S., T. Lidz et al., »The intrafamilial environment of the schizophrenic patient«, in J. H. Masserman (Hrg.), *Individual and Familial Dynamics*, New York 1959.
34 Garmezy, N., A. Farina und E. H. Rodnick, »The structured situational test: a method for studying family interaction in schizophrenia«, in *Amer. J. Orthopsychiat.*, 30 : 445–453 (1960).
35 Gerard, D. L., und J. Spiegel, »The family background of schizophrenia«, in *Psychiat. Quart.*, 24 : 47–73 (1950).
36 Goldstein, A. P., und A. C. Carr, »The attitudes of mothers of male catatonics and paranoid schizophrenic patients toward child behavior«, in *J. cons. Psychol.*, 20 : 190 (1956).
37 Haley, J., »An interactional description of schizophrenia«, in *Psychiatry*, 22 : 321–332 (1959) (in diesem Band S. 81 ff.).
38 Haley, J., »The family of the schizophrenic: a model system«, in *J. nerv. ment. Dis.*, 129 : 357–375 (1959).
39 Haley, J., »Observation of the family of the schizophrenic«, in *Amer. J. Orthopsychiat.*, 30 : 460–468 (1960).
40 Hayward, M. L., »Schizophrenia and the double bind«, in *Psychiat. Quart.*, 34 : 89–92 (1960).
41 Hill, L. B., *Psychotherapeutic Intervention in Schizophrenia*, Chicago 1955.

42 Hotchkiss, G. D., L. Carmen, A. Ogilby und S. Wiesenfeld, »Mothers of young male single schizophrenic patients as visitors in a mental hospital«, in *J. nerv. ment. Dis.*, 121 : 452–463 (1955).

43 Jackson, D. D., »The question of family homeostasis«, in *Psychiat. Quart.*, 31 : 79–90 (1957).

44 Jackson, D. D., »A note on the importance of trauma in the genesis of schizophrenia«, in *Psychiatry*, 20 : 181–184 (1957).

45 Jackson, D. D., und J. H. Weakland, »Schizophrenic symptoms and family interaction«, in *Arch. gen. Psychiat.*, 1 : 80–84 (1959).

46 Jackson, D. D., (Hrg.), *The Etiology of Schizophrenia*, New York 1960.

47 Johnson, A. M., M. E. Griffin, J. Watson und P. S. Beckett, »Studies in schizophrenia at Mayo Clinic: observations on ego functions in schizophrenia«, in *Psychiatry*, 19 : 143 (1956).

48 Johnson, A. M., »Factors in the etiology of fixations and symptom choice«, in *Psychoanal. Quart.*, 22 : 475–496 (1953).

49 Johnson, A. M., und S. A. Szurek, »Etiology of antisocial behavior in deliquents and psychopaths«, in *J. amer. med. Ass.*, 154 : 814 (1954).

50 Johnson, A. M., und S. A. Szurek, »The genesis of antisocial acting out in children and adults«, in *Psychoanal. Quart.*, 21 : 323 (1952).

51 Kasanin, J. S., E. Knight und P. Sage, »The parent-child relationships in schizophrenia, I: Overprotection, Rejection«, in *J. nerv. ment. Dis.*, 72 : 249–263 (1934).

52 Kayla, K., »Über die ambulatorische Simultantherapie schizophrener Kranker und ihrer Angehörigen«, in *Acta Psychother.*, 5 : 334–338 (1957).

53 Kohn, M. L., und J. A. Clausen, »Social isolation and schizophrenia«, in *Amer. Sociol. Rev.*, 20 : 265–273 (1955).

54 Kohn, M. L., und J. A. Clausen, »Parental authority behavior and schizophrenia«, in *Amer. J. Orthopsychiat.*, 26 : 297–313 (1956).

55 Levy, K., »Unconscious interaction between mother and child«, in *Bull. Meninger Clin.*, 24 : 250–258 (1960).

56 Lichtenberg, J. D., und Ping-Nie Pao, »The prognostic and therapeutic significance of the husband-wife relationship for hospitalized schizophrenic women«, in *Psychiatry*, 23 : 209 (1960).

57 Lidz, R. W. und T. Lidz, »The family environment of schizophrenic patients«, in *Amer. J. Psychiat.*, 106 : 332–345 (1949).

58 T. Lidz, A. Cornelison, S. Fleck und D. Terry, »The intrafamilial environment of the schizophrenic patient II: marital

schism and marital skew«, in *Amer. J. Psychiat.*, 114 : 242–248 (1957) (in diesem Band S. 108 ff.).

59 Lidz, T., A. Cornelison, S. Fleck und D. Terry, »The intrafamilial environment of the schizophrenic patient I: The father«, in *Psychiatry*, 20 : 329–342 (1957).

60 Lidz, T., A. Cornelison, S. Fleck und D. Terry, »The intrafamilial environment of the schizophrenic patient VI: The transmission of irrationality«, in *Arch. Neurol. Psychiat.*, Chicago 79 : 305–316 (1958), deutsch: »Irrationalität als Familientradition«, in *Psyche*, XIII : 315–329 (1959/60).

61 Lidz, T., A. Cornelison, S. Fleck und D. Terry, »The intrafamilial environment of the schizophrenic patient IV: Parental personalities and family interaction«, in *Amer. J. Orthopsychiat.*, 28 : 764 (1958).

62 Lidz, T., B. Parker und A. R. Cornelison, »The role of the father in the family environment of the schizophrenic patient«, in *Amer. J. Psychiat.*, 113 : 126–132 (1956).

63 Lidz, T., »Schizophrenia and the family«, in *Psychiatry*, 21 : 21 (1958).

64 Lidz, T., »Zur Familienumwelt des Schizophrenen«, in *Psyche*, 13 : (1959/60).

65 Lidz, T., und S. Fleck, »Schizophrenia, human integration and the role of the family«, in D. D. Jackson (Hrg.), *The Etiology of Schizophrenia*, S. 323–346, New York 1960.

66 Limentani, D., »Symbiotic identification in schizophrenia«, in *Psychiatry*, 19 : 231–236 (1956).

67 Lyketsos, G. C., »On the formation of mother-daughter symbiotic relationship patterns in schizophrenia«, in *Psychiatry*, 22 : 161–167 (1959).

68 Masserman, J. H., *Individual and Familial Dynamics*, New York 1959.

69 Parsons, T., und P. E. Bales, *Family, Socialisation and Interaction Process*, Glencoe 1955.

70 Ping-Nie Pao, »The use of patient-family-doctor interviews to facilitate the schizophrenic patient's return to the community«, in *Psychiatry*, 23 : 199–208 (1960).

71 Reichard, S., und C. Tillman, »Patterns of parent-child relationship in schizophrenia«, in *Psychiatry*, 13 : 247–257 (1950).

72 Ruesch, J., und G. Bateson, *Communication: The Social Matrix of Psychiatry*, New York 1951.

73 Ruesch, J., »Synopsis of the theory of human communication«, in *Psychiatry*, 16 : 215–245 (1953).

74 Ruesch, J., *Disturbed Communication*, New York 1957.

75 Ruesch, J., »General theory of communication in psychiatry«, in S. Arieti (Hrg.), *American Handbook of Psychiatry*, New York 1959.
76 Searles, H. F., »Positive feelings in the relationship between the schizophrenic and his mother«, in *Int. J. Psycho-Anal.*, 39 : 569–587 (1958), deutsch: »Positive Gefühle in der Beziehung zwischen dem Schizophrenen und seiner Mutter«, in *Psyche* XIV : 162 (1960/61).
77 Searles, H. F., »Die Empfänglichkeit des Schizophrenen für unbewußte Prozesse im Psychotherapeuten«, in *Psyche* XII : 321–344 (1958/59).
78 Searles, H. F., »The effort to drive the other person crazy – an element in the etiology and psychotherapy of schizophrenia«, in *Brit. J. med. Psychol.*, 32 : 1–19 (1959), (in diesem Band S. 128 ff.).
79 Sherperd, I. L., und G. M. Guthrie, »Attitude of mothers of schizophrenic patients«, in *J. clin. Psychol.*, 15 : 212–216 (1959).
80 Sperling, M., »Children's interpretation and reaction to the unconscious of their mothers«, in *Int. J. Psycho-Anal.*, 31 : 36–41 (1950).
81 Spiegel, J. P., »The resolution of role conflict within the family«, in *Psychiatry*, 20 : 1–16 (1957).
82 Spiegel, J. P., und N. W. Bell, »The family of the psychiatric patient«, in S. Arieti (Hrg.), *American Handbook of Psychiatry*, New York 1959.
83 Stierlin, H., »The adaptation to the ›Stronger person's reality‹, some aspects of the symbiotic relationship of the schizophrenic«, in *Psychiatry*, 22 : 143–153 (1959).
84 Sullivan, H. S., *Theory of Interpersonal Psychiatry*, New York 1948.
85 Szurek, S. A., und I. N. Berlin, »Elements of psychotherapeutics with the schizophrenic child and his parents«, in *Psychiatry*, 19 : 1 (1956).
86 Szurek, S. A., »Some lessons from efforts at psychotherapy with parents«, in *Amer. J. Psychiat.*, 109 : 296–303 (1952).
87 Tietze, T., »The study of mothers of schizophrenic patients«, in *Psychiatry*, 12 : 55–65 (1949).
88 Vogel, E. F., und N. W. Bell, »The emotionally disturbed child as a family scapegoat«, in *Psychoanal. Rev.*, 47 : 21–43 (1960), (in diesem Band S. 245).
89 Vogel, E. F., »The marital relationship of parents of emotionally disturbed children: polarisation and isolation«, in *Psychiatry*, 23 : 1–13 (1960).
90 Weakland, J. H., und D. D. Jackson, »Patient and therapist

observation on the circumstances of a schizophrenic episode«, in *Arch. Neurol. Psychiat.*, Chicago 79 : 554–575 (1958).
91 Weakland, J. H., »The ›double bind‹ hypothese of schizophrenia and three-party interaction«, in D. D. Jackson (Hrg), *The Etiology of Schizophrenia*, New York 1960 (in diesem Band S. 221 ff.).
92 Weiss, V. W., und R. R. Munroe, »A framework for understanding family dynamics«, Teil I, *Social Casework*, 40 : 3–10 (1959).
93 Weiss, V. W., und R. R. Munroe, »A framework for understanding family dynamics«, Teil II, *Social Casework*, 40 : 80–88 (1959).
94 Will, O. A., »Human relatedness and the schizophrenic reaction«, in *Psychiatry*, 22 : 205–224 (1959).
95 Wolman, B. B., »Exploration in latent schizophrenia«, in *Amer. J. Psychother.*, 560–588 (1957).
96 Wynne, L. C., I. M. Ryckoff, J. Day und S. I. Hirsch, »Pseudo-mutuality in the family relations of schizophrenics«, in *Psychiatry*, 21 : 205–221 (1958), (in diesem Band S. 44 ff.).
97 Wynne, L. C., J. Day und J. M. Ryckoff, »Maintenance of stereotyped roles in the family of schizophrenics«, in *Arch. gen. Psychiat.*, 1 : 109–115 (1959), (in diesem Band S. 168 ff.).

Don D. Jackson
Kritik der Literatur über die Erblichkeit von Schizophrenie

Bei jeder kritischen Betrachtung unseres heutigen Wissens von der Schizophrenie müssen die genetischen Befunde genau untersucht werden; denn in der Kontroverse über die Ätiologie stellen sie einen der Grundpfeiler dar für die organische Position. Dr. Böök hat das Thema vom Standpunkt des medizinischen Genetikers aus behandelt[1]; dieser Aufsatz geht die Frage von der psycho-dynamisch orientierten Seite her an.

Forscher, die den Vererbungsfaktoren eine Hauptrolle zusprechen, haben viel Material zusammengetragen, und nach ihrer Meinung wird ihre Hypothese von den Daten bestätigt. Zwei Fragen darf man aber wohl stellen: 1. Lassen sich die dargestellten Fakten auch anders erklären? 2. Sind die Studien hinsichtlich der Methode, vor allem was die Diagnose und die statistischen Postulate betrifft, einwandfrei?

Man kann davon ausgehen, daß die Lehre von der Erblichkeit der Schizophrenie Gegenstand heftiger Gefühle und fester Überzeugungen ist. Obwohl einige wenige wie M. Bleuler und Kanner vor der unumschränkten Annahme einer genetischen Ätiologie gewarnt haben, scheinen die meisten Autoren genetische Befunde zu akzeptieren, besonders in der Form, wie sie in der Arbeit von Kallmann auftauchen. Kürzlich erschienene Referate von Shea (1), Cade (2) und Balfour Sclare (3) zum Beispiel gehen davon aus, daß der Nachweis einer genetischen Basis außer Frage steht. In einer der jüngsten Besprechungen biochemischer Forschung (4) wird die Statistik von

---

[1] In demselben Band, in dem der vorliegende Aufsatz erschienen ist: *The Etiology of Schizophrenia*, ed. by Don D. Jackson, New York 1960 (Anm. d. Übers.)

Kallmann zitiert und der Schluß gezogen: »Ungeachtet der Tatsache, daß einige Zwillingspaare von Kind an getrennt aufgewachsen sind, war die Aussicht von derselben Bedeutung. Das beweist deutlich – und solche Resultate sind von anderen bestätigt worden –, daß es angesichts der Belastungen des Lebens einen prädisponierenden Faktor gibt, der für eine Anfälligkeit sorgt, die zur Entwicklung von Schizophrenie führt.« Linus Pauling (5) sagt: »Ich bin sicher, daß die meisten Geisteskrankheiten chemischen Ursprungs sind und daß die daran beteiligte chemische Anomalie gewöhnlich das Resultat einer Anomalie in der genetischen Konstitution des Individuums ist.« Ein bekannter britischer Psychiater schreibt anläßlich der Erörterung biochemischer Konzeptionen der Schizophrenie (6): »Die Evidenz für eine genetische Verursachung der Schizophrenie wird inzwischen als überwältigend anerkannt, obwohl die exakten Details noch nicht bekannt sein mögen. Kallmann (1953) hat eine große Menge von Beweismaterial zusammengetragen, das für die Hypothese spricht, daß ein angeborener Einzelfaktor des rezessiven Typs die genetische Ursache der Schizophrenie darstellt.«

In diesen Feststellungen kommen zwei Annahmen zum Ausdruck, die zwar besonders verbreitet zu sein scheinen, meines Wissens aber keine tatsächliche Begründung gefunden haben: 1. daß es Menschen gibt, die einem ähnlichen Stress oder psychogenen Trauma ausgesetzt gewesen sind wie Schizophrene, ohne daß es bei ihnen zur Ausbildung von Schizophrenie gekommen ist; 2. daß es viele Fälle von eineiigen Zwillingen gibt, die von ihrer Kindheit oder Säuglingszeit an in getrennten und verschiedenen Umgebungen aufgewachsen und trotzdem beide schizophren geworden sind.

Was den ersten Punkt betrifft, so können wir, solange keine gültige Theorie der psychogenen Verursachung von Schizophrenie existiert, nicht angeben, worin das psychische Trauma für den angehenden Schizophrenen besteht. Bestimmt handelt es sich nicht um Eindeutigkeiten wie Schläge, Vergewaltigung, Armut oder die überstrapazierte Auffassung von Ablehnung.

Die Arbeiten von Lidz, Bowen und Weakland in diesem Band[2] bieten Gesichtspunkte für die komplizierte Familiensituation, in der sich Schizophrenie entwickeln kann. Auf der anderen Seite haben die mehr biologisch orientierten Wissenschaftler eine einfachere Ansicht von der Traumabildung. So stellt Kallmann zum Beispiel fest (7):

Aus diesem einsamen Winkel des psychiatrischen Auges ist kein Grund dafür zu erkennen, alle Spielarten der Psychopathologie in einer rätselhaft vielgestaltigen Kategorie der nichtspezifischen Art-Anfälligkeit unterzubringen. Das wird aber getan, *wenn die Ursache mehr in gestörten zwischenmenschlichen Beziehungen gesehen wird als in der Folge einer schweren Fehlanpassung* oder wenn alle Formen von Geisteskrankheit auf kulturelle Zwänge, nachgeburtliche Unvollkommenheiten der Mutter oder andere allgemeine Mängel des Menschendaseins zurückgeführt werden. In der Tat können nur Menschen mit einer richtigen Psychose auf ungünstige Umweltsbedingungen reagieren, doch gibt es eine Fülle von Beweismaterial dafür, daß nicht alle Menschen das tun. Gewisse Menschen haben anscheinend die Fähigkeit, sich jeglicher Verbindung von bedrückenden Umständen anzupassen, ohne eine progressive Psychose auszubilden. Die lange Liste solcher bestimmbaren Frustrationen umfaßt das körperliche Ungemach des Hungers, völlige Erschöpfung und anhaltende bösartige Krankheit ebenso wie extremen emotionalen Stress und vielerlei Fehlverhalten der Eltern. Einige dieser anpassungsfähigen Personen kommen aus Familien oder kulturellen Bereichen, die bei einem anderen Mitglied ihrer Gruppe eine echte Psychose erzeugen ... Tatsächlich gibt es in der normalen Bevölkerung Menschen, die fähig zu sein scheinen, sich ausgesprochenen Lebensbelastungen anzupassen, ohne daß eine Beeinträchtigung ihrer *genetisch bedingten* Fähigkeit erkennbar würde, einen Zustand körperlicher Gesundheit und eines emotionalen Gleichgewichts aufrechtzuerhalten. [Hervorhebungen von mir]

Diese Feststellungen treffen den Kern des wenig erhellten Problems von Anlage und Umwelt. Wenn wir annehmen, daß Menschen, die zusammenbrechen, schlechte Erbanlagen haben, und Menschen, die gesund bleiben, gute, dann haben wir nur

---

2 T. Lidz und S. Fleck, »Schizophrenia, human integration and the role of the family«; M. Bowen, »A family concept of schizophrenia« (in diesem Band S. 181 ff.); J. H. Weakland, »The ›double bind‹ hypothese of schizophrenia ...« (in diesem Band S. 221 ff.) – (Anm. d. Übers.)

zwei nutzlose Kategorien gebildet, weil wir nichts tun als wiederholen, daß einige zusammenbrechen und andere nicht, und daraus schließen, daß sie so geboren sein müssen.

Da ist erstens das Problem, was psychogenes Trauma ist (8), und zweitens die unumgängliche Tatsache, daß es sich bei der Geisteskrankheit um etwas handelt, was in der und durch die Bevölkerung produziert wird, deren Untersuchung noch auf andere Weise erfolgt als nur mit genetischen Mitteln. Selbst Anhänger einer genetischen Grundlage der Schizophrenie anerkennen die Bedeutung einer Prägung durch die Umwelt. Und viele anerkennen die Schwierigkeit, soziale und biologische Faktoren zu trennen.

Und dann gibt es hinsichtlich der überaus wichtigen Trauma-Konzeption in der Geisteskrankheit des Menschen einen Zeitfaktor, der vermutlich nur durch Längsschnittuntersuchungen aufgedeckt werden kann. Dieser Zeitfaktor schafft vermutlich eine »genetische Voreingenommenheit«, durch die die Eigenschaften eines Kindes, welche in Widerspruch zu seiner besonderen Familienrolle stehen, einer negativen Auslese unterzogen werden können, wobei ihre Bedeutung mit der Zeit steigt. Würde zum Beispiel eine Mutter, die ständig Bestätigung ihrer mütterlichen Fähigkeiten braucht, ein passives Kind zur Welt bringen, so würde das nicht nur zu einer unglücklichen Beziehung führen, sondern mit den Jahren würden die steigenden Frustrationen und Mißerfolge auch ein wachsendes Vorurteil gegen das Kind durchsetzen, damit es der schuldige Teil bleibt. Ist der Vater in seiner Rolle ebenfalls schlaff, so wird für ihn eine große Versuchung bestehen, sich mit der Mutter gegen die »Affektlosigkeit« des Kindes zu verbünden. Das Kind wird zunehmend affektlos werden und die Ansicht seiner Eltern bestätigen.

Der Schluß, wir wüßten nichts über psychogenes Trauma, wäre irreführend, denn bei ausreichenden Informationen würden psychodynamisch orientierte Beurteilungen über einen gegebenen Fall innerhalb bestimmter Grenzen übereinstimmen. Die Tatsache bleibt jedoch, daß »ausreichende Informationen« auf

Krankenblättern gewöhnlich fehlen, die zusammen mit mündlichen Berichten über verstorbene Verwandte einen Großteil der Daten ausmachen, auf denen die meisten genetischen Studien fußen. Ernst (9) fand in einer Untersuchung von 50 schizophrenen Frauen acht, die ihren Krankengeschichten zufolge aus »geordneten Verhältnissen« kamen. Er stattete ihrem Zuhause einen persönlichen Besuch ab und fand die Familienbeziehungen ganz abnorm.

Ohne ausreichende Informationen und eine hinlängliche Kenntnis der Ursachen, die für den Schizophrenen zu einem psychogenen Trauma führen, müssen Einschätzungen der relativen Auswirkungen der Heredität strittig, wenn nicht sogar voreilig bleiben. Galton hoffte 1883, daß das Problem *Anlage oder Umwelt* sich mittels der Zwillingsforschung ganz erheblich klären ließe. Im Bereich der Schizophrenie sind solche Forschungen von Kallmann, Slater, Essen-Möller, Rosanoff und Luxenberger unternommen worden. Was diese Studien betrifft, besteht eine solche Vermischung von Faktum und Fiktion, daß ich vorhabe, die gesamte Literatur zu referieren, die der Erörterung von allgemeinen Problemen beim Studium der Erblichkeit von Schizophrenie dient. Zur Frage von Zwillingen, die angeblich getrennt aufgewachsen sind und beide eine Schizophrenie ausgebildet haben, sei vorerst nur gesagt, daß eine erschöpfende Untersuchung der amerikanischen und europäischen Literatur der letzten vierzig Jahre lediglich zwei solche Fälle zutage gefördert hat.

Obwohl diese beiden Fälle, was das Auftreten von Schizophrenie betrifft, vielleicht nur zufälligen Charakter haben, ist in der Literatur häufig von ihnen die Rede gewesen, so daß ich im einzelnen auf sie eingehen will. Offensichtlich geht das Gerücht, daß noch viele andere solche Fälle existieren, auf beiläufige Bemerkungen wie die von Hoagland (4) zurück, wie auch auf die Tatsache, daß Kallmann in seinem Aufsatz aus dem Jahre 1946 (10) eineiige Zwillinge nach »getrennt« und »nicht getrennt« kategorisierte. Seine Bezeichnungen beziehen sich jedoch nur auf eine *Trennung fünf Jahre vor der Psychose*.

Da seine Altersgruppe von 15 bis 44 Jahre reichte und das Durchschnittsalter mit 33 Jahren (S. 317) angegeben wird, ist es klar, daß die Zwillinge in den Jahren ihrer Prägung nicht getrennt waren. Tatsächlich blieben die meisten von ihnen noch bis über das übliche Heiratsalter hinaus zusammen; und selbst diese späte Trennung führte zu einer bedeutenden Abnahme der Konkordanz hinsichtlich Schizophrenie. Gedda (11) führt in seinem umfassenden Referat der Literatur über Zwillingsforschung irrtümlicherweise die Fälle von Richmond (12) und Ley (13) als Beispiele für getrennt aufgewachsene Zwillinge an. Offensichtlich machte er diesen Fehler, weil Richmond betonte, wie verschieden die Umwelten seiner Zwillinge trotz ihres gemeinsamen Aufwachsens gewesen waren, und der Fall von Ley war einfach ein übersetzter Bericht über die Zwillinge von Craike und Slater (14) – einem der beiden Fälle, die in der medizinischen Fachliteratur dargestellt worden sind.

Das Problem

Die Voreingenommenheit, mit der eine Untersuchung begonnen wird, kann ihr eine Richtung geben, die nur durch eine überwältigende, über einen längeren Zeitraum wirkende Evidenz geändert werden kann. Behalten wir das im Auge und betrachten wir die Geschichte der genetischen Untersuchungen der Schizophrenie sowie das Beweismaterial, auf denen sie beruhen.
Bevor man daran ging, genetische Untersuchungen anzustellen, war die psychiatrische Meinung, beeinflußt von der deutschen Psychiatrie, daß die Schizophrenie eine angeborene Störung sei, die zu einer Degeneration der Hirnrindenzellen führe. In den zwanziger und dreißiger Jahren wurden genetische Untersuchungen in der Mehrzahl von deutschen Forschern durchgeführt, und seit 1938 ist der wichtigste Versuch der von Kallmann, einem Amerikaner, der aus Deutschland emigriert war, wo er bei der ersten Autorität auf diesem Gebiet, Rudin, gear-

beitet hatte. In den letzten fünfzehn Jahren hat es neben Kallmanns gewichtigen Beiträgen überraschend wenig genetische Untersuchungen der Schizophrenie gegeben. In Skandinavien sind Studien angestellt worden, die viel wichtiges Material liefern, sich aber mehr mit den Grundproblemen des Vorkommens von Schizophrenie in der Bevölkerung befassen als mit der Erforschung der Frage, wie groß die Krankheitsaussicht in den Familien ist. Slater, ein englischer Psychiater, und Essen-Möller, ein Skandinavier, haben jeweils Zwillingsforschungen betrieben, auf die gelegentlich hingewiesen wird und die hier im einzelnen besprochen werden sollen, aber Kallmann ist die einzige bedeutende Quelle, auf die die meisten Autoren, die über Schizophrenie schreiben, einschließlich der Verfasser moderner Lehrbücher, Bezug nehmen.

Ein wirklicher Versuch nach den Mendelschen Regeln läßt sich zwar mit Pflanzen und Tieren, aber nicht mit Menschen durchführen. Erstens haben wir keine reinen Stämme, mit denen wir beginnen könnten; wir können die 72 Faktoren nicht nachweisen, und wir ziehen Bruder und Schwester nicht auf. Zweitens bleibt die Umwelt des Menschen nicht konstant, wie das für Mendelsche Untersuchungen erforderlich ist. (Diesen Punkt hat Dr. Böök in seinem Beitrag betont.) Penrose, der Medizingenetiker (15), hat festgestellt, daß in bezug auf verbreitete Krankheiten, d. h. jene mit einem Vorkommen von 1 Prozent oder mehr, keine praktische Hilfe von genetischen Prognosen erwartet werden kann. Er erwähnt besonders die Schizophrenie und bemerkt, daß eine genaue Geschichte der Variabilität des klinischen Typs, des Anfalls, Alters und Auftretens augenblicklich alle einfachen genetischen Erklärungen ausschließt. Nach seiner Meinung sind für diese Störung Bevölkerungsübersichten dringend erforderlich. Festgestellte Erbkrankheiten, denen gegenüber sich genetische Untersuchungen als unschätzbar erwiesen haben, sind gewöhnlich Störungen mit einem Vorkommen von 1 : 10 000 oder weniger. Verbreitete Störungen wie Tuberkulose, Lepra, Schwachsinn oder Kriminalität wurden einst als erblich bedingt angesehen, werden inzwischen aber nicht mehr so betrachtet, und wenn, dann wird der hereditären Empfänglichkeit nur eine geringe Rolle zugeschrieben (16, 17).

In diesem Zusammenhang ist es lehrreich festzustellen, daß deutsche Psychiater ihre ersten Untersuchungen auf der Basis einer Theorie der »erblichen Belastung« oder »Degeneration« unternahmen, die Schwachsinn, Epilepsie, Alkoholismus, Kriminalität und Irrsinn als die Folge »schlechter Erbanlagen« vage miteinander verband; diese Theorie wurde ergänzt durch Lombrosos anthropologische Messungen an Kriminellen, und Kretschmer folgte ihr in seinen Studien über Körperbautypus und Geisteskrankheit. Ohne Zweifel begünstigte die Kultur jener Zeit solche Vorstellungen ebenso beträchtlich, wie sie das mit feststehenden Ideen über gut und böse und über hierarchische Gesellschaftsklassen ohne große Mobilität tat. Heute scheint Kallmann im wesentlichen allein zu stehen mit seiner Behauptung, es gebe eine Resistenz des Mesoderms gegen die Ausprägung des schizophrenen Genotyps beim athletischen Habitus sowie eine Beziehung zwischen Körpergewicht und Resistenz gegen Schizophrenie (18, 19). Andere Beobachter wie Bleuler (17) und Rees (20) haben die allgemeine Erfahrung bekräftigt, daß in der Untersuchung kleine und große, dünne und dicke Schizophrene anzutreffen sind; und Slater (21) fand bei seinen Zwillingspaaren nicht bestätigt, daß der größere Zwilling der weniger kranke ist. Tatsächlich hat Kallmann selbst einen Bericht über Zwillinge mit Morgnani-Syndrom veröffentlicht (22), der beweist, daß seine Regel nicht, wie er behauptete, unveränderlich ist.

In dem Maße, wie die westliche Kultur unter der Führung von England und den Vereinigten Staaten sich ihrer Unterklasse bewußter wurde, erweiterte man die genetischen Untersuchungen und schrieb den sozio-ökonomischen Faktoren eine überwiegende Rolle bei der Verursachung z. B. von Tuberkulose, Lepra und Kriminalität zu. Man entdeckte, daß bestimmte Fälle von Schwachsinn nicht auf eine unveränderliche Konstitution zurückgeführt werden müssen, sondern auf eine Kombination von Vernachlässigung und Analphabetentum, und man erkannte, daß an der Kriminalitätsrate Klassenvorurteile und Arbeitslosigkeit einen Großteil der Schuld tragen. Inzwischen ist nun die Schizophrenie im Grunde die einzige verbreitete Krankheit, die immer noch mit den Augen der Mendelschen Vererbungstheorie betrachtet wird.

Von den psychodynamisch orientierten Wissenschaftlern hat wohl einzig Bleuler (17, 23) die Erblichkeit der Erwachsenen-Schizophrenie untersucht; und meines Wissens war er der erste, der die Frage aufwarf, ob eineiige Zwillinge nicht in einer besonderen Umwelt aufwachsen, so daß man sie nicht auf rein genetischer Basis mit zweieiigen Zwillingen vergleichen könne. Fast alle anderen Forscher scheinen unter dem Einfluß der deutschen Psychiatrie zu stehen und damit eine ähnliche Voreingenommenheit zu repräsentieren. Das ist begreiflicherweise eine wichtige Überlegung; denn das Studium geistiger Gebrechen zeigt, daß eine Handvoll Forscher, unbeeinflußt von der gängigen Medizinermeinung, eine nachdrücklich vertretene Theorie revolutionieren können. Der Schwachsinn bildet eine nützliche Analogie zur Schizophrenie, da ursprünglich alle Arten von Schwachsinn, abgesehen von einer groben quantitativen Klassifikation, in einen Topf geworfen und auf »schlechte Erbanlagen« zurückgeführt wurden. Kanner (24) demonstriert diesen Trend, wenn er folgende Zahlen über die angebliche Beziehung von Heredität und Geistesstörungen anführt: 1914 77 %, 1920 90 %, 1929 80 %, 1934 29 %. Unverrückbare Ansichten über Heredität können ebenso bequem und unproduktiv sein wie der mohammedanische »Schicksalsglaube«, da sie einen davon freisprechen, nach naheliegenden Ursachen suchen zu müssen. Einige Genetiker von heute sind sich dieser Gefahr durchaus bewußt (15, 25, 26). Bei der Untersuchung des Beweismaterials für die Erblichkeit von Schizophrenie dürfen deshalb zwei Faktoren nie in Vergessenheit geraten: Die Vorstellungen von der genetischen Basis der Geistesstörungen sind nicht frei von einer kulturellen Komponente; und einige Störungen sind deshalb mit dem Etikett der

Heredität versehen worden, weil ihre Ätiologie unverständlich war.

Es gibt eine Anzahl von Fragen zur Erblichkeit der Schizophrenie, die auch bei genauem Studium der aus der Literatur gewonnenen Daten unbeantwortet bleiben. Folgende Punkte werden als ernsthafte theoretische und methodologische Hindernisse für die genetische Untersuchung der Schizophrenie angesehen:

1. Die psychiatrischen Störungen, bei denen man sich auf Erbbedingtheit geeinigt hat, zeigen auch Symptome phänotypischer Defekte wie zum Beispiel Huntingtonsche Chorea und Amentia phenylpyruvica; und dabei sind derartige Störungen selten – ihr Vorkommen bewegt sich allgemein in der Größenordnung von 1 : 10000. In Verbindung mit Schizophrenie hat sich kein phänotypischer Defekt gefunden, und dabei handelt es sich um eine verbreitete Störung. In den meisten genetischen Untersuchungen wird eine Häufigkeit von 1 Prozent zugrunde gelegt, doch schließt dieser Prozentsatz nicht die Möglichkeit ein, daß es viel mehr Fälle geben mag, die nur nicht hospitalisiert worden sind. Böök fand in seiner Großstudie nordschwedischer Gemeinden eine Aussichtsquote von 3 Prozent. Obwohl man von Zahlen, die für Schweden gelten, nicht auf andere Länder schließen sollte, sieht es doch so aus, als würden Bevölkerungsstudien oft größeres Vorkommen von Schizophrenie feststellen als das eine Prozent, von dem gewöhnlich ausgegangen wird.

2. Nicht nur, daß die Diagnosestellung Schizophrenie eine Frage der psychiatrischen Geschmacksrichtung ist; auch die Chancen, daß jeder individuelle Fall als Schizophrenie diagnostiziert wird, steigen mit jedem Jahr, das der Patient in einer Nervenklinik verbringt. Penrose (27) stellte in England fest, daß 33 Prozent der Ersteinweisungen als »Schizophrenie« und 17 Prozent als »manisch-depressives Irresein« diagnostiziert wurden. Nach 20 Jahren war die Diagnose auf Schizophrenie in diesen Fällen auf 69,8 Prozent gestiegen, während

die Diagnose »manisch-depressiv« auf 7,4 Prozent abgesunken war. Hoch (28) führt die folgende Statistik an, um zu demonstrieren, daß die psychiatrische Diagnose bei Einweisung in ein Staatskrankenhaus mit der Lokalität wechselt. Da die Diagnose für die Validität genetischer Untersuchungen entscheidend wichtig ist, könnte eine derartige Variation einen wichtigen Stichprobenfaktor darstellen.

JAHR	LOKALITÄT	SCHIZOPHRENIE	MANISCH-DEPRESSIV
1926	Kalifornien	20,8 %	23,2 %
1926	New York	26,7 %	13 %
1930	Kalifornien	21,7 %	12 %
1930	New York	25,2 %	8 %
1934	Mississippi	21 %	20,7 %
1935	Mississippi	21 %	4,6 %

Die Schizophrenie-Diagnose läßt sich nicht durch objektive Tests herbeiführen wie die Feststellung von Zucker im Urin, und deshalb muß man gegenüber ansonsten überzeugenden Statistiken skeptisch sein. Man muß es um so mehr, wenn man bedenkt, daß führende Genetiker – z. B. Luxenberger, Essen-Möller und Slater – von der Erbbedingtheit der Schizophrenie so überzeugt sind, daß sie ganz offen bei ihrer Diagnosestellung eine Familiengeschichte der Schizophrenie zu Hilfe nehmen. Mag das gerechtfertigt sein oder nicht, es ist jedenfalls wissenschaftlich fragwürdig, das so erlangte Material als »Beweis« für einen anlagebedingten Ursprung zu verwenden.

Ferner können sogar fraglos »körperliche« Krankheiten in Familien vorkommen, ohne unbedingt eine genetische Grundlage haben zu müssen. Das scheint z. B. bei Beriberi der Fall zu sein; »angeboren« ist lediglich die Bereitschaft, vitaminarme Nahrung zu bevorzugen, wobei die Kinder diese Bereitschaft von den Eltern übernommen haben und an ihre eigenen Kinder weitergeben werden.

»Blinddiagnosen« sind in genetischen Untersuchungen nicht benutzt worden; und besonders wenn man den anderen Zwilling eines als schizophren indizierten Falls diagnostiziert, mag der Zug zur »Schizophrenie« tatsächlich sehr groß sein. Slater stellt in seiner Studie (21, S. 55) offen fest: »Um diese Zahl von 76 Prozent [berichtigte Morbiditätsrate] zu erreichen, haben wir den Paaren mit eindeutiger Diagnose eine Anzahl von Fällen hinzugefügt, in denen die Diagnose der Schizophrenie nicht gesichert war.« Er bespricht dann sieben der 28 eineiigen Paare und schließt: »Es würde jedoch als spitzfindig erscheinen, wollte man sie ausschließen, da Schizophrenie in jedem Fall wahrscheinlicher ist als Normalität oder irgendeine andere Diagnose.« Der Spielraum zwischen Schizophrenie und Normalität ist beträchtlich, und man sollte meinen, Slater müßte über die Diagnose »Schizophrenie« oder »Grenzfall« mehr in Verlegenheit geraten. Eine Reihe von Forschern verficht die Theorie der »schizoiden Persönlichkeit« als Vorläufer der Schizophrenie und vermengt daher manchmal psychotische und nichtpsychotische Fälle unter dem Begriff »Schizophrenie«.

Das Problem der Nosologie auf diesem Gebiet wird durch die angenommene Beziehung zwischen schizoider Persönlichkeit und Schizophrenie kompliziert. Viele Forscher gehen von der »schizoiden Persönlichkeit« als dem Genotyp aus und betrachten die »Schizophrenie« als die phänotypische Äußerung dieses anatomischen oder metabolischen Defekts. Andere Forscher wiederum betrachten anscheinend die Schizophrenie als den Genotyp und die schizoide Persönlichkeit als die schwächere Äußerung dieses genetischen Defekts. Daß keine unveränderliche Beziehung zwischen schizoid und schizophren existiert und die Diagnose »schizoide Persönlichkeit« vage und allumfassend ist, macht den Sachverhalt noch komplizierter. Kretschmer (30) beschreibt die schizoide Persönlichkeit als ungesellig, still, reserviert, ernst, eigenbrötlerisch; oder als zaghaft, schüchtern, gebrechlich, empfindsam, nervös, labil, pedantisch; oder als freundlich, gutmütig, liebenswürdig, ruhig, schwerfällig oder stumpfsinnig. Mit drei so umfassenden Kategorien an der Hand hat der genetische Diagnostiker einen weiten Spielraum, der Schizophrenie eine schizoide Basis zuzuschreiben. Schätzungen, wie groß das Vorkommen der schizoiden Persönlichkeit in der Durchschnittsbevölkerung ist, schwanken innerhalb derartig weitgezogener Grenzen, daß sie bedeutungslos sind. Kallmann ist der einzige Autor, der in den eineiigen Zwillingsgruppen keine normalen Zwillinge und keine Überschneidungen mit Affektpsychosen findet. Slater macht dazu ebenfalls eine Bemerkung und stellt fest, daß er selbst diesen Befund nicht bestätigen kann (21).

Morris (29) hat die Schizoidie-Schizophrenie-Hypothese in seiner Nachuntersuchung in Zweifel gezogen, die er an Kindern vornahm, welche vor zwanzig Jahren in einer Poliklinik diagnostiziert worden waren. Jene, die schizophren wurden, waren häufiger als extrovertiert diagnostiziert worden; vermutlich eine Zufälligkeit, doch zeigte sich mit Bestimmtheit keine positive Korrelation von Introversion und Schizophrenie. Johansen (31) schätzte, daß 21,1 ± 4,8 Prozent ihrer Gruppe von Schizophrenen als schizoide Persönlichkeiten beurteilt werden könne, und meint, das liege innerhalb des Rahmens einiger Bevölkerungsschätzungen. Birren stellte in einer Studie über 38 Kinder, die später psychotisch wurden, fest (32), daß 75 Prozent aus Häusern kamen, in denen starke Spannungen herrschten, und daß viele seiner Fälle auf die häusliche Situation mehr mit Rebellion als mit zunehmender Apathie und Verschlossenheit reagierten. Bei diesen Fällen brach die Psychose in einem späteren Alter aus. Frazees Studie über 23 Jungen, die später schizophren wurden, zeigt, daß nur die Hälfte Symptome hatte, die für die schizoide Persönlichkeit charakteristisch sind. Nur zwei von ihnen waren bei einer Untersuchung in einer Kinderklinik als »schizoid« diagnostiziert worden.

Leonhard, Rennie, Schulz und Bleuler haben alle zyklische Schizophrenie in Familien mit verschiedenen Charakterstörungen beschrieben und keine Beziehung zwischen der Schwere der Schizophrenie und dem Vorkommen in der Familiengeschichte festgestellt. Ein besonders interessanter Befund ist in dieser Hinsicht Leonhards Darstellung einer »reaktiven, atypischen«

Schizophrenie mit guter Prognose und einer affektiv-präpsychotischen Persönlichkeit, die bei Patienten vorkommt, in deren Familien eine Reihe von Schizophrenie-Fällen aufgetreten sind (34, 35, 36, 37).

Rudin, einer der ersten psychiatrischen Genetiker, untersuchte 735 Personen, von denen ein Bruder oder eine Schwester schizophren waren. Er stellte fest, daß bei 58 ein Elternteil schizophren war und 130 Eltern mit anderen Psychosen hatten. Von den Nachkommen zweier Generationen von 20 schizophrenen Patienten entwickelten nur drei eine schizophrene Psychose, während eine Anzahl von ihnen andere Geistesstörungen hatte. Bleuler berichtete 1930 über acht Schizophrene, in deren Familiengeschichte keine Schizophrenie vorgekommen war. Ihre präpsychotische Persönlichkeit war nicht schizoid, und bei sieben von den acht bestand eine ganz ungünstige Prognose – bei dem achten, der psychotisch wurde, war es für eine Beurteilung noch zu früh (38).

Penrose (39) untersuchte in einem Hospital in Ontario während eines Zeitraums von 18 Jahren alle bekannten Fälle von Geisteskrankheit, die bei mindestens zwei Familienmitgliedern aufgetreten waren. Er berichtet, daß bei Verwandtenpaaren Schizophrenie und Affektpsychosen auftraten. Von 5456 Verwandtenpaaren waren nur 8,7 Prozent Väter, dagegen 24,5 Prozent Mütter; 30,7 Prozent waren andere Verwandte. Während Väter unter 35 einen höheren Prozentsatz an Schizophrenie als an Depressionen aufwiesen, war es bei den Müttern genau umgekehrt. Für das Alter der Ersteinlieferung wurden Korrelationen hergestellt mit dem Ergebnis, daß gleichgeschlechtliche Geschwister sowie Mütter und Söhne am meisten korrelierten. Penroses Angaben sind auf streng genetischer Basis schwer zu erklären und demonstrieren die Verflechtung von Schizophrenie und Affektstörungen. Eine weitere Studie multipler Psychosen in ein und derselben Familie wurde von Zehnder (40) in der Schweiz angestellt; sie untersuchte nur Geschwister, und ihre Zahlen über gleichgeschlechtliche Paare kommen denen von Penrose sehr nahe. (Diese Befunde hinsichtlich gleichgeschlechtlicher Geschwister sind interessant und sollen noch besprochen werden.)

Von Planansky (25) stammt der interessante Gedanke, daß die Untersuchung hospitalisierter Schizophrener, sofern die schizoide Persönlichkeit die genotypische Repräsentation der Schizophrenie ist, nur ein Notbehelf sein kann. Er meint, die Frage der »schizoiden Persönlichkeit« solle an Familien ohne einen indizierten Fall von Schizophrenie untersucht werden.

3. Der Modus der biologischen Vererbung von Schizophrenie ist ungeklärt. Die Mehrzahl der älteren Autoritäten betrachtete die Schizophrenie als dominante Störung, doch hat die Rezessivität heute mehr Anhänger (41). Man hat behauptet, daß es sich um eine rezessive Störung mit Einzelfaktor-Vererbung und variabler Penetranz (7) handle, aber die meisten genetischen Autoritäten widersprechen offenbar dieser Behauptung (41). Das folgende Material spricht gegen Rezessivität, ganz zu schweigen von einer Einzelfaktor- oder auch nur Doppelfaktor-Vererbung.

Bei rezessiven Störungen haben die Betroffenen im allgemeinen nicht betroffene Eltern, und die Vererbung erfolgt auf Seitenlinien. Alle Geschwister eines als behaftet indizierten Falles haben 25 Prozent Aussicht darauf, selbst behaftet zu werden, und die Eltern stehen wahrscheinlich damit in Beziehung, wenn die Krankheit selten ist. Wenn die Schizophrenie rezessiv ist, müßte sie bei den Geschwistern des indizierten Falles häufiger vorkommen als bei dessen Kindern. Tatsächlich ist das Gegenteil der Fall; z. B. findet Kallmann eine Aussichtsrate von 16,4 Prozent bei den Kindern und von 11,5 Prozent bei den Geschwistern. Ebenso stellt er für Kinder zweier schizophrener Elternteile eine Aussicht von 68 Prozent fest, während Rudin 52 Prozent, Schulz 38 Prozent und Elsässer 39 Prozent feststellten. Diese Zahlen müßten eindeutig höher liegen, sollten sie als Argument für einfache Rezessivität dienen. Außerdem ist Kallmanns Feststellung einer Aussichtsrate von 85 Prozent bei eineiigen Zwillingen schwer mit den 68 Prozent in Einklang zu bringen, weil nach den Gesetzen der rezessiven Vererbung beide 100 Prozent betragen müßten. Die Verfechter eines rezessiven Vererbungsmodus umgehen diese Zahlen, indem sie Schätzungen der variablen Penetranz anführen. Der Genetiker Neel (42) hat diese Praxis als eine bequeme Weise bezeichnet, mit Zahlen zu jonglieren.

Ein letztes Argument, das zur Begründung eines rezessiven Vererbungsmodus angeboten wird, ist die Häufigkeit der Blutsverwandtschaft. Diese beläuft sich auf 18 Prozent bei der Amentia phenylpyruvica und auf 23 bis 38 Prozent beim Laurence-Moon-Biedl-Syndrom, die als rezessive Störungen nachgewiesen sind. Kallmann fand in seiner Berliner Großstudie keinen erhöhten Grad an Blutsverwandtschaft, sprach in seinem Bericht von 1953 aber von einer Häufigkeit von 5 Prozent. Dieser Befund ist wohl ohne Signifikanz; denn die Zahlen in seinen beiden Studien stimmen erstaunlich überein (siehe Tabelle 1). Slater berichtete auf dem Ersten Internationalen Kongreß für Genetik 1956 über eine Blutsverwandtschaftsrate von 5 Prozent, während Odegaard und Herloggen auf derselben Versammlung keine Erhöhung feststellten. Böök fand auf der Basis seiner Großuntersuchung an der Bevölkerung in Schweden ebenfalls keinen Anstieg. Hanhart (43) fand

Tabelle 1

Kallmanns Zahlen über Krankheitsaussicht

	1938 (BERLIN)	1941 (NEW YORK)	1946 (NEW YORK)	1950 (NEW YORK)	1954 (NEW YORK)
Indizierte Fälle	1 047	?(50 +)Zwil.	691	953	? 953
Stichproben (Blutsverwandte und Probanden)	13 851	?	5 776	5 804	?

Tabelle 1 (Forts.)

	SCHIZ.	SCHIZ.	SCHIZ.	SCHIZ.	SCHIZ.
Eltern	9,3	10,3	9,2	9,3	9,2-10,3
Geschwister	11,5	11,5	14,3	14,2	11,5-14,3
Kinder:					
1 schiz. Elternteil	16,4	16,4	16,4	16,4	16,4
2 schiz. Elternteile	68,1	68,1	68,1	68,1	68,1
Zwillingsstudien:					
Zweieiige Zwillinge			14,7	14,5	12,5
gleichgeschlechtlich			17,7		
andersgeschlechtlich			11,5		
Eineiige Zwillinge			85,8	86,2	86,2
Nicht getrennt			91,5		
Getrennt			77,6		

in einer Gegend mit einem hohen Prozentsatz an Ehen unter Blutsverwandten auch kein gehäuftes Vorkommen von Schizophrenie.

Dieser Mangel an Übereinstimmung hinsichtlich des Modus der biologischen Vererbung der Schizophrenie ist natürlich an sich noch kein Argument für oder gegen die hereditäre Grundlage dieser Krankheit. Er soll hier nur festgestellt werden, um zu zeigen, daß die Genetiker selbst viele ungelöste Probleme beim Nachweis der hereditären Beschaffenheit der Schizophrenie haben.

4. Keine Beziehung ist festgestellt worden zwischen erblicher Belastung, Art der Schizophrenie, Alter beim Krankheitsbeginn und Krankheitsverlauf. Masterson untersuchte 153 Fälle von Jugendschizophrenie, von denen 67 Prozent einen schlechten Verlauf hatten. Zu den Faktoren, die keinen Bezug zum schlechten Verlauf hatten, gehörte die Familiengeschichte (44).

Kanner fand in einer gründlichen Untersuchung der Verwandten von 100 schizophrenen Kindern (45) keine hereditären Trends und keine Häufung des Vorkommens von Schizophrenie bei Vorverwandten oder Seitenverwandten; insgesamt wurden 973 Verwandte und 131 Geschwister untersucht. Schulz (46) und Leonhard (47) studierten typische und atypische Fälle von Schizophrenie und stellten fest, daß bei Eltern der typischen Fälle ein Prozent Schizophrenie vorkam und bei Eltern der atypischen Fälle 6 Prozent. Der Typ der Schizophrenie und die genetische Familiengeschichte wurden nicht in Beziehung gesetzt. Leonhard kam in einer anderen Studie (34) zu dem Schluß, daß zwischen der Diagnose eines indizierten Falles und der Art der Erkrankung in der Familie nur wenig Beziehung bestehe, und führte die Überschneidung von affektiven und schizophrenen Störungen an. Lundby (48) untersuchte eine Gruppe norwegischer Seeleute mit einem hohen Vorkommen an Schizophrenie. In ihren Familien trat Schizophrenie, vermutlich zufällig, seltener auf als in der norwegischen Durchschnittsbevölkerung. Johansen (31) fand in einer sehr lückenlosen Untersuchung 138 männlicher Schizophrener keinen Unterschied im Alter zur Zeit des Ausbruchs oder in den Symptomen der Patienten mit einer positiven Familiengeschichte und jenen ohne. Canavan und Clark untersuchten 381 Kinder, bei denen ein Elternteil als schizophren diagnostiziert worden war. Sie hielten 86 davon für emotional oder sozial abweichend und verglichen sie mit 500 Kindern nicht-psychotischer Eltern. In dieser Gruppe fanden sich zufällig 145 Kinder, die Abweichungen aufwiesen (49).

Alanen entdeckte keine Beziehung zwischen der Psychose eines Elternteils und jener des Kindes, ausgenommen bei jener Art von Fall, die M. Bleuler (37) beschreibt, wo in der Familie eine Ähnlichkeit der Symptome besteht, die wahrscheinlich auf »Lernen« zurückgeht. Alanen fand in der benignen Patientengruppe mehr psychotische Mütter als in der malignen. Darüber ist bereits berichtet worden (49). Alanens Abneigung dagegen, über hereditäre Faktoren hinwegzugehen, macht seine Befunde nur noch beeindruckender. Der Leser ist gezwungen, seine Monographie zu Rate zu ziehen.

Natürlich läßt sich einwenden, es sei nicht überraschend, daß das Bild der Schizophrenie je nach der Umwelt des Individuums und den auslösenden Ursachen wechselt. Ein solches Argument, so stichhaltig es an sich sein mag, verträgt sich nicht mit einem anderen Argument der Genetiker: dem nämlich, daß die auffallende Entsprechung in Krankheitsbeginn und Symptomen bei eineiigen Zwillingen Beweis für ihre genetische Gleichartigkeit sei (50).

5. Es gibt keine Evidenz für eine hereditäre Basis zur nosologischen Klassifikation der Schizophrenie, auch nicht für die Herstellung eines Zusammenhangs zwischen diesen Klassifikationen und angeborenen konstitutionellen Defekten. Vermutlich besteht ein Haupthindernis für das genetische Studium der Schizophrenie in dem oben erwähnten Problem der Diagnose. Nicht nur, daß die Diagnose von den psychiatrischen Moden und der Dauer des Aufenthalts im Hospital beeinflußt wird, es muß auch noch jede Stichprobe in punkto Alter, Geschlecht, sozio-ökonomisches Niveau und ethnische Gruppe abgestimmt werden, wenn sie sinnvoll sein soll. Das wird bei der üblichen Untersuchung nicht getan. Die Herstellung mathematischer Formeln zur Berücksichtigung von Alters- und Mortalitätsunterschieden hat nur teilweise zum Erfolg geführt, und einige Fachleute haben überhaupt an ihrer Zweckmäßigkeit gezweifelt. Eine Formel wie die von Weinberg aufgestellte kann den Grad der Konkordanz bei Zwillingen um 15 bis 20 Prozent gegenüber den Rohdaten erhöhen.

»Stichprobe« bezieht sich nicht nur auf eine repräsentative Streuung; sie bezieht sich ebenso auf die Beziehung zwischen der spezifischen Umwelt und der Art von psychiatrischer Diagnose, die in dieser Umwelt höchstwahrscheinlich getroffen wird. So nehmen Henderson und Gillespie (51) in der jüngsten Ausgabe ihres Handbuchs paranoide Störungen von schizophrenen Reaktionsweisen aus. Dagegen hat Kolle (52) gezeigt, daß bei Verwandten von »Paranoiden« die verschiedenen Untergruppen der Schizophrenie ebenso häufig vorkommen wie andere nosologische Kategorien. Roth (41) macht darauf aufmerksam, daß Paraphrenie keine genetische Kategorie sei, da sie am häufigsten bei alten Jungfern vorkomme, die ein wenig taub sind und allein leben. Ein Autor beschreibt fünf Fälle von »religiösem Wahn« ziemlich der gleichen Art, der bei katholischen Frauen in Ägypten auftrat. Alle Fälle hatten eine ausgeprägte paranoide Psychose, und bei allen kam es zu einer guten Genesung (53). Die eindrucksvolle Studie von Eaton und Weil (54) bei den Hutteriten, unter denen sie so gut wie keine Schizophrenie und eine relativ große Zahl von Affektpsychosen antrafen, eignet sich nicht für einfache genetische Erklärungen. Oplers Arbeit, in der demonstriert wird, daß irische und italienische junge Männer in ihren schizophrenen Zusammenbrüchen eine verschiedene nosologische Form zeigen, ist ebenfalls relevant (55). Roumajon (56) hat auf der Grundlage seiner Erfahrungen in unterschiedlichen politischen, sozialen, rassischen und ökonomischen Milieus in Indochina darauf hingewiesen, daß bestimmte Geisteskrankheiten für bestimmte Kulturen eigentümlich sind. Er stellte neun Fälle dar, aus einem Zeitraum von zwei Jahren gewählt, und machte evident, daß einige Angehörige der Manus, Dobus und Kirdis, die nach westlichen Maßstäben als anomal gelten würden, funktionstüchtige Mitglieder ihrer Kultur sind. Er bemerkte die Unzulänglichkeit der Kraepelinschen Terminologie, soweit es um kulturelle Unterschiede geht.

Wie es scheint, laufen genetische Großstudien, wenn sie nicht wie in der skandinavischen Arbeit einen repräsentativen Bevölkerungsquerschnitt erfassen, Gefahr, einzelne oder auch Gruppen von Fällen einzubeziehen, die wegen anderer (z. B. sozialer) Faktoren von entscheidender Bedeutung das genetische Bild unklar machen. Dieses Problem stellt sich bei der Arbeit von Kallmann. Zum Beispiel schrieb er beim Vergleich der paranoiden Gruppe mit seinen katatonischen und hebephrenen Fällen (57) dem Paranoid eine weniger starke Heredität zu, da die Kinder dieser Gruppe nur halb soviel Aussicht hatten, schizophren zu werden, wie die »Kerngruppe«. Doch waren die paranoiden Patienten zur Zeit ihrer Hospitalisierung viel älter, und dieser Altersfaktor könnte die Stabilität ihrer Familie und die Sicherheit ihrer Kinder gehoben haben. Diese Möglichkeit zeigt die Arbeit von Johansen auf, der einen signifikanten Unterschied zwischen dem Alter, in dem Schizophrenie ausbrach, und der Faktum feststellte, daß der Patient aus einer zerrütteten Familie kam (31).

Der Altersunterschied zwischen Männern und Frauen bei Einlieferung ins Hospital ist beträchtlich und darf nicht außer acht gelassen werden, wenn man untersucht, was mit den Kindern geschieht. In Kallmanns amerikanischen Studien besteht ein Frauenüberschuß von 20 Prozent, und Slater findet in seinen Familienstudien von indizierten Zwillingsfällen 159 weibliche Patienten gegenüber 76 männlichen. Penroses Zahlen habe ich bereits erwähnt (39); sie korrespondieren mit Zehnders Studie von multiplen Psychosen in derselben Familie. Bei ihr war das Verhältnis von männlichen und weiblichen Fällen 26 zu 63, und 84 Prozent der ins Hospital eingewiesenen Zwillingspaare waren weiblich. Da die Gesamtziffern für Hospitaleinweisungen zeigen, daß die Schizophrenie bei Männern und Frauen fast im Verhältnis von 50 zu 50 vorkommt, legen diese unterschiedlichen Gruppierungen verwandter Fälle eher eine soziale Erklärung nahe als eine genetische. Unter den Vätern der 138 von Johansen eingehend untersuchten Patienten gab es keine Schizophrenen.

Alanen berichtet in einer unlängst veröffentlichten Studie über die Eltern schizophrener Patienten, die auf 156 finnischen Fällen basierte, daß von 152 Müttern und 146 Vätern (das war die Zahl der Eltern, die für eine Untersuchung zur Verfügung standen) 17 Mütter und sieben Väter als psychotisch diagnostiziert worden waren. Sechs Mütter und zwei Väter hatten eine chronische Schizophrenie ausgebildet, und vier Mütter hatten schizophrene Schübe mit völliger Besserung gehabt. Nicht nur, daß der Prozentsatz schizophrener Eltern gering ist; er zeigt auch abermals einen interessanten Unterschied zwischen den Geschlechtern: zehn Mütter und zwei Väter, eine statistisch signifikante Differenz.

Das unterschiedliche Auftreten der Schizophrenie bei den Eltern ist auch von anderen Forschern als Johansen und Alanen berichtet worden (so z. B. von Pollack und Malzberg [58] und M. Bleuler [37]) und läßt sich schwer auf genetischer Grundlage erklären.[1] Leider nennen solche Großstudien wie die von Kallmann nur Gesamtzahlen für Elternpaare und geben keine Aufschlüsselung nach Vätern und Müttern. Alanen weist 1956 und 1958 darauf hin, daß die psychiatrische Diagnose bei den Vätern im Vergleich zu den Müttern erheblich schwankt. Er bemerkt, dieser Unterschied gehe vielleicht auf eine Mutter-Kind-Beziehung zurück, die zur Schizophrenie führt. In diesem Zusammenhang ist es interessant, daß die Väter von Schizophrenen in mehreren Studien schwerer eingestuft werden konnten als die Mütter (59, 60, 61).

Der Versuch, die Schizophrenie mit anderen Krankheiten in Beziehung zu setzen, hat es ebenfalls mit vielen statistischen Fallstricken zu tun. Kallmann untersuchte chronische – arme – Staatshospitalinsassen und fand daher ein größeres Vorkommen an Tuberkulose, so daß er schloß:

Dieses statistische Ergebnis ist so schlüssig, daß alle Möglichkeiten des Zufalls ausscheiden und nur eine echte Verbindung der Tendenz zur Schizophrenie mit der hereditär-konstitutionellen Anfälligkeit für tuberkulöse Infektionen als Interpretation in Frage kommt. Es weist auch auf ein identisches Grundmuster der biologischen Vererbung für diese beiden Prädispositionen hin und bestätigt die Annahme, daß Schizophrenie und Tuberkulose rezessive Züge repräsentieren.

Niemand zweifelt daran, daß jemand, der sich tatsächlich eine Tuberkulose zuzog, dafür anfällig gewesen ist, doch sind die Umweltsbedingungen von solcher Bedeutung, daß das Umgekehrte – daß jemand, der keine Tuberkulose bekommt, dagegen resistent ist – kaum als wahr bezeichnet werden kann. Auf

---

[1] Nach den vorläufigen Zahlen von Dr. Josephine Hilgard über eine Großstudie am Agnew State Hospital kommt Alkoholismus bei den Vätern von indizierten Fällen ebenso häufig vor wie Psychose bei den Müttern. (Persönliche Mitteilung.)

diesem älteren Begriff der »Konstitutionsschwäche« basierende Versuche, Schizophrenie mit verschiedenen anderen Störungen zu verbinden, sind auch andernorts nicht erfolgreich gewesen. Alstroem (62) stellte in einer extensiven Studie über das Vorkommen von Tuberkulose in Nervenkrankenhäusern fest, daß statistische Methoden vor allem in der Verknüpfung von Tuberkulose und Schizophrenie bestanden. Als die Daten hinsichtlich Alter und anderer einschlägiger Faktoren berichtigt worden waren, hatten andere Psychotiker eine ebenso hohe oder noch höhere Rate der Tuberkulosehäufigkeit. Johansen (31) fand in ihren Schizophrenie-Reihen ebenfalls kein größeres Vorkommen von Tuberkulose. Dabei handelt es sich um jüngste Untersuchungen; M. Bleuler und seine Mitarbeiter hatten jedoch schon zu ihrer Zeit jeden konstitutionellen Zusammenhang zwischen Tuberkulose und Schizophrenie in Zweifel gezogen.

Motts Arbeit (63) über Degeneration der Sexualorgane und Gehirnzellen ist von verschiedenen Untersuchern widerlegt worden (51). Der Versuch, die Schizophrenie mit einem bestimmten Körperbau in Verbindung zu bringen, schien vielversprechend; aber viele Forscher haben keine solche Korrelation feststellen können. Lubin (64) und andere (65) haben beschrieben, daß sie mit Sheldons Klassifikation (statistisch) nichts anfangen konnten. Alstroem (62) berichtet über eine Untersuchung von Gewichtsveränderungen an 1600 psychotischen Patienten. Abgesehen von den katatonischen Fällen, bei denen einige extreme Schwankungen auftraten, unterschieden sich die Schizophrenen nicht von den übrigen Insassen des Hospitals. Das würde sich nicht mit der Theorie vertragen, wonach dem Gewicht eine spezifische Beziehung zur Resistenz gegen Schizophrenie zukommt.

Eine Beurteilung der Zahlen über Krankheitsaussicht
Tabelle 1 demonstriert, daß die verschiedenen Faktoren, die im Vorstehenden betrachtet wurden, eine Rolle dabei spielen können, zu welchen Zahlen über die Krankheitsaussicht man

kommt. In dieser Tabelle ist zu erkennen, daß Kallmanns Aussichtsziffern, ganz gleich um welche Stichprobenuntersuchung es sich handelt, nur leicht oder überhaupt nicht schwanken. Ob die Untersuchung in Berlin anhand der Krankenblätter von Patienten erfolgt, die zwischen 1893 und 1902 hospitalisiert waren, oder ob sie in Amerika an bis zu 50 Jahre später lebenden Personen vorgenommen wird, die Zahlen bleiben die gleichen. In einer Untersuchung (1938) wird keine erhöhte Blutsverwandtschaft festgestellt, in einer anderen (1950) ist von 5 Prozent die Rede. Im Jahre 1946 wurden 4394 Verwandte (darunter 284 Ehepartner) untersucht; 1950 wurden 280 Zwillingspaare hinzugenommen und nur 28 weitere Verwandte. Dazu stimmt 1946 das Verhältnis der zweieiigen zu den eineiigen Zwillingen mit dem Verhältnis innerhalb der Durchschnittsbevölkerung überein, aber 1950 war die Stichprobe der eineiigen Zwillinge um 112 und die der zweieiigen nur um 168 erhöht worden. Das heißt, das Verhältnis der zweieiigen zu den eineiigen fiel von dem erwarteten 3 : 1 auf weniger als 2 : 1. In dem Bericht von 1946 gibt es 134 Halbgeschwister und 2741 Geschwister, in dem großen Artikel von 1952 (50) dagegen 109 Halbgeschwister und 2461 Geschwister, obwohl die Stichprobe der eineiigen Zwillinge vergrößert wurde. Kallmann erwähnt in einem Aufsatz von 1949 (66), einer Erweiterung seines Berichts von 1946, daß von den 691 indizierten Zwillingspaaren 211 eine für Schizophrenie negative Familiengeschichte hatten und 102 Geschichten Daten lieferten, die keinerlei Schlußfolgerung zuließen. In späteren Aufsätzen über seine vergrößerte Zwillingsstichprobe gibt Kallmann kein Verhältnis an für Familiengeschichten oder unzureichende Daten. Ferner geht er nicht darauf ein, wie er diese negativen Fälle behandelt hat, und das wäre doch wohl eine unerläßliche Information, da diese Fälle fast die Hälfte seiner Stichprobe (nämlich 45 Prozent) ausmachen. Offensichtlich können Familien mit negativer Geschichte nicht in Beziehung zu solchen mit positiver Geschichte gesetzt werden, soll das Konzept der Genealogie nicht seinen Sinn verlieren. Kallmann ist von dem hereditären Charakter der Schizophrenie so überzeugt, daß ihr Auftreten bei beiden eineiigen Zwillingen für ihn keine andere Hypothese zuläßt. Diese Einstellung überrascht angesichts einer früheren Feststellung von ihm (67), daß wir, wenn sich keine hereditäre Prädisposition findet, »diese Fälle von den ›echten‹ Schizophrenien ausschließen und sie *als schizoforme Psychosen mit exogenem Ursprung unterscheiden müssen*« (Hervorhebung von mir).

Der Autor betrachtet die Fälle mit negativer Familiengeschichte nicht als Beweismaterial, das gegen eine genetische Theorie spricht; denn er stellt fest: »Von 211 indizierten Zwillingspaaren ohne Schizophrenie bei den bekannten Vorfahren entstammten zwölf Gruppen (5,7 Prozent) einer Ehe unter Blutsverwandten.« Abgesehen davon, daß schon höhere Blutsverwandtschaftsraten für bestimmte Populationen ohne Erhöhung der Schizophreniefälle berichtet wurden, hat Slater auch ihre prozentuale Bedeutung durch mathematische Prüfung in Zweifel gezogen.

Kallmanns Ziffern über Krankheitsaussicht basieren auf der verkürzten Weinberg-Methode. Slater stellt bei der Erörterung des Konkordanzgrades bei seinen Reihen eineiiger Zwillinge fest, daß seine 68 Prozent unberichtigter Konkordanz sich durch die verkürzte Weinberg-Methode auf 94,9 Prozent erhöhen würden. Er betont (21, S. 54): »Eine solche Zahl hat wenig Bedeutung.« Es ist möglich, daß die Verwendung dieser Formel dafür verantwortlich ist, daß Kallmanns Ziffern ständig höher sind als die von anderen Beobachtern. (Siehe Tabelle 1).

Nach einer anderen Angabe in Kallmanns Bericht von 1949 waren 1 926 von 5 776 Personen, die untersucht wurden, bereits tot. Es wäre wohl wichtig zu wissen, wie die Daten über diese Fälle von Toten beschafft wurden und welche Kriterien der Untersucher benutzte, um zu einer Diagnose der Schizophrenie und des hohen Prozentsatzes an Schizoidie zu kommen. In späteren Berichten, als die Zwillingsstichprobe sich fast verdoppelt hatte, war die Zahl der interviewten Verwandten in keiner Weise gestiegen, so daß der Anteil an Toten relativ groß und die Prozentzahlen überraschenderweise dieselben bleiben wie in anderen Berichten (Tabelle 1).

Tabelle 2

Typische Zahlen über Krankheitsaussicht von anderen Untersuchern gegenüber denen von Kallmann

UNTERSUCHER	% BEI GESCHWISTERN * (1 SCHIZ. ELTERNTEIL)	% BEI ELTERN	ZAHL DER KINDER IN DEN FAMILIEN
Kallmann:	14,0	9,30	4,10
Andere:	5,6	4,00	6,30
	5,3	2,50–4,00	6,88
	5,1	1,85	6,50
	5,0	1,75	7,33
	4,5 (6,4 mit zweifelhaften)	1,25–2,25	4,50
		0,9 (5,5 mit zweifelhaften)	4,6
			5,9
	3,3 (4,1 mit zweifelhaften)	2,6 ± 1,8 Mütter 0,00 Väter	

* Prozent der schizophrenen Kinder mit zwei schizophrenen Elternteilen: Kallmann 68,1, Rudin 53, Schulz 38, Elsässer 39.

Kallmann hat seine Morbiditätsziffern mit einigen sehr eindrucksvollen Befunden über unterschiedliche »Resistenz« gegen Schizophrenie zwischen eineiigen und zweieiigen Zwillingen untermauert und diese Resistenz mit »Elementen des Mesoderms« verknüpft. Das könnte ein höchst überzeugender Teil seiner genetischen Argumentation sein, spräche nicht Folgendes dagegen: seine Methode, mit der er zu der Schlußfolgerung kommt; die Tatsache, daß er bereits *vor* seinen genetischen Studien eine solche Meinung hatte; schließlich die Tatsache, daß ihn dieselbe Meinung zu dem Schluß verleitete, Schizophrenie und Tuberkulose seien genetisch verknüpft (1938) – eine Meinung, die er nicht gänzlich aufgegeben hat (1953), obwohl eine überwältigende Evidenz für das Gegenteil spricht. In den frühen dreißiger Jahren erfreute sich eine Droge namens Sulfoan zusammen mit Sanovitan und Phlogetan einer Heilungsquote von 60 Prozent bei Schizophrenen (68). Kallmann (69) bestätigte diese guten Resultate und führte sie auf einen tonischen Sulfur-Effekt zurück, der einer metabolischen Dysfunktion entgegenwirke, die besonders mit dem asthenischen Habitus verbunden sei. Trotz mangelnder Evidenz fuhr er fort, die metabolische Dysfunktion und die Schwäche des Mesoderms zu betonen. Diese Betonung nimmt eine extreme Form an, wenn er auf einen Gewichtsunterschied von fünf Pfund zwischen einem geisteskranken Zwilling und ihrer besser angepaßten Schwester verweist.

Die Theorie einer »Mesoderm-Resistenz« wird durch folgende Zitate illustriert:

In der Gruppe eineiiger Zwillinge zeigen fünf von 100 Zwillingsgeschwistern schizophrener Fälle eine Tendenz zur günstigen Resistenz, und keiner von ihnen zeigte eine sehr günstige Resistenz, wenn der Zwillingspartner unzureichend resistent war. In der Gruppe zweieiiger Zwillinge kann jedoch bei 72 von 100 Zwillingsgeschwistern unzureichend resistenter Indexfälle eine günstige Resistenz und bei etwa 30 sogar eine sehr günstige Resistenz festgestellt werden. Dieser Befund verweist auf eine konstitutionelle Resistenz gegen den Haupt-Genotyp der Schizophrenie, die von einem genetischen Mechanismus bestimmt wird, der vermutlich unspezifisch ist und mit Bestimmtheit aus mehreren Faktoren besteht. Zieht man die Ergebnisse biometrischer Untersuchungen in Betracht, so besteht Grund zur Annahme, daß dieser konstitutionelle Mechanismus eine gradierte Eigenschaft ist und auf irgendeine Weise mit der morphologischen Entwicklung der Elemente des Mesoderms korreliert. (66, S. 76)

Das ist eine Neuformulierung der Theorien von 1932 und 1938, die nur durch feste Überzeugung und nicht durch Berechnung aus den Zahlen des Autors abgeleitet werden können.

Abgesehen von der Frage, wie die 100 Zwillinge ausgewählt wurden (ein wichtiger Punkt!), geht aus seiner Tabelle (S. 74) hervor, daß er neun Paare eineiiger Zwillinge als »unähnlich« klassifiziert, weil der eine eine Zerfalls-Schizophrenie und der andere eine Nicht-Zerfalls-Schizophrenie aufweist, während 54 Paare erbgleicher Zwillinge als »ähnlich« verzeichnet werden, obwohl ein Zwilling eine Nicht-Zerfalls-Schizophrenie und der andere überhaupt keine Schizophrenie hat. In den Gesamtziffern seiner Tabelle wird »keine Schizophrenie« im Verhältnis zu »extremer Zerfalls-Schizophrenie« mit 0 : 174 ausgewiesen – wobei die zweite Zahl die Gesamtstichprobe der erbgleichen Paare darstellt. Indem er die Zwillingsgeschwister ohne Schizophrenie auf diese Weise klassifiziert, findet der Autor, daß erbgleiche Zwillinge eine ähnliche Resistenz gegenüber einer unähnlichen im Verhältnis von 3 : 55 (neun von 174) aufweisen, während bei zweieiigen Zwillingen ein Verhältnis von 3 : 1 zugunsten der Unähnlichkeit besteht. Allerdings hat der Autor, um zu seinem Verhältnis von 3 : 1 (tatsächlich 371 : 146) bei erbungleichen Zwillingen zu kommen, zweieiige Zwillinge mit »keiner Schizophrenie« als unähnlich einbezogen, obwohl er das bei erbgleichen Zwillingen nicht getan hat. Somit beruht die Behauptung: »Ähnliches Verhalten in bezug auf Schizophrenie ist bei eineiigen Zwillingen etwa 18mal häufiger als unähnliches Verhalten, während bei zweieiigen Zwillingspartnern die Unähnlichkeit überwiegt«, auf einem selektiven und ungerechtfertigten statistischen Verfahren. Außerdem werden die obigen Betrachtungen über genetisch-konstitutionelle Faktoren angestellt, ohne daß auf das Faktum eingegangen würde, daß 45 Prozent der Zwillingspaare ohne positive Familiengeschichte sind. Positive und negative Familiengeschichten werden als gleich behandelt, ebenso die Fälle von »keine Schizophrenie« und »Nicht-Zerfalls-Schizophrenie«, wenn sie bei erbgleichen Zwillingen vorkommen. Kallmann ist nicht der einzige Untersucher, dem man den Fehler ankreiden muß, eine übereinstimmende Schizophrenie bei Zwillingen automatisch als Beweis für Heredität zu betrachten, obwohl die Familiengeschichte negativ ist. Fast jede Falldarstellung von Zwillingen in der Literatur, die eine negative Familiengeschichte anführt, geht von einer genetischen Voraussetzung aus. (Gralnick stellte eine ähnliche Tendenz in bezug auf *folie à deux* fest [70].)

Beim Studium von Tabelle 2 muß man daran erinnern, daß alle diese Untersuchungen eine Ziffer von 0,85 oder 1 Prozent für das Vorkommen von Schizophrenie zugrundelegten. Daher ist jedes Vorkommen in den Familien, das über dieser Ziffer liegt, Beweis für eine gemeinsame Tendenz zur Schizophrenie, die auf Blutsverwandtschaft beruht. Böök fand in seiner Großuntersuchung der Bevölkerung eine Häufigkeit von 3 Prozent. Vergleicht man diese Zahl mit der jüngsten Studie der Familien männlicher Schizophrener (31), in der der Morbiditätsgrad bei Vätern gleich null war, bei den Müttern 2,6 ± 1,8 Prozent und bei den Geschwistern 3,8 ± 0,9 Prozent betrug, oder mit den Befunden von Alanen (49), dann ist die Evidenz nicht überwältigend.

Tabelle 2 verzeichnet ebenfalls die Wahrscheinlichkeit von Schizophrenie, wenn beide Elternteile schizophren sind. Derartige Zahlen berücksichtigen keine Faktoren wie zerrüttete Familien und wären sinnvoller, würden Vergleiche zwischen Variablen angestellt. Pollack und Malzberg (58) berichten, daß 38 Prozent ihrer Stichprobe von 175 schizophrenen Patienten aus zerrütteten Familien stammten. Lidz und Lidz (71) stellten fest, daß 40 Prozent ihrer Patienten, die vor ihrem 21. Lebensjahr schizophren wurden, aus zerrütteten Familien kamen. Diese Zahlen widersprechen den Schätzungen von 11 bis 15 Prozent zerrütteten Familien in den Vereinigten Staaten, und dabei schließen diese Schätzungen Neger und andere Bevölkerungsgruppen ein, in denen die Zahlen von Trennung und Scheidung tendenziell hoch sind. Barry hat in zwei Studien (72, 73) berichtet, daß von 549 Patienten mit Psychosen, die zwischen ihrem 16. und 25. Lebensjahr hospitalisiert wurden, 15,7 Prozent ihre Mutter verloren hatten, ehe sie 12 waren – ganz im Gegensatz zu den geschätzten 5,3 Prozent für die Gesamtbevölkerung. Es ist wohl von entscheidender Bedeutung, ob das Kind die Mutter vor oder nach dem achten Lebensjahr verloren hat. Derartige Daten werden aber durch die übersimplifizierten Methoden der meisten genetischen Untersuchungen unter den Tisch gewischt.

Abgesehen davon, daß genetische Untersuchungen sich in bestimmtem Maße mit Problemen der Familienstruktur befassen, gibt es eine wachsende und eindrucksvolle Literatur über die soziologischen Faktoren bei der Schizophrenie, die von denen, die genetische Untersuchungen machen, einfach nicht mehr ignoriert werden kann. Die Einbeziehung verschiedener sozio-ökonomischer und ethnischer Gruppen in eine genetische Stichprobe ist dazu angetan, daß man wichtige Untergruppen, bei denen Schizophrenie mit sehr hoher oder sehr niedriger Häufigkeit vorkommt, aus den Augen verliert. So versuchte Cade (74) in einer Studie, Hollingsheads und Redlichs Befunde zu überprüfen; er wies nach, daß sich das Vorkommen der Schizophrenie mit der Bevölkerungsdichte erhöht, und fand keine Anzeichen für eine rückläufige Tendenz. Sein wichtigster Beitrag lag allerdings in der Aufschlüsselung seiner Stichprobe, in der klar wurde, daß männliche Einwanderer, die 7,8 Prozent der Bevölkerung ausmachten, 27,6 Prozent der Schizophrenie-Fälle bildeten, und weibliche Einwanderer, deren Bevölkerungsanteil nur 5,3 Prozent betrug, 11,3 Prozent der Fälle ausmachten. Wie schon erwähnt, schwanken die Schätzungen über Blutsverwandtschaft in den Familien Schizophrener. Hanhart (43) untersuchte dieselbe Schweizer Population in Intervallen von 20 Jahren. Es handelte sich um eine ungewöhnliche Gruppe, da sich in ihr 11,5 Prozent Ehen von Geschwisterkindern ersten Grades und 32 Prozent von solchen zweiten Grades fanden. Abermals wird die Bedeutung der Untersuchung von Untergruppen statt der von großen Stichproben durch den Umstand demonstriert, daß das Vorkommen der Schizophrenie innerhalb der Schätzungen hinsichtlich der Normalbevölkerung lag und seit dieser vorläufigen Studie tatsächlich sogar zurückging. Der Autor führt diesen Rückgang auf »natürliche Eugenik«

zurück; wie dem auch sei, wäre die Schizophrenie eine rezessive Krankheit, so müßte sie in einer solchen Population wohl häufiger vorkommen.

Der vielleicht wichtigste Aspekt der Verschleierung sozialer Faktoren in genetischen Untersuchungen ist, daß psychodynamische Theorien der schizophrenen Familie für eine rezessive soziale Heredität sprechen. In den Aufsätzen dieses Bandes von Lidz, Bowen und Weakland erscheinen die Eltern nicht als eindeutig schizophren, und es wird postuliert, daß der psychotische Zustand des Kindes in der geistigen Ökonomie der Eltern eine wichtige Rolle spielen kann. Hills Drei-Generationen-Theorie der Schizophrenie (75) und die Arbeit von Mendell und Fisher (76) sprechen ebenfalls für eine soziale Heredität, die in der gleichen Weise vererbt würde, wie das für ein rezessives Gen postuliert wird. Diese Theorie findet ferner eine Stütze in der von Sivadon (77) durchgeführten Drei-Generationen-Studie an den Familien von Schizophrenen. Der Genetiker H. J. Müller (78) hat festgestellt:

In diesem Zusammenhang darf man daran erinnern, daß das Gehirn ein Organ ist, das dazu geschaffen ist, mit einem Höchstmaß an Plastizität zu reagieren, und daß seine Reaktionen deshalb viel nachdrücklicher durch Umweltsunterschiede beeinflußt werden als die Reaktionen irgendeines anderen Organs. Macht man sich dann noch klar, daß in Familien und ganzen Gruppen eine riesige Menge von Umwelteinflüssen vermittelt wird, und zwar durch unbewußte wie durch sichtbare Tradition und die Weitergabe der materiellen Existenzmittel, und daß alle diese Faktoren selbst wieder tiefreichenden und bemerkenswerten kontinuierlichen Unterschieden unterliegen, dann sieht man, wie vorsichtig ein Untersucher sein muß, bevor er ein anscheinend angeborenes Verhaltensmerkmal den Genen zuschreibt.

Neel, ein anderer Genetiker, bemerkt ganz richtig (42): »Alle diese Umstände [die Komplexitäten des genealogischen Ansatzes] haben die Brauchbarkeit der Methode so sehr verringert, daß man zwangsläufig zu dem Schluß kommt, der Umstand der Koppelung werde künftig nur noch bei einem außergewöhnlichen Stamm, wo drei oder mehr Generationen untersucht werden können und es keine enge Koppelung gibt, für die Voraussage von Wert sein, bei welchen Individuen in einer Population es aufgrund eines autosomatischen Gens wahrscheinlich zur Ausbildung einer Krankheit kommen wird.«

Diese warnenden Worte gelten vor allem für die Verwendung von Genealogien beim Studium der Schizophrenie. Rudin vermeldete 60 Prozent mehr depressive Störungen bei den Eltern seiner schizophrenen Indexfälle (79). Schulz (80) stellte fest, daß nur 28 Prozent der Nachkommen von manisch-depressiven Ehepaaren die Störung ihrer Eltern hatten und 12 Prozent von ihnen als schizophren diagnostiziert wurden. Elsässer (81) berichtete, daß 19 Prozent von 33 Kindern, deren Eltern schizophren waren, geistig gesund und nicht schizoid waren. Zur Evidenz für Genaustausch kommen noch die Angaben von Forschern wie Pasamanick (82) hinzu, wonach die rassische und sozio-ökonomische Position entscheidende nicht-genetische Faktoren bei psychiatrischen Störungen bilden. Ohne diese Daten könnte man zum Beispiel annehmen, die große Häufung von Geistesstörungen in Negerfamilien beruhe auf Vererbung.

Zwillingsuntersuchungen

Da in der Kontroverse über die Ätiologie von Schizophrenie den Ergebnissen der Zwillingsforschung soviel Vertrauen entgegengebracht worden ist, sollte man die Sache vielleicht etwas eingehender erörtern. Das natürliche Auftreten von eineiigen Zwillingen, den einzigen Menschen, deren genotypische Konstitution im wesentlichen die gleiche ist, besitzt auch für viele Nicht-Wissenschaftler Faszination und Anziehungskraft. Die Vorstellung von einem erbgleichen Zwilling, der aus biologischer Übereinstimmung mit seiner anderen Hälfte reagiert und eine ähnliche Psychose entwickelt, auch wenn er viele hundert Meilen entfernt ist, ist faszinierend, und es überrascht nicht, daß die Tatsachen auf diesem Gebiet von der Phantasie überholt werden. Eine der frühesten Studien, die von Tietze (83), wies darauf hin, daß bei erbgleichen Zwillingen Konkordanz von solch beeindruckender Häufigkeit zu finden ist, daß sie unbedingt jedem zur Kenntnis gebracht und möglicherweise überbewertet werden muß, weshalb nur eine gründliche Untersuchung anderer Fälle, in denen keine Konkordanz besteht, uns in die Lage versetzen würde, Zufälligkeiten auszuschalten. Berichte über diskordante Fälle von erbgleichen Zwillingen fehlen aber in der medizinischen (einschließlich der psychiatrischen) Fachliteratur auffallend.

Wegen der Bedeutung und dem Interesse, die der Untersuchung dieses Bereiches zukommen, und da der Vergleich von erbgleichen mit erbungleichen Zwillingen als überzeugendster Beweis für eine rein biologische oder genetische Theorie der Schizophrenie angeboten wird, möchte ich die englische, deutsche, französische, spanische und italienische Literatur der letzten vierzig Jahre und einen Teil der skandinavischen Quellen referieren. Besonders berücksichtigen möchte ich dabei die beiden einzigen Fälle, die ich in der medizinischen Literatur finden konnte, wo erbgleiche Zwillinge seit ihren Prägungsjahren getrennt waren und beide als schizophren diagnostiziert wurden: über das eine Paar berichtet Kallmann im Rahmen seiner früheren Studien in Deutschland (7), über das andere Slater in England (14).

Es überrascht nicht, daß nur wenige solcher Fälle existieren. Zwillingsgeburten kommen unter 85 Geburten nur einmal vor, und nur ein Drittel davon ist eineiig; die überwältigende Mehrheit der Paare wächst zusammen auf. Tatsächlich haben Newman und seine Mitarbeiter (84) die ganzen Vereinigten Staaten durchkämmt und nur 19 Zwillingspaare entdeckt, die getrennt aufwuchsen; zufällig war keiner von diesen Zwillingen schizophren. Daß Zwillinge getrennt aufwachsen, geschieht nach aller Wahrscheinlichkeit sehr selten, doch scheint die medizinische Meinung die Existenz einer Reihe solcher Fälle anzunehmen, vielleicht deshalb, weil Kallmann in seiner Studie von 1946 (siehe Tabelle 3) die Klassen »getrennte« und »nicht getrennte« Zwillinge geschaffen hat.

Ferner möchte ich das ziemlich häufige Auftreten von simultaner (oder doch fast simultaner) Schizophrenie bei erbungleichen Zwillingen desselben Geschlechts, vor allem bei Schwestern, erörtern; auch die Tatsache, daß dieses Phänomen häufiger bei Schwestern vorkommt, die nicht Zwillinge sind, als bei anderen Geschwistern soll besprochen werden. Die klassische *folie-à-deux*-Situation verdient besondere Beachtung, da sie sich nicht für einfache genetische Erklärungen eignet und doch formal der Psychose ähnelt, die für gewöhnlich bei erbgleichen Zwillingen festgestellt wird.

Extensive Zwillingsuntersuchungen in der Literatur
Wenn man von verstreuten Bemerkungen über psychotische Zwillingspaare absieht, wie sie z. B. von Rush während des Revolutionskrieges gemacht wurden, sowie auch von den Fällen, die Moreau de Tours 1859, Trousseau 1873 und Dalton 1876 aufzeichneten, dann muß man sagen, daß Zwillingsuntersuchungen erst in unserer Zeit auf systematische Weise durchgeführt wurden. Ältere Studien litten daran, daß es unmöglich war, zwischen eineiigen und zweieiigen Zwillingen zu unterscheiden, und die Probleme der Stichprobenauswahl wurden noch nicht richtig eingeschätzt.
Die erste extensive Studie an einer Großgruppe von schizophrenen Zwillingen ist die von Luxenberger (85). Unter 25 000 untersuchten Patienten fand er 350, die als Zwillinge geboren worden waren, eine Häufigkeit, die leicht unter der Erwartungsrate für die Gesamtbevölkerung lag. Bei 81 dieser Paare wurde mindestens ein Zwilling als schizophren diagnostiziert. Luxenberger mußte 23 Paare als ungewiß hinsichtlich Zweieiigkeit ausscheiden. Da jedoch bei 21 von diesen 23 in bezug auf Schizophrenie keine Konkordanz bestand, mögen seine Endziffern davon beeinflußt worden sein. Für die verbleibenden Fälle fand er 65 Prozent Konkordanz. Luxenberger war sich der Möglichkeit von Stichprobenschwierigkeiten bewußt; und obwohl er sehr dazu neigte, eine genetische Basis für Schizophrenie anzunehmen, war er doch davon beeindruckt,

wie sehr die Schizophrenie mit anderen Geistesstörungen vermengt war und daß seine konkordanten Zwillinge tendenziell am Anfang ihrer Psychose eine zeitweilig enge Beziehung gehabt hatten. Er bemerkt beiläufig, daß dieses Phänomen nur an erbgleichen Zwillingen festzustellen war.

Rosanoff (86) und später Rosanoff, Handy et. al. (87) brachten eine Gruppe von Zwillingen zusammen, die zahlreiche Störungen einschließlich Schizophrenie aufwiesen. Ihr Interesse galt hauptsächlich den Diskrepanzen zwischen erbgleichen und erbungleichen Zwillingen, und so untersuchten sie nicht die Familien. Die Schwierigkeiten der Stichprobenauswahl werden hier wiederum beeindruckend offen zugegeben.

Die nächste bedeutende Studie war die von Essen-Möller (88); er führte eine extensive Untersuchung an Zwillingen in schwedischen Hospitälern durch. Er siebte die Krankengeschichten von 10 000 Patienten und fand 179 Zwillingsgeburten (eine Häufigkeit von 1 : 48, also annähernd die gleiche wie in der Gesamtbevölkerung). Fünfundachtzig Paare wurden ausgeschieden, da sie verschiedengeschlechtlich waren, dreiundzwanzig, weil ein Zwilling tot war, und zwei weitere aus anderen Gründen. Seine Studie umfaßte somit 21 erbgleiche und 48 erbungleiche psychotische Index-Fälle und ihre gleichgeschlechtlichen Zwillingsgeschwister. In der Gruppe der erbgleichen Zwillinge waren sieben schizophrene Index-Fälle, wogegen Kallmann für seine Studie eine Konkordanzrate von 71,4 Prozent angibt (7). Bei vier von diesen Fällen waren die Zwillingspartner jedoch nie hospitalisiert gewesen, bei zweien war die Psychose des Zwillings von relativ kurzer Dauer und von Essen-Möller als »induziert« bezeichnet, und nur in einem Fall waren beide ungefähr gleich krank. Bei den erbungleichen Zwillingen gab es fünf Paare mit Konkordanz in bezug auf Schizophrenie, und mit Überraschung vermerkt der Autor, daß die Konkordanz, wenn sie bei erbungleichen Paaren auftritt, sowohl in Form wie in Entwicklung einen höheren Grad hat als bei erbgleichen Zwillingen. Das läßt sich zwar nicht auf genetischer Basis erklären, eignet sich aber für eine psychodynamische Erklärung: Die psychotische Identifizierung muß eben bei einem Paar, das nicht wirklich identisch ist, stärker oder forcierter sein. Essen-Möllers eigene Zusammenfassungen dieser Fälle sind lesenswert, da sie die Probleme, die solchen Untersuchungen innewohnen, gut beleuchten.

Kallmann hat in Amerika zwei sehr extensive Studien publiziert, eine 1946 (10) und eine 1952 (50). Die Zahlen aus diesen Untersuchungen sind bereits im vorhergehenden Abschnitt referiert worden, da sie seine wichtigsten Daten hinsichtlich der Häufigkeit von Schizophrenie in Familien wie bei Zwillingen darstellen.

1951 hat Gedda (11) in Italien eine ausführliche Besprechung all der Literatur veröffentlicht, die damals über Schizophrenie bei Zwillingen vorlag, doch hat er kein eigenes, neues Material hinzugezogen.

1953 haben Slater und Shield (21) in England eine Studie über psychotische und neurotische Krankheiten bei Zwillingen publiziert. Sie umfaßt 41 erbgleiche und 115 erbungleiche schizophrene Index-Fälle und ihre Zwillingsgeschwister.

Es liegen auch schätzungsweise 60 Einzeldarstellungen über Schizophrenie bei Zwillingen vor. Die meisten davon sind konkordante Fälle, und trotz großer Variation in den vorgelegten Daten hat die Mehrheit gemeinsame Züge; ich werde darauf zurückkommen.

Obwohl eine Zusammenstellung der Zahlen (Tabelle 3), die von den wichtigeren unter den vorliegenden Zwillingsuntersuchungen präsentiert werden, beeindruckend ist (und sogar die Diskrepanzen zwischen den Beobachtern verringert) und obwohl der Vergleich von erbgleichen Zwillingen eines gleichartigen Genotyps mit erbungleichen Zwillingen, deren genetische Struktur nicht ähnlicher ist als die von gewöhnlichen Geschwistern, alle Kennzeichen eines kontrollierten Experiments zur Scheidung von Anlage und Umwelt trägt, ist Kritik an der Methode geübt worden (15, 17, 89). Außerdem enthüllt der übliche Vergleich von zweieiigen mit eineiigen Zwillingen nicht die sehr erhebliche Tatsache, daß zweieiige Zwillinge

Tabelle 3

Aussicht über Schizophrenie bei Zwillingsgeschwistern von Schizophrenen

		ZAHL DER PAARE GESAMT-PROZENT				HÄUFIGKEIT DER SCHIZOPHRENIE	
	JAHR	ZZ	EZ	INDEX	EZ : ZZ	ZZ	EZ
Luxenberger	1930	60	21	81	35,0	3,3	66,6
Rosanoff	1934	101	41	142	40,6	10,0	67,0
Essen-Möller	1941	24	7	31	29,2	16,7	71,0
Slater	1951	115	41	152	35,6	14,0	76,0
Kallmann	1946	517	174	691	33,7	14,5	77,6 G* 91,5 NG* 85,6
Kallmann	1952	685	268	953	39,1	14,5	85,6 (Durchschnitt)

* Getrennt bzw. Nicht-getrennt.

desselben Geschlechts, vor allem Schwestern, eine weitaus höhere Konkordanzrate haben als gewöhnliche Geschwister. Leider sind die erbungleichen Fälle in einigen Studien nicht nach Geschlecht aufgeschlüsselt worden, doch wo das geschehen ist, kann die Konkordanz für zweieiige Zwillinge desselben Geschlechts mit einer Skalenbreite von 17,6 bis 56 Prozent nachgewiesen werden, während die Konkordanz bei andersgeschlechtlichen Zwillingen nur 5 bis 11,5 Prozent beträgt. Ich werde auf diese Frage von Zwillingen desselben und des entgegengesetzten Geschlechts ausführlich eingehen, da sie überraschenderweise von den Veranstaltern von Zwillingsuntersuchungen nicht behandelt wird, obwohl doch sogar *eine Reihe wie die von Slater zeigt, daß von 13 zweieiigen Zwillingen mit Konkordanz 11 dem gleichen Geschlecht angehören.*

Vorbehalte gegenüber Zwillingsuntersuchungen
Autoritäten auf dem Gebiet der Genetik haben selbst eine Reihe von Vorbehalten gegenüber Zwillingsuntersuchungen im allgemeinen geäußert, die, wie ich meine, hier erwähnenswert sind. Price (91), Neel und Schull (89) und andere haben zum Beispiel betont, daß eineiige Zwillinge nicht bloß die genetische Struktur gemeinsam haben, sondern auch den mütterlichen Blutkreislauf teilen. Dieser Faktor ihrer intrauterinen Umwelt wird in der Arbeit von Penrose, Benda (92) und anderen über Mongolismus eindringlich klargestellt. Obwohl bei eineiigen Zwillingen im Vergleich zu zweieiigen eine außerordentlich hohe Konkordanz für Mongolismus festgestellt worden ist, hat der Nachweis der Beziehung zwischen dem Alter der Mutter und Mongolismus auf die intrauterine Entwicklung als den kritischen Faktor aufmerksam gemacht. Benda hat seitdem die spezifischen placentaren Defekte untersucht, die dabei im Spiel sein können (93, 94). Des weiteren werden Pasamanicks viele Untersuchungen angeführt. Kurz gesagt, die Häufigkeit von Zwillingsgeburten wie von Geistesstörungen bei Negern liegt signifikant höher als bei Weißen und läßt sich auf sozio-ökonomische Faktoren zurückführen.

Luxenberger wie Rosanoff nahmen an, daß sie bei ihren Zwillingsuntersuchungen Stichprobenschwierigkeiten nicht entgangen sind, und auch Slater äußert freimütig Zweifel. Dieses Problem wird ferner von Price (95) erörtert. Rosanoff macht die spezifische Feststellung, daß eineiige Zwillinge so viel leichter zu ermitteln seien, wenn sie konkordant sind, und seine Stichprobenauswahl daher nach seiner Meinung fraglos ein falsches Bild vermittle. Er verwendete absichtlich den Ausdruck

»wahrscheinlich eineiig« wegen der Schwierigkeit, Zweieiigkeit festzustellen. Einzig Kallmann hält an seinem Glauben fest, seine Stichprobe sei nach dem Zufallsprinzip zustandegekommen, aber das läßt sich als eine Fehlannahme beweisen. Abgesehen von den vermutlichen Mängeln der modifizierten Weinberg-Methode, mit der Kallmann hinsichtlich der Krankheitsaussicht operiert, und abgesehen davon, daß er 103 indizierte Zwillingsfälle einbezieht, bei denen bereits ein schizophrener Zwilling hospitalisiert war (10), zeigt ein Vergleich seiner Stichprobe von 691 Fällen im Jahre 1946 mit den 1950 zusammengetragenen 953 Paaren, daß die Zahl der erbgleichen Zwillinge in vier Jahren von 174 auf 278 Paare gestiegen ist, jene der erbungleichen Zwillinge dagegen nur von 517 auf 685. Das ist ein viel höherer Anteil von eineiigen Zwillingen als in der Normalbevölkerung. Eine Erklärung für dieses Mißverhältnis ließe sich darin finden, daß der Zeitraum relativ kurz ist (vier Jahre), so daß die meisten Neuzugänge zu den bereits erfaßten New Yorker Hospitalinsassen neu eingelieferte Fälle wären. Da viele Beobachter die häufige und auffällige Konkordanz im zeitlichen Beginn der Psychose bei eineiigen Zwillingen bezeugt haben und da die experimentellen Bedingungen eine Aufnahme von Fällen, die mehr als fünf Jahre auseinanderliegen, nicht zulassen, wird es eine zwangsläufige Tendenz geben, mehr konkordante eineiige Paare zusammenzubringen. Ein weiterer Faktor, dessen Bedeutung sich schwer beurteilen läßt, ist, daß der gleichzeitige Ausbruch der Krankheit bei beiden Zwillingen eine viel größere Belastung für die Familie darstellt und somit natürlich die Wahrscheinlichkeit größer ist, daß beide eineiigen Zwillinge hospitalisiert werden. Rosanoff gab an, daß er ein Paar konkordanter eineiiger Zwillinge gewöhnlich im selben Hospital fand (86).

Ferner ist mit großer Wahrscheinlichkeit anzunehmen, daß entlegene New Yorker Staatshospitäler, denen Kallmanns Interesse bekannt ist, ihn auf konkordante Paare aufmerksam machen. Das ist ein zwangsläufiges Risiko, wenn man sich auf die Untersuchung von etwas so Spektakulärem wie konkordanten eineiigen Zwillingen versteift. Neel und Schull (89) bemerken, daß es zweifellos eine Neigung gebe, über konkordante eineiige Zwillinge zu berichten, und erörtern andere Probleme der Stichprobenherstellung, einschließlich der Bestimmung von Zweieiigkeit und der Tendenz zu Zwillingsgeburten bei bestimmten Familien und in Zusammenhang mit dem Alter der Mutter.

Essen-Möllers Studie (88) zeigt ebenfalls, daß Konkordanzzahlen hinsichtlich erbgleicher Zwillinge mit Vorsicht behandelt werden müssen. Von den wenigen Fällen mit Psychose hatte nur einer der eineiigen Zwillingspartner eine mehr als transitorische Psychose. Werden derartige Fälle zusammen mit solchen, bei denen der Krankheitsverlauf die Form eines chronischen Zerfalls annimmt, als schizophren registriert, so erscheint die Konkordanz natürlich zwingender, als sie in Wirklichkeit ist. Dieselbe Studie zeigt das Problem der Diagnose, das von der Untersuchung erbgleicher Zwillinge aufgeworfen wird. Der Beobachter kann sie in solchem Maße als gleich ansehen, daß seine Definition der Schizophrenie übermäßig unscharf wird. Augenscheinlich stellte Kallmann die Konkordanz bei Essen-Möller mit 71,4 Prozent dar, weil er sich mehr auf die Feststellungen des Autors hinsichtlich eines »Ähnlichkeitscharakters« stützte als auf das tatsächliche Vorkommen einer Krankheit, die für die meisten Psychiater gleichbedeutend mit »Schizophrenie« wäre. Diese Tendenz, eineiige Zwillinge als gleich anzusehen, mag daran schuld sein, daß Kallmann Zwillinge »mit Schizophrenie ohne Zerfallscharakter« und »ohne Schizophrenie« unter der Kategorie der »Ähnlichkeit« in einen Topf geworfen hat. Festgestellt werden muß auch, daß Slater einen seiner getrennt aufgewachsenen Zwillinge als schizophren diagnostiziert, während ein englischer Psychiater im allgemeinen eher zur Diagnose eines paranoiden Charakters kommen würde (21).

Da eineiige Zwillinge gleich aussehen, der Tendenz nach eine ähnliche präpsychotische Persönlichkeit haben (nicht gänzlich aus genetischen Gründen), größeres Interesse erwecken, wenn sie konkordant sind, und mit Wahrscheinlichkeit innerhalb von sechs Monaten bis zu einem Jahr nacheinander im selben Hospital zu finden sind, werden die genetisch orientierten Beobachter leicht von dem Glanz solcher Gleichheit geblendet. So stellt Kallmann zum Beispiel in seinem letzten Artikel (1958 [96]) fest: »Konsistente Ähnlichkeit in der Zusammensetzung dieser Persönlichkeitskomponenten wird beim Fehlen einer genotypischen Gleichheit nicht beobachtet. Zweieiige Zwillinge desselben Geschlechts unterscheiden sich in ihrer Persönlichkeit tendenziell ebenso sehr wie andere Geschwister, die zusammen oder getrennt aufgewachsen sind. Nur bei eineiigen Zwillingen sind selbst ausgeprägte Unterschiede in der Lebenserfahrung, wie nachteilig sie auch sein mögen, nicht stark genug, grundlegende Ähnlichkeiten in Aussehen und allgemeinen Charakterzügen auszulöschen.« Im selben Artikel zitiert er später die Zahlen von Kranz und Lange als Beweis für eine erbliche Bedingtheit von Kriminalität und bemerkt, daß diese zwischen 14 Prozent bei Paaren verschiedenen Geschlechts, 54 Prozent bei gleichgeschlechtlichen Paaren und 66 Prozent bei eineiigen Zwillingen schwanken. Er kommt dann zu dem Schluß: »Deshalb mag die Tendenz zu kriminellem Verhalten bei zweieiigen Zwillingen in der Hauptsache in dem Einfluß ungünstiger Umweltverhältnisse begründet sein.« Hier wird eindeutig mit zweierlei Maß gemessen: Sind eineiige Zwillinge konkordant, handelt es sich um Vererbung; sind zweieiige Zwillinge konkordant, ist die Umwelt schuld. Wie unhaltbar diese Position ist, wird offenbar, wenn der Autor feststellt, daß Kriminalität in vielen Fällen durch konstitutionelle Faktoren verursacht sein mag, Diskordanz aber sogar bei eineiigen Zwillingen auftreten könne, falls einer der beiden es schaffe, die Grenzen der Gesetze einzuhalten. Offenbar liegt es an der Erbmasse, wenn man die Gesetze übertritt, aber wenn man sie einhält, dann ist die Umwelt schuld.

Abgesehen von den Fragen der Stichprobenherstellung, der Diagnose und der statistischen Methoden bleibt also noch die Frage, wie die Daten interpretiert werden müssen.

In diesem Zusammenhang ist es wichtig, zunächst einmal die Position derer festzustellen, von denen die Ergebnisse der Zwillingsforschung als Beweis für eine genetische Basis der Schizophrenie angesehen werden. Slater (90) hat in seiner Entgegnung auf Bleulers Einwand, daß die frühe Umwelt eineiiger Zwillinge sich von der Umwelt der Normalbevölkerung und erbungleicher Zwillinge unterscheide, seine Position wie folgt umrissen:

1. Es stimmt nicht, daß eineiige Zwillinge in der Kindheit einander ähnlicher seien als zweieiige.
2. Es liegt kein Beweis dafür vor, daß Mütter sich in ihrer emotionalen Einstellung gegenüber Zwillingen desselben Geschlechts signifikant unterscheiden.
3. Es gibt keinen Beweis dafür, daß Unterschiede der frühen emotionalen Umwelt in Beziehung stehen zu späteren psychotischen Erkrankungen.
4. Der Einwand entstammt einer emotional gefärbten Voreingenommenheit.

Dann bringt Slater seine Überzeugung zum Ausdruck, daß die psychologische Umwelt in früher und später Kindheit nicht »zu einer endogenen Psychose wie der Schizophrenie« führen könne. Allerdings billigt er der Umwelt doch eine geringfügige Rolle bei der Entstehung von Schizophrenie zu, indem er auf die zwischen eineiigen Zwillingen bestehende Diskordanz verweist, aus der die Bedeutung interpersoneller Prozesse hervorgehe. Obwohl sich seine Argumentation durch nichts als Emphase auszeichnet, hat sie doch eine Antwort verdient, da die Beziehung der Rollen, die Anlage und Umwelt nach psychiatrischer Lehrmeinung spielen sollen, immer noch ein kritisches Problem mit praktischen und theoretischen Konsequenzen ist.

1. Eineiige Zwillinge sähen in der Kindheit einander nicht ähnlicher als zweieiige. In Slaters eigenen Falldarstellungen wird häufig die Verwirrung der Mutter und anderer Bezugspersonen erwähnt, die die Zwillinge nicht auseinanderhalten können, und in einer Reihe von Fällen, die in der Literatur dargestellt worden sind, werden Äußerungen des Patienten

über seine eigene Verwirrung hinsichtlich seiner Identität angeführt. Zum Beispiel zeigt der Fall von Laignel (97) einen Zwilling (die kränkere von zwei Schwestern), der von sich selbst in der »Wir«-Form spricht, während der andere Zwilling noch fähig ist, »ich« und »meine Schwester« zu sagen.

Eine Untersuchung von mindestens 100 Fotos von Zwillingen aus der Literatur (siehe besonders Kallmann [17]) ergibt einen auffälligen Unterschied zwischen den Bildern erbgleicher und erbungleicher Zwillinge. Erbungleiche Zwillinge können sogar in der Kindheit unterschiedlich gekleidet sein, während erbgleiche Zwillinge regelmäßig noch als Jugendliche und in vielen Fällen sogar als Erwachsene und alte Menschen die gleiche Kleidung tragen, wodurch die bereits bestehende Gleichartigkeit noch unterstrichen wird.

Slater spricht augenscheinlich von »Kindheit«, weil in einigen psychodynamischen Theorien das frühe Trauma bei der Schizophrenie hervorgehoben wird. Eineiige Zwillinge sind zumindest in der Adoleszenz einander sehr nahe, und diese Nähe mag ein entscheidenderer Faktor sein als die Zeit ihrer Kindheit. Wilson (98) verschickte an 70 eineiige und 69 gleichgeschlechtliche sowie 55 verschiedengeschlechtliche zweieiige Zwillinge, die die höhere Schule besuchten, Fragebogen. Das Ergebnis: Dreiundvierzig Prozent der eineiigen Zwillinge und 26 Prozent der gleichgeschlechtlichen zweieiigen Zwillinge sind keinen Tag getrennt gewesen; und 76 Prozent der eineiigen sowie 52 Prozent der zweieiigen Zwillinge hatten dieselben Freunde. Die eineiigen und die gleichgeschlechtlichen zweieiigen Zwillinge waren einander ähnlich in der Bevorzugung von Speisen, Betätigungen und Studienfächern, und zwar in etwa demselben Verhältnis wie in der Wahl von Freunden.

Von Bracken (99) und Newman mit seinen Mitarbeitern (100) haben mit Untersuchungen offensichtlich normaler Zwillinge gezeigt, daß einer von den Zwillingen zum »Repräsentanten in der Außenwelt« wird, wie von Bracken ihn nennt. Hinsichtlich der Außenwelt übernimmt er die Initiative für beide. In Anbetracht der Tendenz erbgleicher Zwillinge, in der Mehrzahl der Fälle eine Psychose von Art der *folie à deux* zu entwickeln, wie die in der Literatur dargestellten Fälle zeigen, ist das interessant. Es wird nicht klar, was Slater meint, wenn er behauptet, es stimme nicht, »daß eineiige Zwillinge in der Kindheit einander ähnlicher seien als zweieiige«, doch spricht das einschlägige Material dafür, daß eineiige Zwillinge eine einzigartige emotionale Beziehung zueinander haben, die auf Gleichartigkeit beruht.

2. Es gebe keine Beweise dafür, daß Mütter sich in ihrer emotionalen Einstellung gegenüber Zwillingen desselben Geschlechts signifikant unterscheiden. Stellt man diese Frage umfassender, so daß sie lautet: »Besteht bei Zwillingen eine Beziehung zwischen Gleichgeschlechtlichkeit und Konkordanz für Schizophrenie?«, so ergeben die bereits zitierten Zwillingsuntersuchungen eine auffallende Evidenz. Eine derartige Beziehung ist meines Wissens noch nicht dargestellt worden und findet sich hauptsächlich bei zweieiigen Zwillingsschwestern. Ein solcher Befund hängt eindeutig von einer Reihe Variabler ab, zu denen die Einstellung der Mutter vermutlich gehört.

Gleichgeschlechtliche und verschiedengeschlechtliche zweieiige Zwillinge haben offensichtlich die genotypische Beziehung von gewöhnlichen Geschwistern. Da nicht behauptet wird, daß Schizophrenie eine geschlechtsgebundene Störung ist, wird man deshalb nicht erwarten, daß hinsichtlich Schizophrenie eine unterschiedliche Konkordanz auf hereditärer Basis besteht. Andererseits, wenn die Hypothese stimmt, daß erbgleiche Zwillinge aufgrund ihrer »Zwillingshaftigkeit« eine größere Konkordanz in bezug auf Schizophrenie haben, möchte man annehmen, daß bei zweieiigen Zwillingen desselben Geschlechts sich häufiger eine Konkordanz in punkto Schizophrenie findet; denn unter dem Gesichtspunkt der Gleichartigkeit sind sie einander ähnlicher als zweieiige Zwillinge verschiedenen Geschlechts. Aus einer Reihe von Gründen, die noch genannt werden sollen, spricht zudem vieles dafür, daß weibliche Zwillinge einander insgesamt »näher« sind als männliche. Slater (21) erwähnt, daß 11 von 13 seiner konkordanten Paare zweieiiger Zwillinge weiblichen Geschlechts waren; die beiden übrigen Paare waren männlichen Geschlechts und nur verdachtsweise, nicht wahrscheinlich, schizophren. Er bemerkt: »Wir können diese Tatsache nur als medizinische Kuriosität buchen und keine Erklärung dafür bieten.« Rosanoff (86) erbrachte ähnliche Befunde. Nur ein Paar von 11 verschiedengeschlechtlichen Zwillingspaaren war konkordant, dagegen sieben von zwölf Paaren desselben Geschlechts. Er verzeichnete eine Konkordanzrate von 56 Prozent für zweieiige Zwillinge desselben Geschlechts, und auf vier weibliche Paare zweieiiger Zwillinge kam nur ein männliches Paar mit ähnlichen Krankheitsformen. Wie er angibt, waren von den diskordanten eineiigen Zwillingen 47,5 Prozent männlich, während bei den weiblichen nur 18,2 Prozent diskordant waren. Kallmann schlüsselt nicht nach Geschlechtszugehörigkeit auf, doch gibt er in seinem Bericht von 1946 (10) Zahlen für gleichgeschlechtliche und verschiedengeschlechtliche Paare an, aus denen man errechnen kann, daß das Verhältnis 17,6 zu 11,5 beträgt – ein signifikanter Unterschied. Tabelle 4 stellt die Untersuchungen dar, in denen Angaben über Gleichgeschlechtlichkeit gemacht worden sind.

3. Es gebe keinen Beweis dafür, daß Unterschiede der frühen emotionalen Umwelt in Beziehung stehen zu späteren psychotischen Erkrankungen. Was die Evidenz in dieser Frage betrifft, so möchte ich den Leser auf andere Beiträge in diesem Band verweisen, da der Platz nicht ausreicht, um hier darauf einzugehen. Hier möge die Feststellung genügen, daß es sich bloß um eine negative Argumentation handelt und kein Beweis dafür erbracht wird, daß *kein* solcher Zusammenhang besteht. Slater hat für meine Begriffe recht, wenn er sich gegen den allzu strapazierten Begriff des kindlichen Traumas wendet, aber das heißt noch nicht, daß die erbbiologische Krankheitsverursachung als einzige Erklärung übrig bleibt.

4. Der Einwand entstamme einer emotional gefärbten Voreingenommenheit. Auf dieses Argument *ad hominem* läßt sich schwer auf rationaler Ebene antworten. Wenn man sich die

Tabelle 4

Nicht-genetische Konkordanzen

Gleichgeschlechtliche zweieiige Zwillinge:
Lange – Kriminalität EZ 66 ZZ 54 (gleichgeschl.) 14 (verschiedengeschlechtlich).

Rosanoff – Schizophrenie EZ 86 ZZ 56 (gleichgeschl.) 21 (verschiedengeschlechtlich).

Slater – 9 von 11 ZZ weiblich, 2 männliche (nur Schizophrenieverdacht)

Essen-Möller – von 5 konkordanten ZZ sind 4 weiblich

Kallmann 85,6 17,6 (gleichgeschl.; keine Aufschlüssel. nach männlich u. weiblich)

Familiengruppen:

Zehnder: 84 Prozent der Paare *Schwestern* (11 W : 2 M in waren weiblich 5 Jahren)
(14 W : 2 M in 10 Jahren)

Penrose: *Verwandtschaftspaare, Häufigkeit:* *Von den Gesamtstichproben:*
Schwester-Schwester 8,7 % Väter
Bruder-Bruder 24,5 % Mütter
Mutter-Tochter 30,0 % Verwandte

Folie à deux: Schwester – 4,5 zu 1 über andere Verwandte
Mutter-Tochter – 16mal größer als Vater-Tochter
Mutter-Sohn – 8mal größer als Vater-Sohn

Fachliteratur anschaut, erkennt man, daß weder die Erbbiologen noch die Psychodynamiker Anlaß haben, auf ihre Objektivität stolz zu sein.

Ich-Verschmelzung und Ich-Spaltung

Die belletristische Literatur ist reich an Geschichten, in denen die einzigartige Beziehung zwischen erbgleichen Zwillingen dargestellt wird. *The Corsican Brothers* ist vielleicht die übertriebenste Schilderung einer Ich-Verschmelzung, während *The Years Are Even* ein psychologisch einfühlsamer Roman über die Schädigung ist, die einem Zwillingspaar aus seiner Gleichartigkeit erwachsen kann. Edgar Allan Poe schildert den Schrecken der Frage »Welcher davon bin ich?« in seiner Geschichte *William Wilson*.

Es liegen ein paar wissenschaftlich-psychologische Studien vor, von denen vielleicht die wichtigste das Buch von Dorothy Burlingham, *Twins* (101), ist, in dem die Autorin die ungewöhnlichen psychologischen Verhältnisse von Zwillingen und ihre gegenseitige Einstellung beschreibt. Sie sagt: »Eineiige Zwillinge können sich oft, wenn sie erwachsen sind, nicht zu unabhängigen Menschenwesen entwickeln. Es bleibt offen, ob das an dem Zwillingsstatus selbst liegt oder an der Haltung der Mutter, die sie in ihrer Kindheit nicht auseinanderhalten konnte; der Mutter, die beiden die gleichen Möglichkeiten und Erfahrungen vermittelte und sie somit als ein Wesen und nicht als zwei behandelte.«

Verlassen wir für einen Moment die Position der Erbbiologen und betrachten wir einige der hier erörterten Faktoren vom Standpunkt der Psychodynamiker aus – besonders der an der Familie orientierten –, so will es scheinen, daß die Mutter in der Familiensituation, die als psychogenetisch wichtig für die Entwicklung von Schizophrenie beschrieben worden ist, mit eineiigen Zwillingen ihre besondere Last hat. Dazu könnte die Familienumwelt die Zwillinge in eine Situation bringen, in der sie einander nahe sind, die aber auch von gegenseitiger Feindschaft und Abhängigkeit geprägt ist. Das Identitätsproblem des Schizophrenen, auf das psychodynamisch orientierte Autoren so oft mit Nachdruck verweisen, könnte keine bessere Niststätte finden als in der Verflechtung der Zwillings-Identitäten, der Ich-Verschmelzung, die in einer Hinsicht das Ich verdoppelt (da der andere als Teil des Selbst erlebt wird) und in anderer Hinsicht halbiert (da das eigene Selbst als Teil des anderen erlebt wird).

Wenn die psychodynamische These stimmt, wenn die Ich-Verschmelzung als Ursache gemeinsamer Verrücktheit anzusehen ist, dann wäre es eine begründete Hypothese – im Gegensatz zur genetischen –, daß wir, entsprechend dem Grad der Gleichartigkeit bei Geschwistern, eine erhöhte Konkordanz in bezug auf Schizophrenie feststellen werden, ohne daß die genetische Ähnlichkeit untersucht werden muß.

Zur Unterstützung dieser psychodynamischen Hypothese läßt sich sagen, daß zweieiige Zwillinge nach allen dargestellten Untersuchungen eine größere Konkordanz in punkto Schizophrenie aufweisen als gewöhnliche Geschwister, wobei dieser Unterschied zum größten Teil mit zweieiigen Zwillingen desselben Geschlechts zusammenhängt. Ferner besteht bei gleichgeschlechtlichen weiblichen Zwillingen mit verschiedener Erbmasse im Vergleich zu zweieiigen Zwillingsbrüdern eine signifikante und gewöhnlich auffallend erhöhte Konkordanz. Nach den Zahlen von Zehnder (40) und Penrose (39) sind Schwestern, die keine Zwillinge sind, hinsichtlich des zeitlichen Beginns der Psychose und in bezug auf die Symptome viel konkordanter als Brüder oder gemischte Paare von Bruder und Schwester. Diese Schwestern machen also die Mehrheit der Paare aus. Zehnder untersuchte alle Geschwister, die im Zeitraum von 20 Jahren in ein Schweizer Hospital eingewiesen worden waren. Es gab 38 Familiengruppen, bestehend aus 28 Geschwisterpaaren, fünf Gruppen mit drei Geschwistern und fünf mit vier Geschwistern. Das Gesamtverhältnis von weiblich zu männlich betrug 63 zu 26. Von den Geschwisterpaaren waren jedoch 84 weiblich. Die männlichen Fälle kamen aus Familien mit mehreren Geschwistern. Bei elf Schwesternpaaren brach die Psychose innerhalb von fünf Jahren nacheinander aus (die Autorin unterteilte die 20 Jahre in 5-Jahr-Perioden), während sich in dieser Kategorie nur zwei Brüderpaare und keine verschiedengeschlechtlichen Geschwister fanden. Vierzehn Schwesternpaare hatten innerhalb von zehn Jahren ihre Psychosen, dagegen nur zwei Brüderpaare.

Die auffällige Häufigkeit weiblicher Paare würde auf eine »Nähe« bei Schwestern, insbesondere zweieiigen Zwillingsschwestern verweisen, die zum Teil auf folgende Umstände zurückgehen könnten. Kulturell werden Mädchen in ihren Aktivitäten außerhalb des Hauses stärker eingeschränkt als Jungen. Das war besonders in den Jahren der Fall, die der Viktorianischen Epoche näher lagen: der Zeit, in der die Patienten dieser verschiedener Studien ihre Kindheit und Jugend durchliefen; und diese Situation besteht noch immer in ärmeren Familien, die einen gewichtigen Teil der erfaßten Population von Patienten ausmachen. Unter diesen Umständen streben die Jungen aus dem Haus, während die Mädchen im Hause helfen oder als Hauspersonal arbeiten, wobei sie wenig Gelegenheit zu sozialen Kontakten haben.

Enge Bindungen zwischen Schwestern sind nicht mit dem Makel des Mißfälligen behaftet, wie das bei Brüdern der Fall sein mag. »Weibisch« und »homosexuell« wird man in unserer Kultur eher Brüder nennen als Schwestern, besonders wenn es um Küssen, Herzen, Händehalten usw. geht.

Schwestern können in ihren Heiratsmöglichkeiten stärker beschränkt werden, da es ihnen unsere Kultur nicht erlaubt, sich dem anderen Geschlecht von sich aus zu nähern. Tatsächlich kann eine enge, aber eifersüchtige Beziehung zwischen Schwestern sehr wohl geeignet sein, mögliche Bewerber abzuschrecken. Noch mehr als Brüder können Schwestern beträchtliche Schuldgefühle und Angst empfinden, wenn sie sexuelle Beziehungen eingehen, so daß sie sich in die Schwesternbeziehung zurückflüchten, um ein Ventil für Gefühle zu finden, die sie nicht anzuerkennen wagen. In diesem Zusammenhang ist die Feststellung interessant, daß Kallmann in seinen Zwillingsuntersuchungen einen Frauenüberschuß von 20 Prozent verzeichnet (67), daß bei Slater von 28 konkordanten Paaren 22 weiblich sind (21) und Essen-Möller 17 weibliche und neun männliche konkordante Paare angibt (88). In Slaters Gesamt-Zwillingsreihen übersteigen die weiblichen Index-Fälle die männlichen im Verhältnis von 2 : 1. Von 115 zweieiigen und 41 eineiigen

Paaren sind 103 weiblich. Von den 41 konkordanten Paaren sind 31 weiblich.

Diese Beobachtung von Geschlechtsunterschieden bei zweieiigen Zwillingen bzw. Geschwistern erscheinen mir, zusammengenommen mit dem Konkordanzunterschied bei gleichgeschlechtlichen gegenüber verschiedengeschlechtlichen zweieiigen Zwillingen bzw. dem zwischen zweieiigen Zwillingen und gewöhnlichen Geschwistern, als signifikant. Ihre Bedeutung wächst noch, wenn man feststellt, daß *folie à deux* bei Frauen viermal so häufig wie bei Männern und am häufigsten bei Schwesterpaaren vorkommt. Da *folie à deux* und die Psychosen von Zwillingen eine Reihe von Faktoren gemeinsam haben, ist dieser Gegenstand einer näheren Betrachtung wert.

Folie à deux

Viele der Falldarstellungen in der Literatur über Zwillinge, die in punkto Schizophrenie konkordant sind, verwenden im Titel den Ausdruck »folie à deux«. Einige der frühesten Berichte in der Literatur verwenden sogar Bezeichnungen wie »Zwillingsverrücktheit«, »la folie gemellaire« und »Zwillenschriften«, die eine einzige klinische Entität decken.

Trägt der Zwillingsstatus selbst bedeutend zu der hohen Konkordanzrate bei eineiigen Zwillingen bei, dann sind klinische Ähnlichkeiten zwischen ihren Psychosen und der *folie à deux* zu erwarten. Folgende wichtige Ähnlichkeiten lassen sich feststellen.

Der übereinstimmendste Befund bei *folie à deux* ist nach Gralnick (70) eine über lange Zeit bestehende Verbindung zwischen dem Paar, die gewöhnlich mit gegenseitiger Isolation einhergeht. Deutsch (102), Fenichel (103), Burlingham (101) und Cronin (104) haben festgestellt, daß es sich um eine unbewußte Gemeinschaft, nicht um ein bloßes Zusammenleben handelt. Vergleichen wir dieses Faktum mit jenem, das jeder Zwillingsreport, den ich besprochen habe, erwähnt: die Stärke der Bindung zwischen dem Paar, sei sie nun positiv oder von gegenseitigem Antagonismus und Eifersucht geprägt. Es gibt keine indifferenten Fälle. Diese Feststellung läßt sich aufgrund eines Überblicks über 60 Falldarstellungen in der Literatur treffen. Trotz der Tatsache, daß die große Mehrheit dieser Fälle nicht auf psychodynamischer Grundlage dargestellt wird, lassen die historischen Daten und die Beschreibung der Wahnzustände keinen Zweifel an der Existenz einer feindselig-abhängigen Bindung.

Wichtige Daten über diese Verbindung lassen sich Kallmanns Bericht von 1946 (10) entnehmen. Zweiundfünfzig seiner eineiigen Zwillinge wurden mindestens fünf Jahre vor Ausbruch der Psychose bei einem von ihnen getrennt; 115 trennten sich nicht. Die Gruppe der »Getrennten« hatte eine berichtigte Konkordanz von 77,6 Prozent, die Gruppe der »Nicht-Getrennten« hingegen eine Konkordanz von 91,5 Prozent. Diese Differenz ist höchst signifikant, wenn man bedenkt, daß das Durchschnittsalter 33 Jahre betrug. Sogar wenn die Trennung nach den Prägungsjahren erfolgte, wurde die Konkordanzrate augenscheinlich ganz erheblich herabgesetzt. Unter einem anderen Gesichtspunkt ist es bemerkenswert, daß eine so große Zahl noch in diesem hohen Alter zusammenlebte. Ich habe bereits die Studie von Wilson erwähnt, aus der hervorgeht, daß 43 Prozent seiner eineiigen Zwillinge (College-Durchschnitt) nicht einen Tag lang getrennt gewesen ist (98). Luxenberger (85) und Stolze (105), obwohl genetisch orientiert, räumen ein, daß die enge Verbindung von Zwillingen eine einzigartige Psychose erzeugt.

Psychose aufgrund von Vereinigung setzt offensichtlich eine soziale Isolation voraus, damit sie sich entwickeln kann. Abgesehen davon, daß soziologische Studien die Bedeutung der sozialen Isolation für die Schizophrenie im allgemeinen klargestellt haben, sind auch Falldarstellungen von Zwillingen, die in bezug auf Schizophrenie konkordant sind, voller Hinweise auf Zurückgezogenheit, Religiosität, Tugendhaftigkeit und mangelnde Intellektualität. Diese Charakteristika verstärken die Absonderung des Zwillingspaares von der übrigen Welt und begünstigen eine gemeinsame Ich-Verschmelzung. Die

Identifizierung in der *folie à deux* ist von Gralnick (70), Brill (106), Deutsch (102) und Oberndorf (107) hervorgehoben worden. Der Versuch des einen, wie der andere zu sein, ist der Ich-Verschmelzung bei einigen Zwillingen nicht unähnlich.

Wie schon gesagt, besteht eine der auffallendsten Übereinstimmungen zwischen der Schizophrenie bei Zwillingen und der *folie à deux* darin, daß beide so häufig beim weiblichen Geschlecht auftreten. *Folie à deux* ist bei Schwestern viermal so häufig wie bei Brüdern, und Mutter-Tochter-Verbindungen sind doppelt so häufig wie Mutter-Sohn-Paare. Diese Bündnisse kommen achtzehn- bzw. achtmal so häufig vor wie Vater-Tochter- und Vater-Sohn-Bündnisse. Dem Einwand, diese Fälle könnten alle zufällig eine hereditäre Basis haben, muß man entgegenhalten, daß Verbindungen von Mann und Frau gleich hinter solchen von Schwester-Schwester und Mutter-Tochter kommen. Ferner erwähnen die Berichte über *folie à deux* Familiengeschichten, die in bezug auf Schizophrenie negativ sind, und das gilt auch für eine Reihe von Zwillingsreporten. Gralnick stellt dazu fest (70): »Die Häufigkeit, mit der *folie à deux* in Familien auftritt..., beweist nicht unbedingt die Bedeutung der Heredität. Nur in der Familieneinheit, wie wir sie kennen, können alle Faktoren und Mechanismen oder doch die meisten von ihnen, die wir angeführt haben, wirksam werden.«

Außerdem muß man vielleicht darauf hinweisen, daß in der *folie à deux* wie in der Ich-Verschmelzung von Zwillingen homosexuelle Ängste und Eifersucht zutage treten. Selbst in den Zwillingsberichten, die so gut wie kein psychodynamisches Material vermitteln, werden im Inhalt von Wahnvorstellungen und Halluzinationen homosexuelle Probleme deutlich. Zwei Falldarstellungen über konkordante Zwillinge erwähnen zum Beispiel die Angst, an einer Banane zu ersticken, während in zwei Berichten über weibliche Zwillinge von der Angst die Rede ist, mit Samen vergiftet zu werden. (Lidz' Bericht über ein Paar eineiiger Zwillinge mit Konkordanz für Schizophrenie, einer der wenigen psychodynamisch orientierten, ist leider noch unveröffentlicht.)

Da weibliche Fälle häufiger sind, ist die Feststellung interessant, daß man dem homosexuellen Element bei männlichen Paaren mehr Beachtung geschenkt hat – vermutlich liegt das an den schon erwähnten kulturellen Faktoren sowie an der Tatsache, daß das sexuelle Element in der Beziehung von Schwestern am häufigsten die Form gegenseitiger Eifersucht und starker Ablehnung jeder Beziehung mit einem Mann annimmt.

Ich habe die übliche Form von Schizophrenie, wie sie anhand von konkordanten eineiigen Zwillingen dargestellt worden ist, mit *folie à deux* verglichen wegen des interessanten Geschlechterverhältnisses, der Übereinstimmung im Krankheitsausbruch und des »induzierten« Charakters der Psychose beim als zweitem erkrankten Zwilling. Diese allgemeinen Faktoren sowie die Anzahl nicht blutsverwandter Fälle von *folie à deux* sprechen, wie es scheint, nicht für die Validität einer erbbiologischen Argumentation. Dazu ist Trennung, ebenso wie sie bei Paaren mit *folie à deux* nachgewiesenermaßen therapeutisch wirkt, offensichtlich auch bei eineiigen Zwillingen, die in einer kranken Umgebung aufgewachsen sind, therapeutisch angebracht – ein Faktum, das ebenfalls gegen eine primär hereditäre Basis bei beiden Krankheiten spricht. Denn in den relativ wenigen Fällen eineiiger Zwillinge mit Diskordanz für Schizophrenie, die in der Literatur dargestellt wurden, scheint Trennung der gemeinsame Nenner zu sein. In einigen Fällen wurden die Zwillinge geographisch getrennt; in anderen traten körperliche Krankheit oder Gebrechen als Faktor der »Trennung« auf. Luxenberger (85) hob diesen »Trennungsschutz« hervor, wenn auch aus anderen Gründen. Bei der Untersuchung konkordanter eineiiger Zwillinge weiblichen Geschlechts stellte er fest, daß es bei denen, die heirateten und Mutter wurden, nicht zur Ausbildung von Schizophrenie kam. Er betonte deshalb die Bedeutung eines »sexuellen Gleichgewichts« oder Metabolismus als einen Faktor, der der Schizophrenie entgegenwirke. Daß der zurückgelassene Zwilling dann schizophren wurde, dürfte allerdings eher auf psychologische Faktoren als auf endokrinologische zurückzuführen sein; auch daß die Zwillingsschwester die Fähigkeit zum Fortgehen hatte, dürfte Beweis für ihre größere geistige Gesundheit sein.

Eine ganz andere Auffassung der Psychosen von Zwillingen und der *folie à deux* kann der Leser Kallmanns Aufsatz zu dem Thema entnehmen (108). Er wurde geschrieben, kurz nachdem der Autor seine erste große Zwillingsuntersuchung vor der American Psychiatric Association vorgetragen hatte, und sollte wohl eine Widerlegung von Fragen sein, die auf der Tagung hinsichtlich der einzigartigen Umwelt von eineiigen Zwillingen geltend gemacht worden waren. Kallmann stellt fest: »Das Resultat [soziogener Theorien] ist fast zum Aberglauben an ein geheimnisvolles Phänomen geworden, das durch persönlichen Kontakt Geisteskrankheit erzeugt. Auf diese ziemlich nebulose Weise hat man die *folie à deux* zu einem bequemen Mäntelchen gestreckt, das sich alle Untersucher umhängen können, die weiterhin dem Prinzip der Heredität beim Menschen in jeder Form widersprechen.«

Abgesehen von dem stark emotional gefärbten Ton des ganzen Aufsatzes: Kallmann hat ganz recht, wenn er den unterschiedslosen Gebrauch der Bezeichnung »folie à deux« kritisiert. Allerdings umfaßt der Begriff mehr als nur Psychosen, die bei zwei Familienangehörigen auftreten, wie nicht zuletzt seine eigenen Beispiele zeigen. Die Literatur über *folie à deux* schildert die Existenz *gemeinsamer Wahnvorstellungen,* eine starke Wechselbeziehung zwischen den Symptomen sowie ein gemeinschaftliches affektives Element, das das Ganze größer macht als die Summe seiner Teile. Da in keiner der Studien, die ich referiert habe, für die Ähnlichkeit der Symptome eine genetische Basis festgestellt werden konnte und da sich solche Ähnlichkeit an Gruppen (54, 55) oder an Paaren, die nicht blutsverwandt sind (70), demonstrieren läßt, liegen Gründe genug vor, Kallmanns starken Widerstand gegen eine Interpretation der *folie à deux* auf der Grundlage von Umweltsbedingungen mit Fragezeichen zu versehen.

Schließlich hat die Frage nach der Bedeutung des Bündnisses in der Psychose eineiiger Zwillinge noch einen weiteren Aspekt. Wie Oggioni festgestellt hat, hängt die Ähnlichkeit der Symptome eineiiger Zwillinge davon ab, wie lange sie krank gewesen sind (110). Er führt mehrere, hinsichtlich der Symptome diskordante Fälle an, die nach ihrer Hospitalisierung konkordant wurden. Dieses Faktum läßt sich mehreren Falldarstellungen entnehmen (111, 112), mag es auch nicht besonders kommentiert werden. Kallmann (108) hat Konkordanz hinsichtlich der Schizophrenieform bei eineiigen Zwillingen als wichtiges Argument zugunsten einer genetischen Verursachung benutzt. Da jedoch trotz intensiver Untersuchungen von Leonhard, Kleist, Schulz, Bleuler und anderen keine Beziehung zwischen Schizophrenieform und genetischer Struktur festgestellt werden konnte, darf man wohl fragen, ob nicht das Bündnis zwischen den Zwillingspartnern eine ebenso große Rolle bei der Gleichartigkeit der Symptome eineiiger Zwillinge spielt wie die biologische Vererbung. Mehrere Falldarstellungen schildern Schwestern bzw. zweieiige Zwillinge mit auffallend ähnlichen klinischen Merkmalen (113, 114).

Fälle aus der Literatur

Es liegen etwa 60 Falldarstellungen über Schizophrenie bei eineiigen Zwillingen in der Literatur vor. Wenige davon enthalten irgendwelches psychodynamisches Material. Ausnahmen sind die Falldarstellungen von Kasanin (115), Oatman (116), Adler und Magruder (117) und Lidz (118), wobei einzig der Aufsatz von Lidz eine detaillierte psychodynamische Studie bildet. Viel Material dieser Art läßt sich jedoch aus anderen Aufsätzen schöpfen, und es ist bemerkenswert, daß bei einer Reihe von ihnen die Familiengeschichte, sowohl in den zurückliegenden Generationen wie in den Seitenlinien, in punkto Schizophrenie negativ ist, wobei jedoch die Konkordanz an sich als Beweis für einen genetischen Ursprung angeführt wird. Besonders auffallend ist das bei Slaters Fall (14), da er von zwei Zwillingsschwestern berichtet, die getrennt aufgewachsen sind und angeblich beide eine Schizophrenie entwickelt haben, und dabei den Fall als entscheidend für die genetische Theorie präsentiert.

Die Falldarstellungen lassen sich in zwei Hauptgruppen unterteilen: in der ersten wird ein Zwilling als schizophren geschildert, der andere als normal, neurotisch oder (in mindestens vier Fällen) als manisch-depressiv. Wenn Informationen darüber vorhanden sind, wird klar, daß die diskordanten Zwillinge sehr verschiedene Umweltsbedingungen gehabt haben. Kihn (111) erwähnt mehrere Fälle, in denen ein eineiiger Zwilling schizophren und der andere manisch-depressiv ist. Er stellt fest, daß er mit Luxenberger darin übereinstimmt, daß der Ausgang der Psychose bei Zwillingen entsprechend ihren äußeren Bedingungen schwanken kann. Das steht in bemerkenswertem Gegensatz zu Kallmann, der darauf beharrt, daß keine Überschneidungen von schizophrenen und affektiven Störungen vorkommen, wenn geeignete diagnostische Kriterien verwendet werden. Noch 1958 hat Kallmann (96) behauptet, manisch-depressive Psychosen und Schizophrenie träten bei eineiigen Zwillingen nicht zusammen auf. Interessanterweise tadelt Slater seine Kollegen, weil sie Kallmanns Behauptung nicht beachten und daran festhalten, daß es Überschneidungen zwischen den beiden Störungen gebe; dabei ist Slater selbst einer von denen, die von einem eineiigen Zwillingspaar mit beiden Störungen berichtet haben (119).

In der zweiten Hauptgruppe sind die Zwillinge hinsichtlich Schizophrenie konkordant und haben ihre Psychosen am selben Tag oder im Zeitraum von wenigen Wochen nacheinander entwickelt; und dazu ist ihnen eine typische *folie à deux*-Situation gemeinsam bzw. ahmen sie einander in einer Weise nach, die nach Stolze (105) nur bei eineiigen Zwillingen zu finden ist. Er meint, die Symptomatologie unterscheide sich von der der gewöhnlichen Schizophrenie, und berichtet von einem anschaulichen Fall. Allerdings gibt es in der Literatur mehrere Berichte, die sogar noch eindrucksvoller sind als der von Stolze (117, 120, 121); und Siemens (122) berichtete, daß drei von sechs eineiigen Zwillingen einen gleichzeitigen Krankheitsausbruch hatten.

Unter den Falldarstellungen von diskordanten Zwillingen ist die schon erwähnte von Wiggers (123) es wert, daß sie jeder Untersucher des Anlage-Umwelt-Problems genau studiert. Zwar hatte der eine Zwilling, während sein Bruder ausgesprochen schizophren wurde, weiterhin einen adäquaten Realitätsbezug, doch scheint das vorgetragene Material, insbesondere ein langer Brief des nicht-schizophrenen Zwillings an den Arzt seines Bruders, auf eine typisch gestörte Zwillingsbeziehung hinzuweisen. Die Brüder waren in einem Haus aufgewachsen, dessen Bedingungen als gut beschrieben wurden, und der einzige mögliche Schizophrene in der Familiengeschichte ist ein Bruder der Großmutter, der mit der Diagnose Dementia hospitalisiert war. Besonders interessant ist die Feststellung, daß der schizophrene Zwilling von der Familie fortgeschickt wurde, als Strafe für sexuelle Betätigung, an der beide Brüder beteiligt waren, während der andere Zwilling zu Hause blieb. Augenscheinlich hat es bereits einen Unterschied in der Familienrolle gegeben, wobei der eine Zwilling in der glücklicheren Position war. Die wenigen Berichte in der Literatur über diskordante Zwillinge zeigen, daß der schizophrene Zwilling aus einer Reihe von Gründen zunehmend erfolglose Beziehungen hat. Wie es scheint, wird bei einem Zwilling ein schlechteres Verhalten im Vergleich zum anderen Zwilling viel weniger toleriert als bei gewöhnlichen Geschwistern.

Unter den Falldarstellungen der zweiten Gruppe – konkordante Zwillinge – findet sich ein aufschlußreicher und typischer Fall, der von Oatman (116) berichtet wird; es handelt sich um eineiige Zwillingsbrüder der schwarzen Rasse, die, als sie eingezogen und einem Armeelager zubeordnet wurden, gleichzeitig schizophren wurden. Mindestens fünf Jahre davor hatten Hochschulfreunde bemerkt, daß sie sich mit Handsignalen verständigten und von telepathischen Kräften sprachen. Dieser Fall ähnelt dem von Rubin (121) und hat mit anderen Darstellungen eineiiger Zwillingsbrüder, die in bezug auf Schizophrenie konkordant wurden, mehrere Züge gemeinsam: 1. Es gab einen Versuch, sie zu trennen, der fehlschlug; 2. es existieren homosexuelle Ängste und homosexuelle Wahnvorstellungen; 3. sowie die Zwillinge psychotisch sind, klammern sie sich aneinander und können nur mit Gewalt getrennt werden, und jeder Unterschied in ihrer Symptomatologie wird verwischt, je länger der Krankenhausaufenthalt dauert. Schon 1859 berichtete Moreau de Tours von dieser Situation. Viele Berichte erwähnen die Isolierung der Zwillinge von den übrigen Patienten im Hospital; und nach den dargestellten Fällen zu urteilen, werden die Zwillinge gewöhnlich nicht getrennt.

Wigers Fall deutet darauf hin, daß der Unterschied zur konkordanten Situation nur graduell ist. Ob die Trennung nun auf die Haltung der Familie zurückgeht oder rein zufällig ist, sie scheint in den als diskordant dargestellten Fällen eine gewichtige Rolle zu spielen (115, 123, 124).

Faszinierend und immer wiederkehrend in diesen Krankengeschichten ist der Befund, daß der erstgeborene Zwilling in der Lage ist, in der Situation einer *folie à deux* die Führung zu übernehmen. Wynne (125) berichtet in einer detaillierten Studie über eineiige Vierlinge weiblichen Geschlechts, die schizophren wurden, daß sie alle innerhalb von 17 Minuten auf die Welt kamen, die Erstgeborene jedoch die verantwortliche »Älteste« blieb, während die zuletzt Geborene das »Baby« wurde. Diese Studie stellt eines der interessantesten Dokumente dar, die zum Anlage-Umwelt-Problem vorliegen. Bei der *folie à deux* hat häufiger der ältere der beiden Geschwister die »Führung«, während bei verschiedengeschlechtlichen Zwillingen häufiger die Schwester die Führungsrolle innehat (siehe dazu z. B. Slaters Zahlen).

Das Problem des Beisammenseins und doch nicht beisammensein oder sich trennen Könnens ist in den Falldarstellungen eineiiger Zwillinge mit Schizophrenie überreichlich zu finden. Das ist mehr als nur ein Problem von Zwillingen, die sich in der Kindheit gleichen. Oft besteht es noch in den Reifejahren. Die Teilung der Mutter scheint ein besonders dornenvolles Problem zu sein, ebenso die bereits erwähnte Identitätsschwierigkeit und die homosexuellen Implikationen der gegenseitigen Teilhabe. In dieser Hinsicht sind Kallmanns Zahlen in bezug auf männliche Homosexualität bei Zwillingen aufschlußreich; er fand bei eineiigen Zwillingen eine Konkordanzrate von 100 Prozent in punkto Homosexualität, bei zweieiigen betrug sie 42 Prozent. Kallmann (7) und Shea (1) haben in dieser hohen Konkordanz einen Beweis für die biologische Vererbung der Homosexualität gesehen, aber dieses Untersuchungsergebnis hat sich nicht bestätigt und berücksichtigt keine weiblichen Zwillinge; außerdem ist auch von eineiigen Zwillingen berichtet worden, die in bezug auf Homosexualität diskordant sind (126). Bei den 40 männlichen Fällen, die Kallmann untersucht hat, sollen zwischen den Zwillingen keine Sexualspiele stattgefunden haben, was angesichts der üblichen Situation zwischen männlichen Geschwistern ein bemerkenswerter Befund ist. Möglicherweise ist die homosexuelle Betätigung mit Außenstehenden eine Abwehr gegen die Verschmelzung mit dem anderen Zwilling.

Adler und Magruder (117) haben von einem Fall berichtet, der Züge von *folie à deux* wie von Zwillingspsychose trägt – wobei die gemeinsame Symptomatologie die Spaltung der Zwillinge in einen aktiven und einen passiven Teil überwiegt. Sechsundzwanzigjährige eineiige Zwillingsschwestern zeigten eine bedeutende Gemeinsamkeit – oder, wie ich es genannt habe, Ich-Verschmelzung –, die trotz ihrer Verheiratung anhielt. Die eine blieb in der sechsten Klasse sitzen, und die andere verließ lieber die Schule, als sich von der Schwester trennen zu lassen. Mit 17 heirateten beide Farmer – Alkoholiker und schlechte Versorger –, verbrachten aber weiterhin die meiste Zeit in ihrem Vaterhaus. Nachdem eine der beiden Zwillingsschwestern fortgezogen und anschließend ohne ihren Mann zurückgekehrt war, trieb die andere ihren Mann aus dem Haus. Nachdem er jedoch eines Abends zu Besuch gekommen war, kamen die Schwestern zu der Überzeugung, ihr Vater sei tot, und eine von ihnen entwickelte die Wahnvorstellung, der zu Besuch gekommene Ehemann habe versucht, ihre Schwester zu vergiften, eine Vorstellung, die die Schwester akzeptierte – woraufhin die Ehefrau es in Abrede stellte. Nach ihrer Entlassung aus dem Hospital hielten jedoch beide die Beschuldigung aufrecht, überzeugten offensichtlich andere von deren Richtigkeit und lebten weiter zusammen, womit sie den sich dazwischendrängenden Ehemann ausgeschlossen hatten.

Solomon und Bliss (120) berichteten von einem fast gleichzeitigen Ausbruch von Schizophrenie bei einem Paar männlicher, homosexueller eineiiger Zwillinge. A erkrankte wegen einer Affäre mit der Frau von seinem besten Freund, und B wurde aus Sorge um seinen Bruder krank. Über die denkbare Beziehung zur Teilung der Mutter kann man nur Vermutungen anstellen. Es existieren verschiedene ähnliche Berichte über Zwillingsgeschwister, die wegen der Erkrankung des anderen Zwillings zunehmend in Sorge geraten und sich schließlich mit ihm zu einem Duett der Realitätsabgewandtheit zusammentun.

Allgemein taucht in den Falldarstellungen eine dritte Partei auf, die die Zwillingsbeziehung offensichtlich bedroht. Berichte darüber finden sich z. B. bei Cronin (104), Lidz (118), Adler und Magruder (117), Gardner und Stephens (127), Murphy und Luidens (128) sowie Heuyer und Longuet (129).

Noch mehr, als einen Dritten in die Rolle des Bösewichts zu bringen, können die Zwillinge allerdings sich gegenseitig als Verfolger beschuldigen. (Das ist ein bemerkenswertes Merkmal bei den beiden Fällen von eineiigen Zwillingen, die getrennt aufwuchsen, wie wir noch sehen werden.)

Ein Fall, von dem Weatherly und Diabler (130) berichtet haben, veranschaulicht vielleicht am besten die Ambivalenz einer gestörten Zwillingsbeziehung. Obgleich die Autoren die genetischen Merkmale hervorheben, kommt in der Familiengeschichte keine Schizophrenie vor, abgesehen von einer älteren Schwester mit einer ungewissen Diagnose. Es existierten 11 Geschwister, die Zwillinge wurden als siebte geboren. Der Vater wird als streng, die Mutter als warmherzig und an ihren Kindern interessiert geschildert. Sie meinte: »Tom ist so babyhaft, daß ich glaube, ich habe ihn zu sehr an meine Schürzenbänder gebunden.« Obwohl Tom größer war (und später die Führung hatte), fiel es selbst der Mutter schwer, die Zwillinge auseinanderzuhalten. Bis ins Hochschulalter, als sie auf verschiedene Schulen gingen, waren sie eng zusammen. Drei Jahre später gingen beide von der Schule ab, vielleicht weil ihr Vater in dem Jahr gestorben oder weil ihre Schwester zwei Jahre davor hospitalisiert worden war.

Tom trat, als er fast zwanzig war, in die Armee ein und wurde zwei Jahre später entlassen. Zwei Jahre darauf schloß er sich den Marineinfanteristen an, und ein Jahr später tat John es ihm gleich. Nach etwas über einem Jahr wurde John »abrupt« psychotisch. Er hörte Stimmen, war furchtsam und kam ins Hospital. Später hörte Tom Stimmen, die ihn sonderlich nannten, und kam ins Hospital. Nach einer therapeutischen Behandlung wurden beide Zwillinge entlassen und kehrten nach Hause zurück. Bald darauf kam Tom wegen homosexueller Ängste erneut ins Krankenhaus, und John wurde nach einem Besuch bei seinem Bruder im Hospital abrupt psychotisch. Sein Zustand besserte sich, als er auf dieselbe Station gelegt wurde wie sein Bruder.

Als Tom probeweise auf Besuch zu Hause war, flüchtete John, und beide lebten fünf Monate zusammen in ihrem Elternhaus. John wurde wieder ins Hospital gebracht, entfloh abermals, kehrte nach Hause zurück, und diesmal wurden beide Zwillinge zusammen ins Hospital gebracht. Sie waren nun antagonistisch geworden. Als Tom abermals auf Probe nach Hause entlassen wurde, riß John aus und kehrte ebenfalls nach Hause zurück; dort machte er einen ernsthaften Selbstmordversuch. Er wurde einer lobotomen Gehirnoperation unterzogen, besserte sich und kehrte nach Hause zurück, worauf Tom »weinerlich, appetitlos und bedrückt« wurde und äußerte: »Ich habe niemand verletzt.« Dieses beispiellose Hin und Her wird auch in anderen Falldarstellungen beschrieben und weist mit Bestimmtheit auf ein psychodynamisches Wechselspiel hin, das ein Grundzug der Psychosen eineiiger Zwillinge ist.

Ein weiterer interessanter Bericht ist der von Walther-Buel und Storch (132). Sie besprechen ein Paar eineiiger Zwillinge mit Konkordanz für Schizophrenie und stellen dazu fest, die Zwillinge kämen aus einer derart traumatischen Umwelt, daß die Entscheidung schwierig sei, ob Heredität oder Zwillingsstatus irgendeine Rolle gespielt hätten. Dieser Aufsatz stellt eine Ausnahme dar (besonders in der europäischen Fachliteratur), da Konkordanz bei eineiigen Zwillingen meistens zu der unitarischen Vorstellung verleitet, daß selbst bei Vorliegen einer negativen Familiengeschichte die biologische Vererbung den bestimmenden Faktor darstelle.

Interessant ist der Vergleich dieser Zwillingsuntersuchungen mit Murphys Bericht (131) über zwei Mädchen, die, von verschiedenen Eltern abstammend, von derselben Familie adoptiert wurden. Im Abstand von wenigen Jahren wurden beide Mädchen schizophren, und die Studie liest sich wie ein Zwillingsreport. Die Jüngere behielt ihre »Baby-Rolle« in der Psychose bei, was an die Zwillingsberichte erinnert, die auf eine Spaltung in den »jüngeren« und den »älteren« Zwilling aufmerksam machen, oder auch an Falldarstellungen von *folie à deux*, in denen ein »stärkerer« und ein »schwächerer« Partner auftreten.

Schließlich möchte ich den Leser auf Essen-Möllers eigene zusammenfassende Darstellung über seine sieben eineiigen Zwillingspaare hinweisen (88). Kallmann (7) entdeckt darin eine Konkordanzrate von 71 Prozent, doch muß daran erinnert werden, daß Essen-Möller selbst diese Zahl nicht geltend gemacht hat; sie beruht offensichtlich darauf, daß ähnliche präpsychotische Charakterzüge bei den Zwillingen, nicht aber ihre schizophrenen Psychosen auf einen Nenner gebracht wurden. Die Fälle sind allerdings einer Untersuchung wert.

Wie bereits gesagt, existieren in der Literatur über Fälle von Schizophrenie bei eineiigen Zwillingen, die von Kind an getrennt aufwuchsen, ganze zwei Studien, von denen eine von Kallmann (57) und die andere von Craike und Slater (14) stammt. Da diesen Fällen ein so ungeheures Gewicht beigemessen worden ist, würde ich allen an dem Problem der Ätiologie Interessierten dringend raten, die Berichte selbst zu lesen. Sie werden als entscheidend wichtige Naturexperimente auf dem Gebiet von Anlage und Umwelt präsentiert und wären es zweifellos auch, wenn sich weitere Fälle finden ließen, die dieser Häufung den bloßen Zufälligkeitscharakter nehmen würden, und wenn die betreffenden Zwillinge nachweisbar in verschiedenen Umwelten aufgewachsen wären. Es liegen jedoch nur zwei Fälle vor, und keiner davon scheint mir dem Kriterium der »getrennten Umwelt« zu entsprechen. (Daß Trennung auffällige Unterschiede produzieren kann, geht aus dem Buch von Newman und Mitarbeitern [100] über Zwillinge hervor, in dem z. B. die Rolle der Umwelt bei der Bestimmung des Intelligenzgrades mit 60 Prozent angegeben wird. Die größte Differenz fand sich bei einem Paar Zwillingsschwestern, von denen die eine nur wenig Schulbildung, die andere einen College-Abschluß hatte; die erste hatte einen Intelligenzquotienten von 92, die zweite von 116.)

Die ältere dieser beiden Studien ist die von Kallmann; sie beschäftigt sich mit den erbgleichen Zwillingen Käte und Lisa. Die Familiengeschichte zeigt Alkoholismus, Exzentrizität und eine Mutter mit »begrenzten geistigen Fähigkeiten«; sie war Hausangestellte und beeindruckte alle ihre Dienstherren mit absonderlichem Verhalten; die Zwillinge gebar sie unehelich, und sie wurde, bevor sie Tuberkulose bekam, zweimal eingeliefert, geistig und körperlich zerrüttet; mit 42 Jahren starb sie.

Jeder der Zwillinge wurde kurz nach der Geburt von einem Onkel mütterlicherseits adoptiert. Diese Brüder lebten in verschiedenen Städten und waren sehr schlecht aufeinander zu sprechen, so daß sich die Zwillinge in ihrem ersten Lebensjahrzehnt nur wenige Male und immer nur für kurze Zeit sahen; später begegneten sie einander dann häufiger. Offensichtlich übernahmen sie die Beziehung der gegenseitigen Feindschaft zwischen ihren Onkels und nahmen sich gegenseitig aufs Korn. Obwohl sie auf der Schule gut mitkamen und beide die höhe-

ren Klassen erreichten, berichteten ihre Onkels unabhängig voneinander, daß sie »schwer zu belehren, widerspenstig, dickfellig und gleichgültig« seien und immer das Gegenteil täten von dem, was ihnen gesagt werde. Käte hatte Masern mit 10, während Lisa keine hatte; im übrigen entwickelten sie sich ähnlich und hatten beide im Alter von 12, im selben Monat, ihre erste Menstruation. Körperlich waren sie beide genau gleich groß und hatten die gleichen blauen Augen und blonden Haare; sie werden als auffallend hübsch geschildert.
Nach ihrem Schulabgang war Käte in einer Fabrik beschäftigt, während Lisa Hausangestellte wurde. Käte wurde mit 15 schwanger und brachte ein Baby zur Welt, das in einem Waisenhaus aufwachsen mußte; ansonsten war das Kind normal. Die Geburt verlief ohne Komplikationen, aber ein paar Tage danach wurde Käte aufgeregt und verstört und verfiel schließlich in einen katatonischen Stupor, so daß sie 1928 ins Herzberg-Hospital eingeliefert wurde. Abgesehen von einer kurzen Besserung im Jahre 1930, als sie in die Obhut der Familie entlassen wurde, ging es mit ihr bergab. Im Juni 1930 wurde sie erneut eingeliefert.
Lisa, die Jungfrau geblieben war und weiterhin als Hausangestellte arbeitete, begann etwa zu der Zeit, als Käte (im Februar 1930) aus dem Hospital entlassen wurde, ebenfalls schizophrene Symptome zu zeigen. Diese hatten die Form langsam wachsender Hilflosigkeit und Gefühlsabstumpfung, die ein solches Ausmaß annahmen, daß sie im Juni 1930, zur selben Zeit wie Käte, hospitalisiert wurde. Sie wurde jedoch niemals so krank wie Käte; zur Zeit des Berichts sind sie Patienten desselben Hospitals.
Bei der Besprechung dieses Falles behauptet Kallmann, daß die Umwelt, da die Zwillinge gänzlich anderen Lebensbedingungen ausgesetzt gewesen seien, keine Rolle bei der Entwicklung ihrer Psychose gespielt habe. »Einen besseren Beweis für die erbliche Bedingtheit der Schizophrenie, als hier geboten wird, wird es nicht geben«, schreibt er und setzt hinzu: »Dieser Fall beweist mit fast der Genauigkeit eines Reihenexperiments,

daß bestimmte somatogene Faktoren bei der Manifestation einer hereditären Prädisposition für Schizophrenie als dispositionelle Determinanten gerechnet werden müssen.« Kätes Schwangerschaft erzeugt dem Autor zufolge »eine vorreife Revolution des inneren Sekretionssystems, besonders der Geschlechtsdrüsen – dagegen reifte Lisa, die jungfräulich blieb, langsam und erreichte ihre Weiblichkeit in regelmäßigen Abstufungen.« Es ist schwer, die Betonung somatischer Faktoren durch den Autor mit dem Faktum zu vereinbaren, daß Lisa nur 15 Monate nach ihrer Schwester hospitalisiert wurde.

Was die Beziehung zwischen den Zwillingen betrifft, die zur Ausbildung von *folie à deux*-Symptomen geführt haben könnte, meint Kallmann: »Es überrascht deshalb nicht, daß die beiden Mädchen im Verlaufe ihrer aufeinanderfolgenden Psychosen sich emotional so völlig fremd wurden, daß sie schließlich keinen wie auch immer gearteten affektiven Kontakt miteinander hatten, sondern einander sogar als Zielscheibe für gehässige Angriffe benutzten.« Dieser Feststellung liegt eine viel engere Definition von Affekt zugrunde, als die meisten heutigen Autoren zugestehen würden; denn die Zwillinge waren einander eindeutig alles andere als gleichgültig.

Kallmann hebt auch die räumliche Trennung hervor und erörtert die Verschiedenheit der Umwelt. Da die Adoptivväter jedoch verfeindete Brüder waren und über die Entwicklung der Zwillinge äußerst ähnliche Berichte abgaben, und da die Tätigkeit beider Zwillinge (Fabrikarbeit, Hausarbeit) für einen homogenen sozialen Hintergrund spricht, fragt man sich allerdings, ob der Unterschied so groß gewesen sein kann, wie er es angeblich gewesen ist.

Der zweite dieser beiden wichtigen Fälle – berichtet von Craike und Slater (14) – handelt von weiblichen Zwillingen, die von ihrem neunten Monat an, seit dem Tode ihrer Mutter, getrennt aufgewachsen sind. Der Vater heiratete wieder, und Florence wurde von eine unverheirateten Tante mütterlicherseits adoptiert. Edith blieb bei ihrem Vater, der ein Alkoholiker wurde und sie mißhandelte. Als sie acht Jahre alt war, versetzte er ihr eines mit dem Rasiermesser, worauf man sie in ein Kinderheim steckte, in dem sie bis zu ihrem neunzehnten Lebensjahr blieb. Obwohl zwischen den Zwillingen, bis sie 24 waren, angeblich kein Kontakt stattfand, wußte Edith, als sie bei ihrem Vater lebte, bestimmt von Florences Existenz; denn sie erklärte, Florence mache ihr Scherereien, indem sie ihrem Vater erzähle, daß Edith ihn einen Trunkenbold genannt habe. Angesichts ihrer späteren Feindschaft und Eifersucht kann es wichtig sein, daß sie frühzeitig voneinander wußten; denn trotz eines Mangels an direktem Kontakt werden sie kaum anders gekonnt haben, als sich zu fragen, wer von ihnen wohl besser weggekommen sei.

Edith arbeitete als Hausangestellte, und da sie an einem Arbeitsplatz elf Jahre blieb, war man offensichtlich mit ihr zufrieden; sie verlor diese Stelle mit 48. Man sagte ihr nach, sie sei freundlich und tüchtig, aber sie meinte, daß die Besucher des Hauses sie beschuldigten, Missetaten zu begehen. Sie ging in eine Glasfabrik, wo sie eine vorzügliche Arbeiterin gewesen sein soll, aber von Zeit zu Zeit ihren Vorgesetzten aufsuchte, um ihn zu fragen, ob sie durch ihre Gegenwart bei den übrigen Arbeitskräften irgendwelchen Ärger verursache. Die Autoren geben an, daß Edith, als sie interviewt wurde, »dazu neigte, mißtrauisch und reserviert zu sein, aber keine charakteristischen schizophrenen Symptome zeigte.«

Die Autoren sagen zwar, Florence sei bei ihrer Tante glücklich gewesen, doch soll sie als Kind »nervös« und eine schlechte Schülerin gewesen sein, sich vor Dunkelheit gefürchtet und an zahlreichen Ohnmachtsanfällen gelitten haben. Mit 14 verließ sie die Schule und wurde ebenfalls Hausangestellte; sie bestahl ihren Dienstherrn und wurde für zwei Jahre in ein Kloster gesteckt. Wie es heißt, war sie dort glücklich, obwohl sie von der Tante getrennt war, die doch so gut zu ihr gewesen. Mit 18 hatte sie einen Anfall von »Nervenschwäche« mit Unterleibsschmerzen, Erbrechen und Nervosität. Während sie sich erholte, wohnte sie bei einer anderen Tante; ein Faktum, das weitere Zweifel an dem Versuch der Autoren aufkommen läßt,

Florence so dazustellen, als habe sie ein liebevolles Heim gehabt.

Mit 24, nachdem eine Tante ihnen etwas Geld hinterlassen hatte, sollen die Mädchen zum erstenmal zusammengetroffen sein. Diese Zusammenkunft verlief offensichtlich ziemlich stürmisch, da Edith behauptete, Florence habe gesagt, sie habe für Edith das Fahrgeld nach London bezahlt, weshalb Edith in ihrer Schuld stünde. Florence beschuldigte Edith, ihr Geld aus dem Portemonnaie gestohlen zu haben. Trotzdem stellte Florence fest, wie gleich sie einander seien, und äußerte den Wunsch, mit Edith zusammenzuleben, was diese jedoch ablehnte.

Florence kehrte zu der Tante zurück, bei der sie seit ihrer Kindheit gelebt hatte. Die Zwillinge trafen sich weiterhin von Zeit zu Zeit; sie waren beide sehr religiös und gingen häufig zusammen in die Kirche. Beide wurden sie später etwas schwerhörig und beschuldigten sich gegenseitig, Taubheit vorzutäuschen; diese Schwerhörigkeit mag bei ihren Wahnvorstellungen eine Rolle gespielt haben, da jede von ihnen meinte, daß andere Menschen über sie redeten. Wenn sie einander eine Zeitlang nicht persönlich gesehen hatten, fingen sie an, sich gegenseitig zu beschuldigen, einander nachzuspionieren, den Arbeitsplatz der anderen aufzusuchen oder ihr auf der anderen Straßenseite zu folgen – mit anderen Worten: den Kontakt aufrechtzuerhalten. Doch blieben sie realitätstüchtig, bis die Tante 1944 mit 85 Jahren starb. Florence wurde daraufhin sehr depressiv, meinte, die Leute würden sagen, sie müsse heiraten, und hörte eine männliche Stimme sagen: »Schreckliche Dinge.« In diesem Jahr kam sie ins Hospital.

Die Autoren bemerken: »Diese eineiigen Zwillinge wurden nach völlig verschiedenen Grundsätzen erzogen. Florence hatte ein sicheres Zuhause bei einer liebevollen Tante mütterlicherseits, bei der sie ihr Leben lang wohnte, bis vor einem Jahr (1944), als die Tante mit 85 Jahren starb.« Ich möchte aber darauf hinweisen, daß Florence eine schlechte Schulerin war, Edith eine gute, obgleich doch beide Zwillinge in bezug auf

Intelligenz die gleichen Erbanlagen haben. Florence hat einen Zusammenbruch und wird hospitalisiert; Edith lebt allein und hat Erfolg bei ihrer Arbeit; Florence wird des Diebstahls beschuldigt und Edith nicht. Natürlich haben die Autoren jene Aspekte im Leben der Zwillinge hervorgehoben, die auf eine verschiedene Umwelt hinweisen. Sie nehmen ferner an, daß Florence viel besser daran war, weil sie, oberflächlich gesehen, mehr Vorteile hatte. Ohne Informationen über die altjüngferliche Tante und ohne zu wissen, wie Florence darauf reagierte, diejenige zu sein, die von Zuhause fort mußte – auch wenn ihr Vater ein Trinker war –, wäre es allerdings töricht, Werturteile über »gute« und »schlechte« Umweltsbedingungen zu fällen. Tatsächlich kann man die Behauptung der Autoren, Florence habe ein sicheres und glückliches Zuhause gehabt, schlecht mit der Tatsache in Einklang bringen, daß sie bei Edith wohnen wollte, daß sie als Hausangestellte nicht bei der Tante lebte und daß sie nach ihrer ersten Erkrankung zu einer anderen Tante ging, um sich zu erholen.

Zusammenfassend können wir folgende Ähnlichkeiten in der Geschichte dieser Zwillinge feststellen. Sie verloren ihre Mutter und praktisch auch ihren Vater (während ihr ältester Bruder von Zuhause fortlief und mit 27 Jahren starb). Beide Schwestern sind unverheiratete Hausangestellte, haben sexuelle Schuldgefühle und werden ganz von sexuellen Phantasien in Anspruch genommen. Beide sind religiös, rivalisieren außerordentlich miteinander und behandeln sich gegenseitig mit Mißtrauen, wozu sie offensichtlich allen Grund haben. Ihre paranoiden Symptome entwickelten sie fast unmittelbar nach dem Zusammentreffen, und sie hielten den Kontakt aufrecht, was die Wahnvorstellungen verstärkte. Sie stützten sich gegenseitig so sehr, daß keine von ihnen einen Zusammenbruch hatte, bis Florence unmittelbar nach dem Tod ihrer Tante mit 52 Jahren zusammenbrach. Tatsächlich entspricht die Darstellung von Edith nicht dem Bild einer klassischen Schizophrenie, und man fragt sich, ob sie wohl als solche diagnostiziert worden wäre, wenn ihre Schwester nicht gewesen wäre.

In diesen beiden Fällen ist es interessant, die Ähnlichkeit der Familienstruktur festzustellen. In beiden Familien besteht nicht nur bei den Zwillingen, sondern auch bei der älteren Generation ein starker Drang zur Trennung und gegenseitigen Feindschaft und zugleich zur Aufrechterhaltung des Kontakts. Man kann sehr wohl Überlegungen anstellen über die Rolle, die diese Einstellung dabei gespielt haben mag, die Gefühle der Zwillinge einander gegenüber zu verstärken.

Als Beweis für einen primär genetischen Ursprung der Schizophrenie wären diese beiden Fälle viel überzeugender, würde der eine Zwilling nicht eine so hervorragende Rolle im Wahnsystem des anderen spielen und würden sich die Umweltsbedingungen stärker unterscheiden. Einen noch überzeugenderen Beweis hätten wir, wenn es eine Anzahl von getrennt aufgewachsenen Zwillingen mit verschiedenen Schizophrenieformen und nicht bloß den Symptomen der Zwillingspsychose geben würde, die so häufig in der Literatur dargestellt worden ist.

Schlußfolgerungen

Dieses Referat hat mehr den Zweck gehabt, Fragen zu stellen, als den, sie zu beantworten. Insbesondere sollte es die Annahme in Frage stellen, die so weite Verbreitung gefunden hat, daß es nämlich eine überwältigende faktische Evidenz für eine stark genetische Komponente in der Ätiologie der Schizophrenie gebe. Wahrscheinlich spielen Erbfaktoren bei wenigstens einigen Schizophrenieformen eine Rolle, doch bleibt immer noch festzustellen, welcher Art und wie wesentlich eine hereditäre »Anfälligkeit« ist und welchen phänotypischen Ausdruck der genotypische Defekt findet. Mir scheint, daß die genetischen Untersuchungen der Geisteskrankheit, sieht man von den gewissenhaften Populationsstudien, die in den skandinavischen Ländern durchgeführt wurden, und einigen Schweizer Arbeiten ab, nicht von der gleichen Qualität sind wie Untersuchungen auf bestimmten anderen Gebieten der Medizin.

Um mit Neel und Schull (26) zu sprechen: »Eine objektive Bewertung des Beitrags, den Zwillingsuntersuchungen bis jetzt zur Erforschung der menschlichen Heredität geleistet haben, ist einigermaßen kompliziert. Daß diese Studien nicht das erbracht haben, was Galton anstrebte, ist gewiß. Zum Teil liegt das daran, daß viele solche Studien mit mehr Sturheit als Scharfsinn durchgeführt worden sind.«

Statistische Studien können den Unbedachten mit ihrem »wissenschaftlichen«, »unparteiischen« Aussehen beeindrucken. Man darf dabei nie vergessen, daß sie, wie sehr auch die Zahlen mit blendenden mathematischen Techniken jongliert werden, niemals genauer sein können als die ursprünglichen Beobachtungen, auf denen sie beruhen. Und beeindruckend aussehende Statistiken haben die Angewohnheit, die Untersucher jahrelang heimzusuchen; so stellte einmal J. de Sauvage-Nolting äußerst beeindruckende Zahlen zusammen, um zu zeigen, daß die Mehrzahl der Schizophrenen im Monat März empfangen wurden (133). Obwohl kein anderer Forscher diese Zahlen auf unabhängiger Basis bestätigt hat, haben viele versucht, sie auf die eine oder andere Weise zu erklären (134, 135).

Zum Beispiel ist es eine statistische Kuriosität, daß die meisten erblich belasteten Familien die Mehrzahl der Patienten mit »atypischen« oder »schizophrenoformen« Psychosen hervorbringen, bei denen eine relativ günstige Prognose besteht. Genetisch gesehen, steht dieser Befund im Widerspruch zu dem für andere medizinische Störungen. Unter psychologischem Gesichtspunkt allerdings kann man sich leicht eine offen gestörte Familie vorstellen, die es dem Individuum gestattet, ein mehr ins Auge fallender Psychotiker zu werden. Die von Johnson und ihren Mitarbeitern (132) dargestellten Fälle mögen als Beispiele für derartige Situationen dienen.

Obwohl die in Zwillingsuntersuchungen zusammengestellten Statistiken eindrucksvoll sind, gibt es, wie wir gesehen haben, Gründe für die Vermutung, daß sie in bezug auf nicht-genetische Faktoren unzureichend kontrolliert worden sind. Mögliche Ursachen, die in der Umwelt liegen, und insbesondere die

psychische Identifizierung sind zugunsten von möglichen genetischen Ursachen ignoriert worden.
Wie sehr die Genetiker allerdings auch die kulturellen Faktoren ignorieren mögen, sie haben mit ihren Zahlen viele Menschen in solchem Maße für sich einnehmen können, daß sie damit für ungerechtfertigte, kühne Erbbegutachtungen gesorgt und in einigen Fällen sogar Sterilisationsgesetze herbeigeführt haben. Erbbiologische Argumente gehen, wie Pastore in seinem lesenswerten Buch *The Nature-Nurture Controversy* (136) gezeigt hat, leicht Hand in Hand mit sozio-politischen Stimmungen. Auf dem Felde der Psychiatrie möchten wir ebenfalls wünschen, daß die Einstellungen zur Genetik und zur Wirksamkeit der psychologischen Behandlung im umgekehrten Verhältnis stünden und daß die betreffenden Untersucher eine Beziehung zum kulturellen Milieu fänden.
Für meine Begriffe sollte man die Statistiken über Geisteskrankheit brauchbarer machen, indem man die Sammelsurium-Gruppierungen nach Kategorien aufschlüsselt wie Geschlecht des Patienten, Unterschied, falls feststellbar, zwischen Vätern und Müttern hinsichtlich der Häufigkeit von Schizophrenie, Alter des Kindes zur Zeit der Erkrankung eines Elternteils und konstitutionelle Faktoren, die den Patienten beeinflußt haben könnten. Allen (16) beschreibt eine Studie, die die Wirksamkeit dieser Art von Gliederung deutlich macht. Epileptiker wurden, statt in den üblichen Kategorien von *grand mal, petit mal* und psychomotorisch gruppiert, hinsichtlich ihrer Familie untersucht, wobei man sechs Gruppen entdeckte, von einer mit stark hereditärer Prädisposition bis zu der, die keine hereditären Elemente aufweist, dafür aber eine große psychologische Komponente. Es mag sein, daß wir uns der Kraepelinschen Klassifikation allzu sehr verpflichtet gefühlt haben, um einen neuen Ansatz ins Auge zu fassen; ich habe jedoch aufzuzeigen versucht, daß die Technik des bloßen Nasenzählens eine vergebliche Liebesmüh ist.

Bibliographie

1 J. E. Shea, »The human body and the human being«, in *A. M. A. Arch. Neurol. & Psychiat.*, 76: 513, 1956.
2 J. F. J. Cade, »Problem of schizophrenia«, Beattie-Smith lectures, in *M. J. Australia*, 2, 25. August 1951.
3 A. Balfour Sclare, »The problem of schizophrenia«, in *Med. Illus.* 10 (8) : 532, 1956.
4 H. Hoagland, »Biochemical aspects of schizophrenia«, in *J. Nerv. & Ment. Dis.*, 126 (Nr. 3), 1958.
5 L. Pauling, »The molecular basis of genetics«, in *Am. J. Psychiat.*, 113 : 492, 1956.
6 J. R. Smythies, »Biochemical concepts of schizophrenia«, in *The Lancet*, S. 308, 9. August 1958.
7 F. J. Kallmann, *Heredity in Health and Mental Disorder*, New York 1953.
8 D. D. Jackson, »A note on the importance of trauma in the genesis of schizophrenia«, in *Psychiatry*, 20 : 181, 1957.
9 K. Ernst, »›Geordnete Familienverhältnisse‹ späterer Schizophrener im Lichte einer Nachuntersuchung«, in *Arch. Psychiat.*, 194 : 355, 1956.
10 F. J. Kallmann, »Genetic theory: analysis of 691 twin index families«, in *Am. J. Psychiat.*, 103 : 309, 1946.
11 L. Gedda, *Studio di Gemelli*, Rom 1951.
12 W. Richmond, »The psychic resemblances in identical twins«, in *Philos. Tr. Roy. Soc. London*, 5 : 208, 1916.
13 A. Ley, *L'hérédité et le Milieu, Revue de Droit Pénal et de Criminologie*, Louvain 1946-47, S. 65.
14 W. H. Craike und E. Slater, »Folie à deux in uniovular twins reared apart«, in *Brain*, 68 : 213, 1945.
15 L. S. Penrose, »Value of genetics in medicine«, in *Brit. M. J.*, 2 : 903, 1950.
16 G. Allen, »Patterns of discovery in the genetics of mental deficiency«, in *Am. J. Mental Deficiency*, 62 (Nr. 5), 1958.
17 M. Bleuler, »Research and changes in concepts in the study of schizophrenia, 1941-50«, in *Bull. Isaac Ray Med. Lib.*, 3 (Nr. 1 und 2), 1955.
18 F. J. Kallmann und D. Reisner, »Twin studies on significance of genetic factors in tuberculosis«, in *Am. Rev. Tuberc.*, 47 : 549, 1943.
19 P. H. Hoch, *Failures in Psychiatric Treatment*, New York 1948.

20 W. L. Rees, »Physical Characteristics of the Schizophrenic Patient«, in D. Richter (Hrg.), *Schizophrenia: Somatic Aspects*, New York 1957.
21 E. Slater, *Psychotic and Neurotic Illnesses in Twins*, Med. Research Council, Special Report Nr. 278, London: H. M. Stationary Office, 1953.
22 F. J. Kallmann und B. M. Aschner, »Concurrence of Morgnani's syndrome, schizophrenia and adenomatous goitre in monozygotic twins«, in *Acta genet. med. et gemel.*, 2 : 431, 1953.
23 M. Bleuler, *Endokrinologische Psychiatrie*, Stuttgart 1954.
24 L. Kanner, *Textbook of Child Psychiatry*, London 1948.
25 K. Planansky, »Heredity in schizophrenia«, in *J. Nerv. & Ment. Dis.*, 122 (Nr. 2), 1955.
26 J. V. Neel und W. J. Schull, *Human Heredity*, Chicago 1954.
27 L. S. Penrose, »Propagation of unfit«, in *Lancet*, 2 : 425, 1950.
28 P. Hoch, »The etiology and epidemiology of schizophrenia«, in *Am. J. Pub. Health*, 47 : 1071, 1957.
29 D. P. Morris, E. Soroker und G. Burruss, »Follow-up studies of shy, withdrawn children. Evaluation of later adjustment«, in *Am. J. Orthopsychiat.*, 24 : 143, 1954.
30 E. Kretschmer, *Körperbau und Charakter*, Berlin 1948.
31 E. Johansen, »A study of schizophrenia in the male«, in *Acta psychiat. et neurol. scandinav.*, Suppl. 125, 33, 1958.
32 J. E. Birren, »Psychological examination of children who later became psychotic«, in *J. Abnorm. & Social Psychol.*, 39 : 94, 1944.
33 H. E. Frazer, »Children who later became schizophrenic«, in *Smith College Studies in Social Work*, 23 : 125, 1953.
34 K. Leonhard, »Zur Unterteilung und Erbbiologie der Schizophrenien: die ›typischen‹ Unterformen der Katatonie«, in *Allgemeine Ztschr. Psychiat.*, 122 : 39, 1943.
35 T. A. C. Rennie, »Analysis of 100 Cases of schizophrenia with recovery«, in *Arch. Neurol. & Psychiat.*, 46 : 574, 1941.
36 B. Schulz, »Kinder aus Ehen zwischen einem endogenen oder reaktiv Geisteskranken und einem Querulanten«, in *Ztschr. Neurol.* 171 : 57, 1941.
37 M. Bleuler, *Krankheitsverlauf, Persönlichkeit und Verwandtschaft Schizophrener und ihre gegenseitigen Beziehungen*, Leipzig 1941.
38 M. Bleuler, »Vererbungsprobleme bei Schizophrenen«, in *Ztschr. Neurol. u. Psychiat.*, 127 : 321, 1950.
39 L. S. Penrose, »Survey of cases of familial mental illness«, in *Digest Neurol. & Psychiat.*, 13 : 644, 1945
40 M. Zehnder, »Über Krankheitsbild und Krankheitsverlauf bei

schizophrenen Geschwistern«, in *Monthly J. Psychiat. & Neurol.*, 103 : 231, 1940.
41 M. Roth, »Interaction of Genetic and Environmental Factors in the Causation of Schizophrenia«, in D. Richter (Hrg.), *Schizophrenia: Somatic Aspects*, New York 1957.
42 J. V. Neel, »Detection of genetic carriers of hereditary disease«, in *Am. J. Human Genet.*, I (Nr. 1), 1949.
43 E. Hanhart, »Zur geographischen Verbreitung der Erbkrankheiten (Mutationen) mit besonderer Berücksichtigung«, in *Schweiz. med. Wchnschr.*, 71 : 861, 1941.
44 J. F. Masterson, »Prognosis in adolescent disorders«, in *Am. J. Psychiat.*, 114 : 1097, 1958.
45 L. Kanner, »To what extent is early infantile autism determined by constitutional inadequacy?«, in *A Res. Nerv. & Ment. Dis. Proc.*, 33 : 378, 1954.
46 B. Schulz, »Kinder schizophrener Elternpaare«, in *Ztschr. Neurol. u. Psychiat.*, 168 : 332, 1940.
47 K. Leonhard, »Fragen der Erbbegutachtung bei den atypischen Psychosen«, *Allgem. Ztschr. Psychiat.*, 112 : 391, 1939.
48 P. Lundby, »Incidence of schizophrenia in a group of Norwegian seamen«, in *Acta psychiat. et neurol.*, 30 : 217, 1955.
49 Y. O. Alanen, »The mothers of schizophrenic patients«, in *Acta psychiat. et neurol. scandinav.*, Suppl. 124, 33, 1958.
50 F. J. Kallmann, in *Biology of Mental Health and Diseases*, New York 1952.
51 D. Henderson und R. D. Gillespie, *A Textbook of Psychiatry*, New York 1956.
52 K. Kolle, »Paranoische Haftreaktionen«, in *Allgem. Ztschr. Psychiat.*, 124 : 327, 1949.
53 B. Lewin, »Der Einfluß magischer und religiöser auf die Pathoplastik reaktiver und endogener geistiger Störungen in Ägypten«, in *Ztschr. Psychotherapie u. Med. Psychol.*, 6 (2) : 60, 1956.
54 J. W. Eaton und R. S. Weil, *Culture and Mental Disorders*, Glencoe, Illinois 1955.
55 M. K. Opler und D. J. Singer, »Ethnic differences in behavior and psychopathology«, in *Intern. J. Social Psychiat.*, 2 (Nr. 1) : 11, 1956.
56 Y. Roumajon, »Le problème de l'identité des psychoses à travers les facteurs ethniques«, in *Evolution Psychiatrique*, 3 : 635, 1956.
57 F. J. Kallmann, *Genetics of Schizophrenia*, Locust Valley 1938.
58 H. M. Pollack und B. Malzberg, »Heredity and environmental factors in the causation of manic-depressive psychoses and dementia praecox«, in *Am. J. Psychiat.*, 96 : 1227, 1940.

59 T. Lidz, B. Parker und A. Cornelison, »The role of the father in the family environment of the schizophrenic patient«, in *Am. J. Psychiat.*, 113 : 126, 1956.
60 D. D. Jackson, J. Block u. a., »Psychiatrist's conceptions of the schizophrenogenic parent«, in *A. M. A. Arch. Neurol. & Psychiat.*, 79 : 448, 1958.
61 D. D. Jackson u. a., »Psychiatrist's conceptions of the schizophrenic patient«, in *Arch. Neur. & Psychiat.*, 79 : 448, 1958.
62 C. H. Alstroem, C. Gentz und R. Lindblom, »Über die Lungentuberkulose der Geisteskranken, insbesondere der Schizophrenen: ihre Entstehung, Häufigkeit und Bekämpfung«, in *Acta Tuberc. scandinav.*, Suppl. 9, S. 1, 1943.
63 F. W. Mott, in *J. Ment. Sc.*, 68 : 333, 1922.
64 A. Lubin, »A note on Sheldon's table of correlations between temperamental traits«, in *Brit. J. Psychol.*, Statistical Section 3, S. 186, 1950.
65 C. J. Adcock, »A factorial examination of Sheldon's types«, *J. Pers.*, 16 : 312, 1948.
66 F. J. Kallmann, in C. Kluckhon und H. A. Murray (Hrg.), *Personality in Nature, Society, and Culture*, New York 1949.
67 F. J. Kallmann, »Genetics in relation to mental disorders«, in *J. Ment. Sc.*, 94 : 250, 1948.
68 G. Blüme, »Hysterische Psychose und ›schizophrener Reaktionstypus‹«, in *Allgem. Ztschr. Psychiat.*, 99 : 355, 1933.
69 Diskussion von Sulphosin, in *Year Book of Psychiatry and Neurology*, 1932, S. 221.
70 A. Gralnick, »Carrington family: psychiatric and social study illustrating psychosis of association or folie à deux«, in *Psychiatric Quart.*, 17 : 294, 1943.
71 R. W. Lidz und T. Lidz, »The family environment of schizophrenic patients«, in *Am. J. Psychiat.*, 106 : 332, 1949.
72 H. Barry jr., »A study of bereavements: an approach to problems of mental disease«, in *Am. J. Orthopsychiat.*, 9 : 355, 1939.
73 H. Barry jr., »Significance of maternal bereavement before the age of eight in psychiatric patients«, in *Arch. Neurol. & Psychiat.*, 62 : 630, 1949.
74 J. F. Cade, »The aetiology of schizophrenia«, in *Med. J. Australia*, 2 (4) : 135, 1956.
75 L. Hill, *Psychotherapeutic Intervention in Schizophrenia*, Chicago 1956.
76 D. Mendell und S. Fisher, »A multi-generation approach to treatment of psychopathology«, in *J. Nerv. & Ment. Dis.*, 126 (Nr. 6) : 523, 1958.

77 P. Sivadon, »The Pathological Process in Disturbed Families«, Adresse an die World Federation for Mental Health Meeting, Kopenhagen 1957.
78 H. J. Muller, »Progress and prospects in human genetics«, in *Am. J. Human Genet.*, I : 1, 1949.
79 E. Rudin, »Vererbung und Entstehung geistiger Störungen, I. zur Vererbung und Neuentstehung der Dementia Praecox«, in *Monographien aus dem Gesamtgebiet der Neurologie und Psychiatrie*, Bd. 12, Berlin 1916.
80 B. Schulz, »Kinder schizophrener Elternpaare«, in *Ztschr. Neurol. u. Psychiat.*, 168 : 332, 1940.
81 G. Elsässer, *Die Nachkommen geisteskranker Elternpaare*, Stuttgart 1952.
82 B. Pasamanick, »Race, complications of pregnancy and neuropsychiatric disorder«, in *Social Problems*, 3, 1957.
83 H. Kind in M. Reiss (Hrg.), *Psychoendocrinology*, Grune 1958.
84 H. H. Newman u. a., *Twins: A Study of Heredity and Environment*, Chicago 1937.
85 H. Luxenberger, »Untersuchung an schizophrenen Zwillingen und ihren Geschwistern zur Prüfung der Realität von Manifestationsschwankungen«, in *Ztschr. Neurol. u. Psychiat.*, 154 : 351, 1936.
86 A. J. Rosanoff, »Study of mental disorders in twins«, in *Eugenical News*, 17 : 37–39, 1932.
87 A. J. Rosanoff u. a., »Etiology of so-called schizophrenic psychoses, with special reference to their occurence in twins«, in *Am. J. Psychiat.*, 91 : 247, 1934.
88 E. Essen-Möller, »Psychiatrische Untersuchungen an einer Serie von Zwillingen«, in *Acta psychiat. et neurol.*, Suppl. 23, 1941.
89 J. Neel und W. J. Schull, *Human Heredity*, Chicago 1954.
90 E. Slater, »Genetic Investigations in twins«, in *J. Ment. Sc.*, 99 : 44, 1953.
91 B. Price, *Towards Reducing Ambiguity in Twin Studies*, Sitzungsprotokoll des 8. Internationalen Kongresses für Genetik, Stockholm 1948.
92 C. E. Benda, *Mongolism and Cretinism*, New York 1946.
93 C. E. Benda, »Mongolism and Heredity«, in *J. Hered.*, 38 : 177, 1947.
94 C. E. Benda, in *Biology of Mental Health and Disease*, New York 1952.
95 B. Price, »Primary biases in twin studies: a review of prenatal and natal difference-producing factors in monozygotic pairs«, in *Am. J. Human Genet.*, 2 : 293, 1950.

96 F. J. Kallmann, »The use of genetics in psychiatry«, in *J. Ment. Sc.*, 104 : 542, 1958.
97 Laignel-Lavastine und Bendit, »Un cas de ›delire à deux‹ chez deux soeurs jumelles«, in *Ann. Médicales et Psychologiq.*, 15 : 237, 1940.
98 P. T. Wilson. »Study of like-sexed twins' health and disease records«, in *Human Biol.*, 3 : 270, 1931.
99 H. von Bracken, »Über die Sonderart der subjektiven Welt von Zwillingen«, in *Arch. Psychol.*, 97 : 97, 1936.
100 H. H. Newman u. a., *Twins: A Study of Heredity and Environment*, Chicago 1937.
101 Dorothy Burlingham, *Twins: A Study of Three Pairs of Identical Twins*, New York 1953.
102 Helene Deutsch, »Folie à deux«, in *Psychoanalyt. Quart.*, 7 : 307, 1938.
103 O. Fenichel, *The Psychoanalytic Theory of Neurosis*, NY 1945.
104 H. J. Cronin, »Analysis of neuroses of identical twins«, in Psychoanalyt. Rev., 20 : 375, 1933.
105 H. Stolze, »Schizophrenie bei eineiigen Zwillingen: ein kasuistischer Beitrag«, in *Ztschr. Neurol. u. Psychiat.*, 174: 753, 1942.
106 A. Brill, »The empathic index and personality«, in *Med. Rec.*, 97 : 131, 1920.
107 C. Oberndorf, »Folie à deux«, in *Intern. J. Psycho-analysis*, 15 : 14, 1934.
108 F. J. Kallmann und J. S. Mickey, »Concept of induced insanity in family units«, in *J. Nerv. & Ment. Dis.*, 104 : 303, 1946.
109 A. B. Ribzey, »Folie à deux: case of familial psychosis«, in *Psychoanalyt. Quart.*, 22 : 718, 1948.
110 G. Oggioni, »Contribute alla cognoscenza delle psicosi gemellari«, in *Rass. studi psichiat.*, 26 : 919, 1937.
111 B. Kihn, »Schizophrenie«, in *Handbuch der Erbkrankheit*, Leipzig 1940.
112 J. Carrère, »Des psychoses gémellaires«, in *1st Congrès Latin d'Eugènique*, Paris 1937.
113 J. Jacobi, »Eine gleichartig verlaufende schizophrene Psychose bei einem zweieiigen Zwillingspaar«, in *Ztschr. Neurol. u. Psychiat.*, 135 : 298, 1931.
114 C. M. Schick, *Dementia Praecox in Fraternal Twins*, N. S. Veteran's Bureau Medical Bulletin, 7 : 586, 1931.
115 J. Kasanin, »Case of schizophrenia in only one of identical twins«, in *Am. J. Psychiat.*, 91 : 751, 1934.
116 J. G. Oatman, »Folie à deux: report of a case in identical twins«, in *Am. J. Psychiat.*, 98 : 842, 1942.

117 A. Adler und W. W. Magruder, »Folie à deux in identical twins treated with electroshock therapy«, in *J. Nerv. & Ment. Dis.*, 103 : 181, 1946.
118 T. Lidz, unveröffentlichter Aufsatz.
119 E. Slater, »Genetical causes of schizophrenic symptoms«, in *Monatsschr. Psychiat. u. Neurol.*, 113 : 50, 1947.
120 R. Solomon und E. L. Bliss, »Simultaneous occurence of schizophrenia in identical twins«, in *Am. J. Psychiat.*, 112 (11) : 912, 1956.
121 H. E. Rubin, »Identical twins with psychosis«, in *Kentucky Med. J.*, 42 : 115, 1944.
122 H. W. Siemens, *Die Zwillingspathologie*, München 1924.
123 F. Wigers, »Ein eineiiges, bezüglich Schizophrenie diskordantes Zwillingspaar«, in *Acta psychiat. et Neurol.*, 9 : 541, 1934.
124 S. Arieti, »Interpretation of divergent outcome of schizophrenia in identical twins«, in *Psychiatric Quart.*, 18 : 587, 1944.
125 L. Wynne, unveröffentlichter Aufsatz, vorgelegt auf dem International Congress of Psychiatry, 1957.
126 J. Lange, »Psychiatrische Zwillings-Probleme«, in *Ztschr. Neurol. u. Psychiat.*, 112 : 283, 1928.
127 E. J. Gardner und F. E. Stephens, »Schizophrenia in monozygotic twins«, in *J. Hered.*, 40 (6); 165, 1949.
128 T. W. Murphy und H. Luidens, »Insulin and metrazol therapy in identical twins«, in *Psychiatric Quart.*, 13 : 114, 1939.
129 G. Heuyer und Longuet, »Psychose gémellaire«, in *Ann. méd. psychol.*, 94 : 220, 1936.
130 J. Weatherly und H. L. Diabler, »Schizophrenia in identical twins one of whom was lobotomized«, in *J. Nerv. & Ment. Dis.*, 120 : 262, 1954.
131 B. W. Murphy, »Genesis of schizoid personality, study of two cases developing schizophrenia«, in *Psychiatric Quart.*, 26 : 450, 1952.
132 Adelaide Johnson, Mary Griffin u. a., »Studies in schizophrenia«, in *Psychiatry*, 19 : 143, 1956.
133 W. J. H. de Sauvage Nolting, »Further studies on correlation between schizophrenia and month of birth«, in *Nederl. tijdschr. geneesk.*, 95 : 3853–3864, 1951.
134 W. J. Pile, »Study on correlation between dementia praecox and month of birth«, in *Va. Med.*, 78 : 438, 1951.
135 E. T. Hoverson, »Meteorological factors in mental disease«, in *Arch. Neurol. & Psychiat.*, 92 : 131, 1935.
136 N. Pastore, *The Nature-Nuture Controversy*, New York 1949.

Quellennachweise und Copyrights

G. Bateson, D. D. Jackson, J. Haley und J. W. Weakland, *Auf dem Wege zu einer Schizophrenie-Theorie* (Towards a Theory of Schizophrenia) – *Behavioral Science*, vol. 1 (1956), S. 251–246. Mit freundlicher Genehmigung der Autoren, des Mental Health Research Institute und der University of Michigan, Ann Arbor.

L. C. Wynne, I. M. Ryckoff, J. Day und S. J. Hirsch, *Pseudo-Gemeinschaft in den Familienbeziehungen von Schizophrenen* (Pseudomutuality in the Family Relations of Schizophrenics) – *Psychiatry*, vol. 21 (1958), S. 205–220. Mit freundlicher Genehmigung der Autoren und der William Alanson White Psychiatric Foundation. © 1958 by the William Alanson White Psychiatric Foundation, Inc., Washington, D. C.

J. Haley, *Die Interaktion von Schizophrenen* (An Interactional Description of Schizophrenia) – *Psychiatry*, vol. 22 (1959), S. 321–332. Mit freundlicher Genehmigung des Autors und der William Alanson White Psychiatric Foundation. © 1959 by the William Alanson White Psychiatric Foundation, Inc., Washington, D. C.

Th. Lidz, A. Cornelison, St. Fleck und D. Terry, *Spaltung und Strukturverschiebung in der Ehe* (Marital Schism and Marital Skew) – *American Journal of Psychiatry* vol. 114 (1957), S. 241–248. Deutsche Übersetzung (von Horst Vogel) in *Psyche*, Jg. XIII (1959), Heft 5/6 (»Zur Familienumwelt des Schizophrenen«), S. 288–302. Mit freundlicher Genehmigung der Autoren und des Ernst Klett Verlages, Stuttgart.

H. F. Searles, *Das Bestreben, den anderen verrückt zu machen – ein Element in der Ätiologie und Psychotherapie der Schizophrenie* (The Effort to Drive the Other Person Crazy . . .) – *British Journal of Medical Psychology*, vol. 32 (1959), S. 1–19. Mit freundlicher Genehmigung des Autors und der British Psychological Society.

L. C. Wynne, J. Day und I. M. Ryckoff, *Die Verteidigung stereotyper Rollen in den Familien von Schizophrenen* (Maintenance of Stereotype Roles in the Family of Schizophrenics) – *Archives of General Psychiatry*, vol. 1 (1959), S. 109–114. Mit freundlicher Genehmigung der Autoren und der American Medical Association, Chicago, Ill.

M. Bowen, *Die Familie als Bezugsrahmen für die Schizophrenieforschung* (A Family Concept of Schizophrenia) – D. D. Jackson, ed., *The Etiology of Schizophrenia*, New York 1960, S. 346–388. © 1960 by Basic Books, Inc., New York.

J. H. Weakland, *»Double-Bind«–Hypothese und Dreier-Beziehung* (The Double-Bind-Hypothesis of Schizophrenia and Three-Party-Interaction)– D. D. Jackson, ed., *The Etiology of Schizophrenia*, New York 1960. © 1960 by Basic Books, Inc., New York.

E. F. Vogel und N. W. Bell, *Das gefühlsgestörte Kind als Sündenbock der Familie* (The Emotionally Disturbed Child as the Family Scape Goat) – N. W. Bell und E. F. Vogel, *Modern Introduction to the Family*, New York 1960, S. 382–397. © 1960 by The Free Press, New York.

R. D. Laing, *Mystifizierung, Konfusion und Konflikt* (Mystification, Confusion and Conflict) – I. Boszormenyi-Nagy und J. L. Framo, eds., *Intensive Family Therapy*, New York 1965, S. 343–362. © 1965 by Hoeber Medical Division, Harper & Row, Publishers, Inc., New York.

J. Foudrain, *Schizophrenie und Familie. Überblick über die Literatur zur Ätiologie der Schizophrenie aus den Jahren 1956–1960* (Schizophrenia and the Family. A Survey of the Literature 1956–1960 on the Etiology of Schizophrenia) – *Acta psychotherapeutica*, vol. 9 (1961), S. 82–110. Mit freundlicher Genehmigung des Autors und des Verlegers, S. Karger AG, Basel/New York.

D. D. Jackson, *Kritik der Literatur über die Erblichkeit von Schizophrenie* (A Critique of Literature on the Genetics of Schizophrenia) – D. D. Jackson, ed., *The Etiology of Schizophrenia*, New York 1960, S. 37–87. © 1960 by Basic Books, Inc., New York.

Suhrkamp Verlag GmbH
Torstraße 44, 10119 Berlin
info@suhrkamp.de
www.suhrkamp.de